丘吉尔自传

我的早年生活

〔英〕温斯顿·丘吉尔⊙著

周方舟⊙译

台海出版社

图书在版编目（CIP）数据

丘吉尔自传：我的早年生活 /（英）温斯顿·丘吉
尔著；周方舟译 . -- 北京：台海出版社，2019.3
　　ISBN 978-7-5168-2279-1

Ⅰ . ①丘… Ⅱ . ①温… ②周… Ⅲ . ①丘吉尔（
Churchill, Winston Leonard Spencer 1874-1965）— 自传
Ⅳ . ① K835.617=5

中国版本图书馆 CIP 数据核字 (2019) 第 041628 号

丘吉尔自传：我的早年生活

著　　者：〔英〕温斯顿·丘吉尔		译　　者：周方舟	
责任编辑：武　波　童媛媛		装帧设计：同人阁文化传媒·书装设计	
版式设计：同人阁文化传媒·书装设计		责任印制：蔡　旭	

出版发行：台海出版社
地　　址：北京市东城区景山东街 20 号　　邮政编码：100009
电　　话：010 — 64041652（发行，邮购）
传　　真：010 — 84045799（总编室）
网　　址：www.taimeng.org.cn/thcbs/default.htm
E-mail：thcbs@126.com

经　　销：全国各地新华书店
印　　刷：香河利华文化发展有限公司
本书如有破损、缺页、装订错误，请与本社联系调换

开　　本：710mm × 1000mm		1/16	
字　　数：295 千字		印　　张：17.5	
版　　次：2019 年 7 月第 1 版		印　　次：2019 年 7 月第 1 次印刷	
书　　号：ISBN 978-7-5168-2279-1			
定　　价：39.80 元			

丘吉尔的母亲珍妮·杰罗姆

致新的一代

——作者自序

对于我早年的生活和经历，时不时就会有一些说法冒出来。我在三十年前曾公开发表过一些零散文章描述本人亲身参加过的几场战役，后来也进一步撰文描写过个中一些细节，我觉得现在有必要将之整合起来，成为一个完整的故事，一五一十，全新呈现。为此，我不仅仔细回忆，还对照着手头所拥有的记录和资料，事无巨细地验证了每个事实。本书涉及四分之一个世纪，我的身份也逐渐变化，从孩童、学生，到军校学员、中尉，再到战地记者、初入政界的新人，我试图在其中呈现出的每个阶段的观点，都是与当时的身份相适应的。如其中有些观点与大众普遍已经接受的观点起了冲突，请务必记住，那只不过代表着我早年生活中某个阶段的真实看法，而绝不是为了标新立异——从任何方面来说都不会是——除非当时的背景的确如此呈现。

当我从整体上审视这部作品的时候，我发现自己拼凑出的是一幅已逝时光的拼图。无论是社会特征、政治基础、战争方式，或是青年人的期待和社会价值衡量尺度，都已经变得面目全非了。我们的国家并没有经历什么重大的内部革命，却在那么短的时间内发生那么大的变化，简直让我不敢相信。当然，我也不能睁着眼睛说瞎话，颂扬所有的变化都是好的。我出生于维多利亚时代，当时我们的国家架构似乎已经齐备得牢不可破，在世界贸易中和海洋上的地位无人能及，每个人都越来越强烈地感受到帝国的荣光，觉得自己有捍卫这份伟大的义务。显然，那些年大不列颠的主导力量来自于国家内部，奉行的也是英国的原则。英国认为自己能教导全世界政府统治的艺术和经济运行的科学，也觉得英国在海上所向披靡，只要待在国内就是安全的。有了权力与安全的信念，人们过得安详而放心。但现在这是一个焦虑而充满疑惑的时代，一切都大不相同。这些变化到底意味着什么，应当由亲爱的读者来解答。

我认为新的一代或许更有兴趣去读一部年轻人的奋斗史，由此，我在写下这一切的时候尽量开诚布公，而对我个人的命运变数尽量一笔带过。

温斯顿·斯宾塞·丘吉尔

1930年8月

于查特维尔庄园

目 录

第一章　童年

　　人自何时起方始记事？孩童懵懂，灵智又是何日初开，在脑海中投下婆娑摇曳的光影呢？于我而言，记忆的开端乃是在爱尔兰，哪怕我生于1874年11月30日，很早（1879年）就离开了这个地方。爱尔兰的一景一事我还能记个大概，人也隐约有点印象。我两岁那年，迪斯雷利首相[1]任命马尔博罗公爵，也就是我的祖父担任爱尔兰总督，我的父亲也作为他父亲的秘书一同前往。当时住的地方我们都管它叫"小窝"，离总督府[2]只有一箭之遥，我童年将近三年的时光都在那里度过。在我记忆中一些事尚能历历在目，一如昨日般鲜活。譬如1878年某天，当时的总督大人，也就是我的祖父，为郭富[3]勋爵的雕像揭幕。一片黑压压的人群，穿着大红制服端坐马背的士兵，棕色盖布闪着光亮，拴着许多揭幕用的细绳。那位老公爵，也就是我令人生畏的爷爷，正对着大家演讲，声若洪钟。我甚至还能记得他说的一句话："（郭富勋爵）一阵排枪摧枯拉朽，敌人阵型溃不成军。"我似懂非懂，也能知道他是在说战争，说战斗，什么"排枪"或许就是早上大人带我去遛弯的时候，凤凰公园[4]里那些穿黑衣的士兵（步枪手）常常弄出的巨大声响。这些，我想，就是我人生中第一段连贯的记忆。

　　还有一些事情，我记得更加清楚。有一次我们要去看童话剧，对此大家充满期待，那个下午终于到了。我们从总督府出发乘车前往城堡，无疑是去那儿接上其他孩子。我还记得城堡里有很大的一个正方形空间，地上铺着小鹅卵

---

　　[1] 本杰明·迪斯雷利（Benjamin Disraeli，1804—1881），即下文中的比肯斯菲尔德勋爵，曾任英国保守党领袖、三届内阁财政大臣并两度出任英国首相（1868、1874—1880）。

　　[2] 总督府，即目前的爱尔兰共和国总统府，坐落在下文提及的凤凰公园西北角。

　　[3] 郭富（Hugh Gough，1779—1869），或译作卧乌古，生于爱尔兰，曾任炮队军官。鸦片战争爆发后，他被任命为英国侵华军陆军总司令。《南京条约》后，郭富以功晋男爵，返印度。1849年英政府又以他侵略中国和印度有功，再加封其为子爵。

　　[4] 凤凰公园位于都柏林市中心，公园占地一千七百多英亩（1英亩＝6.072市亩），内有花园、湖泊、鹿园、爱尔兰式板球场、足球场、赛车跑道以及一些雅致的18世纪住宅。

石。天下着雨——记忆里天总是下着雨，现在也是一样。到了城堡，我们看见人群惊恐不安地从门里涌出。紧接着就有人告诉我们童话剧没法去看了——剧院被烧塌了。人们唯一找到的就是剧院经理曾经放在兜里的钥匙。作为对我们没能看成演出的安慰，大人答应我们第二天再去一次，看看那建筑的废墟。我很希望能去看看那串钥匙，但这要求似乎被忽略了。

那些年间，我们去过一次艾默公园，那是波塔灵顿勋爵的家。家里人告诉我可以管勋爵叫叔叔。那个地方我只是在四岁或是四岁半的时候去过一次，却至今历历在目。记忆最深刻的就是一座高高的白色石塔，我们乘了好久的车才到了塔脚下。有人告诉我，这座塔曾被奥利弗·克伦威尔[1]炸掉过。我很肯定地觉得，他曾经炸掉过各种各样的东西，一定是个非常了不起的人物。

我的保姆埃佛勒斯太太对芬尼亚党[2]人非常紧张。我因此认定他们是群邪恶的人，一旦让他们当道，什么事都做得出来。有一回，我骑着我的小毛驴走在路上，看到黑压压的好多人排成一队缓缓逼近，我们都觉得他们一定是芬尼亚党人。现在想来我很肯定那只不过是步枪队例行的列队演习。但那时候所有人心中大为紧张，尤其是我的小毛驴，胡踢乱蹿以示紧张，结果把我给颠了下来，得了脑震荡。这就是我上的第一堂爱尔兰政治课！

凤凰公园里种着一大圈树，围着一幢房子。房子里面住着一位重要的人物，头衔好像是布政司还是次长来着，我不太记得了。不管是什么长，这房子里还有一位伯克先生。他给了我一面鼓。我也不记得他长什么样了，只记得那面鼓。两年后，我们回到了英格兰，有人告诉我伯克先生就在我们日常散步的那座凤凰公园里被芬尼亚党人暗杀了。当时身边的每个人看上去都深感悲痛，我却暗自庆幸当时从驴背上掉下来的时候，芬尼亚党人没把我捉去。

也正是在"小窝"里我第一次尝到了教育的痛苦滋味。家里宣布一位叫作什么"家庭女教师"的阴暗人物即将来到我身边，而且已经定下日子了。为了作好准备，埃佛勒斯太太变出了一本叫作《幸福阅读》的书。对我而言，这

---

[1] 奥利弗·克伦威尔（Oliver Cromwell，1599—1658），英国政治家、军事家、宗教领袖，英吉利共和国护国公。17世纪英国资产阶级革命中逼迫英国君主退位，解散国会，建立英吉利共和国，出任护国公，成为英国事实上的国家元首。

[2] 一批爱尔兰流亡者于1857年在美国成立了"爱尔兰革命同志会"，又称芬尼亚党，其宗旨是通过武装起义推翻英国的殖民压迫，解放爱尔兰。19世纪60年代，芬尼亚党发动了数次武装起义，均遭到失败。后来的新芬党与爱尔兰共和军均与此有很深渊源。

本书绝对是名不副实的。我被清楚地告知，在女教师到我家之前，我必须要能做到"幸福地"去阅读。我的保姆和我为此每天都在努力：她拿着钢笔指着一个个不同的字母，而我觉得无聊烦躁透顶。当命中注定的那天到来的时候，我俩的预备工作绝对还称不上完成。就在女教师到我家的那天，我做了许多绝望压抑的人在相似情况下都会做的事情：逃之夭夭，躲进了环绕"小窝"的森林里——其实那只是一片灌木丛。家里人花了几个小时才找到我，然后把我交给了家庭教师。接下来的日子里，我和家庭教师一起继续努力，不仅学字母，还要学单词，当然还有更麻烦的数字。无论如何，字母只要能认出来就行了。当一个个字母以某种规律站在一块儿，我也总是能辨识出来的，因为那总是意味着某种声音或代表着某个单词，要是老师催得紧一些，我还是能把它们读出来的。但数字就不一样了，一个个没头没脑乱作一团，对彼此起着这样那样的作用，极难精准预判到底会是什么意思。你必须要能说出他们每次相互捆作一堆的时候到底是什么数字，而我的家庭女教师显然对"对的"答案非常重视，只要不对，那就是错，"差不多"毫无意义。有的时候这些数字还要相互借来借去：先借一位或是进一位，接下来还得把借的还回去。就因为这些复杂的玩意儿，我每天的生活都笼罩在一团不断稳步加厚的阴影之下；我渴望在苗圃或花园中做各种各样有趣的事情，却不能去；我的空闲时光不断被侵占，几乎没有时间去做自己想做的事。这些课业成了我生活中时时刻刻都得担心忧虑的负担。尤其是当我被拖入"算术"的悲惨泥潭中之后，生活更是一片惨淡。一道题做完了，总还有一道等着你，简直没完没了！而且每当我好不容易适应了某种程度的"折磨"，总是会有下一种更加变化多端的"折磨"强加到我身上。

我母亲没有亲自参与这些，但她让我明白她是同意这一切的，而且她几乎永远站在家庭教师那一边。在我印象里，母亲在爱尔兰时经常骑马，紧身衣上沾着图画般美丽的泥点。她和我父亲总是骑着大马外出打猎，有时候要是哪位迟了几个小时没有回家，家中就会陷入一片慌乱。

母亲于我就像是一位仙子般的公主：容光焕发，似乎有着无穷无尽的财富与权力。达伯农勋爵曾用如下文字描写他眼中的我母亲在爱尔兰那段日子里的形象，我为此深表感激。

"我还能清晰地回忆起初次见她时的场景，那是在都柏林的总督府，她就站在入口左侧。沿着入口看去，在房间的另一头，总督站在高台之上，身边簇拥着一群才华横溢的幕僚。但众人的目光却不是聚焦在总督或是总督的属下身上，而是在她身上。她一袭黑衣，轻盈优雅，隐隐与周围的一切格格不入，显得光彩照人又神思内敛。她的头发上点缀着她最爱的首饰：一颗钻石星，但与她眸子里的神采一比，钻石也顿时黯淡无光。她看上去就像是一头蓄势待发的豹子，可丛林里又哪能找得到这般知性的智慧女子呢。她的勇气与她丈夫一般无二，的确是伟大的公爵家主人的良配。因她聪明、善良，从不扫兴，到哪里都能和人们处得很好。她总是真诚地希望别人也能开心，和她一起愉快地享受生活，因而结交了不少真心挚友。"

在我童年的日子里，我母亲给我留下的也是这样光芒四射的印象，她就像是夜空中明亮的星星一样。我深爱我的母亲，但总觉得和母亲之间是隔着一层的。和我最亲的是我的保姆，埃佛勒斯太太，她一直照顾着我，应付我各种各样的要求。无论是在上学的日子里还是现在，我总能对着她倾诉所有我遇到的烦恼。她到我们家之前，在坎伯兰郡[1]一个教士家庭住了十二年，照顾他们家的小女儿艾拉。尽管我与"小艾拉"从未谋面，但她却一直是我生活的一部分。她的一切我知之甚详，喜欢吃什么，怎么做祷告，怎么淘气了，又怎么表现好了。我脑海里还能活灵活现地勾勒出北方田野中她家的样子。受埃佛勒斯太太影响，我也对肯特郡[2]充满好感，用她的话说，肯特郡是"英格兰的后花园"。埃佛勒斯太太出生在肯特郡的查塔姆，对自己的故乡深感自豪。在她看来，没有哪个郡能比得上肯特郡，也没有哪个地方能比得上英格兰，举例而言，爱尔兰就差远了。法国也不行——她就那么一次用童车推着我沿着"尚谢列色[3]"（她自己的发音）大街上上下下散步，然后就断定这地方不行。肯特郡才是她喜欢的地方。梅德斯通是肯特郡的首府，到处都长满了草莓、樱桃、覆盆子和李子，真让人心向往之！我也想到肯特郡去住了。

1900年，回都柏林讲授布尔战争的时候，我回了"小窝"一趟。我记得很清楚，"小窝"是一座白色长条矮楼，窗户装着绿色调的百叶窗，楼外围着一整圈回廊，还有一大块草坪，像特拉法加广场那么大。整块草坪都被森林密密

---

[1] 坎伯兰（Cumberland）是英国的一个历史地区，位于英格兰的西北部。1974年，坎伯兰和威斯特摩兰郡、兰开夏郡、约克郡的一部分地区统合，成立新的坎布里亚郡。现在坎伯兰仍然作为一个地理名词和文化名词继续使用。

[2] 肯特郡（Kent）是英国英格兰东南部的一个非都市郡，郡治梅德斯通。肯特与伦敦相邻。

[3] 实为香榭丽舍大街。

环绕。我一直坚信从总督府过来至少有一英里[1]那么远。直到那次故地重游，我才赫然发现那块草坪其实也就六十码[2]宽，所谓的森林其实就是灌木丛，而从总督府到我们住的地方骑马也只需要一分钟。

我记忆里另一个重要的地方就是海滨小城文特诺，我很喜欢这个地方。埃佛勒斯太太在那里有位姐妹，这位姐妹的丈夫在当地当了将近三十年的牢头，无论是当时还是稍后几年，他都时常带着我沿着起起伏伏的丘陵走好长的路。从他口中我听到了许多狱中暴动的故事，甚至有好几次他被犯人袭击以致受伤。我头一回去文特诺的时候，英国正在打祖鲁战争[3]，报纸上能看到祖鲁人的照片，赤裸着黝黑的身躯，手里拿着叫作"阿色改"的非洲标枪，他们很会投掷这种标枪。这些祖鲁人杀死了我们很多的士兵，但从照片上可以看出，被杀死的祖鲁士兵更多。我对祖鲁人很恼火，听到他们被杀掉的消息很高兴，我的朋友——那位老牢头——也是一样。很快，祖鲁人应该就都被杀光了，因为这场战争结束了，报纸上也不再出现他们的照片了，也没有人再皱着眉头谈起他们了。

有一次，我们外出去了文特诺附近的悬崖，看见一艘漂亮的大船挂着满帆，在离海岸只有一两英里的地方航行。人们都说那是一艘运兵船，"载着（从祖鲁战争）战场上胜利回国的小伙子们"——当然，那艘船也可能来自印度——我已经记不得了。突然间，黑云密布，狂风大作，一场风暴就此成型，我们赶紧屁滚尿流地往家赶，万幸没有被淋湿。后来我再去那片悬崖，就再也看不见漂亮的挂着满帆的大船了，只看见三根黑漆漆的桅杆从海里直愣愣地戳出来，用一种突兀的样子对着我。那艘船叫"欧律狄刻"号[4]，在那场风暴里倾覆入海，与她所载的三百名士兵一同，一头栽到了海底。潜水员们下水打捞遗体。有人告诉我，有的潜水员看见鱼在水下啃噬遗体，吓得晕过去了——这在我心里留下了很深的阴影。这些士兵认真履行了自己的义务，冒着生命危险和蛮人作战，却在回家的旅途上葬身海底，实在令人唏嘘。我模糊记得某个晴朗的日子里，有一些遗体被船以非常缓慢的速度拖走了。当时悬崖顶上聚集了很多人在看，大家都脱帽致哀。

---

[1] 英里，英制长度单位。1英里=1.609344公里。

[2] 码，英美制长度单位，通常换算方式为1码=0.9144米，实际1码=0.91440183米。

[3] 祖鲁战争（Anglo-Zulu War）指1879年英国与南非祖鲁王国之间的战争，此战争是英国在该地区一系列殖民主义行动的标志，最终终结了祖鲁作为独立国家的历史。

[4] 欧律狄刻（Euridice）是希腊神话中俄耳甫斯的妻子。

　　大概与此同时，还发生了"泰桥灾难"。整座大桥在暴风雨中轰然坍塌，正巧经过桥梁的火车落入河中，所有乘客都溺水身亡。因为那火车的窗子很难开启，必须先拉起长长的金属把手，然后才能将车窗放下、打开。这样的设计，乘客不被淹死才怪。我猜他们就是因此才无法及时通过车窗逃生的。当时我周围的人们都义愤填膺，政府怎么能让这样一座大桥塌了！我当时也觉得政府实在是太粗心大意了。人们都说政府如此懒散又玩忽职守，放纵如此骇人之事发生，都要投反对票，我也不觉得有什么奇怪。

　　1880年，我们拜格莱斯顿[1]先生所赐，全都被赶下了台。格莱斯顿先生是个危险分子，到处招摇生事，煽动人们的情绪，让人们把保守党赶下台。保守党下台了，祖父也就不能再当爱尔兰总督了。其实祖父并不太喜欢这个职位，他更喜欢之前在比肯斯菲尔德勋爵（迪斯雷利）的政府里担任枢密院[2]议长。当总督的时候，他必须自掏腰包，给都柏林的爱尔兰人举办娱乐活动；我祖母也曾设法筹集了一大笔捐款，设立了"饥荒基金"。可是，我不知怎么，深深觉得爱尔兰人不太知道感激。不管是看了演出，还是用了"饥荒基金"，他们都不怎么说"谢谢"。公爵本人更加享受身处英格兰时的日子——住在自己布伦海姆宫的家里，定期上内阁开会。可只要是比肯斯菲尔德勋爵请他做的事，他没有不答应的。格莱斯顿和比肯斯菲尔德勋爵是死对头，我们都管勋爵叫"迪兹"先生，有点儿说他厉害到令人眩晕的意思在里面。但这回"眩晕"先生却被格莱斯顿打得晕头转向，我们所有人都成了反对党，国家也很快走上了下坡路。所有人都说现在的情形简直是"一塌糊涂"。还不止这样，比肯斯菲尔德勋爵生了一场大病，他身体不好已经很久了，年纪又大，这回真的不行了。我每天都心情紧张地跟踪了解他的病情，大家都说如果他去世了对国家是很大的损失，再没有人能阻止格莱斯顿对咱们胡作非为了。我一直都知道勋爵这次是挺不过去了，但直到噩耗传来的那天，我才从周遭人脸上非常悲伤的表

---

　　[1] 威廉·尤尔特·格莱斯顿（William Ewart Gladstone，1809—1898），英国政治家，曾作为自由党人四次出任英国首相（1868—1874，1880—1885，1886以及1892—1894）。在19世纪下半叶，他和保守党领袖本杰明·迪斯雷利针锋相对，上演了一场又一场波澜壮阔的政治大戏。格莱斯顿是美国总统伍德罗·威尔逊的偶像，始终被学者排名为最伟大的英国首相之一。

　　[2] 枢密院（全称女王陛下最尊贵的枢密院；Her Majesty's Most Honourable Privy Council）是英国君主的咨询机构。它在以往具有十分大的权力，但今日只具有礼节性质。枢密院拥有不同的委员会，当中，英国内阁拥有其绝大部分的权力。枢密院亦具有司法职能，并主要由枢密院司法委员会行使。

情中真正确定。正如大家所说的那样，一位伟大杰出的爱国政治家，曾经击败
了俄国人，却因为激进派的忘恩负义，心碎而去。

　　我之前已经描述过在我的世界里游荡的名为"家庭女教师"的恐怖魅影，
但现在有了一个更加糟糕的威胁开始露头——我就要去学校了。这时，我已经
七岁了，正是大人们所说的那种"麻烦孩子"。似乎我就要离开家到学校去，
在老师眼皮底下做功课了，一连好几周都不能回家了。学校的学期已经开始
了，还有七周才到圣诞假期，那时我才能够回家。我之前听到的一些只言片
语，无疑让我对学校印象不佳，后来的亲身经验也证实了这一点。但我还是要
说，"去学校"这一生活中重大的转折让我激动不已。我觉得虽然要做这样那
样的功课，但和那么多男孩一起生活会非常有趣，我们会成为朋友，一起度过
许多精彩的时光。我也听说"学校生活是一辈子最幸福的日子"。还有几个大
人说，他们年轻的时候，读书的日子可难挨了。他们吃不饱，受欺负，还要每

作者五岁时

天早上"砸开水罐里结的冰"（我一辈子都没见过这回事）。可现在一切都变了，去学校生活就像是去长期做客一般。男孩子可喜欢去学校了。据我所知，几位略微大些的兄长，假期都不太情愿离开学校回家的。我去找他们求证，他们只是咧嘴笑，却也不点头。总而言之吧，我彻底孤立无援，命运的浪潮无法抵挡，汹涌而来裹挟着我往前走。要我离家上学，大人们没怎么问我的意见，就像当初他们把我带到世界上来一样。

购置上学要用的东西总是很有趣的事情。购物清单上写着"至少要买十四双袜子"。埃佛勒斯太太觉得太靡费了，她觉得仔细点儿，十双也够穿了。话是这么说，但有几双备用总是好的，能确保我不至于陷入穿着湿漉漉袜子会导致的各种致命窘境之中。

命中注定的那天终于到了。母亲带我坐一辆二轮小马车赶往火车站。她给了我三枚半克朗[1]的硬币，我把它们掉在了马车的地板上，结果只得趴在地上的稻草堆里拼命找，差一点就错过了火车。要是真的错过了，那就真成世界末日了，所幸并没有，世界还能继续运转下去。

双亲为我选择的是全国最好、最昂贵的学校。学校的一切都以伊顿公学[2]为样板，一门心思希望办成伊顿的预备学校，简直是不务正业。每个班只有十名男生，校园里有电灯（当时那可是稀罕玩意儿），有游泳池，还有宽敞的足球场和板球场。学校每学期都要组织两三次外出考察，称之为"远征"。老师们都有硕士学历，穿着学位袍，带着学位帽。校园里还有一座小礼拜堂，学生不能自带食物，一切都由校方提供。我上学的第一天就没能开个好头。我们报到的时间是十一月的某天下午，天空阴暗低沉。我们和校长一起喝茶，母亲同他说话轻松自在，而我一直在担心会弄翻茶杯，所以紧张极了，想着以后自己要一个人被丢在这个建筑宏伟、纪律严格、令人生畏的地方，和一群陌生人共处，实在让我垂头丧气。我才七岁，之前一直在家里和我的玩具开开心心地过着每一天。我有那么多奇妙无比的玩具：一台真正的蒸汽机，一架幻灯片机，还有我收集的将近一千个小人士兵。打今天起，就只剩下功课了。除了放半天

---

　　[1] 克朗为英国旧币值单位之一，英国货币旧制，1先令等于12便士，1几尼等于21先令，1克朗等于5先令，半克朗等于2.5先令。

　　[2] 伊顿公学（Eton College）位于伦敦20英里的温莎小镇，地处白金汉郡泰晤士河河畔，与温莎宫隔岸相望，伊顿公学是一座古老的学府，由亨利六世于1440年创办。作为英国最著名的贵族中学，排名全英前十。伊顿以"精英摇篮""绅士文化"闻名世界，也素以军事化的严格管理著称。

假或是有足球、板球活动的时候，每天要上七八个小时的课。

母亲离开的车轮声逐渐在耳边远去，校长转而请我交出身上所有的钱，我乖乖拿出了那三枚半克朗的硬币，按规章登记入册。校长告诉我学校里有时候会开放一些"购物点"，里面有各种各样的东西，如果想要的话可以去选，只要不超过我登记的这点钱就行。接着，我们就离开了校长的会客室，也走出了这栋楼比较舒服的私人空间，走进了更加阴冷的公共区域，学生宿舍和教室就在这里。我被带进一间教室，依言坐在一张课桌后面。其他孩子都出去了，只有我一个人面对着班主任。他拿出了一本褐绿色的小薄书，里面印着不同字体的文字。

他对我说："你以前从没学过任何拉丁语，对吗？"

"没学过，先生。"

"这是拉丁语语法。"他说着打开书，翻到一页有很重阅读痕迹的地方，"你必须学会，"他边说边指着几行字组成的表格，"我半个小时之后回来，检查你学了多少。"

看看当时的情况吧：窗外夜色阴郁，令人沮丧，而我坐在桌前，面对着"拉丁语第一变格法"，心里隐隐作痛。

这些见鬼的玩意儿到底是什么意思？学这些干吗？我看着就跟鬼画符没什么区别。好就好在我记忆力还挺好，总能背得下来。于是，我就硬着头皮，在我内心的悲伤还未逆流成河之前，试着去背诵这些像藏头诗一样、捉摸不定的东西，完成着落在我身上的任务。

不久，老师就回来了。

"你学会了吗？"他问道。

"先生，我觉得我能说出来了。"我说道，接着就叽里咕噜地把它们背了一遍。

老师看上去挺满意，我这才鼓起勇气追问了一句："可是，这些是什么意思？"

"意思都写在旁边了，Mensa。意思就是一张桌子。这是第一变格法的一个名词，一共有五种变格法，刚才你学习的是第一变格法的单数形式。"

"可是，"我再次重复，"这些是什么意思？"

"Mensa就是指一张桌子。"老师说。

"那为什么Mensa也可以是'哦！桌子！'呢？"我接着问，"那这个

'哦！桌子！'又是什么意思呢？"

"这个'Mensa'，'哦！桌子！'是呼格。"他接着回答我。

我真的是很好奇，紧跟着又问："可为什么要说'哦！桌子！'呢？"

"'哦！桌子！'你要称呼一张桌子或是祈求、呼唤一张桌子的时候会用。"他看我还是一头雾水，就又补充了一句，"当你要对一张桌子说话的时候就用得上了。"

"可我从来没对桌子说过话呀！"我下意识地感到惊讶万分，没过脑子就脱口而出。

"要是你表现无礼、顶撞老师的话，你一定会受惩罚的，而且会被狠狠责罚的。"他撂下这句话就结束了和我的对话。

这就是我第一次接触古典学，有人告诉我，许多我们之中最聪明的人，从中获得了莫大的安慰与益处。

班主任说的"责罚"绝不是空穴来风，圣詹姆士学校的规矩就是这样。从伊顿公学学来的拿桦树条抽打学生就是这里最大的课程特色。但我很肯定，当时没有哪个在伊顿或是哈罗[1]读书的孩子会遭受如圣詹姆士学校里这般的残酷鞭打。这里的校长已经习惯了拿痛打来折磨他所关照和管理的男孩，连内务部设立的工读学校里的体罚都不会这么严苛。后来，我读到的材料让我对他的秉性有了一些理解。每个月，全校学生都会被集中到图书馆，几个违纪的学生会被级长拖到隔壁房间，拿桦树条狠命抽打，直到他们皮开肉绽、鲜血淋漓。剩下的学生就坐在图书馆里，听着隔壁传来的惨叫，吓得浑身哆嗦。学校里的小礼拜堂常有宗教活动，一名高教会运动[2]的什么人物会来，进一步强化对学生的教育效果。埃佛勒斯太太非常反感教皇，据她说，要是真相大白的话，教皇就是芬尼亚党人幕后的黑手。再加上她自己支持低教会运动，不喜欢宗教装饰和仪式，一般来讲，她对罗马教皇的观感总是极坏的，这都极大地影响了我对教皇和一切与之有关的宗教活动的态度。因而，那些日子里，我并没有从学校

---

[1] 哈罗公学（Harrow School）位于伦敦西北角，是英国历史悠久的著名公学之一。它由哈罗当地的一个农民约翰·里昂于1572年创建，最初的目的是为当地的男童提供受教育的机会，但经过几百年的发展与演变，今天的哈罗公学是英国最负盛名的私立学校之一，入读的多为本地区以外的富家子弟。

[2] 高教会派（High church），基督新教圣公会的派别之一，与"低教会派"相对。主张在教义、礼仪和规章上大量保持天主教的传统，要求维持教会较高的权威地位，因而得名。

的宗教活动中获得多少精神慰藉。反而是其他世俗的教育活动，我都体验到了极致。

我对这所学校充满了厌恶。两年多的时间里，我始终处在焦虑之中，功课进步不大，体育运动也不擅长。我在学校里度日如年，每天数着小时和日子过，期盼期末早点到来，我就可以摆脱这种令人憎恶的奴隶状态，回家在地板上指挥我的小士兵排成队列打仗了。阅读是我那段时间里最快乐的事。父亲在我九岁半的时候送了我一本《金银岛》[1]，我到现在还记得这本书给我带来了无穷的乐趣。老师断定我是差生，谁让我的成绩在班上总是倒数，还读着我这年龄段"不该"读的书。他们非常生气，拿出了许多办法来强制纠正我，但我脾气也犟，没有低头。如果我对一门科目读不懂、想不通、毫无兴趣的话，我是学不进东西的。整整十二年的学习过程中，我只是学会了字母表，没人能成功地让我学会希腊语，或是用拉丁语写出哪怕一行诗句。父母花费良多，老师也倾尽心血帮助我，可我还是愚蠢地放纵，浪费了学习的机会，我当然不会轻易全盘原谅自己。但要是当时在学习的过程中，老师们能多介绍些古老文明的历史、习俗，引导我学习，而不是一味地让我啃语法和句法的话，我可能也会学得好一点。

在圣詹姆士学校，我的健康情况一直不好，最后大病一场，双亲不得不把我带回家。那时候，我们的家庭医生是很有名气的罗伯森·罗斯医生，他在布莱顿城执业。我的身体情况不是很好，他觉得最好还是能由他照顾。因此，我就在1883年转学到了布莱顿城里两位女士开办的一所学校。这所学校规模小得多，学费便宜些，也没那么"自命不凡"，但却有着我之前第一段学习经历中一直没有体会到的友善与同情。我在这所学校读了三年书，虽然有次得了双侧肺炎几乎丧命，但当地空气令人神清气爽，环境温和宜人，我的身体也慢慢好了起来。在这里，我也能学习真正让我感兴趣的科目：法语、历史等。我背诵了许多诗歌，还经常能去骑马、游泳。这段经历在我脑海中留下的是快乐的印记，和此前的学校生活形成了鲜明反差。

前文说到过，埃佛勒斯太太同情低教会运动，她也影响到了我，让我对低教会派的原则也心存好感，但这份"原则"有一次却让我陷入尴尬。在布莱顿

---

[1] 《金银岛》是英国小说家罗伯特·路易斯·史蒂文森于1881年创作的一部长篇小说，讲述的是18世纪中期英国少年吉姆从垂危水手彭斯手中得到传说中的藏宝图，在当地乡绅支援下组织探险队前往金银岛，并与戈恩众人智斗海盗，最终平息了叛变并成功取得宝藏的故事。

城的时候，我们一直去皇家礼拜堂做礼拜。工作人员往往把学校的学生安排在南北向的长椅上。当开始诵读《使徒信经》的时候，大家都要把脸转向东方。我很肯定，埃佛勒斯太太一定会觉得这种按天主教规矩做的方式太谄媚教皇了，而且我觉得我有义务站出来反对。就在所有人都转向东方的时候，我一个人满脸冷漠地面向前方。我很清楚自己是在闹事儿，也准备好了"殉道"。可回到学校之后，什么风波也没有，我的行为没有引起任何风言风语，我甚至有点失望，很期待下一次去做礼拜的时候能继续展示自己对信仰的坚守。等到下次去做礼拜的时候，师生却被带到了皇家礼拜堂里朝着东方的长椅上，这样一来读经的时候，谁都不用做任何动作了。这让我开始思考自己真正的义务与道路，要是再故意把脸从东面转开，好像有点闹得过分了。我转而觉得这样的抗议举动实在没有道理，于是乎，我就不情愿地随大流走，什么也没做，被动地成了一个乖学生。

多么周到、巧妙！管理学校的几位年长女士温柔地照顾了我内心的小心思，她们的爱护也没有白费，从此做礼拜我就再也没有在这些细节上闹事或是感到不舒服了。我的意见并没有受到抵制或是换来虐待，这样的教育让我心满意足地学会了与正统观念共存，变得心胸开阔、宽容为怀。

第二章　哈罗公学

我进入一片名为"考试"的荒凉地带时过了十二岁生日，接下来的七年岁月里，我注定要在这里蹒跚前行。这些考试对我来说是巨大的试炼。考官最喜欢考的科目永远是我最不喜欢的那些。我比较希望他们考我历史、诗学和写作，但他们却对拉丁文和数学考试情有独钟。当然，考官的意志总是更占上风。更有甚者，这些科目里，他们出的总是那些我给不出满意答案的题目。我总希望能被问些自己知道答案的问题，可他们总是问那些我弄不懂的东西。当我希望能展现自己学问的时候，他们总是挖空心思暴露我无知的一面。这样一来，我只有一种结局：总是考不好。

我参加哈罗公学入学考的时候最为"出彩"，好在校长威尔顿博士更多地考察了我的综合能力，而对我的拉丁文考试成绩宽宏大量——这一点尤其重要，因为我考拉丁文的时候一道题都没答出来。我在考卷顶端写下了自己的大名，然后写下了题目的编号"I"。深思熟虑之后，我又在编号上加了一个括号，就成了这样："（I）"。然后我就不知道该写什么了，既想不出有什么和题目相关的，也想不到有什么正确的——好在不知从哪里弄出了一滴墨迹和几处污渍。就这样，我和这些令人伤心又惊讶的奇观大眼瞪小眼地对视了整整两个小时，最后，还是好心的监考人员收走了我愚蠢的明证，把它和其他同学的试卷一起交到了校长的桌子上。威尔顿博士正是从这些点滴的学术成就中判定我符合进入哈罗就读的标准。我觉得仅凭这一点，他就值得我们景仰：他能透过事物的表象看到本质，而不只依靠卷面标准来评判学生。他一直是我最尊敬的人之一。

校长作出了收我入校的决定。我自然而然地被分到了四年级（即最低的那个年级）的第三班（即最后一个班）。新生的名字按字母顺序打在学校的花名册上，我的姓氏写全了其实是斯宾塞·丘吉尔，是以字母S打头的，这样一来我也没能捞到什么救命稻草，学习成绩更是帮不上什么忙。其实，最后在全校的名单上，我后面只有两位难兄难弟；而我很不愿意提起另一个事实：这两位不知道是因为病了还是什么其他原因，很快就从校园里销声匿迹了。

　　哈罗公学点名的方式和伊顿不一样。伊顿公学是学生站成一群，被点到名字的学生就会把他的帽子举起来。而在哈罗公学，学生要在学校的院子里排成一列，被叫到名字的学生要从老师面前走过。我在校内的排名因此就被公告天下，那简直就是一种不得人心的公开羞辱。那时候是1887年，我父亲伦道夫·丘吉尔勋爵还只是刚刚从下院领袖和财政大臣的位子上辞职，仍然是活跃在一线政治舞台上的弄潮儿。因此，男男女女的大量看客就会聚集到学校的台阶上，只为了看一眼我从老师面前走过。我也经常能听到类似这样无礼的评语："怎么可能！他竟然是最后一个！"

　　这样低调不惹眼的生活持续了将近一年。话说回来，相较于最聪明的那些孩子，在最差的班级里待那么长时间倒是让我拥有了巨大的优势。当他们争先恐后地学习拉丁文和希腊文，还有其他光彩夺目的东西时，老师却在教我英语——学校觉得我们这些蠢材只能学会英语。索默威尔先生负责教这些最笨的孩子最不起眼的功课：学会写英文。我对这位老师有着深深的感激之情。他很会教书，用的是其他人都没有用过的方式，让我们逐字逐句地分析英文，也坚持用英语写分析类文章。索默威尔先生有自己的一套教学方法。他会挑出一句挺长的句子，然后用不同颜色的墨水：黑的、红的、蓝的、绿的，分别标记出其中的不同成分。无论是主谓宾，还是关系从句和条件从句，或是连接从句和分离句，都有自己独特的颜色和不同的括号来标注。这样的练习我们几乎每天都做，就像是军事演习一样。我在三班读四年级的时间比任何人都要长，几乎是一般学生的三倍，我也几乎做了三倍这样的练习。我彻底掌握了这门技术，让我能借此把日常英文的基本结构理解得深入骨髓，这又何尝不是一件重要崇高的事情呢？我在校期间有些同学当年凭借能写优美的拉丁文诗歌和简洁扼要的希腊文讽刺诗赢得了众多奖项与表彰，后来也不得不纤尊降贵回归到靠下里巴人的英文来谋生，或是把它拿来当升职的敲门砖。每当这时，我都不觉得自己有任何吃亏的地方。我后来自然而然地会偏向于鼓励孩子学习英文，认为每个人都应该要学英文，然后其中聪明的那些孩子可以去学拉丁语作为加分项，也可以去学希腊文作为一种乐趣。这些都可以，但唯一让我会想拿鞭子抽他们的事情，就是他们无法写一笔好英文，我会因此好好地抽他们一顿的。

　　我刚到哈罗的时候正逢夏季。学校的游泳池硕大无比，上面还架着两座桥，看上去更像是个河湾而不是游泳池，我从没见过比它更大的游泳池。那时我们一玩就是几个小时，在泳池里泡累了，就坐到泳池边缘晒得热乎乎的沥青上边晒太阳边啃硕大的圆面包。在这种环境下，"偷袭"光溜溜的朋友，有时候甚至是对头，把他们推下水自然而然就成了很棒的玩笑。我也养成了一个习惯，经常和比我瘦小或和我不相上下的孩子闹着玩。那时我刚入校还没满一个月，我看到有个孩子站在泳池边上，裹着浴巾，似乎在沉思。我觉得他看上去不比我大，正是可以下手的对象。我悄悄溜到他身后，一把将他推入泳池中，还出于人道考虑，踩住了他的浴巾——以免弄湿了。我惊讶地看到从溅起的水花里露出一张咬牙切齿的脸，用尽力气击打池水，奋力游向池边——显然，他的力气比我大多了！我转身想逃，但他就像一阵风一样很快就把我逮住了。他恶狠狠地抓住我，生拉硬拽地把我拖到泳池最深的一边，扔了下去。我很快就手忙脚乱地游到了另一边，一群比我小的孩子马上围了上来，激动地对我说："你死定了！你知道你干啥了吗？那可是艾莫里！六年级的！他还是级长、体操冠军！他还是足球健将！"他们七嘴八舌地一个个细数艾莫里的各种荣耀头衔，试图无限夸大即将落到我身上的可怕报复。我不仅怕得要死，还有一种亵渎了大人物的自罪感。可他裹着浴巾的时候，看上去那么小，我又怎么能知道他是几年级的呢？我决定赶紧去道歉。立刻！我心惊胆战、浑身战栗地向着这位著名人物走去。"我非常抱歉，"我说，"我把你误当作四年级的孩子了，你长得那么小。"他听了这话看上去一点和解的意思都没有，我赶紧绞尽脑汁想出我自以为最得意的回答："我爸爸可了不起了，他看上去也很小。"他捧腹大笑，接着我们就聊了点不咸不淡的话，说我的恶作剧和以后怎么做才能小心点，这次事件就这么过去了。

　　和在校期间相比，日后我有幸见他的机会多了很多。长大之后三岁的差距就没有读书时候那么重要了。我们一同在内阁共事了许多年。

　　当时如果学生能在校长面前一口气背完麦考莱[1]的《古罗马叙事诗》[2]，就能获得奖励。我在最低年级徘徊了那么久，所以当我愣是一个嗝都不打，一口气背完一千二百行诗的时候，所有人都觉得有种诡异的不协调感。我顺利通过了陆军的预备考试，虽然我当时在学校里排名还是垫底的。外人觉得我为这次考试做了很多针对性的准备，不然，那么多排名远高于我的学生为什么没有通过呢。但其实我也是运气好。大家都知道试卷中会有一道闭卷绘制地图的题

---

[1] 麦考莱（Thomas Babington Macaulay，1800—1859），毕业于剑桥大学，英国历史学家、政治家，前陆军大臣，鸦片战争前夕，力主侵华。

[2] 英文书名为 *Lays of Ancient Rome*，又名《古罗马谣曲集》。

目。为此，考试前夜，我就把地图册里所有地图的标题都写了下来，扔到了帽子里，从里面抽出一份作最后的准备。我抽到的是新西兰，于是我就用我良好的记忆力把新西兰的地形全都记住了。我很肯定，第二天打开试卷，第一道题就是："请画出新西兰地图。"这要是换成在蒙特卡洛[1]的赌桌上，那就是全中，我应该能拿回三十五倍的本钱。虽然没那么好运，但我显然得到了很高的分数。

就这样我开始了军旅生涯，这应该完全归功于我收集小人士兵的爱好。我搜刮了大概有一千五百个小人，他们尺寸都一样，都是英国军人的模样，我把他们编成了一个步兵师，下辖一个骑兵旅。我的兄弟杰克是敌军的领导人，可惜我们签署了《限制军备条约》，他不得装备火炮。这太重要了！这样一来我就能召集自己仅有的十八门野战炮了。我还有一些堡垒掩护，其他兵种也都齐备，只差一种——所有军队都嫌不够的——运输力量。我父亲的老友亨利·德拉蒙德·伍尔夫爵士很欣赏我的排兵布阵，发现了这一不足，捐赠了一笔款项，让我略作补足。

终于有一天，父亲决定亲临检阅我的军阵。我花了二十分钟细细研究阵型——所有部队都进入战斗位置，整装待发——我相信那一定非常壮观。他看得非常认真，嘴上挂着迷人的微笑。检阅结束后他问我是不是想加入陆军。我当时觉得指挥大军一定很威风，想也没想就点了头。很快我的想法就化为现实了。很多年来我都觉得我父亲是凭着他的阅历和洞察力才看出我身上有着军人的潜质，但后来才知道他只是觉得我不够聪明，没法当律师。无论如何，正是这些玩具士兵奠定了我今日生活的基础。从那以后，学校就只开设为了帮助我们通过桑赫斯特皇家军事学院[2]的入学考试和为我们日后能成为合格的职业军人作准备的课程，其他的就都要靠我们自己补起来了。

我一共在哈罗公学度过了四年半，其中三年在陆军预备班，里面都是通过了预备考试的学生。班里的孩子都来自中高年级，年龄不一，目标不是桑赫斯特皇家军事学院就是伍利奇皇家军校[3]。这个班里的学生都不参与学校常规

---

[1] 蒙特卡洛是摩纳哥公国的一座城市，位于欧洲地中海之滨、法国的东南方，素以赌博产业出名。

[2] 桑赫斯特皇家军事学院（Royal Military Academy Sandhurst）是英国培养初级军官的一所重点院校，也是世界训练陆军军官的老牌和名牌院校之一，与美国西点军校、俄罗斯伏龙芝军事学院以及法国圣西尔军校并称世界"四大军校"。

[3] 1741年4月30日，乔治二世国王签署一份皇家文件，成立伍利奇皇家陆军军官学校（仅培养炮兵、工兵和通信兵军官），后并入1802年建立的桑德赫斯特皇家军事学院（培养陆军初级军官和参谋人员）。

的年级制晋升，这样一来虽然我身边的同学大多编在五年级，我因为考入这个班级的时候还在读四年级，所以一直都还算是四年级，在学校花名册上的排位就很少再发生变化，总是处于下游。我从来没有正式升入高年级过，也从未能有个低年级学生供我使唤，像这类学生有个昵称："苦力"。时间一长，我就成了别人口里的"那个在四年级待了三年的家伙"，也不用给别人当"苦力"了。那时候我比我官方"年级"里的其他学生年纪都要大，就给自己挣了个"首席苦力"的头衔：负责管理其他听候差遣的学生。这是我有生以来第一个职务，而其光荣的"职责"，就是编制"苦力"花名册，排出他们的服务内容清单和日程表，再把文件副本送到班长、足球冠军、板球冠军和其他精英学生的寝室。我这样侍奉上位老爷们大概有一年，总体而言，我做到了乐天知命。

与此同时，我找到了翻译拉丁文的一种绝妙方法。我查字典和用电话黄页一样总是很慢，翻到每个单词打头字母所在的大概位置很方便，但接下来要找到确切的那个词就麻烦了，前前后后上上下下地找，经常是一开始翻到的位置离要找的词差了三四页。总而言之，虽然这对其他同学来说好像是小事一桩，但我总觉得颇费功夫，浪费时间。于是我和六年级的一位同学达成了合作，他很聪明，读拉丁语就像是读英语一样轻而易举。无论是恺撒、奥维德，还是维吉尔、贺拉斯，甚至是马提亚尔的讽刺诗，对他来说都是小菜一碟。我每天大概要写十到十五行作业，一般要花一到一个半小时来解读，还可能出错。但这位朋友却能在五分钟里一个词一个词地为我口头解释，而且我发现每次我目睹了这样的条分缕析，就都能牢牢记住。我对这些拉丁文"填字游戏"头疼不已，而我的六年级朋友也有自己头疼的事情，他最怵写校长布置的英文论文。由此我们达成一致，他帮我做拉丁文翻译，我帮他写英文文章。简直是黄金搭档，效果完美。拉丁文老师似乎很满意我的作业，每天早上我也有了更多属于自己的时光。差不多每隔一周的时间我就要为这位朋友代写文章。我的习惯是在房间里走来走去，口述文章——我现在也这样。他就坐在房间角落，把文章快速笔录下来。好几个月都没人发现，但有一次差点穿帮。老师觉得其中一篇文章写得不错，送到了校长那边。校长把我朋友叫去，夸奖了他一番，接着开始兴高采烈地同他讨论文章中的观点。"你文章里这个观点我很感兴趣，我觉得你可能还可以再深入一点，告诉我你到底是怎么想的。"威尔顿博士全然不顾我这位盟友张皇失措的神情和尴尬不知所云的回应，自顾自高谈阔论了许久。校长不愿把表扬变成吹毛求疵，最后以一句"似乎你笔头比口头的表现要好得多"结束了这次召见。他来找我告诉我这一切的时候，就像是死里逃生一样，我后来就十分小心，帮他写文章的时候尽量走中庸路线。

威尔顿博士对我相当友善关照，知道我古典学学得不太好，决定要亲自帮我。他日常事务繁重，但还是每周三次在晚祷前抽出一刻钟给我辅导。对校长来说这当然是屈尊了，能上他课的当然应该是班长和最高水平的学者。尽管这份荣耀让我深感自豪，我最终还是因为害怕严酷的考验而选择了退缩。只要各位读者接触过哪怕一丁点拉丁文学，就会在学习拉丁语的早期就接触到"独立夺格"这种结构，同时还有一种用"quum（每当）"这个词引导虚拟式过去未完成时替代这种结构的用法。我承认后面这种用法写起来篇幅更长些，无法体现拉丁文令人迷恋的简洁之精髓，不为人所喜，但我却更喜欢用。事物总有两面，后面这种用法能避免一些容易犯错的语法点。独立夺格的结尾有好多种，i或者o或者is或者ibus，我老是闹不清，而选择正确的词尾却又很重要。只要任何一个字母的用法出现一个错误，威尔顿博士就好像是实实在在被打了一下那样，露出痛苦的神色。我记得后来当我试图从我虽然不多但句句准确的拉丁文引语储备中搜肠刮肚找出一句来装点内阁会议的时候，阿斯奎斯首相[1]脸上也会有几乎一样的表情。这已经不仅是让人皱眉的小麻烦了，而是痛不欲生的精神折磨。说句题外话，校长能动用的很多权力是首相从未得到过授权的。总而言之，和威尔顿博士共处的"晚间一刻钟"让我的焦虑程度大大增加，简直是种煎熬。补习快满一个学期的时候，博士的耐心终于磨完了，结束了他出于好意但从未奏效的努力。对我来说，终于也能长舒了一口气。

行文至此，我想对拉丁文作些大而化之的评论——可能也适用于希腊文。在像英语这样合乎事理的语言中，重要的关键词是用其他小词联系到一起而产生意义的。而脑袋顽固的罗马人食古不化，认为这种方式松散而毫无价值，每个词都必须按照繁复的规则找到不同的使用条件，然后才能和相邻的词互动。只有通过这种方式组成的结构才能让他们满意，句子就像是精心设计的机械一样。毫无疑问，这样一来，那些句子无论是听上去还是读起来，都比英语更加堂皇庄严，每句话都紧凑严密，充满了意义。但要做到这样，就算是从小操着

---

[1] 赫伯特·亨利·阿斯奎斯（Herbert Henry Asquith，1852—1928），英国政治家，曾任内政大臣及财政大臣，1908年至1916年出任英国首相。自由党领袖。第一次世界大战头两年的英国领导人，大战爆发后两年由劳合·乔治接任首相。在1925年他获封伯爵，晚年遂以牛津勋爵（Lord Oxford）为通称。

这种语言长大的人，组织话语也需要很多功夫。当然，这让罗马人和希腊人显得优雅精致，轻而易举流芳百世。他们是思想和艺术领域里的先驱，讨论生命、爱情、战争、名誉或礼仪。他们的语言高度适合写作标语或警句，每当发现一些显而易见的结论就拿自己的语言固定下来，然后永远抓着专利权不放，芳名美誉也随之而来。这些，上学的时候可没人告诉我，都是我日后思考所得。

但就算是一介学童，我也质疑过古典学是否适合作为教育的主干结构。我得到的回答是格莱斯顿首相阅读荷马著作获得了多少乐趣，我觉得他简直是自己找罪受；人们又说日后读古典著作将成为我的一大乐趣，我脸上露出狐疑；人们接着又说读古典学能帮助我更好地写或说英语，多少现代词汇是从拉丁文或是希腊文里来的云云，要是能知道单词的确切渊源就能更好地使用，这简直是不言自明的道理。我终于不情愿地认可了原来古典学还有那么一丁点的实际价值。但时至今日就是这么不起眼的价值也站不住脚了，外国人和苏格兰人联起手来最终把拉丁文和英语的发音习惯搞得风马牛不相及。他们告诉我们，要把"奥迪颜思"（意为观众）给读成"欧乌迪颜思"，要把"西维尔"（意为公民的）给读成"克伊维尔"。按他们这种办法，我最有用处也是最令人印象深刻的一句引言，恺撒大帝的"我来，我见，我征服"就要被笨拙而滑稽地读成"维尼，维迪，维基"了。这种罪恶玩意儿谁要是敢传播，就一定应该受到惩处。

后文各位读到印度相关章节时，还会看到另一种扭曲变态、迂腐卖弄的情形。我小时候大家伙写到印度相关的词，都会按实际发音来，"旁遮普（Panjaub）"、"梵文学者（pundit）"、"安巴拉城（Umbala）"等等。但突然有个自恃满腹经纶的大人物跑过来冲大伙嚷嚷："不行不行！你们一定要正确拼写。"结果英国人现在就用这样拼的词："旁遮普（Panjab）"、"梵文学者（pandit）"、"安巴拉城（Ambala）和阿姆利则城（Amritsar）发生的麻烦事"等等。而照这样的字面去读，印度人听到了都惊讶怎么会有这样荒腔走板的洋泾浜发音！这就是对他高人一等的博学唯一的回报。这些事情上我非常保守，比如沙皇这个词，不管怎么读我都一直拼做"Czar"。至于所谓修订版的《圣经》，还有对《祈祷书》做的修改——尤其是对婚礼上所用祷词的修改，简直过分。

第三章　考试

桑赫斯特皇家军事学院的入学考试我考了三次。每次都要考五门课，数学、拉丁文和英语三门必考，另外两门我自己选了法语和化学。这一副牌里我只有一对王：英语和化学，但要中头奖至少要三张。我还得要再找到一张。拉丁文是没指望了，我学不进去，我对这门功课的偏见根深蒂固，凡是遇到相关内容头脑就自动闭门谢客。考试中拉丁文占了两千分，我大概能拿个四百分就谢天谢地了！法语很有趣，但情况尴尬，在英格兰想读好法语很困难。剩下的就只有数学了。头一次考试铩羽而归之后，我自己研究了考场上的形势，得出的结论是除非把数学作为援军引入战场，否则这场仗我是没法打赢的。绝望之下，我只得向数学求助，使出了浑身解数。我这一生中，时不时总会被逼得必须在很短的时间里掌握一些自己所不喜的科目，我觉得日后不论是精神方面还是实务方面我类似的胜利，都要归功于我这六个月速成数学琢磨出来的经验。数学总分两千五，三次折磨中，我头一次只拿了不到五百分，第二次就考了将近两千分。我觉得如此成就的取得，不仅仅是因为我有背水一战的决心——当然这样的决心再怎么表扬也不过分，还要感谢哈罗公学一位备受尊敬的老师：C.H.P.梅约先生在我身上花费的心血。他让我明白数学不仅仅是一堆貌似滑稽的鬼画符，那堆看似毫无希望的乱码背后，会闪烁出意义和韵律的光辉。他也让我明白，我对此并非完全无能为力，也是有能力抓住其中的一丝半缕的。

当然，我所谓的数学也只不过是在公务员考试委员会[1]规定的粗浅范围之内。我猜想，自己和真正深谙此道、乐此不疲的数学大拿相比，如果说他们是在大西洋里畅游的话，那我就是在养鸭子的水塘里扑腾。就算是这样，我一头跳进去之后，还是觉得那水深得足以淹死我。现在回顾当时忧心忡忡的几个月，我还是能从记忆深处回想起一些主要内容：当然我已经把分数和十进制

---

[1] 公务员考试委员会，又称文官事务委员会（Civil Service Affair Commission），或文官委员会。英国办理初任文官考试录用工作的机构，设立于1855年，对于英国现代文官制度的建立做出了积极贡献。

系统的内容远远甩在身后了，我们就像爱丽丝在漫游仙境[1]一样，进入了数学的王国。守门的是"二次方程"，扮着鬼脸指着往里走的路，通往"指数理论"。后者又向这群闯入者指引了一条布满荆棘的路去找"二项式定理"。再往里还有一间幽暗的房间，冒着硫黄味，昏暗的灯光隐隐照着一条被拴住的恶龙，名曰"微积分"，所幸这头怪物还在公务员考试委员会划定的界限之外。我们这群朝圣者正在步履蹒跚地向前进，旅途当前还在这个委员会的管控之下。走着走着，我们转向另一边，没有直接往快乐山上的朝圣天路走去，而是步入了一条奇奇怪怪的走廊，里面塞满了各种像是回文字谜，又像是离合诗一样的东西，比如正弦、余弦、正切之类的。显然这些很重要，尤其是它们相互做乘法，或是自己把自己乘起来的时候！但这些弦啊切的有一个好处：很多相互作用的结果都能提前背下来。我第三次也是最后一次考试的时候就遇到了一道和这些弦啊切的有关的题目，有一个条件是考它们的平方根，很难。但好在我几天前刚见过它们丑陋的嘴脸，一眼就认出来了。这对我日后的生活起到了决定性的作用。

这些生物我日后再也没见过。第三次也是顺利通过的那次考试结束之后，他们就像发烧病人头脑里的幻象一样消失了。我很清楚数学对天文、工程等学科很有帮助。造桥建运河需要计算压力和势能；想办法数清楚所有的星星，甚至是整个宇宙，测量它们离我们有多远；预测天象彗星；等等，数学都很重要。我很高兴许多人天生就有数学天赋，也喜欢钻研所有这些东西。就好像伟大的棋类国手能蒙着眼睛连下十六盘棋，随即癫痫病发暴毙而亡那样，真是自找的！我真心希望所有数学家都能获得丰厚的报酬。我保证绝不阻碍他们职业上的进展或是同他们虎口夺食。

曾经有一次我似乎对数学来了电，深邃的知识仿佛一层层在我眼前揭开，从开始到最后，有了感觉。就像大家看金星在夜空划过或是伦敦城的市长狂欢

---

[1] 《爱丽丝梦游仙境》（*Alice's Adventures in Wonderland*，通常简写为Alice in Wonderland）是19世纪英国作家兼牛津大学基督学院数学教师刘易斯·卡罗尔创作的著名儿童文学作品。1865年出版，续作为1871年出版的《爱丽丝镜中奇遇记》，讲述了一个名叫爱丽丝的英国小女孩为了追逐一只揣着怀表、会说话的兔子而不慎掉入了兔子洞，从而进入了一个神奇的国度并经历了一系列奇幻冒险的故事。

大秀[1]一样，一个个数字在我眼前划过、划过，一直到无穷大，然后所带的符号从正转为负。运算的过程以及种种变化背后的原理和步骤，各种变化之间是如何相互关联的，都一一展现在我眼前，就像政治活动一样。可惜那次我刚吃饱晚饭，就没顾得上管它。

言归正传，要是那位上了年纪、毫无乐趣可言的公务员考试委员会主任委员没有在试卷里出关于余弦和正切的平方，乃至立方根有关的题目，而我又碰巧在考试前一周左右复习到这些内容的话，本书后面各章节也就根本写不出来了。可能我会进入教会，用大无畏的勇气冒着与时代精神相悖的风险传布正统教义。可能我会进入金融城大赚一票。可能我会转投殖民地——或者用现在的新词汇"自治领"[2]——的怀抱，走上吹捧或至少安抚土著居民的道路，成为林赛·戈登[2]或是塞西尔·罗德斯[3]那样的人物，做出一番止小儿夜哭的事业。我甚至有可能被命运吸引着走上律师的道路，用我的口舌之辩，把那些暗中窃喜、偷偷隐藏自己罪恶秘密的人送上断头台。总而言之，我整个人生轨迹都可能会变得面目全非，我想可能也会影响到很多其他人的命运，而他们又会影响到其他人，如此循环。

让我们再回到数学。从1894年起我就再也没有研读过数学。无论这位主任委员出题的时候是每次都这样出，还是仅一时兴起放了这道题目，就我个人而言，我的命运彻底被这次考试改变了。日后我见过这个委员会的主任委员，也亲自见过委员会的工作人员，甚至任命过委员会主任。我崇敬他们，给他们荣誉，相信大家都乐意这么做。但没有谁——至少是委员会中的成员——会意

　[1]　"伦敦城市长狂欢大秀"是世界上耗时最长、不经彩排的年度盛典。但这里所说的伦敦城市长其实是指伦敦金融城的市长。伦敦金融城占地面积大概只有一平方英里左右，最初，伦敦就是从这里一点点扩张。如今伦敦金融城是英国金融业中心，是世界最重要的金融枢纽之一。金融城市长的主要职责之一就是推动以英国为注册地的金融服务业及相关业务的海外拓展。金融城的市长只有一年任期，在就任的第二天会参加市长巡游。

　[2]　亚当·林赛·戈登（Adam Lindsay Gordon，1833—1870），维多利亚时期首次用澳大利亚方言写作的诗人，生于英国军人家庭，因任性被其父送至澳大利亚。当过驯马师、骑师、警察等。因前两本诗集受到评论界攻击，且多次被马摔伤，于第三本书出版次日自杀。他当时铺张的语言和梦幻情调，现实主义地描写了车夫、牧人和马师等普通人的刚毅性格和贫寒生活，具有鲜明的地方色彩。

　[3]　塞西尔·罗德斯（Cecil John Rhodes，1853—1902），英国殖民者。生于英国哈福德郡一乡村牧师家庭，1870年赴南非。十年后创办了"德比尔斯矿业公司"，迅速发迹。1890年出任开普殖民地首相。积极向外扩张，1896年因袭击德兰士瓦失败，被迫辞职，后曾参加英布战争。因心脏病死于南非。本书第七章对其经历有进一步描述。

识到自己能在他人的命运中发挥如此决定性的一锤定音作用。这也让我得出结论，人的自由意志和命中注定的其实就是同一样东西。也请读者注意这一点。

我一直很喜欢蝴蝶。在乌干达[1]我见过翅膀颜色变化万千的蝴蝶。从不同的角度观察蝴蝶翅膀，看到的颜色会从最深的黄褐色一直变幻到最闪亮的蓝色。大家都知道在巴西还能找到体型更大、更加鲜艳的此类蝴蝶。但如此强烈的颜色对比，在别的任何地方都看不到，但这的确是同一只蝴蝶。蝴蝶就像是事实：扑棱着翅膀，闪烁着微光，直到落下的那一刹那翅膀对着阳光全部展开，就立刻消失在森林树荫之中。无论你相信自由意志还是相信命中注定，其实都取决于你观察它翅膀的那一瞬间所看到的颜色，而事实上那一刻你同时至少看到了两种颜色。不过我放弃数学可不是为了陷入形而上学，还是让我们回到故事的主线上来吧。

桑赫斯特皇家军事学院的入学考试我第二次考还是名落孙山。结果揭晓之后我离开了哈罗公学，抱着死马当活马医的想法去了一所专门的应试补习班。这家机构开在克伦威尔路上，是詹姆士上尉和他几位极有能力的朋友一起开的。据说上他们的班只要不是天生白痴都能过得了考试进入陆军。他们专门对考试委员会的想法做过科学研究，了解那些人在某一科目上最有可能出哪些题，准确程度就像教皇一样无缪[2]。这里的专长就是猜题和答题。他们的策略，拿打猎来比喻，就是向着一小群已经框定的鸟儿发射为数众多的枪弹，这样命中率就高且稳定，效率自然就极高。这位詹姆士上尉，要是他知道日后发生的第一次世界大战的话，一定会发现自己是"一战"中大炮齐射战术的先行者。他从仔细选定的炮位开火，火炮落点正是敌军必然会用大部队覆盖的地点。他根本不用看到敌军士兵，要做的就是每小时按地域大小发射一定数量的炮弹。这就是他能教给他的战士们的全部绝招。就这样，年复一年他一直是补习班中的执牛耳者。他就像到了蒙特卡洛赌场注定要倾家荡产的人，那些赌棍和上尉的区别就在于后者成功的概率还要大得多。在上尉手里，再没希望的学生也能调教出来。当然上尉不会给出拍胸脯的保证，但成功的概率远在半数之上。

---

[1] 乌干达，位于非洲东部，横跨赤道，东邻肯尼亚，南接坦桑尼亚和卢旺达，西接刚果（金），北连南苏丹，总面积二十四万一千五百平方公里。全境大部位于东非高原，多湖，平均海拔一千至一千二百米，有"高原水乡"之称。

[2] 教皇无谬论是天主教教会的宗教教义，指的是教皇代表教会所宣告关于信仰和道德的训令上不能错误，而非指教皇永远正确。

　　好事多磨，就在我准备安心接受这里久负盛名的应试填鸭教育之机，一场大难从天而降。

　　那年冬天，我的姨妈韦恩博恩女士把她在伯恩茅斯[1]的舒适庄园借给我们居住。庄园里有一片小小的荒野世界，栽种了四五十亩松林，一直延绵到英吉利海峡边上的悬崖上，起伏的曲线就像沙漠里的沙丘一样。松林正中横亘着一道山谷裂隙，一直下切到海平面，人们叫它"脊背骨"，一座手工打造的粗糙小桥长约五十码，横跨在裂隙上。当时我刚满十八岁，正在放假，我十二岁和十四岁的两个兄弟和我一起玩追和跑的游戏。我被追了将近二十分钟，跑得上气不接下气。走投无路之下，我决定上桥。就在我跑到桥中间时，我惊恐万分地发现追兵竟然兵分两路，各自从桥的一端朝我包抄过来，被抓住似乎已经不可避免。就在那瞬间我灵光一现，脑海里浮现出一个绝妙的办法。这条山谷裂隙中长满了刚成材不久的冷杉树，笔直的杉树尖顶正在向我招手，一直生长到离我脚底不远的地方。我心想："是不是可能跳到其中一棵树上，然后沿着电线杆子一样的树干一路压断树的层层枝杈，滑到地面上呢？"我看着，心里盘算着距离，脑里细细思索着，一面就爬上了桥栏杆，翻了过去。那时候年轻的追逐者就站在桥的两端。跳还是不跳，这是个问题！电光火石之间我竟跳了下去，张开双臂试图抱住冷杉树树干的尖顶。想法不错，现实却很残酷。数据大错特错。三天后我才恢复意识，三个月后我才挣扎着爬下床。后来测量得出，从我摔下来的地方到地面整整有二十九英尺，毫无疑问我的命是那些树枝救的。"他从桥上跳下来了，现在连话都说不出！"我母亲听到小孩送来的噩耗，内心焦急，匆忙赶到我身边施救，还给我灌了几口不明所以的白兰地。我父母一直坚持认为若是出了严重意外或是重病，必须要请最好的医生，提供最好的医疗条件，不论靡费多少。我的床边站满了名医。后来我清醒之后才知道父母付出了天文数字的医药费，为此我感到非常震惊，还有些受宠若惊。我父亲当时正在都柏林，参加老菲茨吉本勋爵举办的圣诞派对，接到消息之后他立刻全程搭特快列车赶了过来，还捎上了伦敦最负盛名的外科医生。除了其他伤势之外，此次事故还导致我一侧肾脏破裂。今天诸位能读到这本书，完全要感谢这位医生的精湛医术和我本人强烈的求生欲望，但此后整整一年的时

---

　　[1] 伯恩茅斯（Bournemouth）是英国英格兰西南部多塞特郡的一个镇。东北距伦敦一百七十公里，濒临英吉利海峡，面积四十七平方公里，人口十八万。

间，我的活动受到了极大的限制。那段时间卡尔顿俱乐部[1]的家伙总是拿这件事开玩笑："听说伦道夫的儿子出了大意外？""是吗？是玩有样学样的游戏吗？""好吧，好吧！伦道夫才不会悲伤到那种地步呢！"

保守党政府在1892年夏天大选中以四十席之差落败，格莱斯顿先生在爱尔兰民族主义分子的支持下上台。新一届议会在开会完成政府更替之后就按当时惯例休会六个月。睿智又幸福的惯例！人们热切又紧张地期待着1893年的议会会期，以及不可避免将随之而来的爱尔兰自治问题大乱斗。我父亲一直说"五年来这届政府和政党一直在抵制我，拆我的台"，我们家自然不会对选举的结果觉得悲伤。事实上整个家族，许多势力庞大的支脉和他所有的朋友都对选举后的新形势充满希望。六年前，我父亲的辞职导致整个政党在议会中的势力土崩瓦解，大家都觉得随着现在转而成为反对党，父亲能很快抓回在议会和党内的威望和地位。

没人比我更热切珍视这种希望。尽管从小大人很少跟我说政治上的事情，母亲和姐妹同我说得更少，可和父亲生活在同一屋檐下，我不可能不明白他遭遇了重大的仕途灾难。在外人、孩子、仆人面前，这些话题上总要留一份尊严，口缄三分。父亲在我面前抱怨时运不济，我只记得那么一回，也仅只言片语，他在我眼前丢掉了面具。那是1892年秋天，我们住在纽马科特[2]的房子里。一只兔子跑过他房间窗外的草地，我拿双筒猎枪对着它开了一枪，把父亲吓了一大跳。他受到了打扰，顿时暴跳如雷，把我臭骂了一顿。他发完火立刻意识到我被吓到了，找了个机会安慰我。我记得我和父亲谈心的次数也不多，就那么三四回，这是其中的一次。我对每次和他促膝长谈都非常骄傲。他向我解释，年纪大了总被俗务缠身，会突然感到烦躁，总有可能勃然大怒，对年轻人关心不够，考虑得也不足。他说我喜欢打猎他很高兴，安排了9月1日（那次谈话是8月底）在我们家庄园里让我打松鸡。紧接着他话锋一转，用充满魅力的语气谈起了学校、我入伍和未来的成年生活。我听得有点灵魂出窍，他简直像是换了个人一样，突然之间不再一贯地高冷，对我所有的事情都了如指掌。最后他对我说："记住，我做事不总是一帆风顺。我做的每件事都会引来偏见，

---

[1] 卡尔顿俱乐部是伦敦最古老的会员制俱乐部，创立于1832年乔治王朝时代。在保守党中央办公室成立之前是保守党的总部。

[2] 英格兰东南部的纽马科特（Newmarket）是世界赛马运动发源地，位于伦敦东北方向一百二十公里左右。

说的每句话都会招来扭曲，所以你要体谅。"

我当时是他的狂热支持者，埃佛勒斯太太也是。她用自己的方式默默地支持着父亲。为了节省开支，我们全家都搬去和祖母一起住在格罗夫纳广场[1]50号的房子里，埃佛勒斯太太现在改当了祖母家的管家。在尽心尽力服务了二十年之后，埃佛勒斯太太领到了一笔养老金，正式退休。她把自己的积蓄都委托给我父亲，后者特地坐着自己的私人小马车前往罗斯柴尔德勋爵的新院[2]总部与他共进午餐，希望为这笔钱找到最安全无虞、收益颇丰的投资办法。我很清楚地知道保守党内的"老派"之所以能执政那么多年，全是要归功于我父亲个人的奋斗，也是他让托利党的民主派再次起死回生，可当他第一次在政坛受到重挫的时候，这些人却没有展露出点滴感恩或宽容。我们大家当然很希望看到他重新崛起，夺回权力。从孩子的角度来看，当他带着一嘴大胡子走过的时候，路人都会向他脱帽致敬，工人也会向他报以笑容。多年来他所说的每个字和报纸上关于他的每条评论我都会仔细阅读。虽然他只是普普通通孤立无援的一名下院议员，但他说的所有的话——哪怕是在最小规模的集市上说的一句话——也会逐字逐句原原本本地见诸所有报端，每句话都会被拿出来掂掂分量，再三分析。现在似乎他的机会再次来临了。

我被带回了伦敦，尽管卧病在床，我还是带着极大的兴趣跟踪着1893年的政坛风云。我有极佳的条件做到这一点，不仅是我母亲把她听到的全都告诉了我，还有其他优势：格莱斯顿先生的首席党鞭，日后的特威德茅斯勋爵大人，娶了我姑母法妮，因而我们也能以一种若即若离的方式分享了自由党人在长期在野之后重新执政的满足感。至少我们能多多少少听到一些他们在希望些什么，又在害怕些什么。那些日子里，政治在我看来非常重要，而且异常生动。政治由一群智慧超群、富有个人魅力的国务活动家指点江山。上流社会的人们在不同阶段都会参与进去，不管是出于习惯或当作一种义务，至于劳动阶级的人们不管是不是手中握有选票，都像是参加体育运动一样追随政治家。劳动阶级对国家事务投入了极大兴趣，而且对公众人物有极强的洞察力，就像是现在人们关注板球或是足球圈子一样。而报纸呢，则是自愿顺从受过教育人士的大众观点。

作为一个一直躺在床上的病废之人，我倒是有了很多时间沉迷政治，关注

---

[1] 格罗夫纳广场（Grosvenor Square）是英国伦敦的一个花园广场，位于奢华的梅费尔区。这是威斯敏斯特公爵梅费尔产业的核心，得名于其姓氏"格罗夫纳"。

[2] 罗斯柴尔德银行新院（New House）指由该行所建造的新行址所在地。

格莱斯顿先生最后一场惊心动魄的议会大战。八月份——也是我参加的最后一次——令人畏惧的考试迫在眉睫，但在我心中这场议会大战要来的重要得多。随着时光流逝，我越发觉得我父亲的演讲不及从前精彩，有一些大获成功，但总体而言很难立于不败之地。自然而然地我开始期盼赶紧成长起来，适时能给他帮助。我明白他要是知道的话一定会大感宽慰。我想到的榜样包括与他父亲并肩作战的奥斯丁·张伯伦，还有和他那位元老父亲一同前往各地的赫伯特·格莱斯顿。我也梦想有一天托利党的民主派能一鼓作气把"老派"的家伙们扫地出门，再把那些激进分子和其他不值一提的家伙们打得一败涂地。

那一年时间里，我常在父亲家里见到许多议会辩论中的领袖人物，也常常在午宴或晚饭桌上看到他同他们友好地就时下大事交换意见，有些是同事，有些则是对手。也是在那时，我头一次见到了贝尔福先生[1]、张伯伦先生[2]、爱德华·卡森先生[3]、罗斯伯里勋爵、阿斯奎斯先生、约翰·莫利[4]等一众部长级的重要人物。这些大人物们似乎生活在异常伟大的世界里，受到众多尊贵规则的束缚，他们在公共生活中做出的任何点滴琐碎行为都可能造成重大后果。这也是个决斗场，尽管正事上可能斗得你死我活，枪弹上膛，但私底下能存乎于礼，相互尊重。当然我只会在父亲宴请最亲密的朋友，或是有重大政治影响的人士的时候，才能见到这种有着社交温情的一面。我也听到别人对他不带偏见的评价，说他极端暴躁，令人不可思议，会用最生硬甚至是野蛮的话语顶撞他人。这样一来不了解他的人会防备他，或是对他小心翼翼也就不足为奇了。

---

[1] 阿瑟·詹姆斯·贝尔福（Arthur James Balfour，1848—1930），英国首相，哲学家，索尔兹伯里侯爵首相的外甥和政治继承人，1902年至1905年出任首相，任内其政府因关税改革议题而陷入分裂，但他却跳出了党争圈子。"一战"中任海军大臣和外交大臣，后又担任爱尔兰事务大臣，因为在任内血腥镇压爱尔兰独立运动，被称为"血腥的贝尔福"。1917年11月2日颁布了《贝尔福宣言》，提出在巴勒斯坦建立一个犹太家园的计划。1922年被封为第一代贝尔福伯爵。

[2] 约瑟夫·张伯伦（Joseph Chamberlain，1836—1914），英国著名企业家、政治家、演说家。曾任对外贸易大臣、殖民大臣。著名的激进帝国主义者。本书中所提及的张伯伦均指老张伯伦，请勿与其子、后任英国首相并提出绥靖政策的内维尔·张伯伦相混淆。后文中提及的奥斯丁也是老张伯伦的儿子，后任英国财政大臣。

[3] 爱德华·卡森（Edward Carson，1854—1935），英国律师和政治家，被誉为"北爱尔兰无冕之王"。卡森领导北爱尔兰粉碎了英国政府想在整个爱尔兰实行地方自治的企图，以致到今天北爱尔兰九郡中的六郡还保留在英国手中。

[4] 约翰·莫利（John Morley，1838—1923），英国自由党政治家，作家，报纸编辑。于1883年当选下院议员，历任爱尔兰事务大臣、印度国务大臣等职务，被誉为19世纪最后一位伟大的自由党人。他反对英国在布尔战争中展现出的帝国主义倾向。

　　身体恢复一些后，我开始去下院旁听这些伟大的辩论。格莱斯顿先生二读《爱尔兰自治法案》的时候我甚至想办法钻进了久负盛名的旁听席。我至今还记得当时的场面和一些小波折。格莱斯顿先生看上去就像是一只凶猛残暴、庄严堂皇的大白鹰，辞藻滔滔不绝地从他口中流出，所有人都紧盯着他的双唇和手势，渴望择机喝彩或是喝倒彩。他当时正在长篇大论，夸耀自由党能在所支持的政见上屡屡获胜云云。正讲到精彩之处，他冒出了个口误："从没哪次"，他大声疾呼，"（像自治法案一样）让自由党遭受那么大的损失或沉沦得如此卑贱！"听闻此言，保守党人一下子兴奋得从座席上跳将起来，发出了惊喜的鼓噪。但格莱斯顿先生只是狠狠伸出鹰爪般张开的手掌，挥了几下，平息了骚动，继续演讲，"但我们又重新站起来了！"

　　格莱斯顿先生就奥斯丁·张伯伦的议会首秀向老张伯伦道贺的事情后来传为佳话，我当时也在现场亲眼看见。他说："我不会对这次演讲溜须拍马，大肆夸赞。我只会简单说几句真心话总结一下。这是一次身为父亲定会觉得欣慰且耳目一新的演讲！"当时我蹲在旁听席地板上，透过栏杆缝隙看到老张伯伦听到这些话之后立刻变得激动万分，就像是被一颗子弹击中了一样。他那张苍白甚至带着病态黄色的脸庞立刻泛起潮红，内心汹涌的情感显然无法也无意抑制。他随即略微起身，对着大伙欠了欠身子，接着就低着头坐在位子上缩成一团。不管我怎样精心挑选用词，这些场面一旦写下来就变得羸弱无力了。就那一刻，人们做事的方式让多年宿敌结下的积怨被暂时一扫而光。

　　还有一次我待在旁听席上，正好遇到我父亲与威廉·哈考特爵士你来我往，针锋相对。爵士看上去似乎火冒三丈，回答毫不客气，一点也不公正。可就过了几分钟，他朝着我坐的地方走过来，脸上满是阳光般的笑容，介绍了自己，还问我对刚才的辩论有何看法，令我大为惊讶。

　　我出了意外之后身体一直很差，还沉迷政治，詹姆士上尉几乎没能好好带着我准备考试，第三次尝试入学考却比之前考得都要好些，成功拿到了进入桑赫斯特皇家军事学院就读骑兵候补军官班的资格。骑兵比起步兵来要好考些，当骑兵的开销要多得多，据说一般都是入学榜单上的最后几名会被建议进骑兵班。我很高兴通过了考试，更高兴未来能骑在高头大马上风光无限。我已经拿定主意，对骑马和走路哪个更好些作出了决断。骑着马多有意思呀，何况骑兵的制服比起那些靠两条腿的家伙的制服要更加好看！基于以上考虑，我写信给父亲的时候简直自信心膨胀，最终却惊讶地发现他的意见恰恰与我相左。

他觉得我没能取得步兵资格简直丢脸透顶，也让他失信于人。他原以为我会进入第六十步枪团。这个赫赫有名的团下辖四个营，传统上穿黑色军服，但袖口和领口上装点着一抹红色。他对我说过："要是能进第六十团，你就能去地中海的某个堡垒服役两到三年，锻炼成熟之后就可以去印度。"好像他也给担任第六十团名誉团长的剑桥公爵写了封信，言及我进该团的事情，还得到了积极回应。这回好了，所有的计划都白费了。转而带来的是最不方便、最昂贵的麻烦。公爵再也不可能欢迎我入列，而地中海的堡垒也不需要骑兵。父亲曾说起过："当步兵只要管好自己就够了，骑兵还要额外供养一匹马。"他这话一点也不假，只是没说全，不仅是一匹马，还要有两匹替换的，一两匹打猎用的，还有几匹专门打马球的矮脚马。这样，父亲给我一封如此措辞严厉的长信的原因，就不难理解了，他对我的学习生涯下了最冷酷的断语，对我考试的成果毫无赞赏之意，反说我是瞎猫撞上了死耗子，还警告我显然正在成为"只会社交的废物"！我感到瞠目结舌，心中充满了悲痛，赶紧给父亲回信保证未来一定拿出更好的成绩。无论如何，能够进入桑赫斯特皇家军事学院，一想到不超过十八个月之后我就会成为一名真正的骑兵军官了，我还是欣喜万分。与此同时，一名体面的绅士骑兵候补军官所需要的东西和行头也让我忙得团团转。

那年夏天，父母把我和我兄弟送去瑞士参加一次所谓的"徒步旅行"，有一名导师和我们同行。毋庸赘言，在经费许可的情况下我们都是坐火车前往的。导师和我一同爬上了韦特峰和玫瑰峰。初升的日光洒在伯尔尼高原群峰之上，光线与色彩共同上演了一出无与伦比的奇迹，为我此生所仅见。我很想攀登马特洪峰[1]，可导师觉得那不仅过于昂贵，还过于危险，所以未能成行。尽管他很小心谨慎，但在洛桑[2]湖里发生的一件事却差点让他的努力都付诸东流。我在此记下这事是想着或许能示警他人。那时我和比我小一些的另一个男孩一同去划船。划到离湖边大约一英里的地方，我们决定游上一会儿。于是我俩脱了衣服，跳入水中开始撒欢儿。当两人都游累了，才发现船已经离开我们大概有一百码远了。这

---

[1] 韦特峰、玫瑰峰、马特洪峰均位于瑞士与意大利之间阿尔卑斯山中，接近因特拉肯。马特洪峰海拔四千四百七十八米，是阿尔卑斯山最美丽的山峰，也是瑞士引以为骄傲的象征，以其一柱擎天之姿，直指天际，其特殊的三角锥造型，更成为阿尔卑斯山的代表。

[2] 洛桑（Lausanne），瑞士西南部法语区城市，是瑞士沃州的首府，也是洛桑区首府，同时也是瑞士第五大城市，第二大法语城市。位于日内瓦湖北岸，与法国城市埃维昂莱班隔湖相望，北面是汝拉山脉。洛桑与日内瓦一样，是国际奥委会等许多著名的国际组织的总部所在地，因此也被称为"奥林匹克之都"。

时，湖面上刮起了一阵微风，吹皱了湖水。我们的船在尾部座位上面布置有红色的顶棚，起到了船帆的作用，我们越是向着船的方向游去，它就飘得越远。如此这般几次往复之后，我们好不容易把和船之间的距离缩短到原来的一半左右。但就在此刻，微风开始加强，而我们俩，尤其是我的同伴，开始觉得累了。直到此时我还是没觉得这有什么危险的，阳光投射在碧蓝的湖水之上，放眼望去群山与山谷的全景映入眼帘，旅馆和别墅似乎相视而笑。但现在回想起来，当时死神就在我们周围游弋，我可以确信我见到了它的嘴脸，它就在我们周遭的湖水中游泳取乐，掀起一阵阵的风来，借此在我们耳旁低声暗语。船被风吹得不断离我们远去，速度和我们游泳的速度差不多快。附近没人能来救我们，而没人搭把手，单靠我们自己游泳是根本不可能支撑到岸边的。我不仅很会游泳，而且游得很快，在哈罗公学的时候还作为年级代表接受过挑战，全都凯旋。这次我要为自己的小命游泳了。整整两次我都游到了离船不到一码的地方，一阵劲风又把它吹远了。终于我鼓起全身力气，就在另一阵更强的风即将又一次吹满红色顶棚做的"帆"之前抓住了船帮。我挣扎着爬上船，奋力把船划回去接上了我的同伴。他虽然筋疲力尽，但显然没觉得我俩刚才是在鬼门关前走了一遭。这次惊险的经历我一个字也没和导师提起，但我从来就没忘记。也许有些读者也会记住。

在皇家军事学院度过的岁月是我生命中的过渡阶段，给我将近十二年的学校生涯画上了句号。整整三十六个学期，每个都横跨好几周，期间点缀着显然过于短暂的假期，我都没能享受到什么成功。而且那么长的时间里，我所学的似乎都没有哪怕一点点的用处或是趣味，我也没玩过什么有趣的游戏。现在回顾过往，这段时光非但是最令人不悦的，而且还是一片不毛之地。孩提时代，我在自己房间里和玩具一起过得很快活；成家立业之后，我每年都过得更加幸福。只有这段在学校度过的年月，在我的人生中留下了一笔灰暗阴沉的记录，似乎只有看不到尽头的忧虑，付出的艰苦努力也得不到回报。这是一段充满束缚与不适，毫无目的可言的单调时光。

思绪延展至此，绝不能纵容我放肆夸大学校时光的不悦之处。毋庸置疑，事实上青春期的开怀大笑与昂扬精神让这一切都好过不少。哈罗公学是一流的学校，老师都秉持着个人奉献的最高标准。大多数男孩都过得非常快乐，很多在课堂中和操场上取得了人生中已知的最高荣誉。我只能说，由于我自身的缺点，我是一个例外。或许要是让我去做砖瓦匠的学徒，或是做个报童信使听差跑腿，或是帮助父亲装饰杂货铺的橱窗，我都会觉得更加接地气，更加自然，我也能学到更多，做得更好。我也肯定能从中了解我的父亲，对我而言，那肯定会是一桩乐事。

显然对社会进步而言，延长受教育的期限不可避免，但这恰恰与人类的天性格格不入。男孩或许愿意跟着父亲追逐猎物或找寻食物；或许愿意在自己最大的能力范围内作贡献；或许愿意为了养家糊口争取微不足道的工资；或许愿意有些自己的闲暇时光，做自己喜欢的事情，不论是好好利用还是荒废度过；或许愿意在挣一口吃食和打工养家之外再多问一些为什么。接着，可能会是在某一个夜晚，对学习的真正热爱会突然降临到那些真正希望学习的人身上，知识和思想将会为他们打开头脑中的"魔法门户"，可是，为什么非要把学习强加到那些并不希望学习的人身上呢？

总体而言，学校生活让我很是气馁无助。除了在击剑比赛中得过奖之外，我在学校里没得过其他荣誉。在我们学校这么个小天地里，所有我的同龄人，甚至是比我年纪小的孩子们似乎在任何方面都比我更加适应。不管是在课堂里还是在操场上，他们都比我强得多。每种比赛开始的时候都觉得被别人完全超越，远远地落在后面，这种滋味不好受。我离开学校向威尔顿博士告别的时候，他斩钉截铁地说我日后一定能一切顺利，我当时根本不知道他说这话有何根据。但他这么说，我还是一直很感激。

对于哈罗公学的教育方式，我全然赞成；但我本人再也不想再去一次了。

在哈罗公学，我最好的朋友是杰克·米尔班克，他几乎比我大两岁。他父亲年纪很大，家封从男爵，住在奇切斯特已经很多代了。不论是课业还是体育活动，他也都不怎么出色，只是比同龄人的平均水准略好一些。但是他风度翩翩，处事稳重，非同一般。他长相老成，谈吐和其他哈罗男孩都不一样。他总是标准的绅士做派，自我克制、冷静沉着、注意穿着，总是一套合身簇新的衣服，绝不逾距。在校期间，我父亲来看我的时候经常带上我们俩去国王赫德大酒店用午餐。他们的对话常让我兴奋不已，他就好像和我父亲是同辈一样，平等地讨论着"他们"那个世界里的事情。我可羡慕他了，天知道我多想和父亲像杰克和他那样交谈！但天不遂人愿，我只是一个学校里的后进生，插入他俩的对话不是显得突兀就是显得愚蠢。

米尔班克和我一同冒过一次险。我们发现学校沿袭下来的老传统里有一条，考试周不能强制学生踢足球。这条规则近些年没有执行，我们于是据此拒绝参加球赛，同时也说我们必须专心学习，结果招致班长好一顿抽打。但不可否认的是，在这件事上我们能拿出成文的规矩。学校最高层为此事展开了激烈辩论，有那么三四天我们不知道未来会有何种命运。还有好事之徒在背后说我们并不是因为学习筋疲力尽而不愿踢球，而是纯粹是为了特立独行。最终校方准许我们按自己的想法度过这一周，我也相信，这个我们勇敢创立的先例会在学校里一直延续至今。

米尔班克是肯定要入伍服役的，他自己心仪的是第十轻骑兵团。他父亲允许他通过走民兵的路子加入军队，尽管这样耗时更久，但可以躲过大多数的考试。因此他比我提前一年离开哈罗，很快就在民兵队伍里干得有声有色，成了一名中尉。我们定期互通书信，假期还经常见面。下文中各位还会遇到他。他简直是注定要荣获最高等级的军事荣誉的。在南非战争中他已经身负重伤，还是坚持冒着枪林弹雨救出了手下的一名骑兵，获颁维多利亚十字勋章[1]。在令人心惊胆战的苏弗拉湾战役中，他率敢死队冲锋，最终在加里波利半岛英勇捐躯[2]。

我很喜欢哈罗公学的校歌。哈罗有一本书专门把校歌辑录成册，简直无与伦比的棒。课间，学生常常聚到礼堂里或者就在各自的教室里合唱。我觉得这些庄重堂皇、负有盛名的歌曲是哈罗公学最宝贵的财富。伊顿公学显然望尘莫及，他们只有一首关于划船的歌。划船是不错的锻炼，但做体育运动还不够格，这首歌也是。在哈罗公学的时候，我们一直能听到科学或历史方面的名家讲座。我对此印象深刻。对我来说，听权威讲述有趣的故事是最好的学习方式，要是演讲人有幻灯片辅助就好了——那就像魔法一样。我听讲座的时候只要全神贯注，事后就能差不离自己讲出来。时至今日我还记得五场讲座。第一场是由哈罗老师中最受欢迎的博文先生主讲，他还是许多最佳校歌的作者。那天他用浅显易懂的方式讲述了振奋人心的滑铁卢战役[3]。另外一次他讲的色

---

[1] 维多利亚十字勋章是英国最高荣誉勋章，1856年英国维多利亚女王应其夫阿尔伯特亲王之请而颁发，旨在奖励克里米亚战争中的英勇行为。该奖章由青铜制成，据称来源于塞瓦斯托波尔围城战期间被缴获的俄国火炮武器，但多位历史学家指出其中一部分用了1900年缴获的中国火炮。起初所有英联邦国家的获奖者获得的都是同样的奖章，但从20世纪90年代开始，多个英联邦国家相继建立了独立的授勋系统，其中有三个仍然将"维多利亚十字"几个字保留在其最高英勇奖章的名称中。

[2] 加里波利战役是"一战"期间英国军队于1915年4月25日在加里波利半岛实施登陆的战役，遭到了土耳其军队的顽强抵抗，英军最终惨遭失败，同时参战的澳新军团也损失惨重。本书作者温斯顿·丘吉尔是当时的海军大臣，他是这次战役的倡议者，与本次战役渊源颇深，也被指责应负战败责任。

[3] 滑铁卢战役指1815年6月18日，由法军对反法联军在比利时小镇滑铁卢进行的决战。战役结局是反法联军获得了决定性胜利。这次战役终结了拿破仑帝国。此战役也是拿破仑一世的最后一战。拿破仑战败后被放逐至圣赫勒拿岛，自此退出历史舞台。

当战役我也非常喜欢。几年后我才发现，他的演讲内容原来是从胡珀所著的
《色当》一书中原封照搬来的，但这并未损及讲座的精彩程度。这本书是我一
位上尉最喜欢的著作。还有一次，一位温佩尔先生讲述了他攀登阿尔卑斯山的
经历。他带来了许多绝妙的照片，看到照片里向导和游客命悬一线，紧贴着悬
崖峭壁的样子，我们就算只是看看照片也觉得心惊胆战。还有一场关于蝴蝶变
化颜色保护自己的讲座。尝起来恶心的蝴蝶颜色鲜艳，是为了警告鸟类不要吃
它；而多汁鲜美的蝴蝶则把自己伪装成常见的树枝或是树叶来逃过一劫。蝴蝶
花了上百万年才学会这样做，在此过程中最落后的那些就沦为其他物种的腹中
之食而绝迹了，所以现在生存下来的那些都有着不同的颜色和印记。我记得的
最后一场讲座是帕金先生主讲的，他讲述了"帝国联邦"[1]的情况。他告诉我
们特拉法加战役[2]中纳尔逊[3]的名言"英格兰希望每个人今天都恪尽职守"如何
激励了整场战斗，我们如果能和各殖民地也联合一致，那么这句名言将不仅仅
作用于一支舰队，而是一系列国家。我们的生命中有幸亲眼见证了这么一天。
第一次世界大战胜利之后，我在一次庆祝英国获胜的盛大宴会上与帕金先生再
次相见，我特地和他提起这次讲座，告诉他这份期望已经成为现实。那时候他
已经垂垂老矣，当年就驾鹤西去了。

　　我好奇为什么校方不多组织一些此类讲座。比如两周一次，完全是可以做
到的。讲座结束之后也可以要求每名学生先写下自己学到了什么，然后再写下
自己的感想。这样老师很快就能分辨出谁能学到哪些东西，从而在之后的学习
过程中辅导他们学到更新的知识，也能意识到谁是笨蛋。学生分班也很快就能
相应处理好了。

　　要是真能这么做，哈罗也不会长期把我当作最差的学生，学校的声誉也不
会因此蒙羞，我自己这段日子也就能过得开心得多了。

――――――――

　　[1] 英国舆论于19世纪末曾大力呼吁建立帝国联邦（Imperial Federation），把整个帝国变成一
个统一的政治实体。1884年成立了帝国联邦同盟，1893年解散。

　　[2] 特拉法加海战是19世纪初英国舰队与法国西班牙联合舰队之间的一场大规模海战，因海
战地点在西班牙大西洋沿岸特拉法加角（靠近加的斯城市和港口）附近而得名，是风帆战舰时代
规模最大的海战之一。英军舰队虽获胜，但其主帅霍雷肖·纳尔逊海军上将也在战斗中阵亡。此
役之后法国海军精锐尽表，从此一蹶不振，拿破仑被迫放弃进攻英国本土的计划，而英国海上霸
主的地位得以巩固。伦敦有同名广场。

　　[3] 霍雷肖·纳尔逊（Horatio Nelson，1758—1805），英国著名海军将领及军事家。2002年，
BBC举行了一个名为"最伟大的一百名英国人"的调查，结果纳尔逊位列第九位。

第四章　桑赫斯特

我在桑赫斯特皇家军事学院有了全新的开始。过去对拉丁语、法语、数学等学科的忽视不再对我绊手绊脚。军校生要学习全新的科目，而我们都站在同样的起跑线上。战术学、设防学、地形学（制图学）、军事法律学、军事管理学填满了我们的课程表。此外还要参加训练、演习体操、练习马术。除非个人爱好，没人再逼着你参加任何体育项目。军校纪律严明，学习和操练的时间很长，一天下来人都累瘫了。我对新的学习内容非常感兴趣，尤其是战术学和设防学。我父亲同他的书商贝恩先生说过了，贝恩先生会给我提供所有学习需要的书籍。我定购了哈姆利的《战争的操作》、卡夫亲王的《关于步兵、骑兵和炮兵的通讯集》、梅恩的《步兵火力战术》，还有讲美国内战、普法战争、俄土战争的一些历史书籍，这些都是最近和最好的战例标本。很快我就有了一座小小的军事图书馆，让我能为日常的授课内容加上一些背景信息。我不太喜欢操练，事实上，我的确在为需要特别提高的人组建的"后进班"里挣扎了几个月。战场设防课的实践练习是最让人兴致高涨的。挖掘战壕、建筑矮墙、用各类材料垒掩体（沙袋、柴笼，还有被昵称为"小乔恩"的金属笼体）等都是必修科目，还有设置拒马，埋设定向雷（一种原始地雷）等等。我们还学习了如何用棉火药厚片切断铁路，把石桥炸上天，还有用木材做浮舟或浮筒的替代品。我们还根据坎伯利地区小山的地形绘制了等高线图，勘测了每个方向的道路，设定了哨兵线，为前锋和后卫编制了预案，甚至还制订了简单的战术方案。我们从来没有学过和炸弹手榴弹相关的内容，因为这些武器众所周知早就过时了。18世纪的时候就不用这些武器了，在现代战争中也毫无用处。

我们所学的这一切无疑都是非常基础的，就读期间，学校不允许我们用超出中尉眼光的方式看待事物。有时候我受邀去离我们学院不足一英里的参谋学院用晚餐，全军最聪明的军官都在那里受训，以便能成为高级指挥官。那里的学习内容是着落在师级、军团级乃至整支军队层面上的，研究的是军事基地、后勤供应、通信联系和铁路战略。这让我激动不已。但文明国家之间以前的战争时代似乎已经永远终结了，现在的这一切都像是小孩子玩过家家一样，真是令人遗憾。我要是能早一百年出生就好了，想想自己如果是1793年的一名十九岁青年，还有将近二十年的拿破仑战争[1]要打，我们将会拥有多么辉煌的时光啊！可惜那一切都结束了。英国陆军自从克里米亚战争结束之后就再也没有同白人军队交火过了，整个世界都变得头脑明智、热爱和平，也变得更加民主了。军队的黄金岁月已经过去了。所幸我们还有野蛮、未开化的对手：祖鲁人、阿富汗人，还有苏丹的苦修士，这些家伙要是准备停当、上天眷顾的话，说不定哪天还能弄出点大事来；印度可能也会有什么兵变或者暴乱的。还记得那些年土著人有一些神秘的做法，比如乱涂乱抹芒果树什么的。我们当时都很关注《旁观者》[2]杂志上的一篇文章，该文声称数月之内英国就要重新去征服印度了。我们都对此疑惑不已。当然如果此事属实，我们都会有机会比原定的时间提前毕业，早早受命出征，到印度的平原上行军打仗，挣来奖章和荣耀，或许还能像克莱武那样早早功成名就！当然，这样想想不过是聊以自慰，和这些可怜的印度佬交手，打得再好也比不过堂堂正正参加一次真正的欧战，这就像是孩子过家家的骑马游戏和全国大奖赛之间的区别。不过话说回来，我们总是要尽己所能抓住时代给予的机会。

我很享受骑术训练，和大多数同学一样，上马练得不错——也能下来。度假（作为军人似乎这样说不太合适）或者是假期的时候，我父亲安排我去骑士桥军营和皇家近卫骑兵队一同训练，进行额外的骑术课程，当时我好几次从马背上摔下来。后来我入列自己的骑兵团之后，还继续没日没夜地练了五个月，这些加起来，我觉得我已经挺训练有素了，知道怎么骑在马上，掌控马匹了。这可是世界上最重要的事情之一。

马儿给我在桑赫斯特度过的时光带来了莫大的快乐。我和同组伙伴几乎把我们所有的钱都花在了从当地一流的马厩租马，似乎账单堆得越高，我们日后完成任务也就越有保障。在当地一位大贵族的庄园里，我们纵马奔腾，多次

---

[1] 拿破仑战争是指欧洲各国以反对拿破仑为核心目标于1803—1815年爆发的系列战争，可以视为1789年法国大革命所引发的战争的延续。它促使了欧洲的军队和火炮发生重大变革，特别是军事制度，因为实施全民征兵制，使得战争规模庞大、史无前例。拿破仑建立的帝国最终战败，让波旁王朝得以于1814年和1815年两度复辟。随着拿破仑在滑铁卢败北，各交战国签订《巴黎条约》后，拿破仑战争于1815年11月20日结束。

[2] 英国《旁观者》杂志是以政论为主的综合杂志，创刊于1828年，是英国历史最久的全国性周刊。

组织越野赛马，甚至还有一次举行了障碍赛。我在此也想劝各位为人父母的读者，尤其是富有的各位父母一句，别给你们儿子钱，在力所能及的范围内，给他几匹马。骑马绝不会给人带来悲痛，就算有，也是高贵的忧伤。坐在马鞍上的时光绝不会白白浪费。年轻人常常沉迷养马或赌马，但从没因为骑马毁了自己的——当然除非是在策马扬鞭的时候摔断了脖子。不过就算如此，也不失为一种崇高的死法。

　　我一进入军校，在父亲眼中的地位就不一样了。休假的时候只要方便，父亲都会把我带在身边。他一直很享受看杂技、杂耍和动物表演，我第一次去帝国剧院也是和他一起。他也会带我一起去参加在罗斯柴尔德勋爵位于特林的府邸举办的政治派对，保守党内的领袖人物和精心挑选出的后继新星都经常会出席。父亲也开始带我去和赛马场上的朋友一起外出，和政治场合不同，这些活动上遇到的人不同，谈的话题也不一样，但都很有意思。对我而言，他好像手握着一切，所有我值得拥有的事物他都有那么一把钥匙。可是，一旦我显露出与父亲拥有"同志情谊"，哪怕只是一丝一毫，他都会立刻觉得受到了冒犯。有一次，我提出或许我可以帮助他的私人秘书起草几封他的信件，他压根就没有搭理我。我现在理解了，那应该只是个过渡阶段，我们之间的友好关系正在逐渐强化，谅解即将形成，如果再过个四五年，他肯定会需要我的帮助。或者至少在我看来，在合理范畴之内我们还能结成某种联盟或是达成某种军事协议，但哪里来的四五年！天不假年，他与我们猝然永别了。

　　1894年春天，大家都很清楚，我父亲病得很重。但他仍坚持参与政治工作，几乎每周都会在某些重要场合发表一次演讲。即便所有人都能看得出，他的这些努力越来越没有效果，对他演讲的逐字记录栏目从三栏缩减到两栏，再到一栏，最后只剩下半栏了。记得有一次，《泰晤士报》[1]说到父亲演讲的大厅并没有满座，我听到我母亲和老公爵夫人（我祖母）终于一同开口极力劝他休息一下——要知道这如果是在以前，我祖母是绝不会这么做的——可我父亲还是坚持认为自己没事，一切都好好的。我明白，如果不是到了最紧迫的情况，这两位如此亲近、全力支持他的女士是绝对不会向他施压的。

　　与我为父亲写传记时相比，我现在有了不同的视角来看待他。写下这些

---

　　[1] 《泰晤士报》（*The Times*），英国一份全国发行的综合型日报，一张对全球政治、经济、文化发挥巨大影响力的报纸。

文字的时候，我的年龄已经比父亲过世时候的年纪要大得多。我能理解辞职一事给他带来了多么致命的打击。他就像是追求刺激的王牌飞行员一样，追寻更极端的飞行状态。当时正好是他踌躇满志、一展抱负的时候，但整体的情况发生了变化。1886年，联合党赢得选举之后，人们都希望政治争斗平息，能有一段平静时光。索尔兹伯里勋爵的当选就代表了人心向稳。他坐稳首相之位后当然希望能有一届长期、稳定的政府，为此，他自然希望能把权力都收到自己手里，而不是和别人分享。但我父亲当时稳坐下院领袖的位置，手握国家公共财权，正是那个一点也不安分的"别人"。人一旦丢掉了一个位置就永远不可能拿回已经丢掉的位置。父亲可能在五六十岁的时候重新坐到另一个位置上，但却不会是他三四十岁的时候曾经丢掉的那个。如果想要卓有尊严与权威地牢牢握住一个政党或是一个国家的领导权，不仅仅要求领袖的素质与所代表的政见契合此二者的需要，还要顺大势而动。

不仅如此，伦道夫·丘吉尔勋爵从担任财政大臣的那一刻起，很大程度上就要为国家的事务操心，不再是个完全纯粹的保守党人了。除了在爱尔兰自治一事上的态度，他的观点看上去越来越有格莱斯顿味了。在社会问题和劳工问题上的态度，他也超出了当时辉格党人或者中产阶级自由主义者能容忍的范畴。就算是在爱尔兰问题上，他也通常持独立意见。保守党打心眼里不想看到上述任何行为。实话实说，我觉得如果他健康好转，活到南非战争那个时候，他一定会抵制战争，以至于让劳动阶级对他的好感也转为厌恶——他曾经是多么自豪于劳动人民对他的友善啊！从日后政坛发展来看，假如他还活着，真正有可能重回权力的机会也许就是比张伯伦先生更早地发起贸易保护运动。但就我了解的一切而言，他更可能会成为这场运动的主要反对者之一，他不是那种紧跟政党决定的人。当他陷入派系斗争的时候他会抓住一切机会争取胜利。但当他担任要职的时候，他会为国家公众作出忠心耿耿、秉于内心的贡献。他从没有搞过那些蝇营狗苟、冷血钻营的事情。他想什么就说什么。为人最好是这样做。

格莱斯顿先生有着雄辩的名声。他能赢得这种名气更多的是靠他演讲时在观众中激起的即时效果，而不是靠演讲稿中写的内容。伦道夫·丘吉尔勋爵在我国政治史上留下何等地位不是靠他说了什么或是做了什么，而是靠他的人格品行给他同时代人留下的印象。无疑人们对他印象极为深刻，而且如果后来的形势能够对他有利的话，很有可能这份深刻的印象会在关键时刻展露无遗。天才都有某种力量，善变而富有魅力，这些在他身上都有体现。

当年手写信件是种时尚。现在我重新阅读当年父亲辛辛苦苦亲笔写给我的众多信件，我才发现自己当时竟然并没有察觉到他是多么关心我，多么为我着想。我们共同生活的时候不够多，相互了解不够深入，我为此追悔莫及。罗斯伯里勋爵晚年时，我常去探望他，不只是因为我尊敬这位德高望重的老先生，更是因为想听他说起我的父亲。和我父亲亲密、杰出的好友交谈总让我觉得和父亲又近了些。最后一次去见老勋爵的时候，我提起自己多么希望能让时光倒流，让我能同父亲像同伴一样商谈事务，这位年迈的国务活动家说了一句话："啊！他一定能理解的。"我觉得那简直就是神来之笔。

1894年6月，我当时正在绘制乔伯姆公地的道路图，一名骑着自行车的信差带来了学院副官的命令，要求我立刻前往伦敦。当时我父亲第二天就要启程，奔赴一趟环绕世界的旅程。家里通过正常程序为我向学院官方请假，却被例行公事地拒批了。父亲给陆军大臣亨利·甘贝尔-班纳曼爵士拍了电报："我在英格兰的最后一天……"我一收到消息赶紧往伦敦赶。

第二天早上，我母亲、弟弟和我一起坐车赶往车站。尽管他还留着四年前南非之行时蓄起来的大胡子，但依然无法掩饰他的憔悴，"心神俱疲"可以从他的表情中一览无遗。父亲轻轻地拍了拍我的膝盖，动作简单却饱含深情。他随后就踏上了环球之旅，这是我见他的最后一面，留在记忆中的就是父亲渐渐远去的背影。

在皇家军校，我学到了在军营里该如何遵守纪律，不同级别的军官之间应该如何相处。我的连长鲍尔少校来自于威尔士团，为人严谨、脾气暴躁、执纪严格。他是那种正式内敛、拒人千里、彬彬有礼、一丝不苟、无懈可击、要求苛刻的人，我们对他非常敬畏。他从未有幸亲上战场，但我们一致认为，如果他上了战场，一定会奋战到最后一刻，宁可光荣也不愿被击败。

皇家军事学院的规矩是这样的：如果要离校外出，首先要在连队的外出登记本上写下自己的名字，这样才算完成手续，才能认为外出申请正式得到许可，长官会后续签字批假。有一次我沿着马尔伯勒路驾着一辆双排马车（租的）去奥尔德肖特看望朋友，他的民兵营正在那里训练，猜猜我遇到了谁？鲍尔少校本人！他驾着一辆轻便小马车向着桑赫斯特疾驰而去。我向他脱帽致敬时，突然意识到我没有在外出本上签名，顿时冷汗直冒。我要么是太懒了，要么就是忘了。不过当时我想自己还有一线生机，少校可能到晚餐时分才会去查

财政大臣兼议会下院议长伦道夫·丘吉尔勋爵（三十六岁）

看登记本，我得抓紧时间赶回去，一到学院就去写名字！我匆忙结束了访友，以拉车的小马能承受的最快速度从民兵营赶回学院，刚好六点。我赶紧跑过走廊，赶到放登记本的桌子边，一眼就看到当天准假的签字那边已经写上了少校的首字母缩写：O.B.。我还是迟了。他肯定在奥尔德肖特那边看到了我，也看到了我的名字并不在登记本上。我赶紧再看了一下，却惊讶地发现我的名字躺在登记本上，正是少校的字体，而且也得到他的签名批准。

这让我对古老的英国陆军军旅生活有了新的认识。一方面军纪严明，另一方面又能维持一个小社会应有的礼貌和权变。自然有了这次鞭策之后，我再也没有粗心大意过了。

很大程度上，同样的事情后来也发生过。1915年冬，我正在掷弹兵卫队服役，驻扎在拉旺蒂城外。我们的指挥官是极端重视军纪、名噪一时的杰弗瑞上校。尽管当时战争对峙已经持续了十六个月，他仿佛一点也没有受到压力影响一样，依然是杰出的指挥官。除了军队里规定的定量朗姆酒之外，就算是在严冬极寒天气之下的前线，他也不赞成在执勤的时候喝酒。他虽没有明确下命令，但还是希望我们不要把酒带进战壕。那次是在一条阴暗的防空壕里，我们正淋着防空壕顶上滴下来的水喝一瓶波特酒。就在这当口儿，传来了"指挥官好"的喊声和杰弗瑞上校下阶梯的声音。一名年轻军官——我打赌他一定有着行军打仗的天才——急中生智，抓起一旁忽明忽暗的蜡烛就塞进了瓶口。那时候拿酒瓶当烛台很常见，上校也没说什么，一切就这么过去了。六个月后，这名军官休假，在卫队俱乐部里又遇到了上校。上校对这位中尉说："要不要来一杯波特酒？"中尉没有拒绝。侍者拿来了酒瓶，两人端起酒杯一饮而尽，接着上校说了一句："这酒尝起来有没有蜡烛油的味道？"两人都开怀大笑。

　　还请各位读者原谅，接下来我要离题片刻，讲讲我在桑赫斯特最后一个学期发生的事。我当时被奥米斯顿·钱特女士的纯净运动搅得义愤填膺。这位女士是伦敦郡委员会的一名委员。自1894年夏天开始，她发起了一场旨在净化音乐厅的运动。不知为何，帝国剧院的走廊成了她的眼中钉。帝国剧院特等席后面有一块地方面积很大，晚上演出的时候总是挤满了年轻人，男女都有，趁演出和幕间的时候相互聊天，尤其是周六晚上人更多。不仅如此，年轻人还时不时来上一杯，提神醒脑。钱特女士和她的朋友于是就对这群寻欢作乐的人大加指责，说他们不检点，道德沦丧。她还试图关闭这片走廊区域，尤其是与之毗连的酒吧。不过似乎大多数英国人的看法截然不同。那时候《每日电讯报》还是我国数一数二的大型新闻报纸，公众的意见都体现在这份报纸上。《每日电讯报》发表了一系列题为《潜行徘徊的卫道女士》的有力文章，掀起了一场波澜壮阔的广泛讨论。大家用类似于"五子母亲""身为基督徒的绅士""自己活也让别人活""约翰·卜尔"等等的笔名发表意见。普罗大众对此议题都很感兴趣，但桑赫斯特皇家军事学院可以说是讨论最为热烈的地方，我身边的朋友都参与了进来。军校生每月两次外出，从周六中午到周日半夜，去事件中提到的走廊已经是一种习惯。这样一来钱特女士的冷嘲热讽和指责自然就好像直接戳在我们背上一样。不管是男生还是女生，我们都没看到过她所说的那种现象发生。在我们看来，如果真的要说走廊里有什么问题值得批评的话，那可能就是剧院守门人的态度了。这些穿着制服的家伙态度粗暴，只要任何人真的是喝多了或有任何僭越之举，哪怕是出于无心，也会被他们立刻请出走廊，甚至是直接丢到大街上去。我们觉得奥米斯顿·钱特女士发起的运动彻头彻尾是毫无必要的，还有悖于英国人最为自豪的自由传统。

我一心想着要做出行动反对这场运动，要弄点名堂出来。有一天我在《每日电讯报》上看到有位先生（抱歉，我现在已经记不起他的名字了）提议建立一个公民联盟，以对抗钱特女士及其支持者们的不宽容态度。他还提议把联盟的名字定为"保护娱乐联盟"，建立委员会，任命执行委员，然后立马就职，吸纳成员，收取会费，召开公开会议并出版支持联盟观点的文献。我立马就按这位勇气可嘉的创建者所留下的地址去信了，提出志愿参与其中，并表达了我对他的提议全心全意支持，愿意在法律允许的前提下和他通力合作。接着我收到了回信，在一张令人印象颇为深刻的信纸上，我看到他们回应了我的支持意向，并邀请我下周三六点到伦敦一家饭店参加执行委员会首次会议。

下周三只有半天课程，表现良好的候补军官只要请假都能获准离校去伦敦。离周三还有三天，我抓紧了全部时间准备演说词。我觉得可能要在会上发言，想象一下，周围坐着的一大群人都是面容严肃的执行委员会成员，而我大展辩才，高举"汉普登在战场上为之捐躯而西德尼在绞刑架上为之牺牲"的大不列颠自由大旗。我此前还从没当众发表过演讲，故对我来说是大事一桩。我还记得演讲稿改了又改，大概有那么三四次，然后一字不落地刻到了自己的脑子里：大概就是在论证这次运动是一场严肃的宪制运动，关乎的是英国人民与生俱来的权利；争论的是国家涉足守法个人社交习惯所带来的危险；阐述的是不为正常公众舆论支持的压制行为必然导致的众多恶果。我在演讲中并未夸大问题，也没有对事实视而不见。我试图用克制的言辞和良好的幽默感来说服听众，用逻辑和常理来令他们深信不疑，甚至在演讲接近尾声的地方我还呼吁要对我们受人误导的反对者保持耐心，毕竟生而为人，孰能无过？当大作最终完成之后，我就一门心思既期待又忐忑地等待着会议召开的重要时刻。

周三早上的课结束之后，我匆匆咽了几口午饭就换上了一般的衣服（我们接受的教育告诉我们要反对所谓便装的说法，而令人反感的"平民装"一词在那时还没有出现），赶紧往火车站赶，跳上了一列极慢车前往伦敦。我必须要告诉各位，当时我囊中羞涩，事实上买了回程火车票之后，我就只剩下几个先令[1]了，要到两周多之后才能领到下月的十英镑津贴。一路上我都在背诵演讲稿里

---

[1] 先令是英国的旧辅币单位（旧时英国的多数殖民地和也用相同的货币单位）。

的重要论点和段落，以此消磨时光。这次我就要靠这篇稿子了。执行委员会会议在广场附近的酒店里举行，我坐了一辆双座小马车，从伦敦滑铁卢火车站赶往莱斯特广场。马车逐渐驶入了广场背面的小街巷里，阴暗肮脏的街景让我逐渐开始感到惊讶，甚至有些不安，这种感觉在马车快到酒店的时候变得更加强烈。不过我开始安慰自己，他们也许是故意选择远离高尚之地，这样做也不算错。这个联盟如果要发展起来必须要得到人民的支持，必须要回应所有阶层共通的天然本真，绝不能与富二代或者是小范围的高端俱乐部发生太多的联系。抵达之后，我对门房说："我来参加今天在贵酒店召开的保护娱乐联盟会议。"

　　门房闻言一脸迷惑，然后说："好像吸烟室里有位先生和这事情有关。"酒店人员依言把我带进了一间昏暗的小客房，说这就是吸烟室，我就在这里亲眼见到了这个新组织的创始人，只有他一个人。我顿时感到一阵失望，不过一下子心中闪过一个念头，令我又燃起了一线希望，我问道："我们什么时候开会？"他好像有点尴尬："我是给好几个人写了信，但他们一个都没来，就只有你和我。如果你不介意的话，我们俩就把章程写了吧。""可你给我回信的时候用的是印有联盟抬头的信纸啊？""那个花几毛钱就行了，刚开始的时候在信纸上印上抬头总没错，吸引人来嘛。你看你不就来了嘛！"我哑口无言，他似乎也感到了现场的寒意，顿了一下接着说，"现在也不知道怎么了，在英格兰要让大家一起做任何事情都难得很，人人逆来顺受，一点精气神都没了。"

　　这个什么"联盟"的事情再做下去显然毫无益处，生这位创始人的气也只能是自讨苦吃。我克制着自己，拘谨又坚决地和他道别，走回到大街上，胸中满是锦绣华章，抑制不住地要喷涌而出，而口袋里则只有几个硬币。街道上人来人往，匆忙来去，眼中只盯着自己苟且的蝇头小利，对涉及公益的政府问题却刻意视而不见，无动于衷。我带着一丝冷笑，充满怜悯地盯着这些脑海中满是琐碎小事的过路之人。显然想要引导公众意见绝不像我想象的那么简单。这些民主制度下的软弱产物如果对自己的自由如此轻视，他们又如何能守住我们在几个世纪的贵族和寡头统治之下打下的广阔疆土呢？有那么一刻，我对大英帝国彻底绝望。然后我的思绪转到了晚餐上，一下子就更加泄气了，我被我苍白的钱包击败了！不！这绝对不行！美丽的半天假期，满怀抱负与期望的伦敦之行，不但是能改变国家命运的演讲没能发表出去，连胃中也已经是空空如也了，难道就这么去啃个面包喝杯茶就回军校去了？这也太残酷了，命运不能这样对我！就在我想到这些的时候，我已经走到了斯特兰德大街上，目光所及之处悬着三个金球，正是阿滕伯勒先生开的那家著名的典当铺子。我于是做了一件此前从未做过、此后也从未再做的事情。典当了上次我生日的时候父亲送的一块无比精致的金质手表。当铺朝奉仔细打量了我递过去的手表，对我说："你要多少？""五英镑就行。"他在一本本子里写下了一点东西，于是我拿着一张截至当时只在戏剧里听说过的小票子，还有一张五英镑的钞票，转身又钻回伦敦心脏地带中去了。走进当铺我还在自我安慰，要知道在最困难的时候，就连大英帝国的王室珍宝都拿去当过。后来我平安地回到了学院里。

　　第二天我桑赫斯特的朋友们都想知道会议开得怎么样。在此之前我已向他们提前披露了我希望在演讲中使用的最有力的几段论述，他们都很好奇最后效果如何。他们认为我要去面对一群比如政治家、市府议员之类的大人物组成的执行委员会发表演说，把咱们的观点公之于众，几乎都要崇拜我了，对任何一点细节都求知若渴。我没告诉他们实情，而是迂回地抱怨我们这个国家整体上日子过得怎么怎么舒服，要用公共演讲来鼓舞这些心满意足的普罗大众是怎么怎么困难。我还指出，要成大事者必须要一步步把事情做成，做下一步之前先要把基础夯实之类。第一步就是要成立一个执行委员会，而这一步已经完成了。第二步是要起草联盟的章程，分配责任与权力——这一步已经在推进了。第三步则是广泛呼吁公众，具体怎么做还要看公众对此反应如何。我的同学对我所说的话将信将疑，但除此之外我还能做什么呢？我要是自己坐拥一份报纸就好了，我肯定会把自己的演讲逐字逐句印上首页，还要标注出委员会成员发出欢呼的地方，周边还要配上抓人眼球的头版报道以及卓有分量、引领意见的系列文章。如果真能这样做，保护娱乐联盟可能就真的能取得一些实质性进展了。甚至有可能在当时，19世纪90年代早期，趁许多事物都在新兴之时做出一些事迹。比如在整个英语世界刮起一阵公众意见的旋风啦，给出一些令人敬畏的警告啦，甚至可能强大的美国根本就不用受禁酒令[1]的折磨啦，等等！在此处我们又一次看到了命运的步伐，只是它没有走上平坦舒适的大路，而是拐进了一条干燥并充满砾石的岔路。

---

　　[1] 禁酒令指美国宪法第18号修正案——禁酒法案（又称"伏尔斯泰得法案"），根据这项法律规定，1920年1月17日凌晨0时起，凡是制造、售卖乃至于运输酒精含量超过百分之零点五以上的饮料皆属违法。自己在家里喝酒不算犯法，但与朋友共饮或举行酒宴则属违法，最高可被罚款一千美元及监禁半年。二十一岁以上的人才能买到酒，并需要出示年龄证明，而且只能到限定的地方购买。禁酒令于1933年第21宪法修正案通过后取消。

　　我在这场圣战中命中注定要另外做出点大事来。钱特女士发起的运动绝对不能用"不成功"来形容，政府感到了威胁，决定启动典型的英国式妥协程序。最终双方达成一致，"惹人生厌"的酒吧和走廊区域之间必须用轻质帆布屏风隔断。这样理论上酒吧就不"在"走廊区域里了，就好像酒吧和走廊之间隔着一个郡那么远。当然按照法律规定也要留下足够宽度的通道以供进出，而出于通风需要，隔断也不能完全拦死，视需要随时能搬走。这样一来维纳斯和巴克斯的神庙[1]，哪怕只手之遥，也是和走廊分开了的。他们对人性脆弱之处的攻击也就不能集中火力，变得断断续续、有一搭没一搭了。听闻这样的决定，"潜行徘徊的卫道女士"中间立刻爆发出一阵震耳欲聋的"和撒那"的欢呼声。至于剧院的经营者这一边，就没那么高兴了。他们尽情表达了自己的不满与抗议之情，但似乎也作好了接受既成事实的准备。桑赫斯特的意见与他们不同，在这场可耻的和平进程中，没有人以适当的方式咨询这里的意见。我对这种掩耳盗铃的讽刺式解决方案尤其愤怒。日后我才知道，"虚与委蛇"在伟大的民主自由国度的社会公众生活中，应该是能起到毋庸置疑的巨大帮助作用的，而我当时对此毫无认识。我一心希望能划出一道泾渭分明的界限，在对公众的便利和社交的规范作出一定的让步之后，能明晰国家的义务和个人的权利。

　　帆布屏风在帝国剧院走廊区域就位之后的第一个周六晚上，众多桑赫斯特的同袍恰好都在，许多同龄大学生也在场看戏。当然这些都只是书虫，不守纪律，不负责任。新出现的东西吸引了大家的注意力，人人都在打量，很快都用不甚好听的话评头论足。接着有些年轻人拿起手杖，戳破了帆布，其他人纷纷效仿。当我的同僚们都开始紧随潮流，我自然不能被风尚落在后面。于是发生了一件匪夷所思的事情，在场的所有人顷刻间变得群情激愤、怒火冲天。大概有两三百人开始冲击摇摇欲坠的脆弱屏障，把帆布屏风撕成了碎片。剧院管理方束手无措，随着木材发出的嘎吱之声和帆布撕裂的刺耳之声，帆布屏风构成的障碍被彻底移除，酒吧又一次同他曾长期统治的走廊区域连成一体了。

　　就在这种满目疮痍、不太有尊严的环境中，我阴差阳错地发表了我的公共演讲处女秀。我三步两步爬上废墟，身子甚至还半陷了进去，对着喧嚣激动

------

　　[1] 维纳斯在罗马神话中象征爱与美，而巴克斯则是酒神，象征欲望与享乐。这里的神庙指的是剧院和酒吧。

的大伙儿说话。我到底讲了些什么并没有确切的记录留存，但并非就此销声匿迹，我日后还数次听人提起过这次讲话。我把准备好的关于宪制的论述全数掏出，直接诉诸在场众人的情绪，甚至是希望鼓动起他们的激情，我还记得最后结尾处我是这么说的："今晚大家都看到了，我们撕碎了这些障碍；下次选举的时候，让我们看到你们能把那些应为此负责的家伙推下台来。"听闻此言，人群中爆发出一阵热烈的掌声。大家冲进了剧场里，挥舞着木头和帆布的碎片，就像是扛着火炬和标语一样。这场面让我想起尤利乌斯·恺撒之死[1]，阴谋刺死他的人也是这样冲进街道，挥舞着沾着鲜血、刚刚刺死了这位独裁者的匕首；我还想到了攻占巴士底狱[2]，这些细节我都非常了解。

把革命继续下去似乎比掀起一场革命要更困难。当时我们必须要赶去坐上返回桑赫斯特的最后一班火车，不然就会犯下不按时归队的错误。这班车现在依然在运行，每天午夜的钟声刚刚敲过就会从滑铁卢站出发，向伦敦墓场运送这座城里当天逝去之人的遗体。列车三点会抵达奥尔德肖特附近的弗雷姆勒站，也是这趟车的终点站。下车之后我们还需要驾车回到皇家军事学院，大概还有八到十英里的路。抵达这座小村之后，我们发现已经找不到什么交通手段了。因此我们只得去敲当地旅店的门。也许是我们敲门的时候太过于吵闹和急躁，很久都没有人应门，我们也变得愈发焦躁不安。就在此刻，旅馆门的上半截突然打开了，我们赫然发现一支大口径喇叭枪的枪管黑洞洞地盯着我们，后面跟着一张苍白又极具威胁性的脸。在英格兰，事情被推到这种极端的情况可不多见。我们吓得动也不敢动，赶紧解释了我们的来意并说清楚我们会付钱。旅馆主人终于平静下来，情绪缓和之后给我们牵出了一匹老马，套在了一辆比马年岁还要大得多的马车上。就这样我们七八个成功赶回了坎伯利，没有惊动正门门卫，抄小路潜回了宿舍，这才没有误了第二天清晨的检阅点名。

---

[1] 盖乌斯·尤利乌斯·恺撒（Gaius Julius Caesar，前100—前44），罗马共和国末期杰出的军事统帅、政治家。恺撒出身贵族，历任财务官、祭司长、大法官、执政官、监察官、独裁官等职。此后元老院及执政官庞贝为了防止恺撒危及其地位而对他发布了通缉令，恺撒与庞贝的内战开始。最终恺撒取得了胜利，成了罗马的独裁官。前44年，恺撒遭以布鲁图所领导的元老院成员暗杀身亡。

[2] 攻占巴士底狱是法国大革命中的一个里程碑。巴士底狱到18世纪末期成了控制巴黎的制高点和关押政治犯的监狱。凡是胆敢反对封建制度的著名人物，大都被监禁在这里。巴士底狱成了法国专制王朝的象征。1789年7月14日，人民终于攻占了巴士底狱，发出了全国革命的信号。攻占巴士底狱成了法国大革命的起点。

这件事引起了不小的轰动，甚至上了大多数报纸的头版。我有好一阵子都为此担惊受怕，唯恐媒介对我在其中起的作用加以不必要的关注。毋庸置疑这有很大的风险，我父亲的名字在当时还尚能吸引公众注意。作为一名希望生活在自由之邦里的公民，自然有义务奋起反抗暴政。我自然而然地感到非常自豪，但也不是不知道可能存在相反的意见，而且这种意见还有可能占据上风。年纪大的人和当权者不可依靠，他们不会每次都理解，他们不会总是持着开明的态度或者用一颗理解的心来看待"年轻人不知轻重、鲁莽乱来"；有的时候他们也总会玩那些让人恶心的"杀鸡儆猴"的把戏。尽管早就做好了"光荣"的准备，我总希望那一天晚些到来。索性等到我的名字被挖出来和这件事挂上钩时，公众早就偃旗息鼓，对此事不再感兴趣了，学院和陆军部也没有哪个家伙恶毒到要炒冷饭的程度。偶尔好运的事情必须要牢牢记住，人总会有走背字的时候，而且几乎是板上钉钉。到那个时候，走运的事情就要被拿出来做抵冲。关于这件事我仅剩的记忆就是，后来地方议会选举没能选好，这些自称"进步派"的人获得了胜利。剧院里的隔断又重新恢复了，这次用的是砖头水泥。我们所有的努力都白费了。尽管如此，所有人都说我们倾尽全力了。

很快，我在桑赫斯特的学业即将进入尾声。以前我的成绩一直是勉强不垫底，却始终在榜尾徘徊；但这次总共一百五十人中，我以第八名的成绩，获得了优等毕业。我在此提及此事，是希望证明如果学习的内容足够重要，我是有能力快速学好的。我在这段时间里读书虽然很用功很辛苦，但也很开心。总共就只有三个学期，从初级到中级，再从中级到高级，到了学期末，升学几乎是自动的。学期也很短，几乎一年的时间就升入了高级班，每个星期学生都能感受到自己的成长。

时间来到了1894年12月。我顺利完成学业回到家里，等候女王陛下差遣。和我之前的学校生涯不同，这次我结识了一众好友，其中有三四位直到今日还健在，其余的都已逝去。很多是在南非战争中为国捐躯了，不仅是我的朋友，我的连队同袍也有很多牺牲在这场战争中了。后来第一次世界大战夺走了几乎所有剩下人的生命。就算是侥幸活下来的几位也是伤痕累累，大腿、胸口、脸上，都留下了敌人子弹的痕迹。在此，我谨向他们所有人致敬。

离开桑赫斯特之后，我就真正进入了社会，就像是阿拉丁拿着神灯打开了藏宝洞一般忙忙碌碌。从1895年初直到现在写这本书的时候，我愣是从没时间回顾往事。空闲下来没有要务缠身的日子我几乎能掰着手指头数过来，仿佛是

一位年轻骑兵军官

一场电影，我们就像是其中的演员。总体而言太有意思了！但作为本书的主体部分，1895年到1900年这五年间我经历的一切是最鲜活、最多样，也是最刺激的，超出了我之前所认知的一切。当然了，其程度还比不上"一战"刚爆发的几个月。

回顾往事，我无法不真心诚意地感谢上帝赠予我生命，给予我生存的机会。每天都是那么美好，每天都越来越好。坎坷与沉浮，危险与经历，总是充满了动力和希望之光。加油吧！所有的年轻人，不论你在什么地方，世界需要你来填补被战争摧毁的一代人留下的鸿沟。一个小时也不要浪费！一定要在生命的旅途中坚持奋斗，找到自己的位置。二十岁到二十五岁的人们啊，你们正当盛年！千万不要满足于事物的现状。"世界，和住在其间的，都属于'你们'！"来吧！接受先辈的遗产，扛起你们的责任！再度举起光荣的旗帜，对着全新的敌人昂首冲去，人类前进的路上总会遇上集结起来的敌人，但只要全力作战，就能把敌人打得一败涂地。绝不要在失败面前偃旗息鼓，"不"绝不应该是你们满意的答案。不要因个人取得一些成就或被谁接纳就沾沾自喜。你们会犯下各种各样的错误，但只要本心不变，坚守真心与慷慨，一往无前，世界上没谁会因此受伤或感到悲痛。整个世界就等着年轻人去追求，去拥入怀中。世界生生不息，日渐繁荣，就是因为她不断地向年轻人的雄心壮志雌伏。

第五章　第四轻骑兵团

书行至此，我必须向各位读者介绍一位性格独特的人——布拉巴宗上校，第四轻骑兵团的指挥官，他在我之后的生命中起到了重要的作用。就在去年，第四轻骑兵团奉调从爱尔兰来到奥尔德肖特，驻扎在骑兵东营中。上校与我的家族是世交，我上学的时候也见过他几面。在桑赫斯特读书的时候，我曾有幸受他邀请去骑兵团食堂与他共进晚餐。当时，这与我而言可是殊荣。骑兵团的食堂对当时年轻的我来说，看上去富丽堂皇，规模宏大。桌子上摆放着两百年来骑兵团在历次战役和竞赛中荣获的各类奖牌奖杯，二三十位穿着蓝色嵌金制服的军官围坐一旁，我觉得这场面简直就是国宴。在骑兵团弦乐队的伴奏下，我们用了一顿美味丰盛、流程漫长的晚餐，整个就餐过程充满了正式与富贵的气氛，隐隐还有一丝军中的纪律感。对于他们的热烈欢迎与招待，我小心翼翼、谦虚恭谨地接受了。可能也是因此，日后他们还请我去过几回。几个月后，我母亲告诉我布拉巴宗上校非常希望我毕业后去到他的骑兵团服役，但我父亲已经婉拒了。他似乎还认为利用他的影响力能确保让我进步兵团供职。剑桥公爵虽然对我没有走上通往第六十步枪团的通途大道相当不悦，但还是表示未来总有机会，能克服困难让我进入第六十团。而我父亲的回信中是这样写的："虽然如此，我虽然很清楚布拉巴宗是军队中最一流的士兵之一，也不能哄着我的孩子把他劝进第四轻骑兵团。"

不过，我还是接受了布拉巴宗上校的劝说。我父亲最后一次回家之后，兴致并不是很高。当他终于能花点注意力关心我的事情的时候，我母亲向他解释了事情的原委。这一次他似乎也挺愿意，甚至是相当高兴地看到我成了一名骑兵军官。我还记得，他最后同我说的几句话里，就有这么一句："你有自己的马了吗？"

我父亲于1月24日清晨过世。我那时住在附近的一栋房子里，接到信赶紧跑过积雪和黑暗覆盖的格罗夫纳广场，回到家中。最后他走得很平静。他已经昏迷很久了。我有过许多梦想，比如与他像同志一样相处，比如进入议会与他并肩作战，给他帮助，但都只能是梦想了。我能做的只是继承他的遗志，替他实现他的目标。

从那时起我很大程度上成了自己命运的主人。我母亲一直在我身边帮助我，给我建议。我已经二十一岁了，她也从未想过要耍什么家长的威风。她很快完成了角色转换，成了我最坚定的盟友，用她全部的影响力和充沛的精力帮我推进我的计划，捍卫我的利益。她还只有四十出头，正值盛年，美丽动人又富有魅力。我们平等合作，更像是姐弟而非母子——至少我觉得是。这样的关系一直延续到最后。

1895年3月，我奉上命归建到第四轻骑兵团，这比我预计的早了六周。报到之后，团里立刻让我和其他几名中尉一同参与新兵的初训。艰苦的训练每天都要持续好几个小时，不是在骑术学校和马厩里，就是在兵营的操场上。骑术方面，我早就接受了两次长期训练，堪称适应。但我不得不说，第四轻骑兵团的训练比我之前经历的各类军事马术训练都要严格得多。

当时军中规定新晋军官必须和刚入伍的新兵一起经历六个月的初训。马上训练和步行队列都不能落下，和新兵蛋子接受一模一样的训练和指导。新晋军官在练骑术的时候必须排在前头，在练步行队列的时候必须排在队列的右边，以身作则。要想顺利完成训练任务并不容易，比如让马儿小步快走或慢跑中，马背上光秃秃的，人还要完成上马下马的步骤；比如骑在马上跳过高高的障碍物，但没有马镫或者马鞍，有的时候甚至要把人的双手反剪在背后；再比如跪在光溜溜的马背上驱马小跑。这些都不可避免地会让人受各种各样的伤。无数次我都是把摔散了的自己从马术训练场的地面上捡起来，再拾起镶着金色穗子的圆顶军帽戴上，紧一紧靴子上的系带，尽量用有尊严的样子站起来继续。这时候二十名新兵看到他们的长官也和他们一样经受同样的折磨，就会在边上嘿嘿窃笑。我运气不太好，在训练刚开始不久就拉伤了自己的缝匠肌——人体就是靠这块肌肉骑在马上的。自然而然我遭了大罪。那时候电疗还没发明，就只能忍着痛继续训练。肌肉拉伤了也不能请假，请一天假就会被人看不起。

骑兵团的马术教练有个绰号叫"黑猩猩"。他的专长就是做个令人生畏的暴君。那几周他正好心情特别糟糕，出奇暴躁。有位资深中尉在《奥尔德肖特时报》上刊登了一则消息，文曰："某某某少校，骑兵东营马术教授，十二节课包会狩猎，十八节课包会障碍赛马。"这则小广告让"黑猩猩"大受嘲笑，疑神疑鬼，马术课上只要看到学员脸上露出微笑就能当作是在笑他。

话说回来，只要不过度，我全然支持年轻人经受一些磨炼。除了上文所述，军旅生涯向我敞开的大门里都是欣喜与贵族气派。就算在骑术初训期间，青年军官也经常能获准带着所属骑兵外出拉练，或按指定路线行军，甚至可以在真正的演习中排列成一列纵队。骑兵分遣队排成队列小跑起来的时候，马脖子上的铃铛会演奏出一支令人震撼又充满魅力的乐曲，而且随着马匹速度的提升，更是让人血脉贲张。马儿打的响鼻，马具铿锵悦耳，骑兵昂扬的动作令人激动，竖起的装饰羽毛迎风招展，制服整齐划一，好似一座活的机器，展现出集体的美感以及温和的尊严感。这些合起来，使骑兵的操练本身就像是一件艺术品。

如果有读者不明白，让我解释一下。骑兵调动的时候排成纵列，作战时舒展成横列，操练的目的就是要能快速灵活地在两者之间切换。这样一来，无论是滚动展开或是梯次展开，一支骑兵小分队能在任何时刻从任何方向形成接敌锋线。同样的原则也适用于规模更大的骑兵组织单位：团、旅，甚至是师，都可以在极短的时间里展开，作好准备发起骑兵作战中最宏伟的动作：冲锋！

但现在战争的发展已经把这些扫到了一边，走上了贪婪、卑劣、机会主义的道路，更多依靠着戴着眼镜的化学家、扳着飞机或机关枪控制杆的操作员，这简直可耻！还好在1895年的奥尔德肖特，这种可怕的想法还没有落到人的头脑中。龙骑兵、枪骑兵以及轻骑兵依然在战场上占据着长久以来的荣誉，至少我们这样认为。战争以前是残酷而高尚壮美的，现在却变得残酷而卑劣。事实上战争的荣耀已经彻底败坏了，这完全是民主和科学的错。这两根爱管闲事的搅屎棍，只要有一个获准把自己的爪子伸到真正的战斗中来，战争的墓穴就已经挖好了，还打上了封印。以前只有一小群受过良好训练的专业战斗人员操着古老的武器，遵循着充满美感的古老精巧操演规范，在国民的喝彩中鼓舞勇气开辟国家的未来道路。而现在所有人，甚至连女人和孩子都要上战场与敌人作战，为双方都带来野兽般的互相毁灭，只剩下一群眼神呆滞的文员统计屠杀的账单。从人们欢迎民主——或者说民主自己逼着自己——进入战场的那一刻起，战争就不再是一种绅士的游戏。见鬼去吧！同国际联盟[1]一同见鬼去吧！

---

[1] 国际联盟（League of Nations），简称国联，是《凡尔赛条约》签订后组成的国际组织。成立于1920年1月10日，解散于1946年4月。其宗旨是减少武器数量、平息国际纠纷、提高民众的生活水平以及促进国际合作和国际贸易。其存在的二十六年中，国联曾协助调解某些国际争端和处理某些国际问题。但由于各种原因，国联并未能阻止国际纠纷、法西斯的侵略行为及第二次世界大战的爆发。1945年"二战"结束后，国际联盟被联合国所取代，国际联盟档案全部移交给联合国。

不管怎么说，在19世纪90年代，目睹督察长卢克将军指挥由三十到四十支骑兵小分队组成的骑兵师演练也是妙事一件。整个骑兵师整齐划一，庞大又壮观的骑兵群准备就位之后，将军下令转换锋线，大约要转十五度角。这也就意味着最外围的骑兵旅要快速狂奔大约两英里，掀起的扬尘遮天蔽日，厚实的尘土组成了云团，甚至连你面前五码左右的地方都看不太清。行动中大概有二十人落马，六七起事故，早上操练的时候这已经见怪不怪了。最后锋线形成，骑兵团或者骑兵旅受命开始提速冲锋的时候，我们几乎无法抑制心中汹涌的激情，大声欢呼起来。

后来我们结束演习回到军营，我心中的兴奋之情被浇了一盆冷水。一是得知像刚才我参与其中的那样强大的骑兵师，德国人有整整二十个。二是想到假设有六七个人钻进一个洞里，架上一挺马克沁机枪[1]，那又会如何呢？

接着我们参加了维多利亚女王亲自莅临的阅兵式。整个盛大的阅兵式上，奥尔德肖特卫戍部队倾巢而出，大约有两万五千人的兵力，穿着蓝色嵌金色或者猩红色镶钢铁灰色的制服，在坐着皇家马车的女王面前缓缓通过。从敬礼点经过的骑兵、步兵、炮兵，当然还有工兵和皇家后勤部队，组成了闪烁着亮光的宽阔洪流。我想其他所有欧洲强国：法国、德国、奥地利、俄国能不能做到同一天在自己的国家里分二十多个地方举行同样的阅兵式呢？似乎不太可能。为什么我国政府不安排一次国际大会呢？就像是奥运会一样，每个国家派出平等的团队，各式战争兵种组成完整的一支军队，也就能代表各国最为精英的力量，这样不就能决定世界的主权鹿死谁手了嘛？可惜的是，维多利亚时代的各位大臣实在过于懒政，错失良机。他们就这么轻易地让战争从真正的专家和受过良好训练的人们手里溜走，而堕落成了仅仅关乎人数、金钱、机器的恶心玩意儿。

我们当中稍微理解了一点战争堕落论的都得出了必然的结论：英国陆军是再也不会参与到欧洲冲突中去了。这又怎么可能呢？要知道英国只有一个军团和一支骑兵师，还有的就是民兵（上帝保佑！）和志愿者（万岁！）。1895年在奥尔德肖特参谋部，就算再侵略成性的副官、再性格暴躁的参谋，就算他们最为情绪高涨、头脑发热的时候，也不可能相信我们这支小小的陆军会再次受

---

[1] 马克沁重机枪是世界上第一种真正成功的以火药燃气为能源的自动武器。中国称赛电枪，由英籍美国人海勒姆·史蒂文斯·马克沁于1883年发明，并进行了原理性试验，1884年获得专利。

丘吉尔在第四轻骑兵团

命踏上欧洲大陆。总有一天我们未来的黑格将军[1]（他是那年春天在长谷一同演习的上尉的同袍）总觉得束手束脚，他统共只能召集最多四十个英国师，再加上美国陆军第一军团，也不过六十万人；他能调动的炮兵支援更少：不超过四百个炮兵旅。

我经常扪心自问，有没有另一代人经历过我们所经历的惊人巨变，无论是在统计数字上还是在价值层面上。无论是真实世界中还是精神世界中，我在成长过程中确信了很多事物都是永恒不变、至关重要的，但其中几乎没有最后不变的。我相信或被教育去相信绝不可能发生的事情，最后都发生了。

布拉巴宗上校是穷困潦倒的爱尔兰地主，在英国陆军中度过了一生。他简

---

[1] 道格拉斯·黑格（Douglas Haig, 1861—1928）生于苏格兰爱丁堡。英国陆军元帅，曾参加第一次世界大战，任英国远征军总司令。1909—1912年，担任印度军队的总参谋长。

直就是活生生的奥维达小说中的英雄。19世纪60年代早期他就进入掷弹兵卫队服役，此后一直是焦点。他是伦敦最耀眼的军事新星，威尔士亲王[1]一生的亲密好友。无论在宫廷、俱乐部、赛马场、狩猎场，他都是最优秀的人物。尽管他一直单身，但这绝不意味着他厌恶女性。年轻的时候他一定是一等一的风流倜傥、英俊潇洒。他的身高就是男士最标准的身高，虽然不是正好六英尺，但看上去就像是那么高。在他青春正盛的那段岁月里，他的外貌简直棒极了。上校的面容线条干净利落，看上去刚好对称，下颌充满了力量，点缀着一把连沙皇都要嫉妒不已的大胡子，更加彰显出了他的男性魅力。不仅如此，他还展现出老一辈花花公子那样的风度和行事风格。更让人感兴趣的是，不知道真是这样还是他故意为之，上校发不出R这个字母的卷舌音。他为人机敏，又很会说话，这就让他再怎么礼貌低调，人格魅力总能在所有场合都突显出来。

　　布拉巴宗上校度过了一段悠长又经历丰富的军旅生涯。他在掷弹兵卫队服役六年，期间一直经济拮据。上校离开卫队[2]之后，经历了一段非常困难的日子。1874年，他志愿报名参加阿散蒂战役[3]——这可是一项殊荣。在这场战役中他表现异常出色，高层甚至出现了很强大的意见要让他官复原职。后来，这项前所未有的恩宠也确实让上校拿到了。当时威尔士亲王相当紧张，四处活动要让布拉巴宗上校加入亲王亲自指挥的第十轻骑兵团，这个团那时候几乎是整个英国陆军中最难进的单位。但因为一下子没有空缺，上校不得不到前线的某个步兵团过渡。有一次有人问他："阿布，你现在在哪？"他是这样回答的——带着他没法发出卷舌音的腔调："我根本记不得，总有新鲜的面孔从滑铁卢厄（车）站运过来。"

　　多年后，他有一次在奥尔德肖特火车站问车站管理员："去伦敦的火厄

---

[1] 威尔士亲王（Prince of Wales）是威尔士公国的元首，自1301年英格兰吞并威尔士之后，英王便将这个头衔赐予自己的长子。从此以后，给国王的男性继承人冠以威尔士亲王的头衔逐渐相沿成习，威尔士亲王便成了英国王储的同义词。

[2] 英国皇家卫队全称为英国陆军皇家近卫师团（Household Guards Division of the British Army），是直辖于白金汉宫的英国皇室、皇家设施警卫部队。英国陆军皇家近卫师团现隶下有五个近卫步兵团、两个近卫骑兵团和一个预备团。其近卫步兵团的着装永远是那不变的猩红色紧身短上衣，以及那顶高高的熊皮帽，这也是英国皇家卫队最大的特色。

[3] 阿散蒂联邦是17世纪末到19世纪末非洲加纳中南部的阿坎人王国，到了18世纪末，强盛统一的阿散蒂联邦成为英国向西非内陆扩张的障碍，英国千方百计阻挠阿坎族的统一，挑拨沿海各邦，特别是芳蒂族与阿散蒂的关系，矛盾因此激化。1806年至1900年，英国与阿散蒂联邦前后发生九次战争，次数之多，时间之长，在非洲以至亚非拉殖民史上极为罕见。

（车）在哪厄（儿）？""已经开走了，上校！""开走了？再弄一列来。"

后来上校终于转隶第十轻骑兵团，他在这个团服役了很久，名声也越来越响亮。1878年到1879年他参加了阿富汗战争，1884年参加了艰苦的萨瓦金战役[1]，声名愈发显赫。上峰鉴于他的一流表现，连续为他申请了两次荣誉晋升，他在陆军中的军衔甚至比自己团里的长官还要高。这种情形至少有一次令他陷入了只有当年的英国陆军才能理解的尴尬境地。有一次第十团的长官找到了布拉巴宗的骑兵分遣队犯下的错误，大发雷霆，甚至要求他们立刻返回军营去。此事令布拉巴宗上校大为窘迫。几周后，整个第十轻骑兵团奉命以旅为单位会同其他骑兵部队参加某次演习，团内部的指挥层级取消，布拉巴宗上校由于军衔原因，自动获得了所在旅的指挥权。此时上次给他下命令的那位长官临时成了他的下属。他把这位长官叫到当面，把不久前收到的那些尖酸刻薄的话语一字不差地奉还，还加上一句狠话作为结尾："把你的团马上带回家去，先生！"全体士兵被惊得目瞪口呆。但不能否认，那时布拉巴宗上校有权力这么做，军法也站在他一边。那时候人们也习惯了直截了当地伸张自己的权利，现在要是这么做一定会被认为不合时宜。大体而言，对他的行为人们也持有两种看法。

1893年，陆军部有意调布拉巴宗上校去指挥第四轻骑兵团，毕竟他在骑兵团里的资历决定了他永远也不可能够格指挥第十团。这份任命本身从某种意义上来说也反映了陆军部高官对第四团的成见。没有哪个团会欢迎一位长官空降而来，还带着"整肃"之意。当这位久闻大名的上官首次接过比第十轻骑兵团历史还长的第四团的指挥权，带着所有金光闪闪的奖牌、勋带，以及各种社会和军队中的威望前来赴任的时候，第四团一定充满了紧张的气氛。布拉巴宗并没有做出多少和解的努力，恰恰相反，他显得信心满满，刚到就把自己当作此地的主人了。他不仅赢得了所有人毋庸置疑的服从，还把骑兵团里的中尉和上尉都变成了他的拥趸。有些高级勤务人员则在他的治下重新认识了自己职位的重要性，比如有一天晚上他向一位脾气暴躁的食堂大厨问道："你从哪间药店搞到的这些香槟？"

在我看来，只要事涉军务，布拉巴宗上校就会严格执行军纪，几乎不近人情。除此之外，他魅力十足。在军营食堂餐桌上，他往往会讨论战争、体育、宗教、亵渎宗教和其他一两个话题。在这些谈吐背后，我很快发现上校一定读

---

[1] 萨瓦金是苏丹东北部港口城市，苏丹战争中英国曾为占领此地发起萨瓦金战役，目前该地为苏丹第二大港口。

了很多的书。我还记得有一次，我在讨论中引用了一句名言，大意是"上帝为剪了羊毛的羔羊调节了风的强度"，布拉巴宗上校立刻问道："你斯（是）从哪里看到则（这）句话的？"我颇为自鸣得意地回了一句："一般都认为是《圣经》里的句子，其实是劳伦斯·斯特恩[1]《感伤之旅》里的典故。"上校闻言，看似漫不经意地说道："你真的读过吗？"还好我不仅本性诚实，当时脑子里也绷紧了一根弦。我赶紧承认我并没有读过这本书。后来才知道，这本书是上校特别倾心的著作之一。

　　但布拉巴宗上校也有自己烦心的事情。就在我加入第四轻骑兵团之前不久，他与一名大人物——当时指挥奥尔德肖特卫戍部队的埃夫林·伍德爵士——之间发生了严重的意见冲突：上校对自己部队的作训制服做了些修改，比如把金色花纹改成了铬黄色条纹。这些修改已经相当敏感了，但和另一茬相比还算是小事。上校在下唇下方蓄了一小把"帝国式"胡须，已经有超过三十年了。显然这违背了皇家军规第七部分的规定："唇下及下巴必须剃净（除斥候外，斥候必须蓄须）。"不过整整三十年来，无论战争年代还是和平岁月，从没有上级质疑过上校留的帝国须。上校自己也认为这是一种公认的特权，无疑他对此觉得无比自豪。他带着部队归建奥尔德肖特卫戍部队之后，埃夫林·伍德爵士就迫不及待地要显示一下，自己并不是平易近人的指挥官。马裤上不许有铬黄色条纹！骑兵团操练时已经习惯穿着的哔叽套头衫也不许穿！制服上的金色花纹又回来了。紧身织布马术夹克也回来了。上校在严令之下不得不服从，私底下向陆军部表达了不满。当然这些事情上他有他的道理。事实上就在一年之内，这些既合理又经济的做法就在全军强制推行了。不过伍德爵士以严格遵守军规的字面意义而闻名，伦敦陆军部的人没有一个敢得罪他。爵士一听说上校竟敢批评他的决定，立马决定要雷厉风行地回敬。他向上校发布了一项书面命令，要求他下一次演习时"根据规定要求剃须"。这当然是彻头彻尾的侮辱，但上校别无选择，只能服从。他在接到命令的当晚就作出了牺牲，第二天早上出现在骑兵面前的已经是一副受到损毁的形象了。众人都感到万分震惊，也对打听到的幕后故事感到不可思议。上校对此深以为耻，在任何场合都没有说起过，而且除非是军事任务需要，他再也没提起过埃夫林·伍德爵士的名字。

---

　　[1] 劳伦斯·斯特恩（Laurence Sterne，1713—1768），18世纪英国最伟大的小说家之一。1759年，他在四十六岁的时候开始创作小说巨著《项狄传》，共写了九卷。1768年，他的另一部伟大的小说《感伤之旅》完成两卷之后不久他染病不治身亡，两部小说的写作也因此中断。

我很荣幸在这样一位上官手下服役，也很高兴能和他成为朋友。从此往后整整二十年，直到他生命结束的那一刻，我们都维系着温暖、牢固的友谊。布拉巴宗上校是死硬的保守党人，而且是最为严格、顽固的那种。他有三条基本信条：贸易保护主义、义务兵役制度、传染病防治法案。他评价政客或者政府也是依据这三条，看其是不是往这方面努力，或是看上去在努力。但无论热点政治事件是什么，比如自由贸易争议、劳合·乔治预算案，或是阿尔斯特问题，我们之间的关系从未被不同的政见影响过。

1895年，罗斯伯里勋爵领导的激进的地方自治派政府在下院一败涂地，索尔兹伯里勋爵正在组阁。大家都喜欢罗斯伯里勋爵，觉得他是爱国者。但那时候他的团队实在是糟透了！正是这些家伙把他拖下了台。可惜据说罗斯伯里勋爵性格软弱，到后来甚至不顾原则地向这些人让步。此外他能上台全是靠的爱尔兰民族主义分子的支持，可谁都知道，这帮子人除非能把大英帝国弄得四分五裂，是绝对不会满足的。我觉得约翰·莫利可能会好些，但他们说莫利简直是败类中的败类，老是和芬尼亚党人及其他乱七八糟的各种叛党分子混在一起。尤其让人觉得有意思的是政府下台可能是因为无法确保火药供应。设想一下一旦战争爆发，没火药怎么打仗呢？也有人说火药库存充足，但没有什么破用处，对付这些狗屁家伙一根手杖足矣。那时候在奥尔德肖特，自由党人遭人厌恶。大选的结果证明了其他英国人和我们的看法一样，索尔兹伯里勋爵这次重回相位手握着一百五十个席位的多数。保守党在此次大选后连续执政十年，期间英国打了多场战争，本书的许多内容就与这些战争有关。当然没人能未卜先知。直到后来保守党人支持了贸易保护主义，自由党人才卷土重来，后者掌权期间组织了最伟大的一场战争。好在现在所有的战争都画上了休止符。

我受邀前往内阁部长晚宴之后在德文郡酒店大楼举办的派对，所有的新任大臣都在场。我看到他们穿着蓝金色的制服，看上去睿智精明。大臣的制服没有我们的华贵，但却有种特别的韵味，对我特别有吸引力。我特别同乔治·寇松多聊了一会儿，他是新任的外交事务次官。乔治看上去光彩照人，非常谦逊地接受了我的祝贺。他向我解释了自己的职位，还讲解了主要的业务情况，虽然他负责的事务不多，但在下院代表了外交部。因此乔治也希望不仅仅是在下院捍卫、解释外交政策，更希望能参与到制定过程中去。在场有些可怜的年轻人没有捞到职位，但他们反而要比任何人都笑得灿烂，四处恭喜拿走了自己朝思暮想职位的那些人。不过我倒是不用被迫控制自己的嫉妒心，能跟从本心，因为根本就没谁考虑过要给我安排什么职位。

　　就在这段时间，埃佛勒斯太太过世了。我一接到她病重的消息就赶紧北上伦敦去看她。她与姐姐一家一起住在伦敦北部。她很明白自己病得很重了，但还是一如既往地牵挂我。当时大雨如注，我的外套整个湿透了。当埃佛勒斯太太摸索着感受到潮湿的时候，她非常担心我可能着凉感冒。直到我脱下外套，彻底烤干，她才恢复平静。埃佛勒斯太太唯一的愿望是想见见我兄弟杰克，但不幸的是没能实现。我去伦敦请了一位高明的专科医生还有两名外科专家共同会商她的病情，她得的是某种腹膜炎。第二天清晨军营里还有检阅式，我不得不搭乘半夜的列车返回奥尔德肖特。检阅式一结束，我就赶回了她的病床前。我到的时候她还能认出我，但渐渐就陷入了昏迷。埃佛勒斯太太最终走得很平静。她的一生清白朴素，充满慈爱，一直在照顾他人。她一直秉持着简单的信条，人要一往无前，不要瞻前顾后。我这二十年的生命中，她始终是我最为亲近、最为亲密的朋友。我也给她将近二十五年前服务过的教士发去了电报。这位教士现在住在坎伯兰郡，已经升任了副主教。他对埃佛勒斯太太的忠诚服务记忆犹新。我们在墓地见了面，但他没有把"小艾拉"一同带来。

　　当我虑及穷苦老妇人的时候，一大问题就是其中许多人在生命的最后一段旅程中生活无着，老无所依。因此，我很高兴在制订养老金和养老保险方案的进程中作出了自己微薄的贡献。这方面没有哪个国家能比英国做得更好，这些对穷苦老妇人们尤其有帮助。

第六章　古巴

维多利亚时代最后十年间，大英帝国度过了一段相当长的和平岁月。和平几乎牢不可破，军队里见到军功章的机会是越来越少，连带着勋章所代表的经验和冒险经历也是如此。参加过克里米亚战争[1]和镇压印度暴乱战斗的老兵都退出了现役，八十年代早期在阿富汗和埃及捍卫帝国的勇士现在也已经身居高位。自那以后，帝国几乎就没有发射过一颗带着怒火的子弹。我于1895年一月加入第四轻骑兵团，当时女王陛下的军队里几乎没有哪位上尉，或者是中尉，经历过哪怕是最小规模的战争。所谓物以稀为贵，军事当局从未像那时一样高度尊重实战经历，而各级别的军官都在热切寻求上战场的机会。不管哪个军兵种，有仗可打总是晋升的最佳捷径，也是获得勋章的快车道。谁要是能得上一枚，无论是年长的绅士，还是年轻的女士，都会对他另眼相看。想想吧，刚入伍的军官是多么羡慕资深的少校在阿布科里战场上的传奇故事！又是多么崇拜上校佩挂的一长串军功章！他们一次又一次地向我们讲述久经考验、惊心动魄的各种行动与故事，我们总是听得如饥似渴，好像永远听不够一般。我们多么想也像他们一样，累积起一堆故事，好向同样感兴趣的听众讲述——如果有需要的话，多讲几遍也未尝不可。在军营食堂餐桌边和饭后友好的氛围中，我们一直在思考自己参与战斗的机遇是否会到来。在马球场、狩猎场、演习场上展现非凡的勇猛与技巧可能算点什么，但真正"服过现役"、冒着"炮火"上过战场的年轻军人头上会有一圈光环，会令他的上司将军、下属同袍、追求的姑娘产生整齐划一、真心诚挚的良好印象。

我目前生活的圈子里，大家都热切期盼着能有足够的机会真枪实弹打上一仗，这种热切期盼都快要看得见、摸得着了。这份抱怨注定要得到满足，所有

---

[1] 克里米亚战争，又名克里木战争、东方战争、第九次俄土战争，是在1853年10月20日因争夺巴尔干半岛的控制权而在欧洲大陆爆发的一场战争，拿破仑帝国崩溃以后规模最大的一次国际战争，奥斯曼帝国、英国、法国、撒丁王国等先后向俄罗斯帝国宣战，战争一直持续到1856年才结束，以俄罗斯的失败而告终，从而引发了俄国国内的革命斗争。

的要求都会全盘实现。那些日子里在自由党人民主政府治下，似乎很有可能给所有的战争踩上一脚刹车——至少我们这里的中尉是这样认为的。但很快，事实就证明这种观点不过是一种虚妄之见。随着和平年代终结，战争的供应不再紧张，所有人都能拿到足够的份额。唉！的确是不紧张，都到了足以挥霍的份上了。那几年，包括随后的数年间，热情洋溢、无忧无虑、抱着对未来满满憧憬离开桑赫斯特的几代年轻训练生和军官几乎都没能挣脱可怕的命运，纷纷被送上了战场。先是印度边境和苏丹发生了小型争端，给英国军队带来了小试牛刀的机会。部分人或是运气好，或是上面有人，获得了打仗的机会。后来是规模较大的南非战争，彻底满足了我们这支小小军队的全部需求。不过这还不是终点，战争像洪水一般持续涌来！

　　军法规定，一年分为七个月的夏训阶段和五个月的冬休阶段，军官可以有整整两个半月不带中断的休假。我所有的钱都花在了养打马球的矮脚小马上面，假期去打猎我肯定是去不起的，于是我就满世界找哪里有惊险刺激的场面可以去看看。问题在于，整个世界齐心合力苦苦支撑了那么多年的总体和平，只在占地球四分之一面积的地方被打破了——这样的地方很难找。有人告诉我，西班牙人和古巴叛军之间旷日持久的游击战已经进入了关键的时候。西班牙派出了总司令马丁内斯·坎波斯元帅前往这座性喜叛乱的岛屿。坎波斯元帅在西班牙人中间大名鼎鼎，不仅因为对付摩尔人的战绩，也因为领导了复辟王室的军事政变。与此同时，跨过大洋、正向古巴疾驰而去的还有一支八万人组成的增援部队，希望一举平定叛乱。这是西班牙开始平叛以来，最为声势浩大的一次军事行动。从小时起，我就喜欢沉思关于士兵和战争的一切，无论是白日梦还是黑夜梦，我总是在想象一个人第一次上战场，感受到战火之后会有些什么样震撼心灵的体验。耳边闪过子弹呼啸的声音，心里像是吊着十五只水桶，时时刻刻担心丢了小命或是身上挂彩，在年轻的我看来，那一定是激动人心的绝妙体验。不仅如此，眼下我已经正式入伍，战争也算是我的职业，我觉得以个人身份悄悄地先去战场上看看，当作一次彩排，也算是应该的。何况还能借此机会看看我自己的性格是否适合残酷的实战现场。因此，我就把目光投向了古巴。

　　我把整个想法都透露给了我的好友雷吉纳德·巴内斯中尉，他后来长期在法国担任师长。他也对此非常热衷。上校和食堂里的诸位同袍，对这样一项到实际战场上收获专业历练的计划总体上持赞成的态度。这就好像是哪位中尉或是上尉希望花一个季度认认真真地去打猎一样，没有这种经历是不会被周围人认同的。一切妥当之后，我给亨利·沃尔夫爵士去了一封信。他是我父亲的老友，也是老同事，当时在任我国驻马德里大使。我向他求助，看看能不能获得西班牙军事当局的必要批准。这位可亲的老绅士在西班牙宫廷中的影响力没有任何其他外交官可以比肩。作为外交使团里的老前辈，他为了我的事情四处奔走，很快我就收到了一个包裹，里面放着最棒的私人和官方介绍信。大使先生还向我们保证，只要我们抵达哈瓦那，总司令一定会热情欢迎我们，带我们参观所有该看的。由此，1895年11月初，我俩搭船去往纽约，再转道奔赴哈瓦那。

　　当前的这一代人饱受战争之苦，已经筋疲力尽，早就变得心肠坚硬如铁，心灵支离破碎，可能很难理解我当时的心情。作为长期生长在和平岁月中的年轻英国军官，我第一次接近真实的军事行动现场，心中既紧张向往，又带着一份胆小畏惧。当我头一次在昏暗的晨光中看到古巴的海岸缓缓升起，在深蓝的地平线上露出身影的时候，我感觉就像是在和《金银岛》里的西尔弗船长一同航行一般。这地方可是有真把式的！这地方可是在上演关键性的军事行动！这地方可是什么事都可能发生的！这地方可是真的会发生些事情的！我甚至可能把自己的一双腿留下。这些激动的情绪随着早餐的进行逐渐消散，下船的时候一片匆忙，更是被抛在了脑后。

　　古巴是个美丽的岛屿，难怪西班牙人管它叫"安的列斯群岛中的一颗明珠"。此地气候宜人温和，降水充沛，植被茂密，景色动人，土地的肥沃无处能及。我不由得心中暗自责怪我们的先辈，怎么就如此轻易地让如此一座宝藏从指间白白溜走！不过话说回来，现代民主的英国还是继承了足够多的遗产，可以任由我们一一决定是留是弃。

　　三十五年前，哈瓦那城和哈瓦那港当然没有发展到现在的程度，可无论从哪个角度来说，都已经算得上热闹非凡。我们在一家不错的酒店安营扎寨，吃了不少橙子，抽了不少雪茄，然后才向当局递交证件，登记注册。一切顺利。很快我们带着的信件就有了下文，我们被当作一个强大的传统盟友在紧要关头所派出的使者。虽然并非官方使团，但却也重要得紧。我们想尽了浑身解数希望低调一些，但越是如此，他们就越是觉得我们此行别有深意。总司令不在，外出巡视港口和要塞去了，不过我们所有的要求都得到了满足。我们将会在圣克拉拉市觐见元帅。整个旅途被安排得无微不至：装甲列车，两端的车厢都是特制的，还有警卫随车；所有车厢两侧都特地做了装甲强化，一旦发生交火（这很常见）只要卧倒在车厢地板上就能确保安全抵达。第二天早上我们就启程了。

马丁内斯·坎波斯元帅非常友好地接见了我们，还吩咐一位年轻的中尉参谋照应我们。这位参谋名叫胡安·奥德内尔，是得土安公爵的公子，英语讲得非常棒。我听到他的姓氏的时候愣了一下，不过他告诉我，打从爱尔兰旅那个时候，他们家族就已经归化西班牙了。奥德内尔还告诉我们，如果想亲眼见到战斗场面，应该要加入机动部队。不过很遗憾我们错过了，这支部队似乎当天早上已经在瓦尔德斯将军的率领之下从圣克拉拉出发，赶往大约四十英里外被叛军围困的圣灵镇了。我们提出既然这支部队走得还不远，我们或许能赶上。听闻此言，年轻的中尉摇了摇头，说道："你们连五英里都走不出去。"我们问："那敌人在哪里？""他们无处不在，但又不知道到底在哪。如果有五十名骑兵的话，就能通行无阻；但就你们俩的话，寸步难行。"虽然如此，但似乎有可能在途中想点办法，比瓦尔德斯将军早点抵达圣灵镇。为此，我们必须要坐火车去西恩富戈斯港，再搭船去图那市。奥德内尔说从图那市到圣灵镇的铁路线有碉堡层层严密守护，截至目前一直有军列定期通行。这样的话，我们虽然绕了一百五十英里的路，但三天就能抵达圣灵镇。而将军要带着部队行军，不到第四天晚上是到不了的。这样我们就能和他的机动部队汇合，和他们一起进行接下来的行动。将军欢迎我们以客座参谋的身份加入他的部队，也会给我们提供马匹和勤务兵。

这段旅程有惊无险地结束了。圣灵镇虽然有个非常吉利的名字，却是个小地方，卫生条件简直差到一塌糊涂，天花和黄热病横行。我们在一家肮脏吵闹、拥挤不堪的小酒馆过了一夜，第二天晚上瓦尔德斯将军和他的部队就到了。这支部队不容小觑：三千名步兵编成四个营，两支骑兵分遣队还带着骡拉火炮，看上去军容整齐，斗志昂扬，并没有因长途行军而有所松懈。他们穿着棉制的军服，原本可能是白色的，但一路上的尘土让它们现在看起来更像是某种卡其色。士兵们都背着厚重的行军包和双份的子弹链，戴着宽大的巴拿马式稻草帽。当时镇上的驻军热情地欢迎了自己的战友，不过当地居民似乎也非常高兴部队的到来。

部队进入营地之后过了一段不短的时间，我们才得空前往将军的总部做自我介绍。他已经看过了介绍我们的电报，非常热情地欢迎了我们的到来。苏亚雷斯·瓦尔德斯是一位将军师长。他这次任务为期两周，在叛乱地区穿插，主要有两大目的，一是巡查支援西班牙人控制的城镇和驻防点，二是无论叛军何时何处露头，都要给予迎头痛击。他通过译员向我们表示，对于伟大的强大的盟友派了两名代表到他的部队里，他深感荣幸，对此举背后昭示的大英帝国的道义支持，他也深表感谢。我们也通过译员感谢了他展现出的极大善意，我们也确信将来同他的部队一同行动一定会是令人愉快的经历。看样子翻译得不错，因为将军看上去非常满意。他接着告诉我们，天一破晓，部队就会开拔，如非必要，他连一个小时都不愿待在这个满是疾病的小镇上，天亮之前就有人会为我们备好马匹。他也顺便邀请我们共进晚餐。

第二天早上，想想吧，那是一名年轻军官生命中多么有意义的一个早晨！天色刚亮，还蒙着一丝夜色，简直就是在所谓"黎明女神昏暗又神秘的殿堂"之中，写出这样天才句子的作家竟然声名不显，实在可惜。我们已经穿好了全套制服，端坐马背之上，左轮手枪里压满了子弹。在一片尘土和半亮的天光之中，全副武装的军人排成一条长龙，向着敌人蜿蜒而去。可能有人离我们很近，也许就在一里开外的地方，我们一无所知，也不知道是敌是友，素质如何。不过对我和同伴而言，我们和战争双方的恩怨毫无关联，除非出于自卫，我们并不能干预他们的战斗。尽管如此，我们还是觉得这是生命中至关重要的一刻：事实上，这是有史以来最美好的一刻。我们觉得有事会发生；我们满腔热切地期盼有事发生；同时我们又不希望受伤或者丧命。这就是对年轻人而言最为致命的诱惑和荣耀：冒险，而且是为了冒险而冒险。当然，各位读者大可以说这是犯傻。毕竟翻越千山万水，任由漫漫征程把自己弄得几乎破产，来到一个全然陌生的地方，清晨四点起床加入一群全然陌生的人组成的队伍，怎么说也算不得是很理性的行为。但我们也很清楚，哪怕要付出一整个月的薪水，英国陆军里也没有哪个中尉不愿意取我们而代之。

然而，什么也没有发生。天光逐渐转亮，在我们眼中看到的西班牙人部队就像一条巨蛇一般，迂回消失在一眼望不到边的森林中。地势高低起伏，早晨的水汽让一切都变得湿漉漉的，在阳光的照射下闪闪发光。我们前进了大约八英里，九点左右进入了一片相对开阔的乡间空地。部队传令就地修整，准备用早饭，还有"西班牙式的午休"。早餐是很重要的一顿。步兵生火做饭，马儿都被卸下了马鞍，散步吃草。参谋人员围坐一桌，享用着咖啡和炖菜。有点像是一场野餐。吃得快差不多的时候，将军的副官拿出了一个长条形的金属瓶，他说里面装的是自制饮料，叫"仑科特耶"。很多年后我才知道这个名字背后的意思，但当时从味道上来判断，显然那就是一种朗姆酒调制的鸡尾酒。不管名字叫什么，这种饮品的味道确实不错。用完餐之后，勤务兵已经利用灌木丛里的树干搭好了吊床，于是我们就爬上吊床享受休息时光。普通士兵和团级军官就直接躺到了地上。我相信必要的防备措施都做好了。所有人都在树荫下睡了将近四个小时。

下午两点，午休结束，露营地变得喧嚣忙碌起来。大概下午三点左右，我们继续上路，以每小时至少二又四分之三英里的速度走了四个小时。夜幕降临之际，我们抵达了预定的夜间宿营地。整支部队一天共走了十八到十九英里，但士兵们看上去一点都不累。这些不屈不挠的西班牙士兵都来自农民家庭，是实打实的泥腿子出身，都能背着沉重的负载以惊人的毅力沿着几乎看不清的小路长途行军。中午长时间的休息对他们而言就像是一天之内第二次晚间睡眠一样。

我肯定在制订一日行动计划方面，罗马人当年一定比我们安排得好。一年中的任何季节，他们都会在太阳升起之前起身。而我们呢，除非在作战期间，我们从来不会与黎明相遇。日落我们有时还能看见。但日落传递的是悲伤的情绪，而黎明则意味着希望。一日之中休息一下，睡上一觉，能让人神清气爽，比睡过漫漫长夜还要管用。不管是工作还是游戏，从早上八点一直持续到半夜，都不是人的天性。我们对自己的身体压榨过度，既不公平也欠深思熟虑。无论是脑力还是体力方面，不管是工作还是嬉戏，都应该把每天的日程分成两部分。"一战"的时候我在海军部工作，我发现如果在午饭之后上床睡上一个钟头，当天工作的劲头就能额外延续两个小时左右。比起我们这些盎格鲁-撒克逊人或者条顿人，拉丁人更加聪慧，他们的生活方式更加贴近自然。当然，他们生活的地方气候条件也更加优越。

接下来的每天都是如此一般的作息安排。我们在风景优美的乡村行军了好几天，没有看到、听到或感受到一丝一毫战争的气息。在这段时间里，我们操着蹩脚的法语同我们的西班牙东道主沟通，成了不错的朋友，虽然大家看事物的角度不同，我们还是大概理解了彼此的看法。举例而言，参谋长本佐中校有一次提到战争的时候是这样说的："打这场仗是为了捍卫国家的尊严。"此言令我深受震撼。因我所受教育有限，我之前并没有怎么认识到其他国家的人和我们英国人一样，也对自己的领土有相同的情感。我还以为只有英国的教育会让自己的孩子养成这样的荣誉感。这些西班牙军人对古巴的感情，在我看来，同英国人对爱尔兰的感情是一模一样的。这一点给我留下了深刻的印象。不过听着这些外国人描述对自己国家和殖民地的看法，所表达的观点和所用的词汇和英国人如此相似，就好像他们就是英国人一样，这种感觉让我觉得颇为神奇。不过我还是接受了这种感受，并牢记于心。西班牙人一旦提到"安的列斯群岛的明珠"会被人从他们身边夺走——哪怕只是提到这个话头——就唉声叹气。在此之前我至少是悄悄地同情叛军，或至少是同情起义行动本身的。打那以后，我开始能够体会他们的悲伤之情，也开始为他们感到遗憾。

尽管如此，我们还是看不出这场战争要怎么才能打赢。一支将近四千人组成的机动部队在无边无际的潮湿丛林中毫无目的地四处转悠，这样的行动每小时要花多少钱！这样的部队大概还有十几支。此外，尚有更多的小型行动队一直在保持移动。至于所有据点和堡垒，算上铁路沿线的碉堡中的驻军，一共有大约二十万人的军力。众所周知，在那个历史阶段，西班牙已经称不上家底丰厚了。横跨万里汪洋，为这么一支将近二十五万人的军队提供补给，大家都能想象到西班牙为此付出了多么艰苦的努力，作出了多么重大的牺牲：就像是伸长了胳膊拼命举着一支沉重的杠铃一样。敌方的情况又如何呢？我们什么都没见着，甚至连一声来复枪响都没听到，但他们的确存在。正是因为不幸之事不断发生，才会有了上文提及的严密防守和大军压境。在绵延的森林和群山中潜伏着一群衣衫褴褛之人，但他们可不缺来复枪和弹药。最令人心惊胆战的是他们都装备了一种威力巨大的"马切特"大砍刀。对他们而言，战争不过只是意味着贫穷、危险、不适。就算没有战争，他们也短不了这些。这回轮到西班牙人自己品尝游击战的苦果了。当年他们也是这样对付拿破仑的军队的。就像后者在伊比利亚半岛上一样，西班牙军队只能日复一日地分成小队穿行在这片浸满了仇恨的土地上。敌人无从辨迹，却总能从这儿或那儿跳出来狠狠给他们来上一下。

11月29日晚，我们宿在驻防森严的阿罗约布朗科镇。两个营和一支骑兵分遣队护送着运输队离开，去给一系列堡垒送给养。剩下的大概一千七百人则负责搜寻敌人的踪迹，寻机进攻。11月30日正好是我二十一岁的生日，也正是那天我有生以来第一次听到了带着怒火的子弹发出的呼啸声，穿过空气的嗖嗖声，以及子弹钻入血肉的沉闷声响。

当天清晨，我们开拔的时候，全军笼罩在了一片轻雾之中。突然后队就陷入了交火。那时候当交战双方靠得足够近了，都会使用大口径来复枪——至少作为主要武器中的一种。这样一来我们都能听到震耳欲聋的响声，团团白烟升起，甚至能看到火星四溅。交火似乎就在一弗隆[1]开外的地方，声音极为嘈杂，令人心惊胆战。不过似乎并没有子弹朝着我的方向飞来，我提着的心也略微放下了一点。我就像是乐观主义者那样"事不关己，高高挂起"。不过轻雾笼罩，什么都看不清楚。过了一会儿雾气渐渐消散，我发现我们正在通过一条森林中开辟出的道路，大概有一百码宽。西班牙人管这条路叫什么"军用道路"，我们沿着它走了几个小时。道路上的丛林灌木愈发茂盛，贪婪地侵吞着道路的地盘。军官们抽出佩戴的马切特砍刀劈开树枝，又或者像是游戏一般劈开枝条上垂下的葫芦果实，兜头洒下一片晶莹冰凉的汁水，淋了不注意的人一身。

那天用早饭的时候，所有人都倚马而坐，吃着自己袋里的东西。有人分给我半只小鸡，我正在张牙舞爪对付鸡腿的时候，突然就在咫尺间，甚至是面对面的距离，从森林边缘飞出了一排歪歪斜斜的子弹。我身后很近地方的一匹马（好在不是我自己的马）立刻跳了起来。大伙儿立刻骚动起来。几名士兵赶紧跑去子弹飞来的方向侦查，当然一无所获，只找到几只空荡荡的小圆桶。这当口，我一直在关注受伤的那匹栗色马。子弹正打在它的肋骨之间，鲜血滴落，流到了地上。它光滑明亮的栗色皮毛上撕开了一个大概三十厘米的深红色圆形口子。马垂着脑袋，但没有倒下。显然它命不久矣，士兵把马鞍和缰绳都从它身上卸了下来。我看着这一切进行，脑海中忍不住思绪如潮，觉得一阵后怕，这些子弹刚才显然就是从我脑袋边上飞过的。所以这样说起来，我也算是"冒着枪林弹雨"了。这的确算点什么，可也让我开始更加审慎地反思我们截至目前所做的一切。

接下来的一整天，我们都在追寻敌人留下的蛛丝马迹。之前一路上的草木让我觉得简直同英国的树丛一模一样，而现在我们走进了一整片树干像瓶子一样的棕榈林中，各种大小、各种形状的棕榈树延绵成片。在林中穿行了三四个小时之后，我们又抵达了一片较为开阔的空地，寻了个浅滩涉水过河之后，我们在地图上标注的一座简陋小木屋边上停了下来，准备过夜。我们的宿营地三面环水，天气闷热，我和同伴说服了两名年轻的参谋与我们一同下水洗澡。河水清澈温暖，景色宜人。我们洗完了在岸上穿衣服的时候，突然听到不远处传

---

[1] 长度单位，一弗隆相当于220码、201米或1/8英里。

来一阵交火的声音。枪声接连不断，一阵又一阵，过了一会儿又飞来了一串子弹，从我们头上呼啸着过去了。显然这是正在发生中的某种突袭。我们赶紧胡乱套上衣服，尽可能优雅地沿着河岸撤退，回到了将军总部的所在地。当我们抵达的时候，在一英里以外的地方正上演着有规律的交火，子弹四处乱飞，落得营地周围到处都是。叛军主要装备的是雷明顿枪[1]，西班牙军队装备的则是带着弹药匣的步枪，前者沉闷的发射声同后者尖锐的咔哒咔哒声形成了诡异的反差。大约半小时之后，叛军大概觉得差不多了，扛起死伤者就撤离了。希望他们不会无人照料。

我们在木屋的走廊下面吃了顿安稳的晚饭，然后就进了小小的谷仓，爬上吊床休息了。不一会儿我就被交火的声音吵醒了。夜空中不仅回荡着开火的声音，还有子弹呼啸的声响。一发子弹掀跑了小屋的茅草顶，另一颗打伤了一名就站在外边的传令兵。我思量着是不是要从吊床上下来，躺到地上。原本已经准备这么做了，但我看了一圈，谁都没有动，我顿时觉得更合群的做法可能是待在原地，一动不动。为了稳定心情，我开始环顾四周，胡思乱想。在我和敌人枪弹之间还隔着另一张吊床，上面躺着的那位西班牙军官体型魁梧，也许直接说胖会更合适。我从来没有歧视过胖人，至少从来没有冒出要不让这位壮汉吃饭的念头。想着想着我就睡着了。

一夜鸡飞狗跳之后，机动部队很早就出发了。轻雾给了叛军狙击手最好的掩护，就在我们过河的时候，他们用精准的射击向我们说了早安。敌人总是赶在我们前面撤退，利用一切可能的位置骚扰。虽然没有多少人真的被子弹打中，但不论部队行军的队列拉得多长，敌人的子弹都会跟到那儿，整个行军的过程变得热闹万分。八点钟，西班牙军队的前锋终于走出了曲折的地形，来到了一片开阔的地方。这一片开阔地上有一条马匹踩踏出来的宽阔道路。道路一边拉着铁丝网，一边种着一排矮树，从草原入口一直延伸到敌人的防线那边。路的两边都生长着大片大片的繁茂绿草，足有齐腰高。沿着路走到一半，大概一英里的地方，右手边出现了一片棕榈林，大概有百来棵的。路的尽头，右侧是一片低矮、延展开去的丘陵，放眼望去，随处可见设置好的栅栏，背后则是浓密的森林。这就是敌人的阵地，将军立马下令展开进攻。

---

[1] 雷明顿公司成立于1816年，是美国最大的枪支制造商之一，也是世界上历史最为悠久的枪支制造企业。公司拥有世界上一些最知名的枪支品牌。

　　战术很简单。西班牙军队打头的一个营全部走入平原之后，立刻分出两个连分散开来，沿着两侧包抄。炮兵居中，骑兵沿着道路右侧冲锋。将军、参谋和两位英国观察员庄重严肃地沿着道路前进，和前锋保持着五十码左右的距离。第二个营进入战场之后，以连为单位分散开来，跟着大炮前进。整个队形前进了三百码，什么也没有接触到。突然我们发现山顶上升腾起了一团团的烟雾，紧接着立刻就响起了叛军来复枪的声音。这样的情况出现了两次，接着敌人的枪声变得连绵不绝，在战线的两侧均有分布。西班牙步兵部队立刻开始还击，同时持续推进，左右两侧的交火都变得火热。我们能听到周围各种各样的声音，有时像是叹息，有时像是呼啸，有时又像是被激怒的大黄蜂发出的嗡嗡声。将军和参谋团策马抵近，直到离交火前线烟雾笼罩的爆炸声只有四五百码的地方才停下。我们在这里停下，一点防护都没有，就这么坐在马上观察步兵的冲锋。这段时间里天空中充斥着横冲直撞的子弹，打在棕榈树上发出乒乒乓乓的声音。西班牙军队士气饱满，愈发神勇，我们想尽了办法才能一直观察得到他们推进的最前沿。一切都显得极其危险，但我惊讶地发现，在一片嘈杂响声中，真正被击中的人少之又少。我们一群人有二十来个，受伤的人和马总共不过以三四计，一个阵亡的也没有。渐渐地，西班牙人的毛瑟枪声开始占据上风，叛军的开火声变得稀疏，这让我大松了一口气。最后叛军的枪声彻底停止了，我看到有几个身影匆忙逃进森林中寻求掩护，一切又重归寂静。步兵继续推进，占领了敌人的阵地，但由于丛林过于浓密无法穿行，我们没有继续追击。

　　机动部队经此一役只剩下一天的口粮了，不得不穿过平原回到了拉西科特亚市，我们也同他们一起。西班牙人维系了他们的荣耀，而我们的好奇心也得到了满足。将军的部队继而回到了海岸地区，而我们则返回了英国。我们并不认为西班牙人能很快结束在古巴的战争。

第七章　豪恩斯洛

1896年春季，第四轻骑兵团奉命移驻豪恩斯洛[1]及汉普顿宫地区，为秋天远渡重洋，开赴印度作准备。抵达豪恩斯洛之后我们把马匹让给了刚回国的某个团，马术训练也就此结束了。骑兵团会在东方服役十二到十四年，所有军官都得到了足够长的假期和便利供他们把一切安排妥当。在和我们的马儿分手告别之前，我们在豪恩斯洛平原上组织了最后的一次阅兵式，即将离任的布拉巴宗上校做了一次简短干练、用词讲究、充满军人气概的告别演讲。

我现在度过的这半年是我有生以来最为惬意的半年；事实上这几乎是我仅有的大段隐居时光。我和母亲一同住在家里，每周两到三次坐地铁去豪恩斯洛军营。我们在赫灵汉姆和拉内勒夫打马球，那时候罗汉普顿的马球场还没影呢。我养了五匹不错的小矮马，据说都潜力十足。我全身心地放松，投入到伦敦的娱乐和休闲生活中去。那时候英国社会还保留着古老的风尚。多么光彩耀人！多么恢宏强大！自有一套行事标准和落实这套标准的方法，可惜现在已经完全被人忘却了。很大程度上大家都知根知底，相互了解。就这么数百个家族代代相继，统治着英格兰，见证了她登上国家荣耀的巅峰。这些家族之间通过婚姻，很大程度上盘根错节，相互间都有联系。走到社会上遇到的都是朋友和亲戚。社交圈子里许多重要人物很多时候都是议会里的领导人物，领导国家的政治家，也是赛马场里一等一引领风骚的人物。索尔兹伯里勋爵就非常小心，特地从来不在纽马科特有赛马的时候召集内阁会议，下院也是一样，一旦在德比有赛马就会循惯例休会。那些日子里，兰士登大厦、德文郡大厦、斯塔福德大厦等酒店经常高朋满座，聚满了笑容灿烂、兴高采烈的社交要人，而讨论的话题也和议会里的事务、陆海军大佬、国家政策等紧密相关。现在，兰士登大

---

[1] 豪恩斯洛区（London Borough of Hounslow）是英国英格兰大伦敦外伦敦的自治市，人口二十一万，面积五十五点九八平方公里。1780年，第12任德比伯爵创办了英国大赛马会。德比是英国传统上举办赛马比赛的地方，德比郡出产的赛马更是闻名英国。每年6月的第一个星期三举行赛马会，这天也被命名为德比日。

厦和德文郡大厦已经变成了旅店、公寓和餐馆的集合体，斯塔福德大厦则成了世界上最丑陋不堪和愚蠢至极的博物馆，就在其中褪色的沙龙房间里，社会主义政府提供着公共住宿服务。

但在1896年，这些阴暗的问题尚未降临到伦敦头上。恰恰与之相反，所有人都在期待第二年欢庆维多利亚女王在位六十年的钻石庆典[1]。我从一场欢乐的聚会走到另一场，从一处热闹的场所换到另一处，周末都在这些美丽多彩的地方或宫殿中度过，它们的主人都绞尽脑汁地把它们同联合王国漫长辉煌的胜利历史联系起来。我很荣幸亲眼见证了这个已经逝去的时代，哪怕只是区区数月。我脑海中还能清晰回忆起1897年德文郡公爵夫人举办的那场盛大的化装舞会，让迪斯雷利在他的小说里描绘的场景——还是最为著名的描写段落——得以完全重现。在舞会场所外边的格林公园里，大群大群的老百姓群聚于此，在这个清爽的夏夜围观进进出出的客人，聆听音乐，可能也在静静反思那些岁月里横亘在统治者和被统治者之间的巨大鸿沟。

1920年，一位叫M. 保罗·坎蓬的先生结束了他漫长精彩的驻英外交生涯，拜别圣詹姆士宫之后，我有幸请到他与我在家里共进午餐。我们谈及了世纪初至今世界上发生的重大事件，以及我和他共同经历的要事。上了年纪的大使先生这样说道："我在英国的二十年间，目睹了一场比法国革命还要彻底，还要影响深远的英国革命。统治阶级几乎完全被剥夺了政治权利，而且很大程度上被剥夺了土地和财产。而这一切都在潜移默化中完成，连一条生命都没有伤及。"我想他所言非虚。

我的叔叔，第八代马尔博罗公爵去世之后留下了他的遗孀莉莉安。她的父亲是美国海军的一位准将，而她早年间的一段婚姻让她变得极为富有。最近她第三次成婚，嫁给了威廉·贝雷斯福德勋爵，后者是沃特福德勋爵三兄弟中最年轻的一位。三兄弟都是人中英杰，长兄查理是赫赫有名的海军上将；老二马库斯是社交场上的焦点人物，也在赛马场上挣下了显赫名声；老三比尔则加入了陆军，在祖鲁兰战场上荣获了维多利亚十字勋章。我这一辈子始终在和这三位打交道，直到他们去世为止。

威廉勋爵和莉莉安公爵夫人虽然年纪大了才结为伉俪，但他们的婚姻非常

---

[1] 传统上夫妻结婚六十周年或君主统治满六十周年被称为钻石庆典。例如伊丽莎白二世于2012年6月举行，也称钻禧盛典。

幸福、富足，甚至可以说结下了累累硕果。他们在杜金附近的迪普戴纳定居，时常请我去做客。我很喜欢比尔·贝雷斯福德。他身上的品质似乎能让一名骑兵中尉极为着迷。他熟知俱乐部和社交圈子里需要了解的一切知识。他曾连续多年担任印度总督的军务秘书，伺候了两任总督，达弗林勋爵和兰斯道文勋爵。比尔一辈子都痴迷马术类运动，也是绝佳的竞技运动员，不管是马球、赛马，还是追猎野猪或矮脚马追逐赛，无论比赛规模大小，他都是一把好手。威廉勋爵年轻时曾担任第十二枪骑兵团的军官，有一次第十二团用完晚餐闲来无事，打赌谁能去豪恩斯洛的骑兵营把第十轻骑兵团保存的奖牌顺回来，谁就能赢得一大笔赌金。第十二团驻地在骑士桥，两地之间的距离不近。比尔在极短的时间里跑了个来回，从第十团那边把奖牌装进他肩上扛的一只袋子里，就这么拿到了骑士桥蓝色食堂里望眼欲穿的众人面前。可以这么说，就没有哪种体育或者关于体育赛事的博彩是他没有参加过的。不仅如此，他还是一名英勇的战士，亲身参加过三四次战争，还在几乎绝望的情况下，顶着祖鲁人的标枪和子弹救出了一名同袍。他在公共事务上的意见虽然听起来有股官方的味道，却也不失实践意义。至于关乎行为举止和社交礼节的事情，很多人把他的看法奉为圭臬。

　　这样一来我经常去迪普戴纳做客，那里的堂皇大气与舒适氛围时至今日我一直记得。每次到了那边我都会倾听勋爵的教诲，从他的智慧里学到了许多。我从来都听不厌，我记忆犹新的是他断言文明民族之间绝对不会再爆发战争了，他是这么说的："我倒是一直看到各国几乎要滑入战争的深渊，可总会有某种力量把他们拉回来。"他认为世界上充满了善意，绝对不会让知书达理的两个国家之间发生像战争这样丑恶的事情。我并不认为这样说全然有道理，但日后确实有三四次，当人们都在沸沸扬扬地讨论战争即将爆发的时候，他的这番话重现在我的脑海里，对我产生了重大的影响。也的确有那么三四次，历史证明他的话是对的。他说出这样的话，其实是生为维多利亚时代人的自然而然的感悟。问题在于，后来世界进入的阶段和产生的问题是威廉·贝雷斯福德勋爵以及和他同时代的人都无法预料也从未经历过的。

　　1896年我首次见到宾顿·布拉德爵士，也是在迪普戴纳。这位将军是印度方面最值得信赖也最有经验的指挥官之一。他是迪普戴纳这对主人夫妇一辈子的朋友。1895年秋天，布拉德爵士成功地在马拉坎德山口完成了一场摧枯拉朽般的大胜。我们见面的时候，他刚刚回国。未来不管印度发生了什么麻烦事，统帅部里一定有他的一席之地，他注定将会大放异彩。我同将军成了好朋友，

宾顿·布拉德爵士

有一次周日早上，我们在迪普戴纳阳光灿烂的草坪上散步，我顺利让他答应，一旦他奉命指挥在印度的军事行动，一定会让我和他一起去。

我在迪普戴纳也经历过一次不怎么愉快的经历。还记得某次我受邀参加为威尔士亲王准备的周末派对，对一名少尉来说，这实在是莫大的荣耀。布拉巴宗上校也接到了邀请。我心想自己一定要保持最佳的仪态：准时、镇定、内敛。一言以蔽之，我最不擅长做的事情都在必须之列。我本应该搭六点的火车前往杜金，但我决定转而乘坐七点十五分的列车。一切都很顺利，直到旅途过半我才发现，我几乎肯定赶不上晚宴预定的时间了。火车准点的话将于八点十八分到站，出站之后还有十分钟的车程。在火车呼啸着经过一座座车站的同时，我只得抓紧时间就地在车厢里更衣。这简直把与我同车厢的那位绅士吓得够呛。火车开得慢极了，而且似乎每过一个站都会不断推迟几分钟，这还是一班站站停的列车。我到杜金火车站已经是八点四十了，我赶紧跑出车厢，一眼就看见站台上急得来回踱步的一位仆人。我一分钟也不耽搁，跳进马车就出发了。随着仆人不断甩着鞭子催促两匹马儿赶路的声响，我似乎感觉得到在旅途的终点等着我的是多么严重的一场灾难！我当时是这样打算的，我一到地方就悄悄溜进餐厅，找到自己的位子坐下，不叫任何一个人发现，过后再正式道歉。

我到了迪普戴纳，发现所有人都在会客厅里坐着等我。好像缺了我就正好只有十三个人。那个年代，众所周知王室忌讳十三个人一起坐下吃饭。亲王殿下直截了当地拒绝入席，也不允许把大家分成两桌用餐。他向来守时，八点半就到了。可我到的时候离九点只有十二分钟了。当时的大厅中，这群精挑细选、卓越非凡的人物济济一堂，心情简直恶劣到了极点，而我这么一个毛头小子，是凭着他们的青眼有加和特别照顾才能到此出席，却站到了他们全体的对立面。当然我已经想好了绝妙的解释。有意思的是，日后我把这个借口拿来用了好几回。怪就怪那天我居然把自己想好的解释扔到了一边，哆哆嗦嗦地开口，说了几句道歉的话，走到亲王面前鞠了一躬。他开口用最严厉的语气对我说："难道你的军团里没人教你守时吗？温斯顿！"他说完便狠狠地向紧皱双眉的布拉巴宗上校投去了一个带着嘲讽与尖刻的眼神。这一刻真是太尴尬了！终于我们这十四个人组成的完美团体两两做伴，入座吃饭。威尔士亲王真是发自内心的天生友善之人，大概一刻钟之后，他说了些笑话，终于让我再次放松下来。

我确实认为不守时是一种恶行，终我一生都在与之作斗争，试图甩开它。数年之后，威尔顿博士给我写的一封信里是这样说的："有些人一天里定下一连串的事情，结果每件事都依次迟到十分钟，这样的人我一直无法理解他们是怎么想的。"我对此深表同感。最直截了当的解决方式就是从日程表里砍掉一两件事，这样就能做到准时了。但很少有人有勇气这样做。不过与其让九个提前约好的代表团挤在乌烟瘴气不透风的等候室里等你，不如把另一位临时起意前来拜访的大人物婉言谢绝在他刚踏上门阶的那一刻。

四月南非发生了一件大事。现在回过头来看我的人生，此事简直是灾祸的源泉。那年夏天，保守党的索尔兹伯里勋爵重新上台执政，手握着一百五十席多数席位。他期待自己能如数顺利完成《七年法案》规定的任期。格莱斯顿先生给他留下了一副烂摊子，戈登将军在苏丹被人暗杀身亡[1]，英国军队又在

---

[1] 查理·乔治·戈登（Charles George Gordon，1833—1885），维多利亚时代的英国工兵上将，帮助清政府镇压太平天国运动的"洋枪队"头子，臭名昭著的殖民主义者，后转赴喀土穆，在镇压马赫迪起义期间被当地起义军杀死。

南非马聚巴丘陵大败投降，帝国的面子简直一扫而光。索尔兹伯里勋爵于是把收拾局面、找回场子作为自己执政后的第一要务，他在这些事件中都执行了缓慢、坚定的策略，极为谨慎地一点点夺回优势。同时，在欧洲事务上，勋爵小心地夯实和平局面；对国内则尽可能维系天下无事的氛围。当时俄国在远东的扩张威胁到了英国的利益，他的政策也不过是忍气吞声，退避三舍。俄国人要求英国驻华舰队从旅顺港撤出，他也照办。当时的下院反对派自由党人对他的软弱和胆怯大肆抨击嘲讽，他也置若罔闻。当美国国务卿奥尔尼对英国发出关于委内瑞拉问题的照会——这几乎就是一封最后通牒——他也能放低身段，暂避对方怒火的锋芒，给出温和的回复。他尽力聚焦在大英帝国的内部事务上，一心一意处理苏丹和南非德兰士瓦的事情。

　　在南非问题上，张伯伦先生也非常活跃。人们给了他一个昵称——"伟大的乔"。他是1886年到1892年间支撑索尔兹伯里勋爵政府的重要功臣。1895年掀起的对自由党人的攻击，他也是弄潮儿先锋手之一，结果自由党人上台没多久就被赶了下来。最后他终于同意加入勋爵组建的新政府。殖民办公室在维多利亚时代中期往往不为人们所重视，但在张伯伦的带领下，它成长起来了，成为塑造国家政策的主要机构。后来在同喀土穆苏丹哈里发以及南非比勒陀利亚克鲁格总统的谈判中，索尔兹伯里勋爵需要步履蹒跚地缓慢调整英国的口径。在此过程中，勋爵也发现这位来自伯明翰的极端帝国主义分子竟然给了他不断强化的支持，甚至是推着首相往前走。

　　抛却人事和情感上的暗流涌动不提，在南非问题上各种事件的发展似乎非常肯定地昭示着我们即将坠入危机。南非地区开发了金矿，深层采矿技术带来了大把大把的兰特[1]，约翰内斯堡不仅在英帝国范围内，甚至在全世界都成了金融和经济的中心。当地布尔[2]共和国的荷兰后裔农民们突然发现，祖父一辈移居过来占据的偏远荒野之地下面居然埋藏着金矿，挖出来能带来大笔收入，于是便不再满足于截至目前一直传承的农作生活，希望扛起责任，建设一座朝气蓬勃、四方杂处、人口激增的多语种城市。比勒陀利亚逐渐组织起了一个强大能干、雄心勃勃的政府，成了荷兰人在南非实现其雄心壮志的中心。从地下

---

[1] 兰特是由南非储备银行发行的货币，于1961年2月正式发行，取代之前的南非镑。

[2] 布尔人，源于荷兰语"Boer"（农民）一词。现已不使用该词，改称阿非利卡人。指居住于南非和纳米比亚的荷兰、法国和德国白人形成的混合民族，尤指德兰士瓦（Transvaal）和奥兰治自由邦地区的早期居民。

含金层矿脉中挖出的财富不断增加，从发掘出的黄金中征收到的税款成了地表政府的补给线，从而使之能去欧洲寻求荷兰和德国的支持。在当地政府背后站着一支由无所畏惧、心胸狭隘、满心偏见、极其虔诚的布尔农民组成的军队，足有五六万人，战斗力绝对不容小觑。自蒙古人以降，这是有组织的最有战斗艺术的骑兵勇士，他们全都装备了来复枪。

约翰内斯堡新迁来的居民被原住民称为"外国人"，其中大多数都是英国人，对腐败横行的布尔政府治下糟糕的状况非常不满，更加令他们不满的是政府横征暴敛，不知满足。他们抬出了古老的格言"无代表不纳税"，要求获得投票权。问题在于"外国人"人口众多，一旦获得投票权就能轻易地把布尔政权扫地出门，接管德兰士瓦的主权。布尔人好不容易才在1881年从英国人手中抢过来的东西自然不愿意拱手相让，布尔政府绝对不可能满足这种要求。

张伯伦先生成了这些英国裔"外国人"的坚强后盾，他背后还有索尔兹伯里勋爵政府坚定的支持。无论是出于民主的原则还是根据白纸黑字的规定，他们的要求都是合理的，这一点毋庸置疑。不过再有礼有节的论述也无法说服一个人放弃他赖以生存的东西。不管这些"外国人"有多少或是影响力有多大，德兰士瓦原来的居民都不可能向他们转移自治权或者分割出有实质性意义的一部分给他们。布尔政府筹划在他们头上征足够重的税，然后拿这笔钱来购买压迫他们臣服的工具。一旦争议愈演愈烈，演化成一场战争，克鲁格总统和他的同事们确定欧洲没有理由不站在他们这一边，而他们肯定能借此成为整个南非的主人。其实布尔人也有一部血泪史。当初为了逃避英国政府的统治，躲开英国人对布尔人和他们的土著属民及仆人之间的关系的干涉，难道就没有不得不抛弃家园，远遁不毛之地吗？如果英国可以按当年波士顿茶党[1]一样的逻辑行事，为什么布尔人就不能做当年美国内战前夕南方种植园主做的事情呢？布尔人声称英帝国主义伸出了长长的爪子攫取黄金，已经把他们逼到了忍无可忍、退无可退的地步。张伯伦先生针锋相对地反驳道，深谙现代生产之道的"外国人"创造了整个国家十分之九的财富，而布尔政府拒绝给予他们公民权利，纯

---

[1] 1773年12月16日发生的波士顿倾茶事件（Boston Tea Party）是一场由波士顿"自由之子（Sons of Liberty）"所领导的政治示威事件。示威者们乔装成印第安人的模样潜入商船，将东印度公司运来的一整船茶叶倾入波士顿湾，以此反抗英国国会于1773年颁布的《茶税法》。

粹是为了一己私利，以期能像奴役布尔人自己的非洲奴隶[1]一样压榨他们。多么邪恶的争辩啊！

塞西尔·罗兹先生是皇家南非特许公司的创建者和主席，因为荷兰人对他的大力支持，他当上了开普殖民地的首相。杰美森博士是他手下的一名行政官，为人强硬，雷厉风行。他在马弗京拉起了一支六七百人的队伍。这样一来，一旦"外国人"如他们一向威胁的那样揭竿而起争取公民权和政治自由的话，在博士认为需要且罗兹先生和英国政府也表示同意的情况下，这支部队就能立刻狂奔一百五十英里，从马弗京赶到约翰内斯堡制止不必要的流血冲突。与此同时，在约翰内斯堡确实有一场阴谋正在酝酿之中，想要通过武装暴动来为"外国人"争取公民身份。暴动的策划者并不缺钱，因为他们当中包括了主要的几位金矿主。大体而言，他们受到了群众的支持，但这种支持也是三心二意的，而且大多数支持的人都是矿上的员工和约翰内斯堡的非荷兰裔居民。尽管如此，支持者的数量已经超过了德兰士瓦剩下的所有人口。四月的一个早晨，临时政府在约翰内斯堡成立。杰美森博士闻讯立刻带着七百名骑士和两门大炮穿过非洲大草原，向着约翰内斯堡狂奔而去。

这起事件震动了整个欧洲，且让全世界都兴奋异常。德国皇帝向克鲁格总统发出了他那封著名的电报，并且要求命令德国正好在附近的潜艇，立刻在德拉戈亚湾附近登陆。大不列颠在每一个国家都受到了最强烈的谴责。布尔人军队的指挥官早就作好了准备，轻易地就把博士和他的队伍团团围住。在一场激烈的战斗之后，强行逼迫博士他们投降。与此同时，另外一支人多势众的德兰士瓦军队平息了约翰内斯堡城内的叛乱，逮捕了所有的叛乱领导人以及涉事的百万富翁。这场"冲锋"相关的消息甫一抵达英格兰，政府就开始极力撇清关系。塞西尔·罗兹在开普敦言简意赅地发表了一通声明："他完全打乱了我的计划。"索尔兹伯里勋爵动用了他所有的耐心和强有力的外交资源，平息各方的愤怒。约翰内斯堡的叛乱领袖原本会被判处死刑，后来获准拿出大笔的钱为自己买下一条命。布尔人把杰美森博士手下的骑士全都移交给英国政府审判，其中的长官和中尉级别的人被判处了两年监禁。

此事发生之后，自由党主导展开了一场非常严格的调查，希望明确张伯

[1] 本章中所称的非洲奴隶即后续章节中提到的卡菲尔人。指居住于南非的蓬多人和科萨人，该提法对非洲黑人有歧视之意。

伦先生和罗兹先生在这场阴谋中扮演了怎么样的角色，是不是同谋；如果是的话，涉及的程度有多深。这场调查旷日持久，但最终却不了了之，这一事件也逐渐淡出了人们的视线，不过却留下了一长串的不良后果。英国在全世界的名声遭到了重创；塞西尔·罗兹在开普殖民地也被荷兰人赶下了台；英国政府收到了德国皇帝的一封电报，陛下在电报中肆无忌惮地表达了仇恨的态度，而且声称永志不忘。德国皇帝通过此事，意识到自己在英国制海权面前毫无还手之力，从而将注意力转到了建设德国舰队方面。而南非政治的整个走向彻底偏离了和平的渠道，英国殖民者开始向帝国政府寻求帮助，荷兰人则四处奔走，把全部力量收缩起来捍卫两个布尔人共和国。经过这次重大的挫折，英国政府变得更加团结，而德兰士瓦当局则变本加厉，对"外国人"课税更重，且开始用这些收入穷兵黩武，把自己武装到了牙齿。令人唏嘘的是，导致这场事件的所有诱因在此次事件之后并没有得到良好的解决，反而愈演愈烈，想要再次解决它们就不得不用更加激烈的手段了。

在那个风波四起的夏天，我母亲养成了一个习惯。她经常请两党的政治家、文学艺术圈子里的头面人物以及社交圈子里最叫人移不开眼神的那几位到家里做客。她的客人里什么样的人都有，可有一次，她却请了不怎么合适的人。杰美森手下在伦敦保释候审的人中有一位叫约翰·威洛比爵士的，是我们家的老友。事实上正是他首次教我把我小时候的那些玩具士兵和玩具骑兵排成一个合适的进攻阵型。我从豪恩斯洛到家的时候，接到午餐邀请的约翰已经到了，而我当时还没到。在我抵达之后，门突然间被打开了，有人通报约翰·莫利先生到了，我一下子就嗅到了麻烦的味道。但我还是壮着胆子帮着他们互相引见。其实也没别的办法。莫利整个人僵在那边，没有伸出手来示意握手，只是稍鞠一躬。威洛比爵士也没有回礼，漠然地直视着他。我赶紧挤近了一些，试图缓和气氛，左支右绌，把那些大家都觉得无伤大雅的口水问题翻来覆去问了个遍。正在此时，我大松了一口气：我的母亲终于到了。她来处理这种尴尬的场合简直是无与伦比的拿手。刚开始用餐的时候，如果不是知情人，谁也看不出来桌子边上的四个人中有两个是绝对不会直接向对方开口的。不过就我看来，到了午餐快结束的时候，他们似乎已经不再那么介意了。不过这两个人都是一旦选定立场就不会动摇的那种。我想我的母亲发出这样的邀请，是有她的用意的。在我想来，她估计是想要借此平息一下，围绕在这件事周围的狂暴气息。她的目的估计是想把人们对这件发生在南非的暴力事件上的关注程度弱化到类似于普通政治事件的那种程度。但已有人付出了血的代价，事情的性质早就不一样了。

　　我想毋庸多言，作为一名二十一岁的血气青年，我完全站在杰美森博士和他的人那边。我很了解南非争端中双方的立场和理由，深深期待有一天英国能一雪马聚巴大败之耻。对于保守党政府在危机中的懦弱表现，我深觉震惊。当时下院反对派自由党人的意见受人误导，而当局谄媚，为了讨好他们竟然同意惩罚杰美森博士手下的这些勇敢的战士，我深以为耻。这些英勇之士当中，许多人我对他们都很了解。对于南非，未来数年间我还会有更深入的认识。

第八章　印度

　　终于到了我们启程前往东方的时候。我们从南安普顿出发，搭乘载满一千两百人的运兵船，经过二十三天的海上航行，最终在孟买港下锚。这地方对我们来说简直就像是到了另一个星球一样。

　　各位应该可以想象一整船的军官和士兵在被关了将近一个月之后，看到孟买的棕榈树和宫殿像一轮宽阔的新月一样分布在他们眼前时，这些人会有多么欢喜雀跃。透过船舷上的窗，我们望着这些风景，中间隔着一池波光粼粼、浪涛起伏的海水。所有人都希望立刻上岸，饱览印度的风情。问题就在于，哪怕是普通旅客，下船需要的文牍手续和耽搁的时间已经让人头疼不已了，何况是我们这些吃皇粮的人呢！不过到了下午三点，命令终于传达下来了，我们将于八点天气阴凉一些的时候登陆。不过在这段等候的时间里，部分军官可以单独先行上岸。一些小船早就向运兵船边上靠拢过来，随着潮水上下起伏，等候了一整天了。一收到命令，我们就迫不及待地叫了几艘过来，刚上船的时候我还挺高兴，很快这小船左右摇晃，弄得我和两位朋友心里七上八下，担心得很。小船颠簸，随着水浪上下的幅度足有四五英尺，我赶紧伸出手去抓住了一个铁圈——焊在码头石墙上供人借力所用的——就在我伸出腿将要踏上石阶的那刻，正好赶上小船随着潮水飘荡开去，我身子一个趔趄，右肩重重地扭了一下，一阵尖利的疼痛传来，我赶紧收敛心神，奋力够向码头的台阶。全程大概花了十五分钟，我们才终于靠上了萨松码头。我们下了船，沿着湿答答滑溜溜的石头台阶向上走，我张口吐出了一连串没什么具体意义的词汇，大多是字母表开头的"阿啊啊"，然后伸手揉了揉肩膀，没放在心上就走了。

　　请允许我就肩膀脱臼一事奉劝我年轻的读者几句。和很多其他的事情一样，第一步是最重要的，也是最管用的。包裹肩膀关节的结构就像是小胶囊一样，需要格外大的力量才能拉开，可一旦有了头一回，后患无穷。虽然我的肩膀并没有完全脱出，但终我一生都给我留下了暗伤。为此，我打马球时的发挥受到了很大的限制，网球更是不可能玩了。当我身处险境，或是做运动幅度大的动作和需要使出大力气的时候，肩膀的伤更是让我尴尬不已。从那以后，我的肩膀就时不时会脱臼，有的时候甚至是在最不可思议的时候：当我把手放在枕头下面睡觉的时候；当我从图书馆书架上拿书的时候；当我从楼梯上滑下来的时候；当我游泳的时候；等等。有一次我在下院演讲的时候做手势的幅度大了点它也差点脱臼。事后我万分后怕，要是在众目睽睽之下，各位议员看到发言人突然毫无征兆地倒在地上，面色痛苦，动作扭曲地试图调整脱位了的上臂骨，这将是一幅怎样诡异的画面。

在这桩意外中，我显然走了背字，但你很难说会不会有一天会因祸得福。举例而言，如果我没有肩伤，在恩图曼战役中用的是佩剑而不是像毛瑟手枪那样的现代武器的话，或许我会就此丧命，各位也就不可能读到这本书里的故事了。大家请务必记住，厄运降临的时候，或许很可能是把你从更为倒霉的境地里解救了出来。还有一种可能就是，阴差阳错中将错就错，比起你博采众长、深思熟虑后作出的决定，会给你带来更多的益处。生活是一个整体，运气也是一样，不能只看其中的一小部分而不关注整体。

让我们回过头来继续讲在印度的旅途吧。布拉巴宗上校在他的告别演讲中把印度称为"大英帝国王冠上最著名的封地"。我们半道要在浦那附近的中转营地休息，入夜时分我们才到。我们在一块宽敞的空地上搭起了硕大的双体帐篷，就这么度过了登陆之后的第二晚。第二天早上，许多文质彬彬、注重礼仪、包着头巾的当地人来到营地，想找份管家、下人、侍从之类的活干。在那时候，许多中低级骑兵军官的家庭都是靠这些人打理的。他们手里都拿着从已经回国的军团那边得来的推荐信，证明自己的可靠性。简单的寒暄介绍之后，你就能把自己的全副身家和所有家庭琐事托付给他们。如果你喜欢让人服侍或者不想亲自去管家务事，三十年前的印度是个绝佳去处。你要做的很简单，把制服和日常的着装扔给衣帽官去管，把马匹交给马夫去照顾，把钱都交给管家，你就可以高枕无忧了。你就此成立了一整个内阁。带着一肚子知识、专业和忠心的各位大臣进入各自的部门各司其职，用一辈子的精诚勤于王事。只要你对他们公正，说上几句和颜悦色的话，再给上一点微薄的工钱，就没什么事情是他们不愿意为你做的！他们的整个世界都和你的一切绑在了一起，围着你转，哪怕就是你衣橱里的全套日常行头，还有其他鸡毛蒜皮的东西，他们都能料理停当。这些印度人任劳任怨，从不叫苦，既不嫌工作时间长，也不怕危险，总是能镇定自若且平静地给你无微不至的关怀。就算是亲王王了的口了也没有我们过得舒坦。

来我们帐篷的当地人里有两三个是马夫，牵着打马球专用的矮脚马，拿着主人的信。过了一会儿，随着一阵骚动来了一位气宇轩昂的男子，穿着金红相间的长袍，手里拿着一个盖着硕大印章的信封。原来他是总督桑赫斯特勋爵的信使。总督在信中请我和我的朋友雨果·巴林当天晚上一起去总督府参加晚宴。还记得那天我们几乎都把作训时间花在狠狠责骂那群骑兵身上了，他们总是忘记戴骑兵帽，简直是不要小命了！于是乎，晚上在一天训练结束之后，我们略作休息就去了总督那边，享用了一顿盛况空前、丰富难忘的晚宴，还饮用了冰镇香槟酒。总督阁下最后敬祝女皇陛下身体健康，宣布晚宴结束。他带着微醺过来与我打招呼，还友善地询问我对一些问题的看法。鉴于总督的热情好客，对我们招待得非常周到，我觉得如果草草应付他的提问有些说不过去。我已经记不得他到底问了哪些事情，但都是关于英国和印度的。我只是大概记得，我知无不言。有几次似乎总督很想说出他自己的观点，不过我觉得让总督也被这些麻烦事烦心并不是很可取，就没有让他开口，他也从善如流。总督为人非常和善，还特地派他的副官送我们回去，确保我们找得到回营地的路。总体而言，经过最初四十八小时的仔细观察，我对印度形成了相当正面的看法。我有时觉得，依靠第一印象决定对某些事物的意见更加有效。正如金莱克所说："如果深入考察的角度错误，得出的结论给人的决断不能带来多少好处，还不如看到事物真正样貌的快速一瞥来得有效。"我们从总督府结束晚宴回到营地躺下入睡的时候，都深刻体会到了一种使命感。大英帝国在印度铸造了一份伟业，她身负高尚的使命，统治这些和善乖巧但刚刚开化的民族。这既是为了他们的福祉，也是为了我们的。没过多久，我觉得几乎是立刻、马上，起床号就吹响了，我们必须赶紧起身，去搭乘五点十分的火车，再经历三十六个小时的旅途前往班加罗尔。

印度南部的高原整体上呈现出一个硕大的三角形，这里有众多尼扎姆君主国和迈索尔大君的领地。这块区域加起来的面积大概与法国相仿。在班加罗尔和塞康德拉巴的两个要塞里驻扎着大约两三千人的英国部队，作为该地区宁静祥和的最后保障。两边还各有约两倍数量的印度部队作为补充，这样无论是训练还是行动，各军种就都有了足够的力量。按照一直以来的做法，英国军队的军营，或者叫兵站，都设在离开人口繁茂的城市大概五六英里的地方，负责相应城市的防卫工作。在城市和兵站之间则驻扎着一系列印度团。英国军队的驻地空间开阔、环境阴凉，都建有柱廊。在这样的环境下可以从容地排兵布局、下达计划、发布命令，既不缺空间也不缺时间。这里有着完美的道路，双向的林荫大道边密布着投下浓密树荫的行道树，纯净水的供应从不短缺。这里各类设施非常齐全：办公室、医院、宽敞的操场、马术学校，成了人口众多的白人社区集体生活的核心地区。

班加罗尔海拔大约三千英尺，气候条件绝佳。虽然太阳带着惊人的能量火辣辣地照射在地表，但除了最热的几个月，这里晚上总能变得清凉，令人神清气爽。来自欧洲的玫瑰种在无数只大罐子里，这里的气候令玫瑰开出了最完美的颜色，绽放了最迷人的芳香。鲜花、藤蔓、开花的浆果丛，长得到处都是，开得光彩照人。沼泽地里鹬鸟翻飞，还潜伏着许多蛇类。阳光掩映之下，绝美的蝴蝶上下蹁跹，月光遍洒之时，娇媚的舞娘悠然起舞。

这里没有给军官提供宿舍，而是发放了住房津贴。每个月军饷、津贴和其他杂七杂八的费用都直接用银卢比支付，军官每个月都能领到一个沉甸甸的系着绳子的大口袋。在骑兵军营周围环绕着一圈宽敞的单层小屋，每座房子都带着花园和院子，独立成栋，围着一圈矮墙。每月月底领到银币之后，军官们只要悠闲地慢慢纵马回到自己的院子，把袋子扔给满面笑容的管家，然后理论上就没什么事要操心了。那个时候我在骑兵团军营里的日子过得还要滋润一些，因为除了女皇陛下丰厚的饷银——每个月我们能领到十四先令一天的军饷——家里每月还会给我三四倍于饷银数额的私房钱。每个月我们还能领到三块英镑，用来供养两匹军马的费用。此外每年还有额外的五百英镑津贴，每个季度发一部分。这些就是我所有能拿来养家糊口的经济来源了。若是不够，那就不得不向那些满面堆笑、热情洋溢的当地银行家借高利贷了。所有军官都收到警告远离那些先生们。我倒是一直觉得他们憨态可掬：身材极其圆润，神态极其有礼，颇为实诚，极端贪婪。你要做的就是简简单单地在一些小纸片上签下大名，然后就能像变魔术一样弄到一头打马球的小矮脚马。当然，之后满面笑意的金融家会马上站将起来，拿双手盖住脸，换上拖鞋，一溜烟小跑着走了，难掩欢喜。直到约定的三月之期到来，他才会重新出现在你面前。他们每月只收两个点的利息，才两个点！不过他们还是能过上不错的日子的，要知道他们很少会遇到坏账。

我和两位朋友一同，三个人把所有的钱拿出来拼在一起买下了一座宫殿式的孟加拉房子。房子漆成粉色和白色，房顶上铺着厚厚的瓦片，带有深邃的过廊，一排白色石膏柱子作为支撑。房子周围种着一圈紫茉莉，围出来一个大约两英亩的院子。之前的房主给我们留下了大概一百五十株树本玫瑰：马雷夏尔·尼尔、法兰西、第戎格罗赫等，品种丰富。我们砌了一座泥墙瓦顶的马房，养我们的三十来匹骏马和矮脚马。我们三个人雇的管家组成了一个三人执政会议，运转流畅，从没有产生过内部争端。我们只需要每个人拿出等份的钱来就行了。这样一来我们就能够远离俗务的纠缠，而全心全意专注于追寻人生真正的意义。

有一个词可以充分概括这种意义：马球。除了勤务之外，我们所有的兴趣都放在了马球上。不过要想打马球，必须要有用来打球的矮脚马。在航行途中，骑兵团成立了一家马球俱乐部，为了购买这些不可缺少的球赛盟友，所有的军官（不管打球与否）都定期捐出一小笔钱，最后就累积了足够的金额。从来没人期待刚从母国调来的兵团能在印度的马球圈子里占有一席之地。光凑齐合适的一群矮脚马就需要很多时间。但我们骑兵团的俱乐部主席和高级军官经过长期激烈的讨论，决定要走出一条非同寻常的大胆创新之路。孟买有座拜库拉马厩，是包括矮脚马在内的阿拉伯马匹进入印度市场的主要渠道。在孟买边上驻扎着浦那轻骑兵团，该团是印度兵团，但军官大多是英国人。由于驻地的地理优势，自然更方便买到优秀的阿拉伯矮脚马。此前经过浦那的时候我们已经试过了他们团的矮脚马，和他们也有过重要而深入的商讨。最后我们团的马球俱乐部终于决定要全部收购浦那轻骑兵团养着的二十五匹马球用矮脚马。在未来的兵团级马球锦标赛中，这些马就将成为追逐胜利的核心要素。我简直无法计算我们对这项重要无比、雄心勃勃的事业投入了多少心思。印度马球赛的历史上还从来没有哪支来自南部的骑兵团荣获过团级联赛杯。我们很清楚为了达成目标需要整整两三年的刻苦努力、光荣牺牲和聪明才智。不过若是能把一切分散注意力的事情都抛在脑后，胜利也并非遥不可及。为了完成这项目标，我们全身心地沉了进去。

我也不能忘记告诉各位，那时候我们当然也肩负了许多军事任务。每天黎明破晓的时候，一个黑乎乎的身影就会伸出湿乎乎的手，敏捷地挨个挑起我们每个人的下巴，向我们涂满肥皂泡、毫无防备的喉咙递出一支闪着光亮的刮胡刀。这就是我们被叫醒的全过程。六点的时候全团集合，骑着马儿前往一片宽阔的平原，在那里操练整整一个半小时。然后我们回到各自的家中，冲个澡，到军营食堂用早饭。九点去马厩或者去值班，直到十点半。在太阳释放出最为毒辣的光彩之前，我们一定要赶回家里。兵站占地极为广阔，各个地方之间距离太远，走着去根本不可能，我们必须要策马小跑作为交通工具。但正午的太阳就像残酷的暴君一样，十一点之前所有的白人都到了室内。酷暑骇人，我们到了一点半开午饭，所有人只能小心翼翼地躲着太阳，冒着滚滚热浪去用餐，餐毕再回去休息，直到下午五点。终于，整个兵营再度变得生机勃勃。打马球的时间到了！这才是我们一整天都在期待的事情！那些日子里只要是能参加的比赛，我每局都会去参加，已经成了我生活中的常态。每天上午，要塞里当天的马球比赛系统都会被妥当地安排完毕。一名当地雇员会负责记下所有军官的名字和他们当天希望参与几局比赛，然后根据"为最大多数人追求最大效益"的原则安排对阵名单。我很少打八局以下，常常是十局或十二局。

等到黑夜的影子笼罩整个马球场的时候，我们就放松缰绳，任由马儿慢慢走回去，洗个热水澡清理掉一身的臭汗与疲惫，休息到八点半，然后被骑兵团乐队的悠扬曲声和冰块在装着酒的杯子里互相撞击的叮当声勾着去用晚餐。晚餐结束之后，有一部分人就会聚起来，如果没走背字到被高级军官抓到的话，玩一种当时时兴却无聊透顶的"惠斯特"扑克游戏[1]。还有一些人便在月光下抽烟，到了十点半，最晚不超过十一点，"上床睡觉"这首曲子就会响起，那是我们就寝的信号。这就是我所知晓的"在印度的漫长一天"。这样的日子我整整过了三年，倒也还算一桩妙事。

---

[1] 惠斯特牌戏是包括惠斯特桥牌、竞叫桥牌和定约桥牌在内的纸牌游戏的统称。这三种桥牌都是从最初的惠斯特牌相继发展而成的。惠斯特纸牌游戏的主要特点是：通常四人分成两组，互相对抗；将一副五十二张的纸牌发出，每人十三张牌；每人每次出一张牌，开局前可把一种花色定为王牌。任何一张王牌都可赢过其他花色的任何一张牌。惠斯特游戏中以最后发出的一张牌的花色为王牌花色。

第九章　求学班加罗尔

　　直到1896年冬天，当我即将年满二十二岁的时候，我才突然立志向学。我一下子觉得自己对许多种类的学习内容都如饥似渴，哪怕是最为空洞的知识我也希望一亲芳泽。我已经累积了许多词汇，培养了对文字的感觉，也喜欢把一个个词放到它们该去的地方，就像是把钱丢到投币口里那样。我发现自己能用许多辞藻了，但却不知道这样用究竟是什么意思。我敬仰这些用语，但害怕拿来使用，一旦用错了意思，就会贻笑大方。举例来说，我还在英格兰的时候，有一天我的一位朋友对我说：“伦理之道，一锤定音的是耶稣基督的福音。”这句话听起来不错，但什么是伦理？不管是哈罗公学还是桑赫斯特皇家军校都没有提到过这些。从他说这话的语境推测，我想应该是说“公学的精神”“公平体育”“团队精神”“高尚行为”“爱国主义”之类的吧。接着又有人告诉我伦理不仅仅是关于你到底该做些什么，更是关于为什么要做这些事，而且关于这个主题人们已经写了整部整部的书。我愿意至少拿出两个英镑来请学者给我讲讲到底什么是伦理，讲上一个小时，或许一个半小时。比如伦理学涵盖哪些范畴，主要的学科分支有哪些，大概讨论的是哪些问题，大致有哪些学术争议，哪几位是学科权威，又有哪几本书是必读的……但这里是班加罗尔，没有人能出于热心给我讲解伦理学，就算出钱也请不着人。军事战术我掌握了不少，政治事件我自有观点，但比如说伦理学这些学术内容，哪怕是简明的纲要对我来说也是新鲜事，而这些是在当地学不着的。

　　伦理学只是沧海一粟，当时在我脑海里不停打转，敦促我的怕有不下十来种类似的课题。我当然知道待在大学里的青年在他们十九、二十岁的时候脑子里塞满了类似的行话，他们可以问出令人窘迫不已的难题，也可以给出让人困惑万分的答案。我们从来没认为这群在象牙塔里打转的家伙有什么了不起，也对他们做作的自以为是嗤之以鼻。要知道他们懂的不过是自己书本上的东西，而我们则能指挥兵马，捍卫帝国。虽然如此，我有时候还是会觉得沮丧，他们有些人似乎展现出了不错的天资，掌握了诸多知识。我现在多么希望能找到一位有能力的老师，聆听他的教诲，向他请教，每天就算只有一个小时左右也行。

　　于是有人提到了所谓的"苏格拉底方法"[1]。那是什么？简单来说就是提出一个个论点，和你的朋友一起花脑子商讨，试图用狡猾的问题把他骗进陷阱里。但话说回来，谁是苏格拉底？一个很会辩论的希腊人，娶了个喋喋不休的老婆，最后因为到处惹麻烦被迫自杀。对博学的读书人来说，苏格拉底可是个大人物。我对他的经历非常感兴趣。为什么他能流芳百世？为什么仅仅因为他说了点话，政府就要把他弄死？背后有什么样的压力？导致这样的悲剧一定有无法承受的压力：如果这位能言善辩的教授不死，雅典的某位执政官就会一命呜呼！这种程度的敌意背后肯定有陈年积怨。毋庸置疑，苏格拉底肯定在很久之前就发表了一些爆炸性的意见。智力的炸药！道德的炸弹！不过这些在皇家军规里可学不到。

　　接下来要说的是历史。我上学时候就一直很喜欢历史。但那时候学校里能读到的只是最无趣的、干巴巴的梗概，比如学生版的休谟《英国史》。还记得有一次我的假期作业是把这本书读上一百页。我父亲不太会问我学业上的事情，这一次他居然在我返校之前拿起这本书检查我读书的效果。那部分正好讲的是查理一世时代。他问我《大抗议书》[2]是什么，我哪儿知道！我就说，最终议会打败了国王，砍下了他的脑袋。对我来说，这是最厉害的抗议形式了。但父亲并不满意，他说："这里面涉及的是影响到我们整个宪政历史的严肃议会问题，和你一生的使命相当之近，而你对此中涉及的问题没有一丝一毫的感悟。"对他的话我深感迷惑。当时的我无法理解那里到底有什么深远的意义，现在的我希望能深入理解背后的一切。

　　我下定决心研读历史、哲学、经济学和相关内容。我给母亲去了一封信，希望能给我寄来在这些科目中我曾有所耳闻的书籍。她在回信中欣然应允，从此每个月的信差都会给我带来一个硕大的包裹，里面装着我认为非读不可的那些书本。历史方面我决定先读吉本的著作，记得有人曾告诉我，我父亲读吉本

---

　　[1] 苏格拉底和人讨论有关问题时，常用诘问法，又称苏格拉底法（The Socratic Method）。苏格拉底认为，一切知识均从疑难中产生，愈求进步疑难愈多，疑难愈多进步愈大。

　　[2]《大抗议书》是英国资产阶级革命时期资产阶级和新贵族反对封建专制主义的文件。1641年11月22日由国会通过，同年12月1日向英王提出。文件比较集中地反映了资产阶级新贵族的利益和政治要求，揭露了英王查理一世即位以来的暴政；提出了一系列的改革要求，如要求建立国王大臣对国会负责的制度和限制主教权力，建议工商业自由发展等，是革命初期资产阶级和新贵族的政治纲领。

读得如痴如醉，他几乎能把每页默记于心，以至于极大地影响了他的演讲和写作风格。于是我不再犹豫，开始全身心投入阅读米尔曼院长编辑的吉本的《罗马帝国衰亡史》[1]。我马上就被作者的行文风格和书里的故事深深吸引。在印度火辣烫人的中午时分，每天我们从马厩里出来之后一直到傍晚的影子宣告马球时间开始，我把所有的时间都花在了如饥似渴地阅读吉本上。书里的每一页都让我乐此不疲，从头到尾地仔细阅读，还把自己的意见草草写在每页纸的空白处。很快，我就发现自己成了狂热的吉本党人，完全站到了作者这一边，反对自以为是、浮夸成性的编辑对他的贬抑。就算是编辑塞到书里的调皮脚注也不能让我疏远吉本，反而是米尔曼院长作为编辑写的免责声明和致歉部分令我怒火中烧。《罗马帝国衰亡史》令我如痴如醉，甚至想去读一读吉本的自传，我深感幸运，我所读的这个版本后面就附有自传。吉本在自传中提到照顾他的老保姆："如果有人会因我生存在这个世界上而觉得高兴——我想总是有这样的人的——他们一定要对这位可爱而完美的女士深表感激。"我读到这里，不由得想起了我自己的保姆埃佛勒斯太太，这段话应该成为她的墓志铭。

　　吉本读完了，我开始阅读麦考利。他的《古罗马之歌》我很喜欢，还能背下来。我当然也知道他写过一本历史，但一页也没有读过。于是我在他的陪伴下开始了一段壮丽的旅程，拉起全帆劈浪前行。这本历史著作让我想起埃佛勒斯太太的那位牢头亲戚，他就有一本。那本是他从自己买的报纸增刊上一期期剪下来装订而成的，他每次提起这本书的时候都带着无边的尊敬。因此所有麦考利的论述我都奉为福音，但看到他对伟大的马尔博罗公爵不带掩饰的严厉批评，我还是觉得伤心。那个时候我身边并没有人告诉我这位历史学家的风格。麦考利素来就是文学流氓中的顶尖人物，他的风格引人入胜，很能抓住人的神经，他写作的时候也带着一往无前的自信，但问题就在于，他更喜欢趣闻逸事，而非事实。而且他肆无忌惮地根据自己文章中的剧情需要，对文献记载断章取义，对伟大的人物或是肆意抹黑，或是大肆吹捧。我对他的信任，还有我那位牢头老友对他朴素的信仰，他都彻底辜负了，我始终无法原谅这一点。但

---

　　[1]《罗马帝国衰亡史》（*The History of The Decline and Fall of the Roman Empire*）是英国历史学家爱德华·吉本创作的一部历史著作。全书共有六卷，分期出版。第一卷出版于1776年，第二、三卷出版于1781年，第四、五、六卷出版于1788年。全书包括罗马帝国后期和整个拜占庭帝国的历史事件。《罗马帝国衰亡史》是一部卷帙浩繁的巨著，该作体现出了作者反对暴君专制、宣扬自由平等、建立新的社会秩序等思想。

除此之外，我不得不承认，我从他的著作中获益匪浅。

　　除了他的历史著作，我也很喜欢他的散文：查坦姆、腓特烈大帝、纽金特勋爵为汉普顿写的纪念文章、克莱武、沃伦·黑斯廷斯、巴雷雷（小脏狗）等等主题都尽在其中；还有骚塞关于社会的对话集；尤其是罗伯特·蒙哥马利先生的诗歌，那简直是充满暴躁气息的一流文学杰作。

　　从11月到5月，我每天都花四到五个小时阅读历史和哲学。读柏拉图的《理想国》，让我觉得他和苏格拉底在一些实际问题上观点一模一样。我读的亚里士多德的《政治学》一书恰好是威尔顿博士亲自编辑的。我还读了叔本华关于悲观的论述，马尔萨斯关于人口的观点，还有达尔文的《物种起源》。除此之外，我还陆续读了很多不那么出名的书。我的这种学习方式非常有意思。一来是因为我开始学习的时候头脑空空，求知若渴，而我的咀嚼肌又特别发达，遇到什么都能拿来嚼嚼；二来是因为没人在我身边告诉我哪本书可读，哪本书不可信，也没有人指导我如何通过阅读来寻找问题的答案，怎么把两种观点对照起来找出其中的精髓，或者告诉我在某个学科上哪些著作更权威，等等。就在此时，我第一次对大学里的那些小崽子感到羡慕，他们有学富五车的教授指导。这些教授终其一生仔细琢磨和掌握某一分支领域里的知识，在他们被黑夜带走之前，他们都很积极地将费了九牛二虎之力收集起来的知识瑰宝分发出去。我看到很多本科学生并没有抓住这种珍贵的机会，而是把时光浪费在一些琐碎而不知所谓的事情里，我为他们感到可惜。无论如何，人一辈子总要选择思考或者行动，总要有些意义。不付出努力，又谈什么享乐呢。

　　当我陷入苏格拉底式的思考模式，我开始想象规划我的"理想国"。对那些家境小康的公民子女的教育，我要作出重大的变革。当孩子们成长到十六七岁的时候，他们要开始学一门手艺，做有益健康的手工劳作。空闲的时候要多读诗歌曲词，多跳舞蹈，多参与操练和体操运动。这样他们的精力就能用到有益的地方了。只有等到他们真正产生了对知识的渴望和对学识的向往，我才会允许他们去上大学。上大学应该是一种奖励，是一种人人垂涎的特权，只应颁给那些在工厂或田野中证明过自己配得上大学的人，或者那些资质与热情都出类拔萃的人。可惜如果真这么做，可能要颠覆许多事情。可能导致骚乱，也可能给我带来天大的麻烦，最终让我吹灯拔蜡，蹬腿玩完。

　　接下来两年我读了大量的书，推着我开始拷问自己关于宗教的问题。截至眼下，我一直老老实实地按照别人告诉我的一切做，就像是完成宗教义务一

丘吉尔在班加罗尔

样。就算是放假的时候，我也要一周去一次教堂。在哈罗公学读书的时候，每周除了每天的晨昏祝祷，周日还有三次礼拜。这些都很不错。那些年里在我参与宗教活动的"银行账户"里留下了许多积蓄，以后我一直在秘密地从中提取。婚礼、洗礼、葬礼，每年都能给这个账户带来稳定的收入，所以对账户余额我也从来没仔细过问过。很有可能我早就透支了。但在那些青春昂扬的欢乐日子里，我也绝不是只在周日去教堂。军方也会让士兵定期去教堂。有时候我带着信仰罗马天主教的士兵列队去，有时候带着信仰新教的那些士兵去。在英国陆军中已有多年推行了宗教宽容，现在对宗教之间的差别，大家都不觉得有什么。也没有谁会因为信仰宗教而遭遇差别对待，或者不让践行某种宗教。军规要求为每种有需求的宗教提供参拜场所。在印度，当地人崇敬的成百种信仰中的神祇，都被满怀敬意地按他们的仪轨供奉在帝国万神殿里。在兵团里，有时候大家伙会讨论类似的问题，比如："此生结束之后会不会在另一个世界里再次重生？""我们在此世之前是否存在过？""死后我们还能记得彼此吗？还会见到彼此吗？还是像佛教徒说的那样，彻底重新开始？""有没有什么更高的智慧在照顾着这个世界的运行，还是说事情发生演变纯粹是自然而然？"大家基本上都能达成共识，如果竭尽所能一辈子过得高尚，尽己所能尽到义务，对朋友忠义，对弱者和穷人不至于冷漠不善，不管信什么不信什么，都没有太大的差别，一切最后都获得好报。这种想法我猜如果放到今天，一定会被冠名为"健康心态的宗教"。

有些高级军官也思考了基督宗教对女性的意义（比如宗教能帮助她们保持正直的行为），还有对于底层人民的意义（今世没什么能让他们过得快活，但宗教能让他们觉得来世可以，从而心里更快活）。基督宗教的教诲似乎也能帮助严肃军纪，尤其是英国圣公会的宣教。听了圣公会的布道，人们希望相互尊重，更注重保持良好仪表，也避免了许多丑闻。从这个角度来看，究竟举行何种仪式，执行哪种仪轨就不重要了，不过就是同样的理念，为了迎合不同的种族和脾性，被翻译成了不同的语言罢了。但话说回来，不管什么样子的宗教，太多了就不好了。尤其是当地土著，信仰过于狂热导致他们极端危险，让他们敢于揭竿而起，刺杀、兵变、叛乱都会产生。我相信上述这些文字就是对我当时身处环境之中，人们意见的忠实反映。

从那时起，我阅读的一些书全盘挑战了我在哈罗公学接受的宗教教育。首当其冲的就是温伍德·瑞德所著的《人类殉难记》，这也是布拉巴宗上校最喜欢的书之一。他把这本书翻来覆去读了很多遍，某种意义上他把它当成了自己的《圣经》。这本书其实是一部简短的人类全史，写得非常不错。作者在书中对许多宗教的神秘传说作了冷酷的批评，最终得出令人沮丧的结论，人最后都会像蜡烛一样熄灭。读了这本书我深觉震惊，也有点生气，可后来我发现吉本显然也持与瑞德一样的看法。后来我在冬天读了勒基的著作《理性主义的崛起与影响》和《欧洲道德史》，帮助我建立了大体上世俗主义的观点。一时间我对当时的校长和神父抱有深深的埋怨和怒火，他们居然在应当引导我的时候向我灌输了那么多错误的观点（我当时的看法）！当然如果我能去大学读书的话，那里的教授和神学家一定会不惜一切代价指点我阅读相反观点的权威著作，从而一扫我脑海中的疑惑。但这只是我的空想罢了，事实上我有段时间持暴躁激进的反宗教观点，若是继续发展下去的话，或许会把我变成一事无成的废物。我心理的平衡再次重塑要归功于我接下来的几年间频繁遇到危险。不管我怎么想怎么与人争论，即将与敌人激战，遭遇枪林弹雨的时候，我还是毫不犹豫地向上帝祈祷特殊的眷顾。而当我平安回家，端起茶水的时候，也会衷心感谢祂的保佑。除了祈求不要英年早逝，甚至在一些鸡毛蒜皮的事情上，我也会向上帝祷告。有意思的是，就在那几年里，事实上还远远不止，我这一辈子里祷告过的事情几乎都能如愿以偿。故而，我觉得这样整个的过程如此自然流畅，其真实性和所起的作用，比起与宗教完全背道而驰的理性思维也不相上下。此外，宗教能给人带来安慰，而理性思维则不能。于是我便从心所欲，而不再拿思考的结论来给自己找麻烦了。

对没受过什么教育的人来说，读名人名言是一件颇有益处的事情。巴特莱特的《通晓引语》一书编得一流，我时常带着极大的兴趣捧着读。当你把名言刻在脑子里之后，会带给你全新的思绪。知道一句名言之后会让你对说出这句话的人产生极大的兴趣，也迫切渴望继续阅读这位名人其他的著作。在一本类似的书籍中，我读到了一句法国名言，似乎自相矛盾地令人不可思议。这句话翻译过来是这样说的："感人之理不同于服人之理。"就我个人而言，觉得抛弃情感而一味只试图用大脑的理性思维去说服人简直是太过愚蠢了。我也不明白为什么二者不可兼得。我倒不是觉得怎么想的就非得怎么信，而不能感情用事。我觉得一面让大脑沿着思维的路径不断开疆辟土，想得越周密越好，与此同时一面祈祷帮助与救赎，而且当真正找到法子的时候感谢上苍的眷顾，二者大可并行不悖。我觉得就算我们的脑子和灵魂某些时候没有亲密无间地携手共进，创造我们的大能也不会感到不悦，毕竟脑子和灵魂都是他给我们的，他打从一开始早就应该预见到这一幕，而且肯定能够全盘理解。

所以有件事我也无法理解。为什么有些主教和神父老是希望花大功夫为《圣经》中的故事找到现代科学和历史学上的依据？为什么老是希望把两者调和起来？假设一下，如果你收到了一封信，其中的内容让你心花怒放，神清气爽，而且能让你和所爱之人的心联通起来，能给你带来更多的机遇、更丰富的情感，那你为什么还要在意那些无关紧要的细枝末节呢？比如经历千山万水之后信封的形状、颜色对不起，或者邮票有没有贴对，邮戳上的日期是不是正确？这些小事可能根本就是莫名其妙、毫无意义的。重要的是信件本身和收到信之后你获得的好处。缜密的推理可以让人得出精细的结论，不让奇迹有任何容身之处。"人给出的证言大有可能是错误的，而自然的规律不太有可能被扭曲。"此话不假。但与此同时，当你读到耶稣基督在加纳利的迦南把水变成酒，在湖面上行走，死而复生的时候，你难道不会也觉得感动不已吗？人类的大脑无法理解无穷的概念，但发现了数学方法之后这变得非常简单。有人认为，除了我们能理解的事物，一切都不存在。这种观点简直傻得可以。还有人觉得我们大脑无法理解的观点会让我们的大脑变得迟钝，最终和这些观点一起崩塌。这简直更傻！在当前流传的观点中有一种是最无法让我们的理智和情感相互调和的：我们身边有无数个宇宙在不断演化，没有任何理由或者目的地不停旋转。所以我从很小的时候开始就确立了一种思维模式：相信自己愿意相信的，同时对思想不加束缚，任其无拘无束地追寻其能力所及的任何方向。

　　我有一些侄子辈的家伙，有幸去上了大学，经常拿我寻开心，讲出一些论述证明除非我们能想到，任何事物都不存在。世界不过是黄粱一梦，所有的一切都是我们臆想出来的。随着你生命的推进，你逐步创造出了自己的宇宙。想象力越是活跃，你的宇宙里就越是琳琅满目，一旦停止"做梦"，这个宇宙就不复存在。这种有趣的思维体操拿来娱乐一番也就罢了，什么害处都没有，什么益处也都没有。我要警告年轻人，这种想法切记只能当作一种游戏，拿荒谬的论断当作严肃的课业，必然会落得一败涂地，因为形而上的空谈哲学家定会有最后解释的权利，也定能把你说得哑口无言。

　　接下来我要说的这些观点和为此而作的论证，多年以前我就为自己完成了，从那以后我一直依赖它们。让我们抬起头来看着天空，大家能看到太阳。太阳真实存在吗？阳光令双眼不由自主地眯缝起来，我们的各种感受器官会记录下当时的感受。于是我们真实的感觉器官一五一十地感受到了明晃晃的太阳存在，这是最好的证据。但有趣的是，有一种方法完全不需要依仗我们的物理器官，就能检验太阳是否真实存在，那就是数学。天文学家完全不需要利用各种感受器官，只要通过冗长的计算，就能算出什么时候会发生日食。他们也可以通过纯粹理性的推理，算出哪天在太阳上就会有黑子爆发。到了那天，你可以去看，然后视觉器官就立刻可以告诉你他们的计算是对的。这就是一个绝佳的案例：完全独立、工程浩大的数学运算可以被感受器官获取的证据全盘证实。这就是军事制图学中所谓的"交叉验证"。在太阳真实存在与否这个命题上，我们获得了独立的证据。我有些搞形而上学的朋友跟我说，天文学家赖以计算的数据最初一定是通过感受器官获取的，我立马告诉他们并非如此。这些数据也有可能是通过自动计算机器得出的，也有可能是通过光线落在这类机器上计算而出，在任何阶段都无须人的感受器官介入。他们坚持说我们对此的认识不过是口口相传，道听途说。我说数学的计算过程本身就有真实性和先进性，数学方法一旦被人找到，就自然而然成为新兴、自洽的一种要素。我在这里也想再次重申，我早就确信太阳是真实存在的，同时确信太阳是火辣辣的，像地狱一样火烫。如果形而上学的信徒们对此也觉得心存疑惑，那他们应该自己去一趟看个明白。

我们第一次在印度马球圈子里的亮相就颇有戏剧性。抵达印度不到八年，戈尔孔达杯锦标赛就在海得拉巴拉开了帷幕。尼扎姆君主国的首都、附近驻扎的英国堡垒、五英里开外的塞康德拉巴兵站，加起来一共有六七支马球队伍。其中也包括了刚被我们轮替回国的班加罗尔第十九轻骑兵团的球队。我所在的第四团和第十九团之间很是不对付。两者的矛盾据说是在三十年前种下的。有一次第十九团接防第四团的军营，在移交的时候有些闲言碎语——也是据说，是第十九团一些连名字都无法考证的士兵嘴碎，嫌弃营房保养不善。尽管已经过去了那么久，而且真正的当事士兵已经一个都不在军队里了，但这种怒气和相互看不对眼还是在一代代的官兵中流传了下来，就好像这场架就发生在一个月之前那样。好在这种情绪没有蔓延到军官阶层，第十九团军官还是在军官食堂款待了我们。我被安排住进一名年轻上尉在当地的房子里，他叫切特伍德，目前正担任帝国在印度的总司令。除了英国卫戍部队组成的马球队之外，参赛队伍中还有两支赫赫有名的印度当地球队。一支是维卡阿尔乌姆拉队，意思翻译过来就是首相之队；另一支则是著名的戈尔孔达旅的代表队，正是尼扎姆大君本人的贴身保镖。人们都认为戈尔孔达是无可比拟的南印度第一马球队。他们同北印度首屈一指的当地球队：帕拉蒂亚队和焦特普尔队常常对阵。这些当地队伍手里握着无可比拟的财富，从他们参赛的矮脚马身上就能看出来，而且他们的马术和对马球运动的理解也不落下风。那个年代年轻印度军官和英国军官头脑里该有的他们都有。

于是我们伴着从浦那轻骑兵团手里买来的矮脚马，下定决心踏上了令人激动不已的马球之旅。我们要穿过整个德干高原，这段路可不短。东道主第十九团张开双臂热情地迎接了我们。他们很抱歉地告诉我们，抽签的结果是我们第一轮就要对上戈尔孔达队，实在是太不幸了。我相信他们这么说是发自内心的真诚同情，对我们来说这的确是彻彻底底的背运。毕竟我们踏上印度的土地还没多久，第一场处女赛中就要遇上这么一支几乎肯定要最终夺冠的队伍。

　　那天早晨，我们作为观众获邀前往观礼整个卫戍部队的阅兵式。英国部队、普通的印度部队、尼扎姆大君的部队，都集结起来以纵队形式从我们面前通过，接受检阅（可能更多是为了接受达官贵人的检阅）。多么雄壮的军姿！阅兵式快要结束的时候走来了二十来头大象，拖拽着一前一后排列的巨型加农炮。传统上大象在接受检阅，经过主席台的时候要举起象鼻致意，做这个动作大象能做到像教科书一样准确。后来有俗人对此窃窃发笑，损及了大象以及象夫的尊严，这种传统动作遭到废止。再后来索性连大象都不要了，换成了发出咔哒咔哒响声的牵引车，拖着体型更大、更具有杀伤力的大炮。就这样文明向前进步。但我却要为大象和大象的敬礼默哀。

　　马球比赛下午正式开场。在海得拉巴，马球比赛可是一件盛事。整个赛场塞满了各个等级的印度观众，他们翘首以盼，对比赛充满热情，把观众席挤得水泄不通。现场还有人解说，指导观众观赛。帐篷里和有帷帐的座席里满是印度的显贵人物和德干地区的社交明星。大家都觉得我们队很快就会一败涂地，事实上，当开场后几分钟内对手以勇往直前、横冲直撞、轻盈敏捷的进攻连得三分的时候，我们自己似乎都要相信了。比赛的细节和其中的各种曲折我就不在此赘述了。最终，随着时间的推移，到比赛结束的时候，我们在观众海啸般的欢呼声中以九比三力克戈尔孔达队。接下来的几天时间里，我们干净利落地解决了所有对手，在抵达印度五十天都没有到的时候就赢下了一项一流水准的锦标赛。这也创造了纪录，而且之后也从未被打破。

　　读者或许可以想象我们花了多少心血与努力，下了多大的力气才完成了这项极端困难的任务。在此之前，大家都认为这需要好几年的时间才能做到。

　　1897年炎热的季节即将到来，我们接到通知，部分军官可以特别获准回国休假，时间是三个月。大家都是刚到印度，几乎没有人想那么快就回英格兰去。我觉得这么美好的事情白白无人问津着实令人遗憾，于是就自告奋勇填补空白。我从孟买乘船离港，五月底的天气无比闷热严酷，我自己也晕船晕得昏天黑地。当我能再次坐起来的时候，三分之二的印度洋已经被我甩在了身后。我在旅途中很快认识了一位名叫伊安·汉密尔顿的高瘦上校，当时负责驻印度步枪兵的训练。他向我指出了一些我一直以来没有上心的事情：希腊和土耳其之间一直关系紧张，事实上还到了即将爆发战争的份上。汉密尔顿生性浪漫，支持希腊，希望以某种身份为希腊作战。而我从小就在托利党人的环境中长大，我同情土耳其，我觉得我可以做一名战地记者，跟着土耳其军队行军。我还断言土耳其不仅军力五倍于希腊人，装备也更好，一定会打赢。听闻此言，汉密尔顿露出了真心痛惜的表情，我赶紧澄清，我不会参与战斗，而只是前去发现其中的故事，并记录下来而已。我们抵达赛德港的时候接到了消息，希腊人已经失败了。希土双方军事实力不对等，谨慎度和行动的速度也不对等，但后两者显然是希腊人更胜一筹。所以，他们很快就从这场不公平的比试中溜走了。各大国正通过外交手段保护希腊免遭灭顶之灾。这样一来，我就没法按原来的想法赶赴色雷斯战场了。于是我改变计划，前往意大利度过了两周。我去爬了维苏威火山，完成了庞贝考察大业，尤其要紧的是，游览罗马。我再次拜读了吉本的大作，特别一字一句地看了他晚年初次造访永恒之城之际写下的文字。尽管我学识不及吉本之万一，但还是怀着尊敬之情重走了他在罗马走过的路线。

　　以上就是我回到伦敦度过欢快时光之前同样美好的序章。

第十章　马拉坎德[1]野战军

印度帕坦那些部落爆发叛乱的时候，我正躺在古德伍德[2]的草坪上，享受美好的天气和赢钱的快乐。我从报纸上得知，一支三个旅组成的野战军已经编组完成，宾顿·布拉德爵士获命担任最高指挥官。我立刻给他去了一封电报，提醒他不要忘了自己作出的承诺。我也马上坐火车前往布林迪西港[3]，以便搭乘跑印度线的邮轮。我也把威廉·贝雷斯福德勋爵拖了进来，让他帮我一同游说布拉德将军。我要去伦敦的维多利亚火车站搭车，在出发之前，勋爵在马尔博罗俱乐部做东招待了我。他们一家人使我如沐春风，感到备受尊重，我觉得他们一家人似乎认为世界上的每一个人都是至关重要的一般。我还记得勋爵把我心中所想告诉一群他在俱乐部的朋友——这些朋友可比我年长多了——时候的场景。"他今晚就要去东方了，直奔战场而去。""去东方"这个说法让我感到一阵讶异。大多数人都会说"去印度"。但对于他们这代人来说，东方就意味着冒险，意味着英格兰的征服史。"去前线？"勋爵的朋友们问道。老天，我能说什么？我只能说我希望如此。不过这些先生们都非常友善，甚至可以说热情满满，让我自己觉得自己很重要，但我也很明显地从他们那里察觉，一旦谈起宾顿·布拉德爵士的战役计划，他们明显表现出了谨慎。

我几乎差一点儿就赶不上火车了；但我坐上车之后，心情无比愉悦。

渡海去印度来一次足矣，再经历纯粹是徒耗心神。此时正值一年中最热的季节，红海闷热得令人窒息。那时候还没有电扇，只有人力拉动的布屏风

---

[1] 马拉坎德，或称马拉根德，是当前属于巴基斯坦的一个地区，位于该国北部。1947年印巴分治之前，现今巴基斯坦与印度均为英属印度的一部分，英国国王兼任印度皇帝。故本书中所称的印度边疆与印度城市等地理名词，当前部分属于巴基斯坦。

[2] 古德伍德是位于英国西萨塞克斯郡的一个特色小镇，是全世界久负盛名规模最大的赛车节古德伍德赛车节的举办地。该地区重要的节庆还有古德伍德复古艺术节、古德伍德咖啡艺术节。历史上还在这里发生了著名的古德伍德大作战。

[3] 布林迪西港位于意大利东南沿海奥特朗托海峡的西北岸，濒临亚得里亚海的西南侧，是意大利南部的一个深水海港。丘吉尔当时的年代背景下，前往东方的众多邮轮线路均从该港始发。

扇。在拥挤不堪的晚饭餐厅里，工作人员使出全力把风扇前后拉动，扇出的都是热风，唯一的作用就是把混合着饭菜味的空气搅动起来。但这些身体上的不适远远抵不过我内心的焦虑。我放弃了两周假期。我在布林迪西港的时候依然没有收到宾顿·布拉德爵士的回复，但我相信到了亚丁一定会看到。船抵亚丁湾[1]，服务员分发最新收到的电报的时候，我紧张得来回换脚站立，最后也没有拿到任何属于我的。最后，我终于在抵达孟买时收到了回音，将军是这样说的："很难，没空位，来当个记者吧，试着安排你。"

首先我得去班加罗尔，从自己的团那边拿到假条。这就意味着我要坐两天的火车赶过去，还是和我希望去的方向南辕北辙的。团里见我没到日子就回来了，感到万分惊讶，不过多了一名中尉帮助完成公务也是好的。与此同时，《先锋报》聘我为战地记者。我远在英格兰的母亲也帮我与《每日电讯报》达成协议，我发回的报道都会同步刊登在这家报纸上，每个专栏五英镑。这个价不算高，毕竟我这回是纯粹自费的。我惴惴不安地去见上司，呈递宾顿·布拉德爵士的电报，身上同时揣着报社开的新闻记者证。好在上校为人宽厚，命运对我微笑。虽然爵士的电报并非官方命令，也不太正式，他还是允许我去试一试运气。当晚我就出发了。我带着侍从，背着行李，匆匆赶往班加罗尔火车站，买了赴瑙谢拉的火车票。火车站的印度职员收下了我递过去的一小袋卢比，然后从鸽子洞大小的窗口里递出来一张普通票。出于好奇心，我问他瑙谢拉离这儿有多远。他查了火车时刻表，彬彬有礼但冷漠地回答我，两千零二十八英里。印度还真是个大地方！等待我的是在酷暑天气里长达五天的旅途。旅行中我孤身一人，但我带了足够多的书，所以也不觉得无聊。印度的列车车厢颇为宽大，四面装饰着皮革，车窗上包裹着厚厚的湿稻草，把暴烈的阳光全部遮挡在外面，旅客可以自行适时开启，颇为凉爽，很是适应当地情况。在这个阴暗的包裹厚实的小胶囊里，我度过了整整五天的阅读生活，大多数时候靠灯光，有时也给予一些光线被接纳的荣耀，借以读书。

我在拉瓦尔品第中断旅行，下车逗留了一天一夜。驻扎在此的第四龙骑兵近卫团中有我的一位中尉朋友。尽管离前线有几百英里之遥，拉瓦尔品第地区也受到了波及，整个驻防军队可能都要受命北上。所有休假都被取消，龙骑兵

---

[1] 亚丁湾是位于也门和索马里之间的一片阿拉伯海水域，它通过曼德海峡与北方的红海相连，以也门的海港亚丁为名。亚丁湾是船只快捷往来地中海和印度洋的必经站，又是波斯湾石油输往欧洲和北美洲的重要水路。

都擦亮佩剑，等候命令。晚饭过后，我们略作休整前往士官食堂，那里正在表演一出令人精神振奋的大合唱。勾起人回忆的最佳方式是气味，在无法实现的情况下，曲调是最能帮助回忆的。每场经历过的战争都在我脑海里留下了不同曲调，生命中每个关键或者激动的时刻也是如此。如果有一天我能搭船回到英国，我一定要去把这些曲调都录到留声机碟片里，然后我要坐到椅子里，抽上一根雪茄，静静等候记忆里的场景与面孔，情感与心情，在长远离去之后一一回归，这些过往的记忆尽管会苍白，但却真实。士兵们在那时候唱的歌，我记忆犹新。其中有一首歌叫《照相业新篇》，唱的是一种让人惊叹的新发明：透过屏幕或者一些不透明的介质就能拍出照片来。我这是头一回听说。也许这样很快会把所有的隐私都化为乌有。这首歌的歌词是这样写的："你能看到的任何东西，它的内部你就能看到，这可怕的东西，这可怕的玩意儿，就是新的照相技术。"

当然那时候我们都当它是个笑话。可后来我从报纸上读到或许有一天，我们能看到人身体里的每一根骨头！当时还有这样的合唱曲："接着英格兰问道，当危险靠近，印度的儿女们如何抉择？反抗还是死亡？"后面当然是接着让人心安的曲词了。不过下面这首才是最好的："伟大的白人母亲，跨越重洋远渡而来，但愿她永远统治帝国；愿她万寿无疆，愿她光荣自由，就在这伟大的白人祖国！"

受这些高贵歌声的激励，我也变得斗志昂扬，尤其是在他们团的食堂里好好享受了一顿招待之后。尽管如此，当时这支令人敬仰的部队和我自己所属的部队之间有些看不对眼，我的行动还是带了一分谨慎的。第四龙骑兵近卫团的一位军官曾发电报给我们团的一位上尉："请告知调入第四近卫团的最低条件。"这上尉素来风趣，他回道："一万英镑、一个爵位、一套装备。"第四近卫团显然被惹毛了，觉得自己的地位受到了质疑。有了老底子作支撑，后来1898年、1899年在马球锦标赛中我们与这支精锐之师对阵的时候，局面自然是更加激烈。

我必须要提醒各位读者，我还在竭尽全力迅速赶往前线。离开班加罗尔之后的第六天清晨，我终于站在了瑙谢拉火车站的站台上，这是离马拉坎德野战军最近的铁路站点。下了火车之后还要转乘一种叫"通加"的双轮小马车奔驰近四十英里，然后再爬上一段陡峭的上坡山路，才能抵达马拉坎德山口。一路上拉车的矮脚马换了好几次。山口处的隘路三年前就被宾顿·布拉德爵士攻下，这次战役的总部就设立在这里，还有一支各兵种混成旅驻扎于此。当我出现在参谋室门口的时候，一身风尘，整个人黄乎乎的。将军不在，他带着一支别动队去对付布内瓦尔人去了。这是一支令人心惊胆战的部落，世世代代住在山谷里，抗拒任何外来者。1863年帝国政府派出了一个探险队前往他们居住的地方，结果就在《英印编年史》中留下了一场温贝亚拉战役：布内瓦尔人抵抗精神十足，双方围绕着皮克特悬崖展开了拉锯战，结果这地方在军中成了臭名昭著的代名词，足足数百位大英帝国英勇的战士和当地印度兵永远地留在了那个地方。没人能说清楚宾顿·布拉德爵士需要多少时间来对付那些"举世闻名"的残暴之徒。与此同时，他们安排我到参谋食堂里就餐，并告诉我可以去找一顶帐篷，把携带的沃斯利行李箱打开安顿下来。我决定一切从善如流，尽量把我最好的一面表现出来，以免在我刚刚开始接触的新环境中留下什么不好的名声。

将军只花了五天时间就用胡萝卜和大棒搞定了布内瓦尔人，但我觉得好像过了很久一般。这几天里，我试着尽可能获得一些好处，做些什么，结果我掌握了一项全新的技能。此前我一直喝不惯威士忌，很反感这种酒的味道。我的同袍军官总会时不时地叫上一杯加了苏打的威士忌，我始终无法接受。我喜欢葡萄酒，白的红的都行，香槟就更好了。如果是在特别的场合我也喝得了白兰地。但带着烟火味的威士忌我一直无法直面。在这五天里，天气持续炎热，我尽管还能适应，但一直觉得万分煎熬。而且这里没什么我能喝的！除了茶就是温水，要不就是温水配酸橙汁或者威士忌。在这些选项中，我只能死马当活马医般选择了威士忌。我的意志相当坚定，坚持着让自己适应战场上的真正条件，克服自己肉体上显而易见的缺陷。等到这五天过去，我已经彻底克服了自己对威士忌味道的反感。而且，这不是什么暂时靠意志力来维系的决断。恰恰相反，终我一生我都维持着对威士忌味道的宽容，像当时学到的那样饮用这种酒类。要知道，当你学会了欣赏这种风味，曾经无法忍受的怪味就会自然而然地产生出难以言述的吸引力。直至今日，尽管我在喝酒一事上一直维系了真正的节制，但只要有必要喝威士忌，我就不会退缩。毕竟，对于在东方服役的白人军官来说，威士忌就是提神饮品的最基本标配。

当然，当时在英国喝威士忌还是一件新鲜而小众的事情。举例而言，我父亲从来不喝威士忌，除非是在荒郊野外打猎的时候，或者是到了阴暗冰冷的地方。他那个年代是"白兰地掺苏打水"的时代，当时喝这种饮品是让人心生尊敬的选择。但略微实验，稍作思考之后，站在不偏不倚的中立立场上来说，我很清楚地认识到，如果作日常饮用的话，把这两种见鬼的东西掺在一起喝的确比不上稀释后的威士忌。

　　既然我已经谈到了这个话题，就让我说得清楚一点。我现在身处马拉坎德山口，周围相伴的都是军队中人。那个年代，与大学里的年轻学生相比，我以及我的同伴军官成长的方式截然不同。牛津和剑桥大学的本科学生喝起酒来就像是鱼喝水一样，甚至有一些俱乐部活动和正式晚宴一定要求每个参与者都喝过量。但在桑赫斯特军校或者在军队中，喝醉是一种丢脸的罪行。不仅会在社交圈子里臭名昭著，而且还会招致体罚，如果不幸被上官知道，还可能会被除名。我成长和受教育的过程中形成的认识帮助我在喝酒一事上保持最高程度的克制——除了屈指可数的几个场合，以及在几次纪念聚会上。如果有机会的话，我非常愿意帮助开怀畅饮的大学学者纠正错误，回归正道。他们饮酒的方式显然走上了邪路。我一直认为酒是诸神赐予的上佳礼物，不应如此糟蹋。无论是酗酒者、禁酒者，还是其他任何滥用酒类（懦夫行径）的形式，我都明确反对。不过到了今天，我能更加宽宏大量地理解这份人性和从中滋生的各种行为。那个年代的中下级军官头脑都相当顽固，他们认为如果有人把别人灌醉，或是不让别人喝上一杯，那么这个家伙的屁股就应该被狠狠地踹上一脚。当然，第一次世界大战给我们好好上了一场文明课，教我们什么是高尚的行为，现在我们要宽容多了。

　　在这五天中，我也要为即将到来的随军开拔作好各方面的准备。我要买上两匹好马，雇一名懂军事的马夫，还要根据许多事无巨细的规定准备好自己的军装。此前一周有几名军官在战斗中牺牲。根据英国军队在印度的惯例，他们的遗物，包括各类服饰，都要在葬礼（要是有的话）结束之后逐一拍卖。站在逝者的角度上，这当然值得哀悼，但对我而言却方便了许多。就这样我很快备齐了需要的东西。尽管如此，我还是觉得这样的做法颇为冷血。一天之前还是亲密战友的东西：大衣、衬衫、靴子、水壶、手枪、毯子、炊具……一天之后就这么随随便便地散了出去，给了陌生人。当然，不管怎么说，这也是颇为理智的行为，也符合经济原则。很大程度上这里就是最佳的市场，毕竟所有东西从英国运过来的费用原主人都付过了。逝者的财产几乎是以一种垄断的形式处理掉了。军营里的拍卖师肯定比任何遗孀、家母更了解张三中尉或者李四上尉的遗物值多少钱。这样的处理方式不仅限于阵亡的军官，更多则是用于处理普通士兵的遗物。话虽如此，我还是要说，当几周后我首次把一名"英勇"了的好友留下的勋带甩上我自己的肩膀的时候，我还是觉得心里受了重重的一击——就在一天前，我亲眼看到他被击身亡。

我觉得有必要让各位读者更深入地了解一点战役的宏观背景。三年以来，英国军队一直扼守着马拉坎德山隘口的最高处，控制着从斯瓦特山谷跨过斯瓦特河，再经由其他许多山谷，最终抵达吉德拉尔的道路。在军事层面上，当时的吉德拉尔意义重大。虽然后来当地局势长期保持和平，可在当时此地算是咽喉要地。当地的部落世世代代将斯瓦特山谷视为自己的领地，看到军队进入，自然愤怒不满，立刻暴起反抗，掀起了一场叛乱。这很符合逻辑的情况，一下子就能理解，但政府却认为是宗教问题引起的乱子。当地人袭击了控制马拉坎德山隘口的卫戍部队以及位于查克德拉的一处小型要塞。后者就像是迷你版的直布罗陀一样，坐落在一块巨岩之上，扼守跨过斯瓦特河的蜿蜒长桥。部落武装受到了误导，打死了不少人，甚至还包括一些女性和孩子。他们都是性情友善、热爱和平的当地居民。由于袭击事发突然、一蹴而就，马拉坎德山隘口一度岌岌可危。不过当时攻势已经被击退。在晨光照拂之下，向导骑兵团和第十一孟加拉枪骑兵团已经把叛乱分子打得落花流水，追着他们从山谷的这一头赶到了另一头，杀伤无数。这样一来侏儒版的直布罗陀：查克德拉小要塞安然度过了攻击，皮毛无损。横跨河流的钢缆桥也没有遭到损伤，大概一万两千人和四千匹牲畜组成的惩罚大军也将会通过这座桥梁进军增援。他们将穿过迪尔和巴焦尔地区的山谷，越过玛蒙德地区，前去临近的白沙瓦地区征服另一个极端桀骜不驯的部落：摩诃曼德人。完成任务之后部队将转回印度平原，重归文明世界的怀抱。

宾顿·布拉德爵士降服布内瓦尔人之后顺利凯旋。爵士是驻印英军中经验非常丰富的指挥官，几乎兵不血刃就让布内瓦尔人重新回到了理性的道路上。他很喜欢这些野蛮的部落人，知道怎么和他们谈判。帕坦人是一群奇怪的家伙，有着各种各样骇人听闻的习俗和令人齿冷的报复传统。他们也很会讨价还价，如果确认你足够强大，能和他们平等地坐下来谈判，他们也能达成协议，不管是明面上的还是私底下的。宾顿·布拉德爵士和布内瓦尔人已经解决了所有问题，其间只有一次战斗，还是非常小规模的那种。爵士的副官芬卡塞尔勋爵和另一位军官在战斗中冒着极大风险救出了一位奄奄一息的受伤同袍，因而荣获维多利亚十字勋章。就这样，我在迪普戴纳时结识的老友，这位将军兼总司令官，在他的参谋、护卫的簇拥之下，和新晋的年轻英雄一同回来了。

在这些野蛮不开化的山区里，在这些背着来复枪的土著蛮人里面，宾顿·布拉德爵士是备受尊敬的人物。爵士穿着制服，骑着高头大马，伴着骑手近卫和亲卫骑兵队，在印度看起来英武极了。比起我在安全、舒适的英格兰见到的他，现在的他看上去更加有魅力。他在许多或战或和的场合中见过许多英国和印度部队，而在任何时候他都没有任何幻想。布拉德爵士是臭名昭著的布拉德上校的直系后裔，对此他深感自豪。这位上校在查理二世[1]统治时期试图武力夺取伦敦塔里的皇室珠宝。这可不是什么逸闻传说，是史书里面写得清清楚楚的。当上校带着搞到手的部分珠宝冲出伦敦塔大门的时候遭到了逮捕，随后被送上审判台，被判犯有包括叛乱罪在内的数项砍头大罪，但他很快就被洗清了一切罪名，还受命指挥国王的亲卫队。这等古怪的结果不禁弄得流言四起，有人说上校去伦敦塔偷珠宝的行为其实得到了国王本人的授意。毕竟毋庸置疑的是，那时候国政艰难，国王相当缺钱，而阿滕伯勒先生典当铺子的前身也已经在欧洲各地出现。不论事实究竟如何，宾顿·布拉德爵士将此次企图偷盗国宝事件视为家族史上最光辉的一幕，因而对印度这里的帕坦叛乱部落深感同情。这些部落人肯定能完全理解这类历史事件的各种因素，也肯定会给事件各方献上毫不掩饰、一视同仁的热烈掌声。要是将军能把这些部落叛党都聚集起来，拿广播给他们仔仔细细长篇大论地讲述先祖的故事，那我接下来数周的经历也就没有必要了。这三个旅也就不用带着一眼望不见头的骡子、骆驼，穿过山谷和人迹罕至的高原去艰苦行军了。

在我写这本书的时候，将军已从军中退休，依旧在世，精神矍铄。在这次印度战役中他经历了一次重大的个人磨难。一次接待当地人代表团（他们叫什么吉尔伽，族长大会的意思）的时候，其中一名狂热分子突然抽出一把匕首，从离将军大概八码的地方暴起向他冲了过去。宾顿·布拉德爵士当时骑在马上，抽出手枪在刺客离他还有两码的地方一枪把他打死了。我们都以为作为一师之长，他的手枪应该不过是礼仪性质的武器，惊出了一身冷汗。大家肯定能想象，野战军里包括最低等的清洁工在内的所有人在经历了这样有惊无险的事情之后，能有多高兴。

---

[1] 查理二世（Charles II，1630—1685），苏格兰及英格兰、爱尔兰国王，生前获得多数英国人的喜爱，以"欢乐王""快活王"闻名。

　　我写作本书并不是为了叙述这场战役。相关的情况我已经仔仔细细写成了一本标准的历史学著作。但不幸的是，现在那本书已经绝版了。我在此就用短短的几句话简述一下战役的经过。马拉坎德野战军的三个旅渐次通过了上文提及的所有山谷，赶在部落分子反应过来之前赶走了他们的牲畜充作军粮，割走了他们的庄稼充作饲料，给他们造成了重大麻烦，令其衣食无着。和野战军一同行进的还有一些政治军官，他们的制服衣领上都戴着白色的领章。一路上他们总是同部落头人、巫师和当地名流保持着接触，展开谈判。一般的业务军官很不喜欢这些搞政治的，把他们当成一事无成、只会捣乱的家伙。据说这些人总是把事情搞砸，对帝国的声誉造成了负面的影响，还不让别人知道。他们总是说要在开火之前穷尽一切可能的手段，以致被指责患有令人头疼的犹豫不决的毛病。和我们在一起的就有这么一位出类拔萃的政治军官——迪恩少校，他就总是阻止军事行动，所以不招人喜欢。想想吧，我们所有人都期盼一场酣畅淋漓的战斗，子弹上膛，士气高昂，却看见这位迪恩少校施施然走过来，把一切都叫停了。看在上帝的份上，这位怎么就会升到了少校的位子上呢？说实话，他比最普通的政治家好不到哪儿去。显然这些野蛮人的头领都是他的老朋友，几乎是歃血为盟的至交。他们之间的友谊似乎牢不可破，什么事情都无法动摇。在战斗的间隙，他们就像是男人、伙伴一样对话，但这些头领同我们的将军说话就像是一伙强盗和另一伙谈话一样。

　　芝加哥的警察和匪帮之间如何对话的细节我们不得而知，但整体的感觉肯定是一样的。毋庸置疑的是，对彼此的意图他们一定非常了解，也能一起勾肩搭背地对如下一些东西大加抨击：民主制度、通商主义、赚钱做生意、诚实守信和所有粗野之人。但从我们的角度来说，还是希望开上几枪。我们远道而来，忍受了此等酷暑，经历了种种不适，不是来旁听政治军官和这些性格阴郁、嗜杀成性的部落首领谈判的。他们仿佛永远谈不完一样，就那些无法摆到台面上来的事情交换着秘密的信息。而这里的暑意如此严酷，就算你拿手赶走热气，它还是像一整个背包一样挂在你的肩头，像噩梦一样盘旋在你的脑海里。话说回来，我们当时还面临着敌人死硬派和少壮派的威胁。他们想冲我们开枪，我们也想冲他们开枪。但两边都遇到了阻力，在部落方那边是他们所谓的长老们，或者"老家伙派"，在我们这一边，其实大家都看得很清楚，障碍就是政治军官西装翻领上的白色色块或者白色羽毛。不过就目前而言，似乎食肉派大行其道。部落武装似乎摆脱了老家伙们的控制，也没能为我们的政治军官所说服。于是乎许多人一命呜呼，其中我们这一边的人留下的遗孀能拿到帝国政府给的养老金。还有一些人身受重伤，余生只能一蹦一跳地过日子。整个过程非常刺激，而且——至少对没有丧命或受伤的人来说——很有意思。

　　接下来我可能要说几句不太恭敬的话，希望能向各位读者说明印度政府有着充分的耐心与认识。耐心是因为政府明白，如果事情发展到了局面无从收拾的地步，它可以干掉任何人。问题的关键是如何避免这种令人憎恶的结局的出现。这个政府事事被法律约束，手脚被各种谈判束缚，行事被各类亲近关系掣肘，所以更加喜静而非喜动。印度政府不仅被下院牵绊，还受制于各种各样纯粹是英国或者印度特色的问题，比如最高大上的自由主义观念要求政府宽宏大量，而最琐碎的官僚主义文牍往来也给政府带来了许多的不便与障碍。所以在和平年代社会应该集中力量搞建设，既要在统治者一方积累压倒性的力量，也要在统治者试图动用任何力量的时候能给出各种各样的牵制。就算如此，时不时地还是会有事情发生，会有漏洞出现，类似于所谓"令人惋惜之事"的情况也会存在。本书接下去的几页就要讲述其中的一件事。

第十一章　玛蒙德山谷

在印度边疆作战本身就是一种独特的经历。不管是看到的风景还是遇到的人，都是世界上其他任何地方所没有的。在山谷中行走，两边的山崖陡峭，高度都有五六千英尺。古铜色的天空下，雪水汇聚成的湍流冲刷出一团团泡沫般的浪花，群山被河流切出一道道走廊，部队排开一字长蛇阵在此间蜿蜒行进。这粗狂荒蛮的环境也影响了居住人群的性格——除了农作物收获的时节，为了肚子考虑，各族短暂休战之外，帕坦各部落总是在打仗，不是为了私事就是为了族务。这里的每个男人都是战士、政客、神棍。每一座规模庞大的房子都是真正的封建堡垒，虽然那仅仅是用阳光下晒干的泥土砌成，但城垛、角楼、射击孔、侧卫塔、吊桥一应俱全。每个村子都防卫森严，每个家族都有仇杀的故事，每个族群都有世仇。这里的部落数量众多，也有不少的部落联盟，彼此之间都有一堆账要算。没有被原谅的旧仇，也很少有就此揭过的血债。为了让社会生活能持续下去，除了上文提到的收获时节的惯例之外，此地还有一整套严密复杂的荣誉规矩，当地人大体上都能诚信遵守。如果有人懂得这套规矩且能模范遵守之，那么手无寸铁也能从边疆地区的这一头走到另一头。但哪怕是最细微的不守规矩，都可能带来性命之忧。这样一来帕坦人的生活就变得非常有意思。这些山谷阳光充沛，似乎无穷无尽，水源充沛，土壤肥沃，住在这里的人口也不多，只需稍微付出一些劳动就能有不错的收成。

这块幸福的土地从19世纪收获了两种全新的礼物：后膛装弹的来复枪和大英政府。前者是绝妙的奢侈品和好东西，至于后者，则是无可救药的大麻烦。后膛装弹非常方便，能用弹药盒就更加方便了，可以说全世界再没有比印度高原更喜爱这种武器的地方了。后膛枪在一千五百码开外的地方还能精确击中目标，这对于任何能够弄到它的家庭或者部族来说，都是揭开了一个新篇章，令他们欢喜不已。这样的射程意味着枪手可以躲在自己家里，朝着几乎一英里之外的邻居开火。有了这种武器，武装分子就可以躲在悬崖峭壁上，从迄今为止闻所未闻的远距离居高临下地朝经过的骑兵开火。甚至相邻的村庄都不用长途跋涉就可以交火。如此这般，这些科学的光荣产物自然就被安上了一个天文数字的价格，导致全印度境内的来复枪都被小偷盯上，也养出了一群枪支走私犯子。双方合力稳定了来复枪在边疆地区的供应，人们对这种枪支垂涎欲滴，竟然也无形中令帕坦部落对基督教文明的景仰之情大为提高。

　　花开两朵，各表一枝。大英政府的表现则令人全然失望。帝国政府在南边表现出了伟大的组织推进、吸收融合的能力，但在这里，其表现令人大为扫兴，说到最好的程度上，也不过比扫兴好上一点点。帕坦人一旦从山区冲入平原劫掠，不仅会被赶回去（这不是天经地义的吗），还会引起一系列的连锁反应。政府会派出多支分遣队深入山谷，四处搜刮，从部落头上收取罚款，补偿他们造成的损失。要是这些分遣队只是简简单单来了，打上一仗，然后就这么走了，那也不会有什么麻烦。事实上，基于英国在印政府长期奉行的"屠杀与皮鞭"政策，很长时间里分遣队也的确是这样干的。但到了19世纪末期，这些入侵者开始在众多山谷中筑路建桥，尤其是通往吉德拉尔的大道。威胁、碉堡、金钱是他们拿来确保这些道路安全的法宝。对最后一样法宝一开始没有人表示异议，但随着时间推移，筑路的行动越来越多，帕坦人对此表示极端厌恶，他们被要求在道路沿线保持平静，不能相互开枪，更不能向着路上经过的旅客开枪。对帕坦人来说，这显然过分了，而一大堆争端也由此发轫。

　　我们前往摩诃曼德地区的路上必须要经过玛蒙德山谷。整个山谷的形状就像是平底锅一样，群山包裹着将近十英里的平原。英国政府同玛蒙德人之间没有过节，但这些人的名声就像是瘟疫一样，所以我们也极尽小心，不与他们扯上关系。但我们安营扎寨之后，营房和帐篷医院顶上被阳光描绘出美丽的线条，营地里四处漫步着成群的马匹、骆驼、骡子和驴，这副美景对玛蒙德人构成了无法抵御的诱惑。宽阔的四边形营地在夜间透出点点火光，对于在印度边疆地区孕育的人性而言，这就是绝佳的目标，如果放弃必遭天谴。独狼式的狙击骚扰由此变得不可避免，入夜之后前锋旅的扎营地就惨遭毒手。索性并无大碍，只有几个人受了点伤。宾顿·布拉德爵士对此毫不担心，虽然有那么一会儿我们不得不熄灭蜡烛，但他还是继续淡定地享用着晚餐。到了早上，我军无视了玛蒙德人放肆无礼的行为，重新开拔向讷沃盖挺进。不过这群部落分子并没有安分下来，而是变得热血沸腾。两天之后大军的第二个旅抵达当地，遭到了几百人的袭击。从最古老的燧发枪到最新式的来复枪，这群人手里拿着各式各样的武器，就在军队和后勤牲畜组成的拥挤队列通过山谷的时候，朝着队伍兴高采烈地连续射击了三个小时。好在大部分士兵都给自己挖了浅浅的步兵坑，整个营地周围也都有壕沟掩护。就算这样，一夜的"蛮人体育运动"还是夺去了四十余名官兵的生命，还有许多马匹和运输物资的牲畜也被打死了。收到报告之后，宾顿·布拉德爵士下令回敬。指挥第二旅的杰弗瑞将军受命第二天进入玛蒙德山谷，严惩这群好斗成性的暗杀者。计划要沿着死胡同一样的山谷长驱直入，尽一切可能摧毁所有作物，炸掉水库，在时间允许的前提下尽量把更多的城堡掀上天，如果有人敢于阻拦，一律毙了。宾顿爵士对我说："如果要见识战斗，赶紧骑上马回去找杰弗瑞。"于是我赶紧抓住机会，同返回第二旅的孟加拉枪骑兵一同上路，满怀期待、一路小心翼翼地穿越两处宿营地之间十英里的"破碎地带"，于傍晚时分抵达了杰弗瑞将军的总部驻地。

　　整晚上营地上空飞舞的子弹就没有停过，好在每人都有了结实的地洞保护，马和骡子也很大程度上都遮了起来。9月16日一大早，整支旅由一支孟加拉枪骑兵作前锋，保持战斗队形进入了玛蒙德山谷，随后很快在这片广阔的地域中分散开来。将军把部队分成了三股，各自完成各自的任务——对当地人的惩罚。进入山谷之后的地形就像一把扇子一样，而我们的人数总共也不过一千两百多，很快我们就形成了三五成群的小队。我决定跟随中间的那支分队行动，他们的任务是一路前进，封锁山谷的另一头。一开始我跟着骑兵纵马前行，抵达山谷尽头的时候，我们连一颗子弹都没打出去。整个平原地带和所有的村庄就像荒漠一样，不见人影。就在我们即将逼近山谷两侧的山崖的时候，从望远镜里看到一座圆锥形小山丘上聚集了一群微小的人形。土著人在那边冲着我们挥舞刀剑，太阳光打在钢铁上的反光时不时地照到我们身上。看到这一幕令我们所有人都欣喜不已。从圆锥形小山往下看，来复枪射程内有一小片树林，前锋部队开始拍马快跑，向着树林前进。我们都在树林里翻身下马，大概一共有十五名卡宾枪骑兵，同时朝大约七百码开外的小山丘齐齐开火。整个山丘顿时升腾起了一朵朵白色的烟云，子弹呼啸着穿过树林。这场小摩擦噼里啪啦地持续了大概有一个小时，在我们享受战斗的同时，步兵部队正在通过平原，朝着我们的方向一点点推进。步兵抵达之后，我们决定让第三十五锡克[1]团的前锋

---

　　[1] 锡克人指信仰锡克教的旁遮普人，主要分布在印度旁遮普邦，在巴基斯坦、马来西亚和美国也有少量分布。锡克教徒的显著特征为裹头巾，头巾色泽无定规，随个人喜好，或按衣服穿着的颜色搭配；留长发，蓄胡须，戴铁手镯，配短剑，穿短裤。另外禁烟禁酒，锡克教虽然允许吃肉，但禁止吃清真肉食，即按伊斯兰教律法屠宰牲畜的肉食。

连攻击这座圆锥形的小山丘，而其他的两个联队则从山的左面长途推进，前去拿下那边的一个村庄。从我们所在的地方望过去都能看到村子里的屋顶，小山上的巨型石块，以及山脚下摇曳生姿的印度玉米田。而骑兵部队的任务则是防卫平原，与旅部驻防的预备部队保持联系。眼下在旅部的部队大部分都来自穿黄色军装的皇家西肯特团。

我打定主意跟随第二股部队一起去攻打村庄。我把我的小矮脚马交给一名当地人，和步兵部队一起攀爬小山侧面的山坡。天气简直热得要命，太阳即将爬到天穹的最高点，火辣辣地捶打着每个人的肩膀。我们拖着沉重的双腿，几乎是跌跌撞撞地爬了将近一个小时。一会儿与高高的庄稼杆子斗争着穿过玉米田，一会儿爬过巨石；一会儿是碎石嶙峋的小道，一会儿又是寸草不生的山坡。从山顶上偶尔会打过来几颗子弹，除此之外似乎一片祥和。我们越爬越高，整个椭圆形的玛蒙德山谷逐渐展露在我们眼前。我略作休息，坐在一块石头上边擦着眉毛，边打量着脚下的山谷。已经将近十一点了。我注意到的头一件事就是好像看不到部队在哪里了，只看到距离山脚大约半英里的地方有几名下了马的枪骑兵。远处靠近群山的地方，一座城堡已经被烧毁，冒出一柱纤细的轻烟。可部队在哪里？几个小时之前还是一千两百人共同进发的威武雄师，怎么现在都被平原吞得无影无踪了？我拿起望远镜仔细搜寻：泥巴糊成的墙，同样材质的村庄和城堡四散分布，水道深深切入地面，水库反射着阳光，偶尔还能看到一些呈带状分布的庄稼地和孤零零的树丛，所有一切都笼罩在锯齿般的山崖之下，但要找英-印军队的一个旅？了无痕。

行动开始以来我头一次意识到我身边并没有很多友军。连我在内只有五名英国军官，还有大概八十五名锡克兵。差不多就这点人，而就这么点人，却要在这么个可怕的玛蒙德山谷的尽头，艰难地爬上小山，去惩罚最深入敌境的一座村庄。我离开桑赫斯特军校还没有很久，尚能记得教官对于"兵力分散"的严词警告。我看看当前手头屈指可数的兵力，再回过头去想想早上大军刚拔营出发时的小心翼翼，显然形成了鲜明的反差。不过就像大多数年纪轻轻的傻蛋只是希望能有些激动人心的事情发生一样，此言不差矣！我也在自找苦吃！

最后我们终于抵达了村庄。村里有零零散散的几幢泥巴房子。果不其然，这些房子里也一样一个人都没有。这座村子坐落在山坡的顶端，与背后的群山之间有一道宽阔的岩梁相连接。我和另一名军官，还有八名锡克兵在村子靠山的一侧躺着休息，其他人有的冲进土屋搜寻，有的坐在屋子后面休息。一刻钟过去了，天下太平。就在这时，连长到了。

他对中尉说："我们准备撤退了。你留在这里，掩护部队撤退，直到我们在村子脚下的山丘上建立好新的阵地为止。"他停了一下又说道，"后备队那群黄衣服的家伙好像没有跟上来，上校觉得我们孤悬在外，太过冒险了。"

我听了这话顿时觉得很有道理。于是我们又等了十分钟，我猜——因为我没法亲眼看见——在此期间大部队一定是在从村庄里撤往更低处的山丘。突然之间，山上沸腾起来，从巨石背后闪现出刀剑的反光，亮色的旗帜四下挥舞。将近二十来朵烟云从我们前方崎岖不平的山麓升腾而起，巨大的爆炸声似乎近在咫尺。从我们头顶的悬崖上跳出了穿着白色或蓝色衣服的人，大概离我们一千到三千英尺的样子。这些身影在岩石之间窜来蹦去，就像是在茂密树冠中蹦跶的敏捷猴子一样。四面八方传来了尖利的声响，噫噫噫！嘭嘭嘭！整座小山的侧翼被笼罩在烟雾之中，那些小小的身影离我们越来越近。和我们在一起的八名锡克兵开始各自开火，频率随着时间推移越来越高。这些敌人不断地从山的高处往下蹦，在离我们一百码左右的地方聚集起来了至少有好几十个人。我向身边依靠着的锡克兵借了他的马蒂尼步枪[1]，他把弹药借给我的时候似乎看上去非常高兴。我于是开始向着石头那边聚集起来的人小心翼翼地开火。在我们身边呼啸而过的子弹数量颇多，但我们趴得很平，谁都没有受伤。这场交锋大概持续了五分钟，枪声不断，越来越响。显然我们终于找到了心仪已久的冒险滋味。就在这时候，一个操着英语的声音从身后靠近我们，原来是营队副官："赶紧撤回来，没时间拖了，我们掩护你们撤离小山丘。"

借给我枪的那名锡克兵在我身边的地上放了八枚还是十枚子弹。当时军队的规矩是不能让一发子弹落入部落分子的手里。锡克兵似乎有点过于兴奋，我于是一枚一枚从地上捡起来递给他放进袋子里。这的确是幸运的预兆，就在此时，我们小队剩下的人也站了起来，转身准备撤退。突然石头那边爆发出一阵嘈杂的枪弹爆声。有人大喊大叫，有人欢呼雀跃，有人尖叫连连。我后来回想了一下，可能那一瞬间我们的人就栽倒了五六个。其中有两个人丧了命，有三个人挂了彩。有个家伙被穿透了胸膛，鲜血止不住地流。另一个面朝天躺在地上，不断扭曲挣扎。在我身后一名英军军官脸上糊满了鲜血，右眼掉了出来，

---

[1] 马蒂尼–亨利步枪是19世纪后期英国最为闻名于世的军用武器。它为英国向全世界扩张发挥了非凡的作用，以射程远、射速高著称。

他不停地跌跌撞撞，晕头转向。这的确是一场不折不扣的冒险。

在印度边疆不能把受伤的同袍落下不管，这事关军人的荣誉。一旦有人在战场上落入帕坦部落分子的手里，等待他们的命运就必然是被残忍地寸寸分尸而死。就在此时，副官带着一名英国中尉、一名锡克人军士长，还有两三名士兵回来了。所有人一起搭把手，把受伤的人或背或拉地带下小山丘。一共就十个还是十二个人，带着四名伤员，穿过为数不多的房屋，来到一小片光秃秃的空地上，连长和五六名士兵在那边等着，作为中枢指挥整个连队。在我们前方，海拔更低一点的小山丘上，大概一百五十码开外的地方，应该有增援的部队部署到位，但人影都没看到！可能他们还在更低的那座山头上。虽然伤员极不情愿，我们还是催促他们赶紧赶路，毕竟现在一点殿后的力量都没有了。我由此判定接下来的战斗一定会更加艰难。果然我们连这片空地的一半都没走过就遇上了敌军，二三十个可怕的身影从屋后跳了出来，一些拼命向我们开枪，还有一些挥舞着刀剑。

在那之后发生的事情我只留下了零星的记忆。帮助伤员行动的两名锡克士兵之一被打穿了小腿肚，疼得大喊。他的包头巾散了，长长的黑发披散在肩头上，就像是个悲剧的怪相木偶。从后方赶来了两名援兵，接手了木偶人原来照顾的伤员。我和新赶来的中尉拖着木偶的领子带着他往前走。还好是下坡路。不过显然我们让他不停撞上尖锐的石头了，疼得他开口求我们让他自己走。他又爬又蹦，踉踉跄跄，跌跌撞撞，但好歹也走出了不少距离，逃得了一条小命。我往自己左面看去，副官也中弹了，四名士兵正架着他往前走。他身材壮硕，要几名士兵紧紧抓住他才不至于倒下。此时从房子旁边窜出来五六个帕坦剑客，可怜的副官立马被士兵丢到了地上，躺在路上动弹不得。冲在最前头的蛮人冲到躺着的副官面前，拿剑刺了他三四下。当时我忘记了一切，脑海中只有一个念头：我要杀了这个家伙。我的骑兵长剑打磨得非常锋利，正好佩在身边。不管怎么说，我读书的时候可是得了击剑奖牌的呢。于是我决定与他展开白刃战。我离他二十码都不到，这头未开化的野兽见我靠近，伸出左手捡起了一块硕大的石头朝我砸了过来，接着就举着手中的剑朝我耀武扬威。这时我发现在他身后还有几个人，就在不远处对我虎视眈眈。我决定不用冰冷的钢铁作战，而是抽出我的手枪，在我能力范围内极为仔细地瞄准，然后射击。枪响了，没打中。枪又响了，还是没打中。我再次开枪，击中与否我也很难分辨，总之他突然回头跑出了两三码的距离，然后跳着躲到了一块石头后面。在我做这一切的时候，身边的枪声就没停过。我环顾四周，发现自己落了单，身边一个友军也没有。我赶紧撒腿就跑，尽可能快地向着身边最近的山头跑去，子弹就在我身边划过，到处都是。真是上帝保佑！第一个山头在锡克士兵的控制之下，他们看到我之后也朝我拼命打手势，我很快就跑到了他们中间。

眼下我们大概还有四分之三英里才能抵达平原。我们沿着山脊行军，两侧都有其他的山路向下延绵。这些道路上都有追兵，奋力地从两面侧腹追击，要把我们撕成碎片。我不清楚下山究竟花了多久，但感觉大家都稳扎稳打，走得很慢。我们一共有二十来人，带着两名受伤的军官和六名锡克伤兵。在山梁上我们撇下了一名军官和十几名士兵，他们或是已经牺牲，或是受了伤，但肯定都要被砍成碎片了。

在整个过程中，我用一名死去士兵的马蒂尼步枪和子弹武装了自己。我尽量做到瞄准了再开枪，大概朝着左边的山梁在八十到一百二十码的距离射出了三十四发子弹。在这种情形下，困难就在于人一面在气喘吁吁地奔走，一面手又在发抖——或是出于激动或是出于疲惫。但我能保证，我绝没有毫无目的地浪费弹药。

最后抵达谷底的时候，我们看上去只比一群乌合之众好上一点点，不过我们还是坚持把伤员带下来了。连的预备队、中校和他指挥的一个营，还有几名传令兵都在。我们把伤员安顿好，连队所有剩下的兵力都集中起来，肩并肩排成两道紧凑的横线。与此同时，部落武装人数也在增加，大概有两三百人。他们组成了一个零散、松垮的半圆形，包围着我们的侧翼。我看到白人军官想尽一切办法，让锡克士兵排得紧凑一点。虽然这种队形就是一个硕大的活靶子，但总比火力分散来得好。我们的对手挤在一起，站成了一个个块状，看上去也激动不已，甚至有些狂热。

中校对我说："西肯特团就在半英里开外的地方。去让他们抓紧点，不然我们就都完了。"

我都已经转身去办这份差事了，突然想起一件事：如果这个连队真的被消灭了，怎么办？作为将军师长的值班军官，整个连队都没了，却只有我一个人幸存下来，上气不接下气地以最快的速度，带着噩耗跑回去求援？

我于是对中校说："长官，我必须要得到您的书面命令。"

他显然感到惊讶，伸手往制服短外套的口袋里摸索起来，拿出小笔记本，开始写下命令。

就在这时候，我们听到在一片嘈杂与混乱中，上尉的声音盖过了一切，他下令让连队所有人停止乱七八糟、毫不整齐的发射。我随后听到一声令下："齐射准备！预备！放！"随着一阵枪响，至少十几名部落分子倒地。再一次齐射过后，土著人开始动摇了。第三次开火之后，他们开始朝着山坡跑去。司号手于是吹起了冲锋号，所有人随之开始大声呐喊。危机终于结束了。感谢上帝，西肯特团的先锋部队也在差不多的时候赶到了。

我们汇聚在一起，吃了午餐。不过世事难料，事实证明，入夜之前我们还有许多磨砺需要经受。

现在，西肯特团已经与我们汇合在一处。我们决定一定要重新夺回山脊，挽回颜面，并夺回副官的遗体。行动一直到下午五点才结束。

在我们行动的同时，右翼也有另一支第三十五锡克团的连队在向着山上行进。他们的遭遇甚至更加悲惨。他们最终还是夺回了平原，但代价是十来个伤号，还有几名军官、大概十五名士兵阵亡，葬身狼腹。夜色降临山谷，其间还下了一场雷暴雨，所有早晨匆忙派出的小分队都开始赶回营地，身后吊着狂暴的野蛮人。我同西肯特团还有满目疮痍的第三十五锡克团一起回到营地的时候，天色已晚，营地四周都挖好了战壕。其他的队伍也渐渐抵达，都经受了不太满意的战斗，但问题不大。可将军在哪？他的参谋在哪？骡拉炮队又去哪了？

营地的四周守卫森严，我们弄了点东西吃，大家对偶尔光临的狙击骚扰已经习以为常。两个小时过去了。将军到底在哪？我们得知他和炮队以及半个连的地道工兵和地雷工兵在一起，还带着十来名白人军官。突然山谷中冒出一声炮响，计算得知距离我们大概三英里。接着炮声时有时无，大约有二十来次，然后就陷入了一片寂静。发生了什么？大家都在猜测。在一片黑暗中，将军到底在朝谁开炮呢？显然他开炮射击的对象离他也不远，他们一定陷入了混战。还是说这些炮声纯粹是为了求援？我们应该马上出发去救他吗？志愿者倒是不缺。高级军官开会商讨。一般紧急的时候礼仪都会变得不太重要，这次也不例外。我也参与到了讨论中去。最后决定晚上部队不得离开营地。山谷中障碍重重，陷阱数不胜数。在一片漆黑中派出救援队伍，让他们用双脚趟过去实属不智，可能会让情况更加恶化。而且也会让营地防卫空虚，一旦晚上受到袭击后果不堪设想，而且袭击的可能性完全存在。不管将军和炮队在哪里，他们都必须撑到天亮。此时我们又听到了炮响，这倒是个好兆头，至少他们还没有出事。这是我头一次见识到战争带来的紧张、压力和复杂性。战争显然不都是愉快的探险。最后我们决定，第一缕曙光投下之后就派出一个中队的孟加拉枪骑兵和一个纵队的步兵去营救将军。会议结束已是半夜，我就穿着靴子和马刺，好好睡了几个小时。

到了白天，山谷底部开阔的圆盘状地带对我们构不成多少威胁。我们在一个泥巴屋子村庄里找到了将军和他的炮队。他显然并不轻松，头上也挂彩了，不过并不致命。夜幕开始降临的时候，他把身边的军队散进了附近的几间屋子里，作为临时的堡垒。玛蒙德人也进了村子。整个晚上都在激烈的战斗中度过，在这个泥巴垒成的迷宫里，双方展开了争夺每一座房子和每一条小巷子的拉锯战。这些杀手对这地方的每一寸土地都非常熟悉，他们就是在自己的厨房和客厅里战斗。将军这一方防守得非常艰苦，夜里几乎伸手不见五指，而且对周边的地形和建筑一无所知。土著人翻墙而入，从房顶上发起进攻，或开枪，或用上他们的长刀。这简直就是在兔子窝里作战。双方相互扭打在一起，还闹出了不少乌龙，自己人开枪打了自己人。加农炮被当成手枪，就朝着两三码外的敌人开火。十名英国军官中有四人受伤。工兵里三分之一阵亡。骡队里的骡子就找不到一头完好无损的，不是血流如注就是一命呜呼。幸存的军官各个面色憔悴，更是让这个凄惨的早晨蒙上了一层阴影。好在现在一切都结束了。我们把受伤的骡子打死之后，用了早饭。

一起回到营地之后，将军爬上了远处的一座山峰，通过日光通信仪与远在讷沃盖的宾顿·布拉德爵士取得了联系。前一晚爵士和他率领的先锋旅也遭到了猛烈攻击。他们损失了数百头牲畜，二三十人阵亡，不过也在可以承受的范围内。宾顿爵士发来了命令，我们要留在玛蒙德山谷，用复仇的火焰和刀剑把这里夷为废墟。我们抱着十二分小心落实了这道命令。部队一个村庄一个村庄地推进，系统性地拆掉了所有房屋，填上了水源水井，炸掉了碉堡塔楼，砍掉了成荫大树，烧掉了庄稼作物，毁掉了蓄水设施，总而言之，抱着惩罚的目的把一切都破坏就对了。在平原地带的行动非常顺利，当地人也只能坐在山上，满脸悲戚地看着自己的家园和赖以为生的一切化为瓦砾。但等到我们转变方向，进攻山脚下的村庄时，他们拼死抵抗，每个村子我们都要牺牲两三名英国军官和十五到二十名当地士兵才能拿下。这一切是否值得，我也说不好。至少，两周过去之后，整个山谷已经是一片荒凉，而荣誉也得以保全。

第十二章　远征蒂拉赫

　　9月16日的失利之后，部队进行了紧急调整，重新部署。我被派遣到第三十一旁遮普步兵团，这个团里除了上校之外只有三名白人军官。我可以给各位读者列一下我在战争时期及和平年代正式服役过的部队名单：第四轻骑兵团、第三十一旁遮普步兵团、第二十一枪骑兵团、南非轻骑兵团、牛津郡义勇骑兵队、第二掷弹兵卫队、皇家苏格兰燧发枪团以及最后的牛津郡炮兵团。这些单位驻扎的地方横跨亚非欧三地，条件变化极大，其中旁遮普步兵团的情况却是最为独特的。我本人虽是骑兵军官，但在桑赫斯特军校也接受过步兵训练。我认为自己在步兵专业上也算是称职，小型的军事行动自然不在话下，大型的应该也八九不离十。麻烦的只是语言不通。由于军官不足，我只能和上级调拨过来的一些当地土著士兵共同工作，可我和他们几乎连一个字都说不上。我基本上不得不靠手势、动作和不熟练的韵语和他们沟通。除此之外，我还学会了和他们沟通的三个词："马洛"，意思是"杀死"；"查洛"，意思是"进行"；还有"塔利或"，那是一种扑克牌，意思不言自明。在这种情况下，很难实现连队指挥官和士兵之间按照操练手册的要求达到亲密联系。尽管如此，我们还是以自己的方式完成了三四次伏击。这些伏击我很难冠之以"行动"这样冠冕堂皇的术语，但对参与其中的廖廖几名士兵，也算是有教练意义，令人振奋。我想能够取得这样的成绩，一定是因为我的人格魅力。

　　我虽然无法完全深入了解旁遮普士兵的思维和感受，但逐渐也对他们产生了尊重之意。在战斗的时候，旁遮普士兵确实希望有白人军官在身边，他们会仔细观察军官的一举一动，借此判断战场上的形势。如果你这个军官笑了，他们也会跟着笑，所以我就故意时时发笑。在这段时间里，我也持续把战斗的经过写成文字，用电报和信件发给《先锋报》和《每日电讯报》。

　　现在，我对成为马拉坎德野战军中的固定一员充满了憧憬，也希望能在这些山谷中穿梭一段时间。但是军事行动的发展方向却发生了变化。9月16日的故事在当地部落分子中广为流传，当然玛蒙德人可能也编造出了自己大胜的说法。他们夸大了我方士兵死亡的人数，毋庸置疑也会声称己方的行动按照计划顺利开展。我们当然也是这样说的，但土著人不读我们的报纸。就这样，整个边疆地区都陷入了一片狂热，到了9月末，远比玛蒙德人强大的阿弗利蒂人也加入了叛乱的行列。阿弗利蒂人的地盘在蒂拉赫[1]，是一片崇山峻岭，在白沙瓦北部，开伯尔山口的东面。比起玛蒙德地区，蒂拉赫地区的山峰更加高耸，也更加险峻，而且当地的山谷整个就是V字形的，底部也没有平原。这样的地形令当地部族武装获得了巨大的优势，而我们这样的常规部队则面临着同等巨大的困难。整个蒂拉赫山区的中央地带有一块像玛蒙德山谷一样的平原，但比玛蒙德那个要大得多。只有通过层层高山簇拥之下的V字形山谷咽喉才能进入。这块地方叫作蒂拉赫–梅伊登，各位读者可以想象一下，就和汉普顿宫[2]著名的迷宫一个样，只不过汉普顿宫是用树篱巴围起来的，而那地方是用重重大山围起来的。

　　印度政府官员们智慧的脑袋决定要向蒂拉赫–梅伊登地区派出一支远征军，阿弗利蒂人部落所有主要的粮仓、牲畜群和居住地都在那里。预定的计划中这些都要全数摧毁，把土著人的女眷和孩子全都赶进高山，大冬天里他们一定很不舒服。为了实现这一惩罚计划，帝国需要派出一支大军，整整两个师，每个师由三个旅组成，也就是三万五千人，还要加上大军基地里驻防的部队，以及负责全军前后沟通的单位。于是这支军队按计划集结起来，以巴沙瓦和克哈特为中心区域，筹备征服蒂拉赫山区。此前还没有白人军队进入过梅伊登地区。这次行动被认为是自阿富汗战争以来，边疆地区最重要的军事动作，指挥权交给了最为出色也是最有经验的一位军官：威廉·洛克哈特爵士。至于宾顿·布拉德爵士，依然受命在马拉坎德地区钳制那一线的部落分子。这样一来，马拉坎德野战军的主要军事行动就结束了，大约也在同时，旁遮普兵团中的储备白人军官开始分配到团里填补空缺。我于是把目光转向了蒂拉赫远征军，使出了浑身解数希望被编入这支部队。不幸的是，我在蒂拉赫方面的高

---

　　[1] 蒂拉赫是巴基斯坦西北边境省中西部山区，位于阿富汗与巴基斯坦的边境地带，在开伯尔山口和汉吉谷地之间。主要居民为普什图部族。在本章所述的战役中，当地部族发起圣战，夺取了开伯尔山口的哨所，并攻击白沙瓦附近的堡垒。

　　[2] 汉普顿宫（Hampton Court Palace），前英国皇室官邸，位于伦敦西南部泰晤士河边的里士满。皇室虽已迁出，而该皇宫的历史魅力和其园林的艺术风格使之成为伦敦不可错过的人文历史景点，素有"英国的凡尔赛宫"之称，英国都铎式王宫的典范。

层中没有熟人。伊安·哈密尔顿上校是远征军下属一个旅的指挥官，当然会帮忙，但问题是他在骑着矮脚马通过克哈特山口的时候被从马背上颠了下来，伤到了腿，错过了自己的旅，失去了参战的机会，他自己的心也快碎了。这样一来我在马拉坎德没什么意思，在蒂拉赫这里又说不上话。不仅如此，雪上加霜的是，我远在千里之外印度南部自己所属团的长官开始催我归队。尽管宾顿·布拉德爵士对我释出了善意，但我还是两边都没能着落，不得不回到了班加罗尔。

我回到团里，发现兄弟军官对我极端彬彬有礼。大家总的看法是我早就已经休息够了，现在应该认真履行常规执勤军务了。骑兵团那时忙得很，秋训正在进行，马上要开展演习。所以在不到两周的时间里，玛蒙德山谷里子弹的呼啸声依稀还在耳边回荡，我已经在两千英里开外的地方装着空包弹，打着游戏般的演练仗了。来复枪射击的咔咔声在我四周响起，但却没有人真的蹲下找掩体或是缩回脑袋，这种场景让人觉得非常诡异。除此之外，在班加罗尔的生活没有什么大的变化，一样的热，一样的渴，一样的天天重复演练、露营。迈索尔的确是美妙的乡村地界，绿树成荫，水源遍布。我们演练的地方环绕着一座叫努迪得罗格的大山，山里的树木都长着明亮的鲜红色树叶，大山深处还埋藏着金矿。

随着周周月月的时间推移，我带着一丝惆怅不舍读着报纸上的报道跟踪蒂拉赫战役的进展，当然我也没什么能抱怨的。两个师一头扎进了大山里，经过密集的战斗，丢下了让那个时代的人们觉得颇为惨重的伤亡，终于抵近到了蒂拉赫山区的中央平原，或者也可以称为盆地。接下来大军的要务就是在严冬降临之前撤回来，这一要点得到了迅速执行，但进展得不太理想。阿弗利蒂人满腔的怒火终于能在我们军队头上欢欣鼓舞地撒出来了，他们从一座山头跃到另一座山头，朝着河床上蹒跚前行的我军纵队倾泻着死亡的技艺。每天行军途中，我们的军队都要涉水渡过十到十二条冰冷刺骨的小河，数百名士兵，成千计的牲畜中弹。第二师沿着巴拉山谷撤退的进程更是被拖得厉害，甚至于有的时候我们私下听到议论，说这样的行动更像是一次溃败，而不是复仇之师大胜之后的撤退。究竟是谁受到了惩罚毋庸置疑，谁该为此买单也不用多说。这次行动总共派出了三万五千名士兵沿着峡谷耗费数月猎捕阿弗利蒂人（或者是被阿弗利蒂人追猎），还有另外的两万人负责保卫交通线，加起来的花费以卢比计算的数字简直令人咋舌。加尔各答那些自以为是的聪明人这回脸上全黑了，国内自由党反对派更是怨声载道。

蒂拉赫远征军遇到了那么多不幸，我却在一边睡大觉，但我也没怎么哭哭啼啼，毕竟是他们不让我和他们一起出征的，这样的决策实在是太自私了。想着开春之后大军可能还要深入蒂拉赫山区，我又开始加倍努力，力图成为其中一员，我母亲也使出浑身解数动用她的影响力帮我。只要是我提出的，母亲从来没有不尽心尽力过。我请她对沃尔斯利勋爵和罗伯茨勋爵这两座冥顽不化的堡垒同时发起围攻，但两者都没有动摇。后者在信中这样写道："能帮助令郎我当然是再愿意不过，但要是让我与洛克哈特将军联系也实在是于事无补，乔治·怀特爵士才是全权负责之人。温斯顿此前在马拉坎德野战军编下时在布拉德将军身边服役过，既然这次爵士已经拒绝把令郎再次调到布拉德将军的参谋团中，我觉得他也不会同意调他到蒂拉赫野战军去的。""我当然愿意给乔治·怀特爵士发去电报，但我很确定在现在这种情形下，我如真的做了只会令他不悦。"

与此同时，我被拴在了班加罗尔卫戍部队之中。不过圣诞将至，很容易就能申请到十天假期。说长也不长，不过倒是够去边疆逛一圈再回来了。不过在没有万事俱备之前，我是不会轻易去惹基地总部那些家伙的。军队里的人就像是傲娇的猫娘一样，只要明白怎么避开她的爪牙你就能和她玩得很愉快，不过一旦让她过度兴奋或者火冒三丈，那么事情就麻烦了，她能把自己弄得张牙舞爪，令人极其不快。不仅如此，要是她真的陷入这种情绪状态，要想让她恢复常态是极端困难的。因此我决定不直接去前线冒险，而是辗转通过印度政府所在地加尔各答想个办法去前线。从班加罗尔到加尔各答那时候要整整坐上三天半的火车。回程也是一样，加起来只给我留下了大概六十个小时解决要紧的事情。当时埃尔金勋爵正在印度总督任上，后来我也曾在他治下的殖民办公室当过殖民事务次官。对于有合适的关系引荐来的年轻军官，他素来非常友善，热情好客。我受到了极好的招待，甚至应邀参加了加尔各答卫戍部队习惯上每两周举办一次的越野定点赛马比赛，还赢得了冠军。这一切都非常美好，但于我的大事并没有什么帮助。我来到加尔各答之前当然动用了我能动用的所有资源，我也听从了我能接触到的最高层次官员给出的最佳建议，他们都认为我最好直接去捋一捋师长副官的虎须做下努力，如果他愿意就能让我如愿以偿，如果他拒绝了，换了谁都没用。这位在任的副官为人极其不友善，我忘记了他的名字，对此我颇感幸运。对他们的建议我从善如流，于是就到副官的接待室去请求见上一面，但却被断然拒绝。打那时起我就意识到我的希望很可能就要落空了。这两天我与高级军官一起共进午餐和晚餐的时候，空气中似乎都弥漫着一股看好戏似的讽刺气氛。他们都知道我为何而来，又受到了怎样的对待。上至最高指挥官乔治·怀特爵士，下至最底层的军官，对我都彬彬有礼，但客气背后好像在说，有些话题就不必提起了罢。这样一来六十个小时过后，我只得爬进火车，狼狈不堪地回班加罗尔去了。

我在这个冬天完成了第一本书。英格兰来的消息告诉我给《每日电讯报》写的信件反响不错，虽然均属匿名，"一位年轻军官的来信"，但还是吸引了众多读者的关注。《先锋报》也对我写的稿件给予了赞赏。在这些报纸稿件的基础上，我决定加工出一部小小的文学作品。朋友告诉我芬卡斯尔勋爵也在写关于远征军的著作，那么现在就成了一场比谁的书先完成的速度竞赛。很快我就从写作中收获了真正的快乐，往常中午用于小睡或打牌的三四个小时，现在我都拿来勤奋地写作。圣诞过后不久我完成了手稿，寄回国内请我母亲代为与出版社联系，她最后与朗文出版社达成一致，由该社出版我的作品。

就这样我养成了写作的习惯，转而开始写作小说。我个人觉得自己还是能写出一本好小说的，而且我发现写小说的过程要比像编年史一样详细记录事实快得多。一旦开了个头，故事就像流水一样自然涌出。我选择了架空的巴尔干或南美洲共和国作为场景，写作当地的一次叛乱，讲述自由派的领袖推翻了当地的独裁政府，却被社会主义革命夺取了胜利果实。我周围的军官兄弟对故事的发生非常感兴趣，给出了形形色色的建议，包括给情节加上一点爱情的色彩，对此恕我无法接受。不过我们还是在小说里介入了许多战斗和政治斗争的细节，还在我能力范畴里写了一些哲学的思考，最终故事的结局是在一场类似于达达尼尔战役的战斗中，一支铁甲舰队征服了叛党的首都。整部小说花了我大概两个月时间，最后发表在《麦克米兰杂志》上，标题叫作《萨弗罗拉》[1]。后来这部小说还以不同版本重印过数次，几年里大概给我带来了七百英镑的收入。我一直在奉劝我的朋友千万别读这部作品。

与此同时，我关于边疆战争的那本书也正式出版了。

为免再浪费两个月的时间把校对本寄回印度，我把所有校正的工作都委托给了我的一位叔叔，他本人非常聪明，而且也是一位杰出的作家。不知为何，

---

[1] 《萨弗罗拉》（*Savrola*）是丘吉尔写作的唯一一部小说作品。

他却放过了为数众多的错印之处，也没有花力气统一书中的标点符号。尽管如此，这本《马拉坎德野战军纪实》还是很快广受欢迎。书评家虽然对书中的印刷疏漏大加讽刺，但还是异口同声地加以了赞扬。我收到第一批书评和出版的著作的时候，心中充满了自豪和愉快，也对如此明显的疏忽大意感到惊讶与羞愧。读者请务必明白，在此之前我从未受到过赞扬。我在学校里做的作业收到的评语不过是"平平无奇""不整洁""邋遢""差""很差"等等。而现在呢，伟大的英国社会中最棒的文学报纸和嗅觉最为敏锐、学识最为渊博的批评家，用整篇整篇的专栏给予我好评，以至于有些夸赞我行文"风格"的用语在我写作本书的时候拿来摘录还是觉得脸红！《图书馆》刊文说，"纳皮尔式的著作加上疯子出版商做的标点"；还有其他一些评论没那么犀利，但吹捧的程度有过之无不及。《先锋报》是这样说的："远远超出他年龄的智慧与洞察力。"这简直说得太好了！让我浑身发抖！我明白在母国还有许多这样的评论文字，我似乎一下子看到了实现自我价值和谋生的另一条康庄大道。这本小小的册子在几个月的时间里为我挣回的钱远远超过我作为中尉军官两年的军饷。我下定决心，一旦等到这世界上有几个地方似乎又要开始的战争结束之后，我就把自己从所有权威和纪律的束缚中解脱出来，回归到英国享受完全的自我独立，绝不让任何人再给我下命令或者拿铃铛和号角把我吵醒了。当然，能赢得马球比赛奖杯也是前提条件之一。

　　我收到的信件中有一封让我格外兴奋，我在此全文抄录，目的是向读者凸显威尔士亲王殿下，也即日后的爱德华七世[1]国王陛下，对年轻人一以贯之倾注的关心和给予的善意。

亲爱的温斯顿：

　　我忍不住想给你写上几句话祝贺你写出了一本成功的大作！我带着极大的兴趣读完了全书，总的来说，里面的描写和遣词造句让我觉得棒极了。所有人都在读这本书，我听到的都是赞许。你已经积极地参与到了军旅生涯中去，我相信你肯定希望有更多经历。我也很确定你很有可能像芬卡斯尔一样也荣膺维

---

　　[1] 爱德华七世（Edward VII，1841—1910），1901—1910在位，维多利亚女王和阿尔伯特亲王之子。爱德华七世曾在牛津大学与剑桥大学就读。由于他生活不拘礼节，有时失于检点，因此女王一直不许他掌管有关实际朝政的任何事务，直到他年逾五十岁。女王驾崩后，爱德华继位为王，在位期间大力恢复因女王长期孀居而显得黯淡的英国君主制度之光荣，极受人们爱戴。

多利亚十字勋章，不过我不希望你像他一样离开军队一头钻进了议会里。

你的时间还多得是，在往名字后面加上代表议员的M.P.两个字母之前[1]当然应该坚持多留在军队里。

祝你前途无量。

你非常真诚的，

阿尔伯特·爱德华

1898年4月22日于马尔博罗宫

直到五月中旬我们营北上参加年度骑兵锦标赛之前，我都没能请到别的假期。我很幸运成为营队的一员，随队来到了锦标赛的传统举办地：密拉特[2]。我自己觉得我们队一定是所有参赛队伍里第二厉害的球队，仅次于锦标赛的冠军达勒姆轻步兵团。这支队伍闻名遐迩，也是唯一一支赢得过骑兵联赛冠军的步兵队伍。他们从没输过。所有其他营队再怎么所向无敌，在这支队伍面前也不得不甘拜下风，就连印度当地的球队也不例外。戈尔孔达和拉杰普塔纳所有的财富堆出来的强队，所有当地土邦王公赖以维持骄傲的劲旅，所有技巧完美无缺的马球手，只要遇上这支无敌的步兵队伍就被打得一败涂地。印度马球史上没有哪支队伍能和他们平起平坐。他们的成就都要归功于一个拥有聪明脑袋和坚定毅力的人：德里斯乐上尉。他日后在加里波利战役中大放异彩，并成了西线战场上的兵团指挥官。上尉花了整整四年的时间训练、组织、领导他麾下的马球队，在印度各地取得了无人能及的胜利。他最后一年在印度马球界叱咤风云的时候，我们也成了他的手下败将。

密拉特在班加罗尔北面一千四百英里的地方。尽管如此，从密拉特出发去前线还有六百英里的路要走。锦标赛最后一场对阵结束之后我们的假期就只剩下三天了，全花在坐火车回班加罗尔的路上了。而从密拉特出发去白沙瓦前线只需要一天半的路程，我到了这时候想去前线的心情已经无法抑制，于是决

---

[1] 英国国会议员均能在自己的姓名后面加上M.P.两个字母彰显自己的身份，英文为"Member of Parliament"，意为国会议员。

[2] 密拉特位于印度北方邦西部，坐落在上亚穆纳河与恒河河间地区，德里东北六十五公里，人口连郊区五十三万八千人。1857年初，英国殖民当局在密拉特发给印度士兵一种涂有牛脂和猪油的纸包装的新子弹，使用时必须用牙咬开。信奉印度教和伊斯兰教的士兵认为这是对他们宗教信仰的侮辱（印度教视母牛和白牛为神圣，伊斯兰教忌猪肉），极为愤慨，当即决定起义，掀开了印度民族大起义的序幕。

定冒天大的风险去试上一回。此前不幸遭遇意外的伊安·哈密尔顿上校终于伤愈归队，重新回到自己旅队的指挥岗位上来。这支部队正在从蒂拉赫回来的路上。他在这支部队里威信极高，也是乔治·怀特爵士的亲密朋友和老战友，和威廉·洛克哈特爵士的关系也很好。我一直和伊安·哈密尔顿保持书信往来，他也为我作了百般努力，但对最终结局都没起到什么作用。尽管远征军中有许多职位空缺，但所有任命都要由加尔各答作出，还要通过上文提到的那位师长副官的部门，不过只有乔治·怀特爵士帐下的私人参谋岗位是唯一一个例外。我对这位爵士一无所知，也不记得我父亲或者母亲是不是与他有一面之缘。这样我又如何与他取得联系呢？更别提说服他把千万人垂涎的两三个初级参谋岗位中的一个交到我的手上了。再退一万步讲，这些岗位早就满员了。话又说回来，伊安·哈密尔顿却鼓励我冒险试一试。"我会尽己所能，"他这样写道，"总司令有位叫哈尔登的侍从副官和我同为戈登的苏格兰高地团同袍，他影响

伊安·汉密尔顿上校爵士

力巨大，甚至军队里有人觉得大得有些过分了。如果他能属意于你的话，那一切都可以安排。我也探过他的口风，虽然没有很倾向于你，不过也没有负面意见。要是你到了现场，说不定再推动一下，你就能说服他搞定一切。"

以上就是我在锦标赛半决赛出局之后那天早晨收到的信件的大致意思。收到信后我盯着南来北往的列车出神，想着心事。再坐一天半的火车北上白沙瓦，在那边再停留几个小时，然后再坐四天半的火车南下？我的假期本来就快结束了，这样显然是没时间了。如果我真的这么做了又没能成功搞定在前线求得一官半职，那么我肯定就会逾期不销假，至少超过四十八小时。我很清楚这样一来必然为军法所不容，被责罚也是自作自受。在其他时候我当然可以轻轻松松打个电报回去请求延假，但要是团部知道了我的目的是往前线跑，别说延期了，肯定会立时三刻把我召回去。我决定还是往白沙瓦跑一趟，不管三七二十一，先上路再说。

清晨的空气清新但寒意逼人，我带着不停狂跳的心脏前去威廉·洛克哈特爵士的总部找他，向副官通报姓名之后等待接见。出来的正是那位令人肃然起敬的哈尔登侍从副官，他对我并没有非常热情，不过明显能看出很有兴趣，但还没下定主意。我已经不记得当时我说了些什么或如何陈述了我的请求，不过我肯定我的确不止一次正说到他心坎上了，因为我们大概在砾石铺就的路上走了半小时之后，哈尔登上尉说："好吧，我就姑且回去问一下总司令看他怎么说。"他说完转身就走了，剩下我一个人在砾石路上走来走去。他很快就回来了："威廉爵士已经定了，额外任命你为他私人参谋团中的值班军官。你马上就任，我们正在和印度政府和你所在的团联系。"

就这样，我的处境发生了天翻地覆的变化，刚才还不知所措，现在命运在朝我微笑。我的衣领上戴上了红色领章。副官总领在《公报》上公布了对我的任命。我远在班加罗尔的团部为我送来了马匹和侍从。而我就成了这支部队司令官的贴身随侍军官之一。这位大人物亲身参与了四十年来边疆地带的所有战斗，对这里的每一寸土地都如数家珍，每天听着他说话都是一种殊荣，充满了魅力与趣味，更别说可以有机会走访他麾下这支部队的每一部分，那更是让人想想就能笑出来。

头两周，我谨守自己的年龄和在军队中的位分，别人也是这样对我的。用餐的时候除了偶尔问一两个让大家都很舒服的问题之外，我总是默默坐着。不过后来发生了一件事让我在威廉·洛克哈特爵士私人参谋团中的地位发生了颇为重大的变化。哈尔登上尉有每天散步的习惯，他总是带着我一起，很快我俩就成了亲密的朋友。他和我讲了很多关于将军、参谋团、军队、军事行动等等的事情，这些内部的视角让我了解了许多我自己和公众此前无从得知的情况。有一天我们谈到了一位被遣送回英格兰的前线报纸通讯员在《半月评刊》上发表了一篇言辞激烈、极为不公、无端指责蒂拉赫远征军的文章。将军和总部的同僚读了之后深觉痛心，愤愤不平。将军的参谋长，也就是后来荣升英军总司令的尼克森将军——那时候他已经得了"老尼克"的绰号——写了一篇算不上是雄文但也算是观点公正的文章作为反驳。这篇文章已经跟着上一批的邮件寄回英格兰去了。

我马上察觉到了我可以就此事给出有用且及时的建议，汇报我所受到的善意对待。我马上提出，作为一名前线作战部队的高级参谋军官，同一名被开革回国的战地通讯员就军队的行动和行为，在报纸上大打口水仗并不是一件有尊严的事情，甚至并不合适。政府得知此事肯定会大吃一惊，战争部也会火冒三丈。野战军官应该由上级或由政治家来为他们辩护，而不是亲自赤膊上阵。而且不管说得如何有道理，仅仅是通过这样的方式讲出来就已经是一种不自信的体现了。哈尔登上尉显然也因此显得极为不安，我们马上掉头回到总部去了。总司令和参谋们花了整整一晚上讨论这件事情。第二天有人来问我怎么阻止一篇已经寄出去的文章见报。是不是该通报战争部，让他们给《半月评刊》编辑部施压，就算收到了也不要刊登？编辑会屈从吗？我回答说如果这位编辑是位绅士，按规矩办事的话，收到作者不愿自己文章见报的电报之后再怎么不满失望，也应该立刻照办。在我的建议之下，参谋长立刻拍出了一封电报，并很快收到了肯定的答复。此事过后将军的参谋小圈子就对我开放了，我逐渐融入这个封闭的机密团体，别人也像对待成熟的大人一样对待我。由此我觉得自己已经在春季战役开幕之际取得了先机，也开始希望承担一些真正严肃的军务。总司令本人似乎对我很满意，待我很好，我也如鱼得水。不过不幸的是，我的好运气来得太晚了一些。原先大家每天都盼着重启军事行动，以更大规模的打击叫这些部落分子服服帖帖。但这种希望逐渐落空，取而代之的是旷日持久的谈判，并最终实现了长期和平。作为逐渐成长的政治动物，我不得不承认这样做有其道理，但无论如何，我到白沙瓦一行的目的也不得不落空了。

也罢，河狸筑好了坝，就要去捕鱼之际，洪水来临却把它的坝、运气、鱼儿全部冲走了。它只能从头再来。

第十三章　大麻烦基奇纳

就在印度边疆战役即将结束之际，关于苏丹即将爆发另一场战争的传言似乎越传越真。索尔兹伯里勋爵政府已经公开表示下定决心要突进喀土穆[1]，打垮德尔维希帝国[2]，把这一大片广袤的区域从可怕的暴政中解放出来。新的军事行动的第一步在蒂拉赫远征军还处于复员的阶段就已经同时开始了，赫伯特·基奇纳爵士[3]率领着英军和埃及部队组成的大约两万人抵达了尼罗河和阿特巴拉河的交汇处，干脆利落地击败了哈里发派来的马哈茂德中尉率领的抵抗军。苏丹战役即将上演最后的大戏：往南进发两百英里，直抵德尔维希帝国的首都，与他们全部的军队决战。

天知道我有多想亲身参与其中。

不过这一次我遇到的反对意见与之前的那些截然不同，也很难与之对抗。当我刚刚进入军队，希望服现役到前线去的时候，几乎所有人都显得非常友善，对我的想法给予鼓励。

整个世界都显得充满善意。（有时年轻人记住了第一印象就不会做一些出格的事情了。）

---

[1] 喀土穆是苏丹共和国的首都，来自乌干达的白尼罗河与来自埃塞俄比亚的青尼罗河在此交汇，向北奔向埃及流入地中海。喀土穆市区有一百万常住人口，由临近的北喀土穆和恩图曼所构成的大都会的人口可能超过四百万。

[2] 此处的德尔维希帝国指的是1881年至1898年间在苏丹民族英雄马赫迪领导下，在反抗英国-埃及统治的斗争中建立起来的政权，又称马赫迪国家。首都设在恩图曼。在马赫迪之下，任命三大哈里发，各拥有标志不同的军队。此外，还设有金库总管及大法官各一名，负责财政及司法事务。为促进经济繁荣，在苏丹历史上第一次发行货币。德尔维希是波斯语，即是乞讨者、托钵僧的意思，最早出现在10世纪，此处泛指参加马赫迪起义的苏丹人。

[3] 霍拉肖·赫伯特·基奇纳（Horatio Herbert Kitchener，1850—1916），英国军事领袖，英国战争大臣兼陆军元帅，又称基钦纳，1892年成为埃及陆军总司令，1898年在恩图曼镇压马赫迪苏丹军，成为该国总督，阻止了法国在苏丹的扩张。第二次布尔战争中，采取烧杀等残酷手段，镇压游击队，1902~1909年在印度任职，1914年起任陆军大臣，未经内阁同意，独断专横，招募大批志愿兵，迅速扩充英军。后乘巡洋舰前往俄国途中遭到德国潜艇攻击，葬身人海。

不过这种善意的第一印象显然很快就消失不见了。我现在发现有很多人对我所做的事情看不顺眼，而且他们并没有了解事情的全部情况，同时居心不良。这些人也开始反对甚至敌对我，说一些这样的话："见鬼的这家伙是哪根蒜？他是怎么钻进这么多战役中去的？他又是怎么能同时既给报纸撰稿又担任军官的？区区一名下级军官又怎么胆敢臧否上官？将军凭什么给他开小灶？他怎么能从团里请出那么多假？看看别人吧，勤勤恳恳，从没离开日常岗位一步！我们受够了！实在过分了！他还太年轻，再过段时间这样或许可以接受。不过现在丘吉尔少尉需要的是长期遵守纪律，履行日常勤务！"还有人说话更加难听，什么"奖章猎人""自吹自擂的家伙"等是时常能听到的，不管在高级别军官还是在平头士兵之间都有传闻。而且我相信听到这些说法的人都会觉得惊讶，替我心疼。被迫见识类似这种人性中不太友善的一面着实令人忧郁，而且最有意思也最令人不解的是，就在我试图前进的脚步之前总是会出现此类巧合，试图阻挡我，甚至有时横亘在我想要继续前行的道路之上。

就拿我想去苏丹前线这件事来说，我很快就意识到了埃及军队最高司令官赫伯特·基奇纳爵士毫不掩饰的拒绝与敌意。我向战争部提出了调遣的申请，得到了部里的通过，却被爵士拒绝了。而与此同时，与我资历、军衔都一样的其他几名军官却都如愿以偿了。我通过各种渠道都弄明白了是最高层不肯要我。我这会儿还在班加罗尔的军营里，如果我留在这里，根本不可能搬开这种分量的绊脚石。恰好在蒂拉赫远征军解散之后我获得了一段假期，我于是决定立马动身回到帝国的心脏——伦敦来解决这件事情。

回到伦敦之后我动用了一切我能想到的资源。我母亲也利用了她所有的影响力来帮助我达成心愿。整整两个月，我在紧张的四处奔走中度过，我记得参加了许多谈笑风生、气氛欢快的午宴与晚宴，见了许多那些日子里的权贵要人，但一切都无济于事！这回阻碍我前往埃及的障碍实在太过沉重，也太过遥远，我母亲也没法说上话。她其实非常了解赫伯特·基奇纳爵士，她也尽己所能，甚至以个人名义给他写了信为我游说。爵士的回信极尽礼貌之能事，说他已经找到了足够的军官来打这场战役，而且他也很震惊有那么多军官提交了申请，很多人的理由和资历都要比我强上许多，如果未来有什么机会，他一定愿意给我等等之类的话。

当时已经到了6月底。大军的总攻肯定会在8月头上发起，留给我的时间已经不多了，甚至不能用"周"而是只能用"天"来做计算单位了。

就在这当口发生了一件意想不到的事情。首相索尔兹伯里勋爵偶然读到了《马拉坎德野战军纪实》一书，他不仅对这本书感兴趣，还被深深吸引了。他之前和我父亲之间的政治关系可不是没有过悲剧的一面。他突然"心血来潮"冒出一个念头，想见一见这本书的作者。于是在7月初的一天早上，我收到首相私人秘书熊贝尔格·麦当纳爵士写来的一封信。爵士告诉我首相饶有兴致地读了我的书，而且非常希望和我讨论书中的一些部分。他还问我是否方便哪天去外交部一趟？如果我方便的话，首相希望就约在下周二下午四点。正如各位读者所想，我回复了"这还用说吗"或者类似的话。

这位伟大的人士，英国世界的主人，保守党无人敢于挑战的领袖，三度出任首相并兼任外交大臣，站在他漫长职业生涯顶峰的大人物，就在预定的时间接见了我，带我第一次进入了可以俯瞰皇家骑兵卫队阅兵场的那间宽敞无比的房间，日后多年中，我时不时在这里目睹了许多重要国务得以完成——在战争年代或是在和平岁月。

索尔兹伯里勋爵这位年长智慧的国务活动家身上有一种庄重的气质。他对现代的观点总是抱着抵抗的态度，可能也是因此，他才能在几乎无人能够预料、无人能够估量的试炼面前，成为大英帝国不断团结起来、不断强化的实力的象征。和任何我们能想到的历史人物相比，他更好地扮演了这一角色。我记得很清楚他用"旧世界"的礼节在门口迎接我，用富有魅力的手势对我致以欢迎，把我引导到他那间宽敞的房间中央的小沙发上坐下。

"我对你的书很感兴趣，读的时候非常享受，而且我要说，还带着尊敬——不仅是对这本书本身主题的尊敬，也有对写作风格的尊敬。议会两院对印度边疆政策的辩论非常激烈，误解过于严重，他们迷惑了。从你的文字当中我能搭建起一幅更加真实的图画，更多了解在边疆山谷中真正进行的战斗，比我出于职责要读的任何文件都更加有用。"

我觉得以我的身份耽搁首相大人二十分钟已经是极限了。我当然在差不多的时候表现了自己无意过多占用他宝贵时间的意图，说了我是不是该走了之类的话。不过首相留我谈了超过半个小时，最后亲自领着我踩着宽地毯走到门口，并用下面这些话作为告别："我希望你知道我觉得你让我再次想起了你父亲，我们共同度过了我政治生涯中极其重要的一段日子。任何时候如果你有什么事我能帮上忙的，请务必不要瞒着我。"

回到家里之后，我细细琢磨了好久首相在临别之时发出的邀请。我并不想让老勋爵为我的事情发愁。不过话说回来，似乎只要他那边稍微透露那么一点点意思，就能够帮我实现当时我在这世界上最想获得的东西。首相大人是赫伯特·基奇纳爵士最强有力的支持者，只要他发话，爵士对我这点卑微之请毫无道理的反对一定会烟消云散。在日后的岁月里我自己也处理过数不胜数的类似情况，年轻人乞求获准上前线，而官僚主义的吝啬鬼总是横加阻挠，我都会替年轻人出头，推翻这些阻挠，还要加上一句："说破大天去他们只是想去挡一枚子弹，让他们去吧。"

由此，仔细思量了几天之后，我向熊贝尔格·麦当纳爵士伸出了求援之手。从我孩提时代起，我就一直在各种社交场合见到这位爵士。我记得那时候是7月的第三周，似乎已经没什么办法能在阿特巴拉河畔的大军向着喀土穆进发之前与他们汇合了。一天晚上，我前去找麦当纳爵士，他正好在换装准备出席一场晚宴。首相会不会给赫伯特·基奇纳爵士拍电报呢？战争部已经为我出具了推荐书，我所在的团也批准了我的请假，第二十一枪骑兵团也很愿意接纳我，已经没有任何其他的绊脚石了。这样去麻烦首相是不是过分了？能不能请爵士试探性地探一探索尔兹伯里勋爵对这件事的口风？

"我很确定他会尽他所能。他对你印象很好，不过他也不会做得过了。总有个度。他或许愿意问一下，在提问的时候顺带着表露自己希望听到什么样的答案。不过如果最后收到的答案不尽如人意，你也别期待首相会施加压力。"爵士是这样回答我的，我说那就已经很好了。

"那我这就去。"这位英挺的绅士对我说。他一直是索尔兹伯里勋爵长期执政期间不可多得的心腹之人和得力助手。后来爵士不顾高龄坚持亲自赶赴"一战"的前线战壕，几乎立马就被飞来的一枚榴霰弹[1]弹片击中身亡。

话说完他就去找他的上司了，连晚宴都没有去。就在夜幕降临之前，一封电报已经朝着赫伯特·基奇纳爵士的司令部飞去。电报的意思大概是说索尔兹伯里勋爵当然不会想要干涉总司令的意志或者对下级军官的任命横插一脚，但如果我希望参加接下来军事行动的意愿能在不至于妨碍公务的前提下得到满足，首相基于个人的立场会觉得非常高兴。很快回信就到了，赫伯特·基奇纳

---

[1] 榴霰弹是一种炮弹，弹壁薄，内装火药及小钢珠或钢箭等。弹头装有定时引信，能在预定目标上空爆炸或者击中目标后爆炸，可以对敌方有生力量进行较大的杀伤。榴弹炮、野战炮、反坦克炮、坦克主炮都可以发射此类炮弹。18世纪初，英国采用了榴霰弹，并用空炸引信保证榴霰弹适时爆炸，提高了火炮威力。

爵士已经招满了所有需要的军官，哪怕出现任何职位空缺，他也不得不在这位年轻军官之前考虑其他一些候选人。

这一令人沮丧的委婉消息自然很快到了我手中。如果我真的就此失去坚持下去的勇气，我自然后来也不可能再亲身经历恩图曼战役中动人心魄的一幕幕了。就在这当口，我得知了一条消息，为我带来了作最后一搏的些许可能性。

弗朗西斯·热恩爵士是当时最负盛名的法官之一，也是我们家的老朋友。他的妻子，现在获封了圣·赫利尔夫人，经常出入军队圈子，时常能遇到时任参谋副官总长的艾弗林·伍德爵士。这位夫人对人事和公务总能卓有技巧地施加影响力，她日后在伦敦郡议会中的工作也是一种印证。她对我说有一次在晚宴桌上听到艾弗林·伍德爵士抱怨赫伯特·基奇纳爵士对战争部推荐过去的军官人选挑挑拣拣有些过了头，他个人认为不能百分百认同这种前线指挥官完全掌握人事权，把战争部全然搁在一边的做法。毕竟司令麾下的部队只是英国陆军的很小一部分。当然作为英国派驻埃及的总司令，埃及军队应该绝对贯彻他的意志，但如果是英国军队派出的部分力量（比如一个步兵师、一个炮兵旅，再比如第二十一枪骑兵团这样的一个英国骑兵团），虽然作为远征军的组成部分，其内部组织事务仍然应当排他性地归属战争部管辖。她告诉我艾弗林·伍德爵士对这件事表达了不少意见。于是我说："你有没有和爵士说起过首相亲自为我发过电报？"她说没有。"那就告诉他吧，"我接着说道，"然后让我们看看爵士会不会为了自己的职权站出来做些什么。"

两天后，我从战争部收到了如下的简短指示："你已获任命为第二十一枪骑兵团苏丹战役编外中尉。请立刻前往该团位于开罗阿巴西耶赫[1]军营的总部报到。此行全部费用由你自行承担，在未来行动中或因其他任何原因受伤或死亡，英国陆军将不为此承担任何支出。"

奥利弗·博思维克是《晨报》老板的儿子，也是我的同龄好友，对报纸的经营说一不二。有感于拿破仑"以战养战"的名言，我和他达成协议，在允许的情况下为《晨报》供稿，每篇专栏他付给我十五英镑。此外，物理研究协会的主席在和我共进晚餐之后从我这里得到了一个不怎么合时宜的承诺，要求我在任何不幸的事情发生之后，一定要和他"联系"。第二天早上我搭乘了十一点的列车前往马赛，我母亲以一种"英勇"的姿态向我挥手告别。六天之后，我到了开罗。

---

[1] 阿巴西耶赫，埃及首都开罗市的一个区。

阿巴西耶赫军营的空气中充斥着激动与忙乱。第二十一枪骑兵团的两支分遣队已经沿着尼罗河逆流而上，另外两支也将在第二天早上出发。第二十一团从其他骑兵团一共借调了七名军官，以达到打一场全面战争的组织强度。这些军官被分散到了二十一团麾下的各个分遣队统帅部队。原本在头一批出发的部队中为我预留了一支连队的指挥官位置，但因为我能不能来还不知道，也因为拖延许久，这个机会就给了别人。罗伯特·格林菲尔获得了这个空缺，他简直欣喜若狂。总部的大伙儿都觉得二十一团要赶不上战斗了，可能先期出发的两支队伍可以赶上，不过谁都说不准。格林菲尔在家书里这样说："我简直太幸运了，我获得了指挥原本归属温斯顿的那支连队的职位，也是最早出发的那一批。"我们的生活中命运总是在起着作用，只是很难清楚又犀利地说明白究竟什么时候起了什么作用。这支连队后来在9月2日的战斗中发起了冲锋，却被敌军撕成了碎片，这位年轻的领袖也献出了生命。他是格林菲尔家族中第一位在帝国的战争中牺牲的成员。这个高贵的家族接下来在"一战"中还有两位成员牺牲，都是罗伯特的弟弟，其中有一位刚刚荣获维多利亚十字勋章。罗伯特的英勇精神和他的弟弟一般无二。

整个团长途奔袭一千四百英里直插入非洲的心脏地带，还能保持迅捷、流畅、准时，这是那段时间基奇纳爵士所有行动的典型风格。先搭火车抵达艾斯尤特，再转尾轮汽船去阿斯旺。我们牵着马匹绕过菲莱岛的大瀑布，到谢拉尔再重新上船。经过四天的旅程之后，我们到瓦迪哈勒法下船，再经由四百英里的军用铁路穿过沙漠。这条伟大的铁路完工之日就标志着德尔维希帝国的末日已经到了。终于在离开开罗两周之后，我们抵达了大军的营地和铁路基地，阿特巴拉河的河水就在我们身边汇入伟大的尼罗河。

此次行军令人心情愉快。路上的安排都是为了我们的舒适和方便而作出的最佳方案，身边的同袍精神昂扬，新鲜而生动的景色在身边漂流而过，全军上下感到激动不已，欢快而又无忧无虑的情绪让所有人对注定要到来的战斗充满了期待。再加上我们是此次战役大军中唯一的英国骑兵团，这一切加起来都让这次旅程极其愉快。不过我一路上都提心吊胆，没有一刻放下心来。战争部无视了赫伯特·基奇纳爵士的意愿，强行推翻了他的决定对我作出了任命，我在开罗的时候却一个字都没有听说他有什么反应。我想爵士可能会向战争部拍去抗议的电报，从而也就证实了部里的担心，给他们提供了明证。人在焦虑的驱使之下总会作出一些过于夸张的事情。我甚至想象了参谋副官总长在白厅[1]中会是怎样一副图景，面对几乎全权在握的总司令发出的严厉甚至于是强硬的拒绝，他会陷入怎样无所适从的地步。我几乎随时都在等待召回的命令。此外，我现在也在总司令指挥之下了。他说几句话，发布一道命令真是再简单不过了，"让他回基地去，战斗结束之后跟着替换的马匹一起来。"或者是同样令人厌恶的几种命令联袂而来。每次列车过站或是汽船经过码头，我都紧张地在人群中搜寻，只要看到参谋官的领章一闪而过，我都认为是最坏的结局即将落到我头上。我猜极力挣扎要逃脱法网的因犯一定是和我有着同样的情感历程。感谢上帝，那年头还没有无线电报，不然我简直一刻的安生都没有了。当然还有一般的电报，这总归是逃不掉的了，到哪里都有一圈圈的电线绕着你。不过至少在沿着大河劈波斩浪前行的途中，四五天的清净总是有的。在每站之间的旅途中，我终于能与这个严厉无情的世界断开所有的联系。

不过随着旅途的继续，一站又一站平安经过，我胸中的希望逐渐生长。到了瓦迪哈勒法的时候，我终于调整了心情，能更加理智地思考事务。显然在最重要和决定性的战役前夕，总司令需要聚焦所有极其复杂的安排，关心所有最微小的细节。众所周知他亲自过问这些事情，可能他也就忙其他的事情去了，忘记对一名不幸的低级军官的命运发一句话了。也许他没时间或者耐心和战争部在加密电码中打口水仗了。他可能忘了。最好他根本就不知道这回事！终于，到了8月14日晚间，我们从阿特巴拉河军营出发渡过尼罗河抵达左岸，作好准备开始行军两百英里向德尔维希帝国的首都进发。那一刻，我感觉就像亚甲[2]一样，深信"死亡的苦难必定过去了"[3]。

总而言之，我的努力并不是徒劳无功。我后来得知，赫伯特·基奇纳爵士在得知战争部对我的任命之后，不过是耸了耸肩，就接着去忙真正值得仔细考虑的事情去了。

---

[1] 白厅（White Hall）是英国伦敦市内连接议会大厦和唐宁街的一条街，在这条街及其附近有国防部、外交部、内政部、海军部等一些英国政府机关，因此白厅成了英国行政部门的代称。原"白厅"已于1698年毁于大火。

[2] 亚甲是《圣经·旧约》中亚玛力人（Amalekite）的王。亚玛力人是居住在巴勒斯坦西南和西奈半岛的古代闪米特人的一支。根据《出埃及记》第17章的记载，以色列人渡过红海后，亚玛力人趁以色列人疲乏困倦，击杀以色列人群尽后边软弱的人，并不敬畏神，后被摩西和约书亚击败。到了扫罗做王的时候，扫罗不顺从神的命令，却怜惜亚玛力王亚甲，又爱惜亚玛力人上好的牛羊，不肯灭绝。

[3] "死亡的苦难必定过去了"一句引语出自《圣经·旧约》撒母耳记上15：32，全文为："撒母耳说，要把亚玛力王亚甲带到我这里来，亚甲就欢欢喜喜地来到他面前，心里说，死亡的苦难必定过去了。"

第十四章　在恩图曼战役前夕

像恩图曼[1]战役这样的场面再也见不到了——一长串的壮观战役以他们独具特色、活灵活现、宏伟庄重的气象为战争这个词装点上了如此之重的诱惑力——恩图曼战役那样的就是最后一战。只靠肉眼就能看到一切。尼罗河蜿蜒而过，画出弧度极大的河湾，时而紧绷，时而松弛。军队就在这片松脆的沙漠平原上列队行进。骑兵纵马飞奔，排着极密的队列。步兵或矛手站得笔直，排成线型或方阵抵御冲击。在大河的侧腹中散布着小山丘，如果有人站在山顶上就能对整个场面一览无余，每个细节都能看得非常清楚。整个画面被虚幻的河流扭曲成奇怪的样子，海市蜃楼一般，模糊着四散开来。有限的具象的事物先是以一种最为精雕细琢的方式呈现在眼前，紧接着又散化成为发着辉光的非现实之物，坠入幻境。虽然我们清楚地知道眼前不过是荒漠，还是能看到闪着光亮的河水切过部队行进中的膝盖和腰部。炮兵的家伙什和骑兵的长队若隐若现，一会儿从不平整的水晶一样的地面中浮现出来，一会儿又消失在朦胧的硬质黄色赭石沙地上。他们行进的地方铺满了锯齿状的红黑石块，朝着地面投下紫罗兰色的阴影。圆形的天幕笼罩一切，变化着色彩，从暗褐色到青绿色，从青绿色到最深的蓝色，炙热的阳光穿透天幕洒在大地上，也狠狠地打在行进中的肩膀和脖颈之上。

第二十一枪骑兵团于8月15日晚在阿特巴拉河与尼罗河的交汇口渡河，抵达尼罗河左岸，并于行军九天后抵达大军设在沙巴罗加瀑布北侧的前进中转营地。这里的情况独一无二。尼罗河向着地中海奔流而去，全程四千英里，大自然只在这里为她设下了一道高耸的石墙。尼罗河并没有按照大自然的布置向西绕流十英里，而是直愣愣地往前冲，在障碍物的最中心辟出了或是找到了一条

---

[1] 恩图曼，亦译"乌姆杜尔曼"。苏丹名城，在白尼罗河左岸同青尼罗河汇合处，隔河与首都喀土穆和北喀土穆相望，有桥梁相连，构成首都"三镇"。原为小村，1885年成为马赫迪国都城后发展迅速。1898年被毁于英国侵略战争。现为经济、贸易和交通中心，通埃及的公路起点和水陆转运要站。市中心有著名的马赫迪陵墓、博物馆及1961年创立的恩图曼大学。

出路。沙巴罗加的地理位置极其险要。除非先从侧翼绕过一整片丘陵地带，不然根本不可能有效地搭乘船只是汽轮沿着瀑布逆流而上。这种地形为德尔维希帝国的军队提供了极佳的战术伏击机会，他们只要躲在沙巴罗加丘陵背后就可以对任何绕行的部队的侧翼发起进攻。这也就解释了为什么赫伯特·基奇纳爵士从骑兵、斥候、间谍各种渠道确认这一险要地带敌军并未布防之后，大大地松了一口气。

　　就算如此，在绕着丘陵山脚穿过沙漠的时候，我们还是按照要求做好了所有的戒备。所有的骑兵力量都放了出去，做了一次范围极大的包抄。虽然我所在的部队仅仅是在弧形包围圈的内侧，早上在沙巴罗加北侧的尼罗河岸取过水之后，一直到晚上在丘陵南部靠近恩图曼市的地方宿营，也走过了整整二十五英里的距离。我的连队和其他同袍一起组成了先锋巡逻队，睁大了眼睛，伸长了耳朵，仔细观察每一丛荆棘灌木背后是不是会藏着敌人，随时当心是不是有最细微的步枪发出的咔哒咔哒声响。不过除了几名骑着马跑走的人之外，没看到什么敌人，也没有听到什么声音，行军并未受到干扰，甚至都没有什么情况值得我们分散注意力。当一望无际的平原笼罩在太阳下山的余光里的时候，平静但口渴不已的我们拖着拉长的影子，终于再次抵达了清甜的大河边上。与此同时，平底炮船和尾轮汽船组成了一眼望不到头的船队，带着我们的给养成功绕过了瀑布。到了27日，所有的部队，不管是从陆路经由沙漠进发的或是水路沿河而上的，都集结到了沙巴罗加丘陵南部的地方。接下来只需要简单行军五天，穿过开放的平原，大军就能抵达目标城市了。

　　28日远征军开始最后一段进军。每天全军以完全的战斗队形行进，行程仅为八到十英里，以保持战斗力，确保任何时刻都能接敌。除了我们自己和马匹的必需品之外，什么都不带。每天晚上，我们从尼罗河里汲取饮水，大河上同行的舰队为我们提供食物。我们所在的这个地方，现在正值一年中最酷暑难耐的时节。我们虽然穿着厚厚的军装，背上了护脊，戴上了宽檐军帽，酷热之下的炙热太阳射线还是无情地穿透了我们的身躯，灼烤着每一个人。马鞍边上垂下的帆布水袋摸上去颇为清凉，里面装的水不断在蒸发，根本撑不了多久，下午到来之前早就被喝完了。夜幕降临之际，步兵抵达宿营地扎营完毕，骑兵完成巡逻撤回营地，我们披着金紫相间的暮光迫不及待地赶到尼罗河边，多么美好的尼罗河！迅捷奔流，取之不竭，我们就这么喝啊喝啊喝啊，简直是人间美味！

当然在这种情况下，英军骑兵部队中的每个人都断定压根不会有什么战斗了。战争是不是彻底的子虚乌有？德尔维希帝国到底存在吗？或者那只是总司令和他的那群英国、埃及随员捏造出来的？有些消息更加灵通的人说，恩图曼肯定有一大堆德尔维希的部队聚集，但他们已经决定避免和我们作战，甚至沿着道路撤退到了几百英里之外更加遥远的科尔多凡[1]。"我们要这样行军，走啊走，走上几个月一直走到赤道？"也罢，也行，现在的生活也不错。操练令人精神振奋，大家身体健康，食物充足，饮水充足，（至少一早一晚）无限量供应。我们随时都在新大陆上行进，或许再过几天就能看到些完全不一样的东西了。不过到了31日晚上，我前往一支苏丹人组成的营队和其中的英国军官一起在食堂里用晚餐，却听到了一些不同的意见。据这些和德尔维希帝国鏖战了十年的人所言，"那些人一直都在那儿"，他们肯定会为了帝国的首都"好好打上一仗"。这帮子人才不像是会逃跑的。我们肯定会在城下遭遇他们的防线，而那座城市就在十八英里开外的地方了。

9月1日。行军刚开始的时候和过去所有的日子一样平静。到了大约九点，大军的斥候开始有了发现。消息从连队汇集到分遣队，在地平线的南部发现了白色的斑块，透过海市蜃楼的光影，隐约能看到反光。我所在的分遣队当天的任务是掩护前锋搜索队，我们压抑着激动不已的心情，放慢了马速。大约十点半的时候，我们登上了一座宽阔的沙丘顶部，看到前方大约一英里的地方，所有的前锋斥候和部队排成了长队，紧盯着横贯在他们正前方道路上的东西。很快我们也接到了停下的命令，紧接着就跑来了前锋队中我的一名中尉朋友，带来了重大而具有决定性的消息。他喜气洋洋地告诉我们："敌人就在眼前了。""在哪？"我们问道。"那边，你们看不到吗？那边，那条棕色的长线，那就是了。他们没有溜走。"他说完就急匆匆地走了。地平线那边与周围背景不同颜色的暗色条块我们当然都注意到了，但都以为是什么荆棘灌木丛一类的东西。我们停下来的地方就算拿最好的野战望远镜也看不清那究竟是什么玩意儿。很快，我们团的军士长也从前线的警戒哨位匆匆跑了回来，我们赶紧问道："有多少人？"

"一整支军队。"他说，"好大一支部队。"说完他也走了。

---

[1] 科尔多凡，苏丹南部的一个省，全境大多为高原，位于首都喀土穆以南。故本章中作者认为当地军队已经逃到科尔多凡去了，也即认为当地人避免与英军交战，已经往更加南方的地带逃去了。

很快，我们这些负责掩护的部队收到了命令，要求派一位马力尚未用尽的中尉到前线的警戒区域去找上校。

"丘吉尔先生！"我听到我的分遣队队长喊了一句，我赶紧上马而去。

地势略微向下倾斜，紧接着向上抬起，我在沙丘边上的警戒线边上找到了马丁上校。

"早上好，"他说，"敌人刚开始前进，速度很快，我希望你去查看一下情况，然后以最快的速度回来，直接向总司令汇报情况，当然，别累死了你的马。总司令和步兵在一起行军。"

这么说我就要去面见基奇纳了！他看到我会不会大吃一惊？会不会发怒？会不会说："见鬼的你在这儿干吗？我记得告诉过你别来。"他会不会轻蔑地无视于我？会不会就这么接过报告，连送情报的军官的名字都无意过问？不管怎么说，和这么一位大人物搭讪的最好办法难道不就是告诉他敌军正朝着他奔袭而来吗？一想到和他对话的场景我就激动不已，颇感兴趣，就像面对即将到来的战斗那样。当然和基奇纳对话这件事也和战斗一样存在很多种可能性，绝对一样有意思，而且从某种意义上来说，他不比前线的敌军好对付多少。

在观察了全部敌军情况，了解了前锋需要带回的信息之后，我纵马小跑，跨过六英里宽的沙漠，从前锋骑兵部队的位置前往大军主力所在的地方。大漠之上酷暑难耐，我觉得几乎注定要整个下午都在马背上作战了，我想在命令允许的范围内尽量节约马力。这样一来，我几乎花了四十分钟才看到大规模的步兵集群。我略作停留，登上一座小小的黑色岩石山丘，从高处观察全局。画面入眼，壮观华丽。英国和埃及的部队以作战队形缓缓推进。以三到四个营队为单位编成的五个全员旅队，梯形展开从尼罗河的方向列队走来。步兵队列过去之后走来了一排又一排的炮兵，后面还跟着一眼望不到头的辎重驼队。在尼罗河上，与大军部队并肩而行的是二十余艘尾轮汽船，牵引着一长串重载帆船。在船队中能看到七八艘大型的白色炮船，在太阳下闪着反光，随时准备行动。在开阔的大漠之上，十几支埃及骑兵团分遣队分散排布，彼此照应，向着敌军的方向冲去，为前锋警戒线提供掩护支援。离尼罗河更远一些的地方，灰色、巧克力色的驼队把整幅画面填得满满的。

我不愿在抵达总部的时候一副上气不接下气的样子。于是我略作停留，也让马匹稍作喘息之后，向着步兵方阵的中心进发。很快，我就看到步兵的头顶上飘扬着一面亮红色的大旗，紧跟着是很大规模的一支车队。走得更近一些之后，我看到米字旗在埃及旗帜边上飘扬。基奇纳在领先他的总部参谋两到三个马位的地方策马前行。两名旗手紧跟在他的身后，英埃联军的主要军官缀在他的马后，和人们在连环画里看到的场景一模一样。

我选了个角度切入，画了个半圆，压着我的马在他身边略微落后一点的位置跟随，然后向他敬礼。尽管久闻大名，他日后或许也将为全世界牢记，代代相传，但这是我第一次看到这位大人物。他转向了我，神色严肃，带着一脸浓密的大胡子。他的眼睛看上去流溢着非凡的神采，脸颊和颌骨部位染上了阳光曝晒的颜色，甚至有点像是紫红色。他的面容令人印象深刻，能给人留下生动的记忆。

"长官，"我开口说道，"第二十一枪骑兵团属下向您报告。"他朝着我略略点头，示意我继续。我用尽可能简明扼要的术语把一路上的所见所闻描述了一番。敌人就在目力所及之处，显然人数不少。他们的主力大约在七英里开外，横亘在我们当前的位置和恩图曼城之间。直到十一点他们依然没有行动，但十一点零五分已经观察到他们的行动，就在我四十分钟前离开的时候，他们已经开始加速前进。

他听着我说的每一个词，一句话都没说。我们的马匹载着我们向前行进，发出踩踏沙砾的声音。接着在很长的一段寂静之后，他问道："你说德尔维希部队已经发动了，你觉得我还有多长的时间？"听闻此言，我一点迟疑都没有，脱口而出："长官，您还有至少一个小时，可能一个半小时，就算他们一直保持现在的速度。"他听我说完，突然向上猛一仰头，让我看不懂他是否接受我的答案。紧接着他略微向我鞠了一躬，示意我的任务已经完成了。我再次敬礼，一勒马缰，让总司令的一批随员先过去。

我此刻开始带着焦虑的情绪计算敌军的速度和我们之间的距离，反复考虑我刚才给出的预估是不是靠谱。最后我确信我没有太离谱。假设德尔维希军队的小跑速度是四英里一小时，最多了，那么我看来两军之间大概七英里的距离，需要一个半小时绝对是安全、准确的预估。

突然我听到一个友善的声音，打破了我的沉思。"来和我们一起吃午饭吧。"是远征军情报总长雷吉纳德·文盖特爵士的参谋。他向爵士介绍了我，后者友好地向我致意。我几乎不用说我心情有多好，三倍的善意：一顿美餐、一位好友、能了解即将爆发的战斗的最新最好消息。与此同时，我看到各处的步兵开始排成队列，背靠尼罗河形成一个弧形，最前锋的那支旅队前方的荆棘灌木丛正被人紧急砍走，编成带刺的围栏。在前行道路右侧突然快速长出了一道由饼干箱子构筑起来的矮墙。在矮墙顶上我看到一长串白色的油布，上面盛放着许多长相诱人的瓶子，还有一大盘一大盘的罐头牛肉和混合酸菜。这一副令人心生感动的场景就像是魔法一样在荒野中突然出现，不由得让我在大战之前满心感动，这可比一般的餐前祷告里所说的感谢要来的程度深得多了。

　　所有人都翻身下马，勤务兵赶忙跑上来牵走了马匹。就在盛宴映入眼帘的时候，我失去了基奇纳的踪影。似乎他走得离参谋稍微远了一点。他是不是在单独堆起来的饼干箱子"山顶"上用午饭或者压根就没吃午饭，我不得而知也不感兴趣。我全神贯注于攻击罐头牛肉和冷饮料之上。所有人都兴高采烈，情绪高昂，脾气特别好，就像在德比赛马开场之前的午餐一样。我还记得当时坐在我边上的是德国总参谋部的代表——巴伦·冯·迪德曼恩，他说："这是9月1号，这是德国伟大的日子，现在也要成为你们伟大的日子：色当和苏丹！"[1]他显然高兴坏了，朝着同席的人重复说了好几次，有几位甚至都闻出了一丝讽刺的意味。我转而向文盖特将军发问："真的会有战斗吗？""当然！"他回答到道。"什么时候呢？明天吗？""不会，就在这里，现在，一两个钟头内。"这的确是兴高采烈的场合，就连我这样一个小小的中尉，刚被自以为的"总司令禁令"吓得魂不守舍的可怜虫，也很快融入了这群军中大佬富有感染力的欢快氛围中去，带着十二分的干劲挥舞起了我的刀叉。

　　就在此时，步兵的行列正在快速编组，他们面前的荆棘屏障也每分钟都在生长。原本平坦又光秃秃的沙砾平原在我们面前渐渐显露出弧度，向着背离尼罗河的方向伸长，最终形成一座新月状的小沙丘。在这座小沙丘前方就是我军骑兵的警戒哨位，以及（如果我没想错的话）不断向前挺进的敌军。一小时之后这片区域就会满是向前冲锋的德尔维希军队，同时堆满了他们的尸体，列队在屏障之后的我军步兵将会端着步枪喷发出火焰，所有的大炮也将鸣响。想都不用想我们会赢，想都不用想我们会把他们打倒。但尽管我们的现代武器精准度极高，之前在阿布克里阿以及塔麦，也是同样的这些德尔维希人，不止一次挡住了英军的部队，也不止一次冲垮甚至夺下了仅由埃及部队把守的阵地。

---

[1] 色当是法国的一个城镇，位于法国东北部的阿登省，距比利时边界仅十四公里，位默兹河右岸，素来是国防要塞。历史上曾在此发生过几次有名战役，尤以1870年的普法色当战役最著名，法国皇帝拿破仑三世在此战败投降，导致法兰西第二帝国覆亡。故本章中德国参谋如此兴奋，将苏丹战役与普鲁士（德国）取胜的色当战役相提并论。

对于看上去迫在眉睫、近在咫尺的这场战斗，我在脑海中绘就了几种可能的变局，而就在此刻，似乎是为了宣布大战开场，"砰——砰——砰——"的响声传来，从一处岛屿上发射的榴弹炮击中了恩图曼城中的马赫迪[1]陵墓[2]。

然而，9月1日却没有战斗发生。我刚回到警戒线附近和我自己的分遣队汇合，德尔维希部队就陷入了平静。在一阵"鸣枪礼"之后，他们似乎就要转而休息过夜。整个下午连带晚上我们都在密切关注他们的动向，双方派出的斥候经历了一些小规模的接触战，然后又很快脱离了接触。一直到日光完全消退，我们才回到尼罗河边，奉命前往荆棘屏障后方大河陡峭的河岸边把我们的人和马都灌个大大的水饱。

就在这种情况下，我军虽然有所屏障，但还是孤立无援。而且我们还收到了值得信任的情报，敌人或许会发起夜袭。军中传下了最为严厉的禁令，以最重的刑罚禁止任何人在任何情况下用手枪或者卡宾枪在荆棘屏障圈起来的范围内开枪，就算是为了救命也不行。如果德尔维希军队跨过了屏障偷入营地，我们只能用长矛或刀剑打肉搏战。我们只能安慰自己，掷弹兵第一营和另一支步枪旅就驻扎在荆棘屏障一百码开外的地方，离我们很近。于是我们把自己的安全托付给那些英勇善战的部队，转而全身心投入晚餐的准备中去了。

在此过程中，我遇到了一件趣事。我同一位兄弟军官一起沿着尼罗河岸散步，突然离岸边二三十英尺的地方停着的炮艇上有人朝我们打招呼。这艘船的指挥官是年轻的海军上尉贝业蒂，他在尼罗河舰队中服役了许久，注定要在大海中闯出一番名气。炮艇上的军官穿着一尘不染的白色制服，很想了解骑兵兄弟们看到了些什么。我们又何必敝帚自珍呢？于是我们倚着西下的残阳，隔着一泓尼罗河水聊得很愉快。听说我们被命令不得在荆棘屏障内部动用火器，他

---

[1] 马赫迪·穆罕默德（Mahdi Mulammad，1848—1885），苏丹马赫迪起义领袖，原名穆罕默德·艾哈迈德（Muhammad Ahmad）。1881年称马赫迪，号召均贫富，反压迫，反对英、埃统治，领导人民起义。1883年全歼英国军队一万人。1885年攻克喀土穆，击毙总督查理·乔治·戈登。统一分散的部落，为马赫迪国家的建立奠定了基础。

[2] 马赫迪陵墓位于恩图曼城东，尼罗河西岸，是为纪念民族英雄马赫迪而修建的纪念馆。马赫迪陵墓是一座伊斯兰风格的淡黄色建筑，高四十多米，直径二十多米，中间为银灰色锥形圆顶，周围环绕着四个小型圆顶，样式与主圆顶相同，金碧辉煌，雄伟壮观。1898年，英国殖民军挖开马赫迪陵墓，悍然将遗体抛入河中。现陵墓里陈列有雕刻精致的马赫迪棺椁、画像以及他领导苏丹人民武装斗争的实物、图片、资料等。其中有一杆铮亮长矛，就是当年刺死戈登的锐利武器。

们简直乐坏了，开了很多不合时宜的玩笑，诸如到了最坏的时候，欢迎我们去炮艇上做客之类的。我们断然拒绝了他们的邀请，说我们很有信心带着尊严在全盘黑暗中用骑兵剑和长矛打败踏着沙尘偷袭而来的德尔维希人。在好一阵唠嗑打屁之后，我们的好运降临了。

"想喝上一杯吗？我们在船上的世界里应有尽有。你抓得住吗？"几乎与此同时他从船上朝着岸上的我们扔来了一大瓶香槟。感谢上帝，酒瓶掉到了尼罗河里，这里的河床质地柔软，河水也不深。我赶紧跳进河里，河水只到我的膝盖。我弯下腰捡起不可多得的礼物，高奏凯歌回归食堂。

这种战争和"一战"不同，充满了令人神魂颠倒的兴奋感，没有人真的以为自己会丧命。尽管这里那里，这个团那个营，总会有些人，十几二十个，最坏的情况是三四十个人会牺牲，但绝大多数参加者都会没事。在那些无忧无虑的日子里，在英国的这些小小战争里，一点点的伤亡就像是一场盛大游戏中加入一些让人精神振奋的点缀。我们中的绝大多数人都注定要见证一场情况完全相反的战争。死亡是最普遍的预期，重伤简直是幸运的逃脱，整个的旅队被大炮或机枪发射的钢铁锁链抹去。就算是侥幸逃过一次的人也知道肯定会在下一次，或者是下一次的下一次送掉小命。

所有的一切都和事件的规模有关。包括我在内的所有年轻人那天晚上入睡休息的时候离六万名装备精良的德尔维希狂热分子不到三英里之遥。每个人都在紧张关注他们的每个小动作，期待他们发起暴力攻击或是冲溃我们的防线，我们都确信最晚到了拂晓时刻战斗一定会打响。如果我们那时候觉得自己正在参加一场真正的战争，我们或许都可以获得救赎。

第十五章　一次骑兵冲锋的魅力

拂晓之前许久，我们就都已经醒了。到了凌晨五点，第二十一枪骑兵团已经装备齐整，开拔到荆棘屏障圈外围静候命令了。全军端坐马上，我的分遣队队长，出生于澳大利亚的芬恩少校，几天前答应我时机来临的时候会让我"大秀"一番。我有点担心他会把那天我去面见基奇纳勋爵的任务就当成他答应我的事情。不过现在我放心了。我接到命令让我离开我的连队，前去加入巡逻队，侦查索加姆山和尼罗河之间的一道山梁。在夜幕掩护之下，其他分遣队和埃及骑兵的侦查小队也都纷纷出发。我带领着一名下士和六名士兵。我们驱着马匹很快就通过了沙原，呼吸到了山梁上未知的空气。黎明的时刻是最奇妙不过的，在夜幕揭开之前的四分之一个小时进入一片全然陌生的地带也是令人咋舌的战争体验。山梁是否落入了敌人的掌控？踏出的每一步都可能带来死亡的威胁，却没有多少时间来善加防备。很快天色开始变亮，整个骑兵团都在我们身后推进。我们登上山坡的时候天色还只是半亮。山顶上有什么在等着我们？在这些时间里，清醒、紧张的兴奋感贯穿了我的全身。

眼下我们已经逼近了山梁的顶端。我让一名士兵隔开大概一百码的距离缀在我们身后负责殿后，不管发生什么事情他都能把情况带回去。除了马蹄发出的咔哒咔哒声，四周一片寂静。我们已经抵达了山梁的顶部，大家都勒住了马匹。随着每一分钟流逝，地平线的方向都能看到更多的景象。渐渐地，我们已经能看到两百码开外了。又过了一会儿，我们已经能看到大概四分之一英里远了。万籁俱寂，唯有我们自己的呼吸打在山梁的石头和沙砾堆上发出的声音。没有伏兵，也没有布防！我们脚下更远处的平原光秃秃的：这会儿能见度已经有半英里多了。

所以他们早就溜了嘛！看看，我们早就说了！全都滑脚跑去科尔多凡去了，不用打了！慢着，天色还在逐渐变亮，大地上的面纱正在一点点被掀起来。远方平原上闪烁着的微光是什么？不仅如此，这些亮光还变得更强了。亮点下面那些黑乎乎的印子是什么？他们就在那儿！那些黑点就是数以千计的士兵！亮光就是他们的武器发出的反光。这会儿天已经大亮，我赶紧溜下马背，抽出野战笔记本，写下："德尔维希军队还在一点五英里以外驻扎，方位索加姆山西南。"我奉命让下士赶紧直接送到总司令那里去。我在便签上画上了三个叉。按照操典的规定，这意味着"十万火急"，又或者按行话来讲，"见鬼去吧"。

在我们身后，充满荣耀感的日出正在进行之中，不过我们的崇敬对象却另有别物。到这时候光线已经很强了，使用野战望远镜不是问题。远处的黑色物体正在发生颜色上的变化，已经比平原本身的颜色更亮一些了，逐渐变成了浅黄褐色。到了这当口，他们看起来像是某种白色，平原看上去是暗褐色的。在我们眼前展现出来的是蜿蜒四到五英里的队伍，填满了我们眼中的天际线，一直延伸到我们右手边，转过索加姆山的山峰投下的锯齿状剪影，消失不见。这是人生中多么激动人心的一小时啊！我们再次上马，突然间全新的映像充斥在我们的眼前和脑海。这么多人并非静止不动，而是在前进，速度还很快，就像向着你冲来的浪涛一样。可我们听到的这声音又是什么呢？是压抑的嘶喊，一阵阵向我们涌来。这是为了真主、真主的先知[1]还有神圣的哈里发发出的呐喊。他们认为自己一定会赢。很快我们就能见证鹿死谁手了。我必须要承认，在沿着山麓纵马俯冲之前，我们仔细检查了自己的马匹，还在山梁顶上停留了一会儿。

不过现在时间已经到了上午，火辣辣的太阳给整个画面添上了几分光亮。那一团东西已经自己亮出了自己的身份，那是一堆堆的士兵，有序地排成队列，手中的武器折射了阳光，发出微微的光亮，在他们头上飘扬着许多鲜艳的旗帜。当年十字军看到的景象，我们今日用自己的双眼目睹了。我们看到的更加丰富。我让马匹小跑起来，回到了一天之前第二十一枪骑兵团曾经停留的沙丘附近，大概离那一大堆人四百码左右。我们再次驻马，我命令四名骑兵向敌军开枪，剩下两名留在原地看着马。敌人像海水一样涌来。在我们的正面和左翼响起了一片火枪射击的声音。子弹打在沙丘上激起一片扬尘，基督徒无处容身。我们赶紧撒开腿跑，好在没有人也没有马匹受伤。我们转身又回到了山梁上，也就在这时候，之前派去传信的下士骑着一匹上气不接下气的马儿回来了。他直接从基奇纳总司令处带来了命令，也有参谋长的签名。"尽可能在那

---

[1] 真主的先知指的是伊斯兰教先知穆罕穆德。

里待着，传回敌人集群的进攻情况。"多有意思！你还能在哪儿找到更有趣的命令！就在光天化日之下，骑在马背上，离一支前进中的军队不到一发子弹的距离，所有一切都能看到，还能直接与总部联系。

于是我们在山梁上停留了大概半个小时。我张大了双眼紧紧盯着这一少有人得见的奇景。敌军除了一支队伍之外都在向前奔跑，要从我们的右侧绕过索加姆山，一会儿就从我们的视野里消失不见。那支没有绕行的队伍是一个大概有六千人组成的师团，直接登上了山梁。这会儿已经在爬正面的山坡了。我们端坐马上，从我们的位置正反面看，两侧的山坡都一览无余。靠着尼罗河的是我们的队伍，整齐列队，排好了阵型。尼罗河上的炮艇排成一字阵，掩映在蒸汽的白雾里若隐若现。炮兵已经作好了开炮的准备，严阵以待。与此同时，穿着艳丽军装的敌军把队形调整成了颇为整齐的长方形，迅速地往山上爬来。我们距离自己的炮兵大概两千五百码，离这些正在靠近的炮靶子们大概也就两百码。我管这些德尔维希人叫"白旗军"。他们把白黄相间的旗帜直直地扛着，让我想起了贝叶挂毯[1]里的军队。随着德尔维希军队列队在平原上的中心移动进了射程，英军和埃及军队的炮兵接二连三地开始了轰击。不过我的视线却被更近一些的景观钉住了，就在小山顶上，"白旗军"停下了脚步，重整队列，沿着山脚摆出了宽广又深厚的阵型。自然大炮的火力被他们吸引了，所有的炮艇加上两三支炮兵调整了打击的对象，至少三十门大炮发出了怒吼，他们顿时被密集的火力覆盖。成群的炮弹带着尖利的呼啸声向我们飞来，落到白旗军的头上，在队列中间炸裂开来。骑着马的我们离敌军仅咫尺之遥，和他们一样笼罩在危险之下。我亲眼看见了火力全开的死亡轰击结结实实地落到了这些人墙之上。他们的旗帜纷纷倒地，数以十计，他们的人则倒下了数以百计。他们的队列被犁出了宽广的缺口和奇形怪状的空白。我们看到榴弹炮的炮弹在人群中爆炸，敌军随之人仰马翻，溃不成型，却没有一个人临阵脱逃。他们一队又一队就像河水一样涌过山梁，伴随着纷飞的步枪子弹朝着我们的工事冲锋，火药

---

　　[1]　贝叶挂毯（Bayeux Tapestry），也被称作巴约挂毯或玛蒂尔德女王挂毯，创作于11世纪。《贝叶挂毯》可能是世界上最长的连环画，记录了黑斯廷战役，具有很高的历史价值，原本长十七米，宽半米，现存六十二米。共出现六百二十三个人物，五十五只狗，二百零二匹战马，四十九棵树，四十一艘船，超过五百只鸟和龙等生物，约两千个拉丁文字，有人也将它称为"欧洲的清明上河图"。这幅作品的特殊之处在于它是以亚麻布为底的绒尼刺绣品，挂毯现藏于法国诺曼底大区巴约市博物馆。

燃烧的烟雾笼着他们，几乎看不清人形。

到这会儿还没有人注意到我们。不过我倒是看到两三个巴加拉游牧骑兵从我们的左面绕过，朝着山梁的方向来了。这支三人巡逻队中的一人已经到了手枪射程之内。阴暗、带着头巾的人影，就像骑着马的苦行僧，丑陋而凶恶，带着长矛。我坐在马鞍上朝着他们开了几枪，都被躲开了。我觉得我们肯定可以逐渐从山梁上撤走，朝着尼罗河的方向撤退，一方面可以观察两边的战况，另一方面又不至于给自己招来伤害。就在此时芬恩少校的命令正好传到，之前我忙于同参谋长联系，并未顾得上与少校保持联络。这道命令来得恰到好处，"立刻回到荆棘屏障的工事内部，步兵即将开火"。我们刚回到阵地，步兵阵列就掀起了一场子弹风暴，我倒是觉得我们留在山梁上会更安全些。

在这本个人传记中，我本意并非要赘述恩图曼战役的大体情况。这场战役及其军事细节时常为人谈起，只要是对这方面有点兴趣的人必然都已经了解了，故而请允许我对战斗的经过一笔带过，充作我自身经历的背景。

哈里发的大军足足有六万多人，排着战斗队列从昨夜的宿营地出发。他们先是爬上了阻隔两军视线的高地，接着以漫山遍野之势从平缓的山坡上漫灌下来。整个战场就像是中间有半圆形舞台的竞技场一般，在这一侧基奇纳的两万大军早已背靠尼罗河严阵以待，肩并肩作好了迎接敌军的准备。古代与现代在此冲突，在一场史无前例的时代错乱主导下，中世纪的武器战术和狂热信仰与19世纪的组织素质和科学发明产生了悲壮的冲突。撒拉逊人[1]的后裔沿着漫长的倾斜山坡向着尼罗河和他们的敌人冲去，向他们打招呼的却是两个半训练有素、队形紧密的步兵师团发射的步枪子弹，还有河岸上排布的炮兵及大河上的炮艇，加起来至少七十门大炮的火力支援，不受任何阻碍又高效地朝着他们倾泻着炮弹。在这样的弹幕之下，他们的攻势顿时为之一挫，双方陷入僵持。距离英埃联军阵线至少还有七百码的距离上，他们就丢下了六七千具尸体。德尔维希军队也有大概两万支款式各异，覆盖了从最古老的到最现代的枪支。他们的长矛队在火力阻碍下再也无力前进，于是枪手纷纷卧倒，向着我们用荆棘屏障搭起的工事发起了一轮又一轮参差不齐、毫无目标但声势浩大的射击。终于，开战至今，他们第一次令自己的敌人受到了打击。在射击持续的短短片刻

---

[1] 撒拉逊人指从今天的叙利亚到沙特阿拉伯之间的沙漠牧民，广义上则指中古时代所有的阿拉伯人。

中，英军和埃及军队出现了大概两百人的减员。

基奇纳看到敌军的攻势停滞且受到了重大打击，而且比他离恩图曼城还要远，立刻命令手中的五个旅排成他常用的梯形阵线向前挺进，在尼罗河边的左翼朝南向着恩图曼城进发。他认为德尔维希军队还有一些力量，试图把他们同首都、基地、食物、饮水、家园分割开来，逼迫他们进入广袤无垠、一眼望不到头的沙漠。但德尔维希部队绝对谈不上已经战败，其左翼根本没有参与交火。哈里发的一万五千预备队也毫无伤亡。就在这会儿，这些部队都加入了战局，以无畏的勇气向着英埃联军猛冲过来。而我们的部队已经失去了最初的整齐队形，也不再是以逸待劳，反而分散到了沙地中。第二次接敌比第一次艰难得多。德尔维希人成功冲到了距离我军只有一两百码左右的地方，甚至殿后的苏丹旅也受到了重大打击，如果不是旅指挥官赫克托·麦克唐纳将军展现出了英勇无畏、坚定不移的作战精神，这个旅在前后夹击之下肯定会全军覆没。不过最后的最后，敌人最大无畏的勇敢还是无法战胜我军的严明纪律和先进军械。一场大屠杀之后，他们丢下了被死神收割走生命的众多尸体——定然超过两万——战场上到处都是，"就像是滚雪球一样"。原本满山遍野的德尔维希部队被分割成了小块，小块又被打散成了碎片，碎片又被扫荡进了大漠深处的海市蜃楼里，最终无影无踪。

在我们的工事受到袭击的时候，埃及骑兵部队和骆驼部队奉命保护大军右翼，第二十一枪骑兵团成了左翼唯一的骑兵，也是离恩图曼城最近的部队。就在敌人第一次攻击被击退之后，我们接到了命令。上级要求我们冲出工事，侦查在基奇纳本部和恩图曼城之间是否有敌军，如果有的话是哪部分，可能的话把他们赶回城里，肃清我军前进的道路。当然作为团级军官，全盘战场情形如何无从得知。于是在第一次交手的时候，我们带着马匹静静地在尼罗河陡峭河岸的掩护下等候时机，子弹呼啸着从我们头顶飞过。战斗的激烈程度刚刚缓和一些，就有一位将军带着参谋飞奔而来，命令我们立刻上马出击。两分钟不到，四支分遣队翻身上马，冲出工事，向南而去。我们再次爬上了索加姆山的山坡，整片恩图曼平原和泥土构筑的城市、清真寺尖塔和圆顶，就在我们前方六到七英里的地方一览无余。我们行进的方式就是典型的纵队行军，一个团分成四支分遣队，后者再分成四支连队，首尾相衔。途中我们好几次停下，侦查并确认周遭情况。我指挥的是尾部向前倒数的第二支连队，大概有二十到二十五名枪骑兵。

第二十一枪骑兵团冲锋

　　所有人都希望遇到发起冲锋的机会。自打离开开罗之后，这个念头就在所有人的脑海里盘旋着。当然会有机会打冲锋的。在那个年代，直到布尔战争之前，英军骑兵部队操练的都是冲锋作战。在这次行动中当然也会有机会冲锋，只是面对的敌人，冲锋的地形，行动的方向和目的，还掩盖在层层军阶和文件之下。我们继续脚踩着坚硬的沙子行军，压抑着内心的兴奋严密监视着密布海市蜃楼的平原。突然我发现离我们三百码开外的地方，每隔两到三码分布着一长串深蓝色的东西，数量大概在一百五左右。我很快确定那就是人，趴在地上的敌人。几乎就在此时军号的声音撕裂了空气。"加速！"命令传来，整支骑兵组成的长队开始加速，向着那些蹲伏的目标冲去。此时正值战斗间隙，四周一片寂静。刹那间每个深蓝色物体旁边都升起了一阵烟雾，震耳欲聋的火枪声撕破了略有些古怪的平静。在这点距离上，骑兵这样的目标很难错失，于是整支队伍中这里那里不断有马儿摔倒，也有军人摔落马背。

　　我们上校的战术意图显然是绕过这道已经显露在我们眼皮底下的德尔维希阻击线，占据更有利的位置发起进攻。此时敌军的大部队躲在较低的地方，我们根本看不到。随着战斗拉开序幕，伤亡增多，他肯定觉得继续暴露在敌军火力下通过这片开阔的平原极为不智，于是才有军号命令我们"成战斗队形向右转"。十六支连队划出一道弧线，向着深蓝色枪手所在的位置包抄而去。全团骑兵几乎立刻完成了加速，就这样，第二十一枪骑兵团发起了开战以来的第一次冲锋！

　　我向各位保证接下来的文字忠实地描述了我所经历的：所见与所感。这次战役结束之后我常常回忆起当时的场景，故而虽然过去了整整四分之一个世纪的时间，我还是能清清楚楚、活灵活现地讲述。当时全团加速冲锋的时候，我指挥的连队排在右翼第二。我骑着一匹灰色的阿拉伯马球马，跑起来非常稳当，这给了我极大的信心。在加速发起冲锋之前，所有军官都已经拔剑出鞘，握在手中。考虑到我肩上的旧伤，我早就决定如果遇上白刃战，我还是用手枪比较好，所以就在伦敦购置了一把最新款的毛瑟自动手枪。在沿着尼罗河逆流而上的行军路上，我花了很多心思练习手枪射击。当时我就下定决心，这就是我战斗的武器。当然我要首先把剑送回剑鞘中去，这在疾驰的马背上并不容易。然后再把手枪从木头枪匣里拔出来，推弹上膛。完成这两个动作需要不少时间，直到完成之前我都没怎么抬头观察整个战场，只是匆匆往左侧瞥了几眼，对敌人的大概火力情况心里有数。

我发现就在我前方不远的地方，大概就半个马球场的距离，一排屈膝蹲着的蓝色人影正在不顾一切地疯狂射击，他们把自己完全笼罩在白色烟雾里。我的左右两边都有兄弟连的指挥官掩护。我的身后紧跟着枪骑兵，排成紧实的队列。我们正在发起一次虽快但队列严密的冲锋。马蹄声和枪击声震耳欲聋，甚至连子弹的呼啸声都听不见。在左右扫视并回头观察了我自己的连队之后，我再次向前紧盯着敌军。好像整个战场的样子突然为之一变。深蓝色的队列还是在射击，但他们身后就像道路突然断裂一样，冲入眼帘的情景剧变，一个面积巨大的低洼地带，填满了摩肩接踵、正在纷纷从藏身处站起来的人。我看到好像有魔法一般冒出来的鲜艳旗帜在空中飘扬，不知从哪儿窜出来的埃米尔们骑着马，绕着或是穿插在士兵的队列中来回巡视。整个德尔维希军阵最深的地方大概有十到十二列，形成一块巨型的灰色方块，钢铁反射的光比比皆是，塞满了干涸的河道。与此同时，电光火石的一刹那，我发现我们的右翼和他们的左翼正好撞上，而我的连队即将杀入敌军阵型的边缘地带，而我右边的连队就要同他们擦肩而过了。在我右手边的指挥官是抽调自第七轻骑兵团的沃玛尔德，他和我看到的情况一模一样。我们不约而同地将马速提到最快，向内划出一道新月般的弧线。除了我上文所描述的行动全盘占据了你的头脑和感官之外，在那种场合下人的确不可能有时间觉得害怕或是想别的一些什么事情。

这会儿距离敌人已经很近了。我看到我前方不到十码的距离躺着两个蓝衣人，挡在我前进的路线上，两人之间可能横向隔着几码的距离。我控制着马匹从两人中间穿过，两个人都开火了，在我穿过硝烟的刹那，我觉得自己毫发无损。不过紧跟着我的同袍却中弹身亡，就在这个地方，就在这时候，至于是不是这两发子弹，我无从得知。道路就在我前方断了，就像是悬崖一般。在马蹄即将踏上下方道路的时候，我勒紧了马缰。落差将近四到五英尺，这头聪明的动物就像猫咪一样落到了底下的沙质河流故道上，我赫然发现我被大约几十个人包围了。不过他们的包围圈并不是很紧密，我也没有和他们发生实质性冲突。但在我左面第二位的格伦菲儿连队遇上的就是一场真正的鏖战，伤亡惨重。读者可以想象一下，我们冲锋的效果就仿佛骑警冲散人群一般。电光火石间，我的马已经带着我冲过河道，登上了另一边。我环顾四周。

我再次踏上了干燥坚脆的沙漠，马儿开始小跑。给我的感觉是四处都有德尔维希人跑来跑去。有个敌军在我正前方摔倒在地。请各位读者务必记得，我接受的是骑兵训练，受训的时候就接受了这样的信条：一旦骑兵冲进步兵群中，后者才是任人宰割的对象。于是我看到他的时候，脑袋里头一个念头是他一定吓坏了。但与此同时，我也看到了他抽出弯刀时反射的光亮，他准备割我的马腿！我当时有时间也有空间拨转马头避开他的攻击，我还顺便侧开身子，从大概三码的距离上朝他开了两枪。就在我坐正身子的片刻，我发现前方又冲来一个身影，挺着剑向我刺来。我抬起手就是一枪。我们距离非常近，手枪直接打到了他。这人和他的剑一起被我甩到了身后、身下。在我的左侧大概十码的地方又冲来了一名阿拉伯骑士，他穿着色彩艳丽的短袍，带着铁头盔，身上还披着锁子甲。我瞄准了他，开了一枪。他转了方向。我控住了马匹，让它慢慢走着，再次环顾四周。

从某种意义上说，骑兵冲锋和人的一生很像。如果你端坐马鞍之上，信心十足，把马匹掌控得好好的，全副武装，就算身边有很多敌人也只会离你远远的。但要是你慌里慌张，在马鞍上坐也坐不稳了，缰绳也握不住了，武器也丢了，马儿或者自己也受伤了，那么马上四面八方的敌人就都会朝你冲过来。我左侧连队里好多同袍的命运就是这样。与敌人陷入了真正的僵持，长矛与刀剑不住往你身上招呼，他们从每个方向都会出现，试图抓住你，把你从马上拽下来，狂怒着将你切成碎片。但这一切我当时没有目睹也并不理解。我当时仍是乐观的看法，觉得一切还尽在我们掌控之中，把敌人踹倒、驱散、杀死。我把马带停，再次观察四周。在我左边四五十码的地方有一大群德尔维希人。他们相互照应着，挤作一团。我看着觉得他们疯狂不已，极度兴奋，脚下的步子就像在跳舞一样，手中的长矛上下挥舞。整个场面一团混乱，棕色制服的枪骑兵和这群狂暴的乌合之众扭打在一起。我脑子里有种想法，但不知如何描述。不过离我最近的地方散布着几个人，倒是没有任何骚扰我的尝试。我的连队在哪里？分遣队里其他的连队在哪里？在我周围一百码的地方我看不到一名我军士兵或者军官。我回头看了一眼敌军，最外侧有三两名步枪手屈膝蹲下，朝着我瞄准。这是那天早上我头一回觉得害怕。我觉得自己绝对是落单了。我觉得这些枪手可能射中我，其他人会像恶狼一样把我撕碎。我居然单枪匹马就这么在一群敌人中间徘徊，我实在是太蠢了！我赶紧在马背上趴下，催马狂奔，逃出了这一团混战中的人群。我跑了两三百码之后就遇到了我的连队，他们已经完成了转向，部分集结完成了。

就在我们旁边同属一支分遣队的其他三支连队也在重新集合。突然间一个德尔维希人从我们中间冒了出来。我也不明白他是怎么跑到那儿去的，肯定是从什么灌木丛或者地洞里跳出来的。所有连队成员都调转马头，拿起骑枪朝他戳了下去。不过他到处跳来跳去，一时间场面乱作一团。他被刺中了好几次，然后突然直勾勾地盯着我举起了手中的长矛。我们之间距离不到一码，我赶紧朝着他扣动了扳机。他倒在沙地上了，一命呜呼。杀人多容易啊！不过我倒没有为此纠结，我能想到的只是我似乎已经打完了毛瑟手枪的弹夹，赶紧摸出十发新子弹装填进去。

我当时心里认为的还是我军已经给敌人造成了巨大的损失，自己没什么伤亡。我的连队里失踪了三到四个人，六名士兵和九匹或十匹马受到了长矛刺伤或是剑伤。我们都希望接到立刻再次回头冲锋的命令。士兵虽然面色严肃，但都作好了准备。几个人要求丢掉骑枪，拔出佩剑。我问了身边的中士感觉如何，他是这么说的："好吧，不能说很愉快，长官，但我觉得我下次会习惯的。"整个连队哄堂大笑。

不过就在这时候，从敌军的方向跑来了一串鬼影子：马儿身上向外喷着鲜血，只剩下三条腿，艰难地挣扎着；士兵有的踉踉跄跄，有的身上的伤口血流如注，令人不寒而栗。敌人用的是带有倒钩的长矛，他们被刺了个透心凉。他们的手臂和脸庞都被划成了碎片，肠子流在外面。这些人的惨叫哀号让人不寒而栗，他们挣扎着向我们的方向逃来，随时都会倒地而亡。我们此时最重要的任务就是把这些伤员掩护回来，指挥官的大脑迅速冷静了下来。他们终于想起来我们还装备了卡宾枪。这会儿周遭依然是一团混乱。冲锋号划破天际，命令我们催马快跑，对着敌人猛冲过去。两个分遣队的兵力在抵达一处能够对射并扫荡河道的地方之后翻身下马，火力朝着敌人倾泻而出，没几分钟，三百码开外的敌人就被逼撤退，我们占领了他们的阵地。此时距离我们第一次排成战斗队形发起冲锋还不到二十分钟。我们停在了这处见证了我们伤亡的河道上，开始用早饭。此地也见证了长久以来自吹自擂的"冷兵器大法"也不过就是如此，不堪一击。敌军已经把伤兵运走了，战场上只留下三四十具遗体，其中大概有二十多具是我军的枪骑兵，几乎被砍得面目全非。我们整个团官兵加上军官大概三百一十人，仅仅两三分钟的交战就有五名军官和六十五名士兵以及一百二十匹战马，或伤或亡，几乎是全团战力的四分之一。

　　以上就是在这次著名战役中我个人的经历。在双方实力都没有受损的情况下，很少有骑兵和步兵在实战中战作一团的情形。一般而言，不是步兵冷静地把骑兵射落马下，就是步兵陷入混乱，四散奔逃，被骑兵撵着追砍。但在这次战役中，在恩图曼城外河道中面对第二十一枪骑兵团的两三千德尔维希步兵既没有被战斗的压力压得喘不过气来也没有面对骑兵恐惧得溃不成军。虽然他们的火力不足以阻止骑兵的冲锋，但他们显然从与阿比西尼亚[1]的战争中获得了足够面对骑兵的经验。他们很熟悉骑兵冲锋的路数，对这种作战很了解。此外，两军的士兵所持的兵器也很平等，英国人作战用的也是旧日的刀剑和骑枪。

　　在尼罗河上的一艘炮艇看到了我们的第一次冲锋，加快速度逆流而上，希望为我们提供支援。这艘艇的指挥官贝业蒂站在艇上的瞭望台上全神贯注地看完了整场战斗。多年以后我才与他重逢，这才知道他全程在旁。到那个时候，我已经成了第一海军大臣，而他也晋升成了海军上将。我问他："那次作战给你留下的整体印象如何？"贝业蒂上将是这么说的："就像做葡萄布丁一样，许多棕黄色的葡萄干四散撒落在一大块牛油上。"这句带有几分家常色彩的话令人印象深刻，很适合给我描述这次冒险的文字做个结尾。

---

[1] 阿比西尼亚是埃塞俄比亚的旧称，与苏丹接壤。

第十六章　退役

我们彻底击败并摧毁了德尔维希军队。在此背景下，节俭的基奇纳决定立刻甩掉昂贵的英军骑兵团。战斗结束后第三天，第二十一枪骑兵团就踏上了北归回家的旅程。我获准搭乘搭载掷弹兵卫队的大型轮船顺尼罗河而下。我在开罗找到了被称为"蓝军"的皇家骑兵卫队的迪克·莫利纽克斯中尉，他也和我一样借调到了第二十一团。他右手腕上方受了剑伤，严重挂彩，肌肉组织全被切开，连枪都握不住。与此同时，他的马也被近距离击中。就在他几乎要光荣的时候，手下连队里一名骑兵英勇地救了他。如今他正在回英格兰的路上，有一名护士负责照顾他。我决定和他同路。当我们谈得正欢的时候，医生进来给他治伤。他的伤口又深又长，医生感到相当焦虑，希望能尽快为他的伤口移植皮肤。医生转头和护士说了些什么，声音很低，护士便卷起袖子，露出了胳膊。他俩走到了角落里，医生像是要从她身上切下一块皮肤，移植到莫利纽克斯中尉身上。可怜的护士吓得面色苍白，于是医生就转而和我商量。他是名爱尔兰人，长得皮包骨头。"卧（我）要从你身上拿走。"他带着爱尔兰口音说道。这种情形下你不可能拒绝，就在我卷起袖子的时候，他又开玩笑地加了一句，"你听说过被活剥是什么滋味吗？接下来你就要自己尝尝了。"他接着就从我前臂内侧的地方切了一小片皮肤，连带着一些肌肉下来，大概有一个先令[1]硬币那么大小。他的手术刀就在我身上慢慢地又划又割，我想我是深刻体会到了他前面所说的活剥到底是什么滋味了。不过我还是忍住了，直到他满意地从我身上切下了连着一层薄薄血肉的皮肤，移植到了我朋友身上。直到今天这块皮肉还在他身上，为他发挥着众多持续而良好的作用。至于我，则在身上留下了一道伤疤作为纪念。

　　长期以来，我父母亲都堪称离伦敦顶尖圈子不远，而且他们把生活用度维持在适当的水平上，几乎享用着最好的一切。但他们从来都称不上富裕，更

---

[1] 先令（shilling）最初是一种金币，起源可以追溯到罗马帝国时代的货币。英国最早使用先令。1英镑等于20先令，1先令等于12便士。1971年英国货币改革时被废除。

提不上存下什么钱了。公私两方面他们都过着丰富积极的生活，债务和抵押权也就随之稳步累积。1891年的时候我父亲去了一趟南非，从一些非常有价值的金矿产业中获得了股份。他还买下了南非兰德金矿[1]的五千股原始股，以及其他一些资产。他在世的最后一年间，这些股份在市场上的价格飞速飙涨，他逝世的时候价格已经达到了原价的二十倍。很快股价就涨到了五六十倍，要是他能再活一年的话，他就真的会发一笔大财了。而且那个年代并没有什么值得一提的税收，货币的购买力也至少比现在高上几倍，二十五万英镑已经是一笔巨款了。不过，他去世的时候这些资产的价格也不过堪堪同他的债务持平。这些股份当然在他过世之后都被估清。当所有他的身后事都圆满结束之后，留给我母亲的就只剩下婚约上规定的限定继承财产了。虽然如此，那也够母亲过上舒适、自在、愉快的生活了。

　　我打心眼里不愿成为她的负担。在从军生涯各种战斗和马球赛的间隙，我仔细考虑了一下自己的财务情况。每年五百英镑的津贴显然不够马球和轻骑兵所必需的花费。我只能眼看着自己经济上的亏空年复一年残酷无情地累积起来，尽管数额不大，但一点点堆积起来的还是亏空。我终于明白了仅靠我所学的专业是不可能挣到足够避免自己债台高筑的钱，更不要提让我实现经济独立，不动军饷过日子的愿望了。回过头来看，把自己受教育的那么多年中最有价值的岁月花费在追求一个每天只能赚十四先令，还要自己掏腰包养两匹马，花一大笔钱维护最昂贵制服的职位上，实在称不上是相当明智的选择。若是继续服役，哪怕只是短短几年也可能会让我和与我相关的人都落入十分窘迫的地步。从另一方面来说，我已经写了两本书，再算上我给《每日电讯报》写的前线通讯，加起来给我挣的钱比起这三年勤勤恳恳甚至有时出生入死为女王陛下服役所获的军饷要多得多。陛下受议会规定的限额所迫，连给她的士兵支付最低工资都做不到。综上，我不得不决定尽早结束为她服役的日子。此外，我为《晨报》写的关于恩图曼战役的报道，虽然没有署名，也带来了超过三百英镑的收入。回家陪伴母亲的话我并不用花多少钱，我也决心再写一本关于苏丹战役的书，心中已经定名《河上的战争》，这本书应该也能为我带来一些收入，至少两年的私房钱不成问题。此外我也与《先锋报》达成了协议，每周从伦敦

---

[1] 南非兰德金矿区为世界最大的金矿区，该矿区于1866年被发现，发现后不久就投入开采。一百三十多年间已开出黄金达三万五千吨，现在尚有储量一万八千吨，合计五万三千吨。现有的储量仍占全世界黄金总储量的百分之五十二。

向他们发去稿件，一件三英镑。日后我设法把这个数字提高了一些，但当时我觉得这个数已经不错了，几乎同我中尉军官的军饷差不多了。

于是我为1899年做了如下的计划：回印度赢下马球锦标赛；提交申请从军队退役；不再啃母亲的老；写作新书，给《先锋报》写稿子；找机会进入议会。这些计划大多数都实现了。从那一年起，一直到我1919年意外地从我早就故世了的先曾祖母伦敦德里女侯爵弗朗西斯·安妮那里继承了一大笔财产为止，我都自力更生。整整二十年间，我先是承担了自己的生活费用，然后是为我的家庭。从没有缺过什么必需品，不论是生活必需或是享受所需。我对此深感自豪，也对我的儿子、我的所有孩子，以身作则。

我决定在11月底回印度，为2月的马球锦标赛作准备。在此期间我发现自己在英国国内获得了不小的关注。公众饶有兴致地阅读了我发给《晨报》的报道。大家都想了解恩图曼和那场战役的事情，尤其是骑兵冲锋的情况。在晚餐的餐桌上，在纽马克特赛马场的包厢里，在俱乐部的会场里，我发现自己有很多机会成为讨论的中心，许多比我年长的人倾听我所说的故事，向我发问。也有年轻的女孩子有兴趣和我闲扯，关心我的私生活。这几周过得很愉快。

就在这段时间，我认识了一群新当选的保守党议员，后来我同他们联系相当紧密。伊安·马尔康先生邀请我去参加一场午宴，在场的其他人包括休·塞西尔勋爵、珀西勋爵（已故诺森伯兰公爵的长兄），还有巴卡莱斯勋爵（现在的克劳福德勋爵）。这些都是保守党冉冉升起的政治新星，许多届议会都未能见到如此实力强大、能力非凡的议员了。他们都听说了我的各种经历，再加上我父亲遗下的身后鼎鼎盛名，都有兴趣见我一面。当然我得鼓足勇气，还要承认当遇到这些人的时候我还是有些嫉妒。这些人就比我大两三岁，都是衔着金钥匙出生的家伙，都是牛津或剑桥出身的精英，都安坐在毫无意外的托利党选区议席之上。和他们在一块，我感觉自己就像乡巴佬一样。

在他生命旅程的早晨时段，休·塞西尔勋爵的聪明才智就已经抵达了巅峰。他将近二十年的生命都在一位首相和党魁的家族中成长，从孩提时代起就听着这些掌管我们国务的大人物高谈阔论国家大事。塞西尔家族无论男女都有着公开讨论、自由辩论的习惯。不同意见受到鼓励，父母儿女、兄弟姐妹、叔侄甥舅、男女老少，都能平等讨论意见，交换不同看法。曾有一次休在下院发言的时候，整整一个多小时鸦雀无声，一根针掉下来都能听到，都在听他高谈阔论，讲怎么管理国家教会，高教会派和所谓的"伊拉斯迪安派"之间到底有什么区别之类。他精通所有的演讲技巧和辩证方法，思维敏捷，头脑清晰，听他说话令人心情愉快。

珀西勋爵为人细腻且浪漫，信奉使徒公教，个人魅力十足，取得了相当高的学术成就，两年前荣获了牛津大学为年度最佳诗歌设立的纽迪吉特奖。他的足迹遍布了小亚细亚及高加索地区的群山，既能与野蛮人中的上层人士一同饮宴，也能同宗教狂人一起斋戒。和迪斯雷利一样，他沉迷于神秘的东方。也许他就是从迪斯雷利的《坦克雷德》或是《康宁斯比》的书页里走出来的人物。[1]

我们谈话的主题多变：从人们是否有权自治还是只有接受良治政府的权利，到人类有哪些基本的权利及这些权利的基础何在。在此基础上，我们进一步讨论了作为一种机制的奴隶制。我听到我的同伴一点迟疑都没有就开始鼓吹所有这些议题涉及的少数派意见，令我大感惊讶。我更加感到惊异，甚至让我生气苦闷的是我无法把我正确且显而易见的观点用平直的话语告诉他们，反驳他们显然漏洞百出但最为巧妙天才的诡辩。他们非常了解这些谈话涉及的问题和各种可能的意见，比我了解的多得多，接连打击了我关于自由、平等、博爱所做的大而化之的论述。我高举了"英国不能容忍奴隶制"的大旗。他们则说奴隶制当然有好的一面有坏的一面，英国当然很重要，但英国和奴隶制之间有什么道义上的联系吗？我发现虽然自己充满自信地说出了某些结论，但要为之找到一些理论基础却有些困难。这些同我争辩的人都同意太阳也不过是我们臆断出来的画面而已。事实上，刚开始讨论的时候我还觉得自己占了上风，可很快我就觉得自己得赶紧跑上圣詹姆士大街或者皮卡迪利大街[2]，竖起路障，号召群众武装起来捍卫我们的自由、正义、民主了。直到最后休勋爵告诉我千万别把讨论的东西当真，这些问题与情绪当然应该好好探究，但他和他的朋友们并没有真的像我认为的那么倾向于采纳奴隶制。所以其实他们不过是和我吵着玩，开我的玩笑，故意哄骗我掉进他们早就知道满是陷阱和漏洞的地方。

---

[1] 此处提到的著作都是前文中涉及的迪斯雷利（见第一章注释）的代表作三部曲《康宁斯比（年轻的一代）》、《西比尔（两个国家）》和《坦克雷德（新十字军征伐）》中的一部分。分别发表于1844—1847年间。作者通过文学语言清楚地表达了"青年英国"这种观点，认为工业城市、矿山、工业化给人民带来了苦恼、贫困。

[2] 圣詹姆士大街与皮卡迪利大街都是英国伦敦的重要街道，距离议会和王室官邸都不远，作者此处亦是借用了这两处地点以夸张其行动的紧迫性。

　　这次对话之后，我深深觉得在从印度赢回马球杯赛之后，我一定要去牛津读书。我当时觉得如果自己去了牛津一定能收获学识与快乐，于是开始到处咨询怎么能进这所学校。就我得到的信息而言，就算是像我这样年纪的人也免不了经历考试和一些手续。我自己的想法是或许我就这么去了，付钱，上课，参与同教授的讨论，读他们推荐的书，就行了。不过似乎这样行不通。我不仅必须通过拉丁文考试，甚至还有希腊文的考试。我觉得自己在指挥了英国的常规部队之后，已经受不了再同希腊的非常规动词夙夜作战了，所以在细致考虑之后，我也不得不把这份计划搁置一旁。

　　11月早些时候，我去了一趟保守党位于圣史蒂夫大楼的保守党中央办公室[1]，看看有没有适合我的选区。我的一位相当"遥远"的远方亲戚菲特兹洛伊–斯图尔特在那里当了很久的志工。他向我引见了当时的党内主管米德尔顿先生，后来人们都叫他"船主"。保守党刚赢了1895年的大选，米德尔顿先生当时声名正隆。领导问题，政策愚蠢，单纯运气不好，或是时势变化，只要输了选举，主管就会被炒鱿鱼。所以，公平地讲，一旦赢了，这些公务员才应该获得所有的赞许和荣誉。"船主"先生很热情也很诚恳。保守党当然愿意为我找到一个议席，他说也希望能早日在议会里看到我。接下来他很巧妙地把话题转到了钱上。我能否承担自己的费用，每年能拿出多少来给选区。我说我愿意参加选战，但除了自己的费用恐怕拿不出别的钱来。听到这话他似乎有点沮丧。他说最能保证当选的选区通常希望议员出的钱最多。乐捐好助是肯定要的，在这些好的选区当选的荣誉一般每年意味着拿出至少一千英镑参加各种慈善活动。当选有点风险的议席就不会要那么多，"孤立无援、毫无希望"的就很便宜了。不过他还是说他会尽他所能，而且考虑到我父亲的经历，我的情况也很特殊。此外他还说我的战场经历会吸引很多保守党的工人阶级党员。

　　在我准备走的时候，我又和菲特兹洛伊–斯图尔特谈了一会儿。我看到他桌上有本大书，上面贴着"寻找演讲嘉宾"的标签。我的眼睛被此牢牢吸住，好奇不已。真有意思！演讲的人还需要找，申请的人还那么多！到现在我还是很渴望做演说，不过不管大小场合都没有需要我去讲的。第四轻骑兵团和皇家军校都不像是需要演讲的地方，除了我不太愿意提起的某件事情。于是我对

[1] 保守党中央办公室是保守党的中央行政机构，相当于其他政党的党部。英国威斯敏斯特体制下政党组织松散，除中央办公室之外并没有严密的体系。

菲特兹洛伊–斯图尔特说："给我讲讲吧，是不是说有很多会议上需要演讲的人？""是的，"他说道，"主管说不能让你就这么白白走了，要不我给你预定一场？"我内心激动不已，一方面我很想去，另一方面又紧张又期待。不过人生漫漫路上，如果遇到障碍，总是要跳过去才行。我很快平静下来，和我内心波涛汹涌的情感不同，我看上去很平静，说道："如果情况都适合，而且真的有人希望听我演讲，我也许会愿意听从安排。"他听着就翻开了本子。

我发现本子里写满了会议，几百场室内的会议和其他室外的活动、节庆、集会、义卖会，都需要招募演讲嘉宾。我过了一遍所有的记录，就像是小淘气趴在蛋糕店橱窗上一样。最后我们选定了巴斯作为我官方演讲处女作的地点。十天之后我将在樱草会[1]的一次集会上发言，地点是在俯视这座古城的小山上，由一位H.D.思科瑞恩先生所拥有的某座公园里。我离开中央办公室的时候，心中充满了抵制不住的雀跃。

接下去有几天我很担心计划会出什么岔子。也有可能思科瑞恩先生或者其他什么地方有人不希望我去发表演讲，或者他们已经有了自己的人选。不过一切都很顺利。我稍后收到了正式的邀请函，会议的通知也刊登在了《晨报》上。奥利弗·博思维克这回给我写了封信，说会派特别记者去巴斯，一字一句地录下我说了什么，《晨报》也会给特别报道。收到这消息让我的激情和紧张都更加剧了。我花了好几个钟头准备演讲，逐字逐句地背下来，熟到睡着的时候都能倒背如流。我决定在演讲中为国王陛下的政府说话，选取了较为激进甚至是强横的态度。我特别喜欢我写出来的其中一句话：英格兰将从托利党[2]高涨的惊涛中受益良多，远远多过快要干枯的激进主义小臭水沟。我觉得自己写出了许多类似的惊世骇俗的佳句，对此窃喜不已。这些好点子，一旦有了个好的开头，就会很自然地流露出来。事实也确实如此，我很快就写下了足够作几次演讲的句子。我也问了我需要讲多久，得到的回答是一刻钟就够了。收到回

---

[1] 樱草会是为了纪念保守党领袖迪斯雷利而成立的一家保守党外围组织，成员以工人阶级为主，本书作者的父亲伦道夫·丘吉尔勋爵就是该会的创办者。

[2] 保守党是英国的老牌大党，距今已有三百多年的历史。英国保守党的前身是1679年成立的托利党（Tory），1833年改称保守党，其正式名称是保守与统一党（Conservative and Unionist Party），简称保守党（Conservative Party），党员常常会被称作托利党党员（Tories），而保守党亦时常被干脆称作托利党（Tory Party）。保守党甚少使用自1912年保守党与自由统一党合并后所起的正式党名。正式党名中的统一一词源自主张爱尔兰留在大不列颠王国内的统一党。所以本书中有时也会用统一党、统一党员来代称保守党。

复之后我赶紧修改演讲稿，严格限制在二十五分钟。我对着倒计时的表练习了好几次，如果慢慢讲的话，肯定能在二十分钟内讲完。这样就有时间回应听众了，既不用慌张也不用疲于奔命。演讲人绝不能轻易向听众的弱点低头。再怎么说，他们已经在那儿了，他们还能做啥？他们请我来的，他们就得听我的。

那天到了。我搭从帕丁顿站出发的列车。我遇到了《晨报》派出的记者，看上去和蔼可亲的一位绅士，穿着灰色的双排扣礼服。我们一起坐火车南下，车厢里只有我们两人，我试着在对话中装作不经意地用上了几句演讲词中的金句。我们也一起搭乘马车驶过巴斯高低起伏的小山丘。思科瑞恩先生一家很友好地迎接了我们。游园会已经开始了，规模很大，整片场地都布置满了。飞镖投壶、赛马，还有各类小商品吸引着参与者的注意力。天气很好，所有人都很自在。由于之前某次经历留下的阴影，我带着一丝紧张，仔细打听了会议的情况，都还不错。主办方在帐篷里搭建了一座舞台，到了五点钟响，所有这些欢乐的参与者会在钟声号召下聚到帐篷这里来。除了致谢之外，只有我一名演讲嘉宾。

于是伴着钟声，我们回到了帐篷里，登上了舞台。所谓的舞台其实就是四条长木板搭在一些小桶上。既没有椅子也没有讲桌。很快大概百来个人聚集了过来，我猜想他们都不情不愿地，毕竟刚刚还在玩小孩子过家家式的游戏。主席站了起来，简短地向大家介绍了我。在桑赫斯特和军队里，我很少获得赞誉，偶尔几次中间也隔了许久，更没人来拍一名中尉的马屁。就算是得了维多利亚十字勋章，赢了全国障碍赛马大奖，或是拿了军队里的重量级拳击冠军，也只会是自己的几个朋友告诫你别让好运冲昏了头脑。在政治舞台上一切都截然不同，每个人手里都拿了一大桶黄油和一把黄油刀，随时准备往你身上抹。我父亲生前遭遇到了无比卑鄙下流的对待，但我却听到这位主席把他吹捧成保守党有史以来最为伟大的领袖之一。至于我在古巴、印度边疆、尼罗河上游的经历，这位先生描述的情形我只能祈祷我的部队一个字儿都听不见。当他吹捧我"在武以剑现英勇，在文以笔化光荣"的时候，我简直都害怕听众会忍不住喊出"哦，天啊，什么鬼"之类的话语。还好，他们就像是听福音一般乖乖听完了，让我一面胆战心惊，一面又略感安心。

接下来就是我的时间了。下定决心，收起全心，我让演讲从我唇间流出。我的演讲稿子写得条分缕析，就像是编织完善的模范演说一样。随着我一个个部分、一个个论点讲过去，我自己感觉自己讲得不错。听众越聚越多，看上去挺高兴。在我故意暂停给他们机会的时候，他们都大声欢呼，甚至有时候欢呼声在我毫无预料的时候也一样爆发出来。我讲完了之后听众给了我热烈而长时间的掌声。所以我还是能作演讲的！而且看上去还挺简单的。我和记者一起返程。在我演讲的时候他就站在我前面，逐字逐句记下了我的演说。路上他给了我衷心的祝贺。第二天的《晨报》花了整整一个专栏报道我的演讲，还加了一篇编者按，赞扬"政治舞台上一位新的人物降临"。我从此开始对自己感到满意，世界也对我如此温柔。带着这种心情，我登船返回印度。

我们现在要谈另一些更为严肃的事情。整个团的军官合起来出资把我们团的马球队送到密拉特去参加马球锦标赛。在一名军士长的看管下，三十头马儿搭上了一趟特殊的列车，开启了一千四百英里的旅程。除了马夫之外，这名军士长管理的押送团队还包括几名我们最信得过的军士，还包括一名护士长在内。列车每日大概行进两百英里，每天晚上马匹都会从车厢里牵出来溜一下，休息过夜，这样一来抵达目的地的时候，它们的状态还能像刚出发的时候一样好。我们和马匹分头出发，同时到达。去密拉特之前，我们在焦特布尔安排了两周的训练赛。在当地，著名的博尔泰普·辛格爵士接待了我们，他是焦特布尔备受信任的摄政，当地尚未成年的王公的叔叔。在他规模浩大且阴凉宜人的石头宫殿里我们受到了顶级的招待。爵士的两位儿子，忽而吉和多库尔，都是印度有史以来最杰出的马球手之一。每天晚上，爵士和他的儿子们亲自下场，带着我们打精心准备过的教练赛。老博尔泰普在这个世界上最爱的运动就是马球了，如果不算打仗的话。他经常暂停比赛，指出我们比赛配合和战略中的问题，哪里还能改善等等。"快点，再快点，飞起来！"他咆哮着让我们把节奏提起来。比赛进行过程中，焦特布尔当地的马球场时常被马蹄卷起的红土尘埃覆盖。有的时候球员正好背风，这些尘土和狂风会组成颇为危险的组合。戴着头巾的身影骑着全速奔跑的马匹从飞扬的尘土里钻进钻出，有时还会有球，出人意料地呼啸着窜出来。很难整场比赛都集中精力，球员还必须随时注意躲开这些尘土组成的云团。那些印度本地人早就习以为常，做客人的逐渐也不以为奇。

就在我们离开焦特布尔，前往密拉特的前一晚，我遭遇了严重的不幸。下楼吃晚饭的时候，我从石头台阶上滑了下去，肩膀脱臼。我很方便地就把关节装了回去，但所有的肌肉都被拉伤了。到了第二天早上我的右胳膊几乎就不能动弹了。过去的痛苦经验告诉我，一般要三周甚至更长的时间才能勉强打球。

就算如此，也只能小心翼翼地活动几英寸的距离。锦标赛四天之内就要开始了。各位读者一定能对我的绝望感同身受。我的臂力这段时间越来越强，对于一号位的掌握也愈发纯熟，整支球队都很满意。但这回我成了拖累。幸运的是我们带了第五名队员。朋友们来扶我起来的时候，我告诉他们必须换人。球队花了整整一天的时候仔细思考，最后队长通知我大家还是决定无论如何带我一起打比赛。他认为我对于比赛和我们的球队非常了解，就算我没法全力击球，只能把球杆握在手里，也能提高获胜的概率。我确认了这不是出于同情而是因为我的能力之后，我同意尽己所能。那时候比赛中还有限制越位的规则，一号位的队员总会陷入和对方后卫无穷无尽的纠缠之中，后者指挥自己的马儿前后左右不断腾挪，坚持不懈地试图将对手陷入越位的泥潭。要是司掌一号位的人能成功占据对方后卫的位置，每个回合都能把他逐出赛场，限制他的发挥，那么比起奋力击球而言，这样的打法能为整体的胜利作出更多贡献。我们都知道哈德斯·罗伊德上尉就在第四龙骑兵团打后卫的位置，这支队伍将是我们最强劲的对手，上尉本人后来也成为国家队队员，在打美国队的比赛中出场。

于是就这样，前两场比赛中我的肩膀只能紧靠身体一侧，强忍着一阵阵的刺痛握着球杆完赛。两场比赛我们都取得了胜利，虽然我只能作出有限的贡献，同伴似乎也挺满意。我们队的二号位击球手阿尔伯特·萨伏伊性格坚韧，极为聪慧。比赛中我负责为他打开进攻的道路。马球可谓是各种体育比赛中的王子，其他各种球类运动所具有的乐趣它都囊括了，比如足球或垒球所必需的微妙、忠实的团队配合。团队合作的运动比任何一种个人单独从事的都要有乐趣得多，此外马球还能给人同时带来骑马和骑士精神的乐趣。

终于大日子到了。正如我们预料的那样，我们在决赛中对上了第四龙骑兵团。从第一分钟开始这场比赛就进入了势均力敌的白热化较量。在印度坚实又顺滑的马球场上，每个球员都很清楚自己应该把球往哪儿打，我们相互竞争，寸步不让，球很少有空闲的时候。很快我们就得了一分，对手得了两分。比赛进入了僵持阶段。我一直牵制着后卫，让他几乎没有能抽出手来的时间。突然，在对方得分之后造成的一片混乱中，双方队员并列争球，我忽然发现球朝着我的方向旋转着过来了，就在我骑着马的左手边。我觉得自己微微向前探出身子就应该能抬起球杆，给这只球送上绵软无力的一击。我这么做了，也确实打中了，球朝着球门柱的方向滚了过去。二平！虽然一号位的球员只能算半个残疾，我们的队伍确实配合精妙。雷吉纳德·霍尔是我们的队长，担任三号位的位置，在印度简直无人能及。我们队的后卫就是我在古巴时候的同伴巴内斯，他简直就是一块顽石，能坚定地把球送到萨伏伊伏击的位置，然后由我为他开路。为了这场比赛我们整整准备了三年，倾注了所有的资源。忽然我又有了一次机会。和上次一样，球向着我滚了过来，就在靠近得分区域的位置。这回球速飞快，电光火石之间我下意识地伸出球杆，蹭了一下旋转的球，让它改变方向，朝着球门窜了过去。三比二！我们的对手显然受了刺激，打出了一波高潮，几乎是把我们压在球场上打，很快就又得了一分。三平。

那时候在印度马球比赛中，为了避免出现平局，辅助进球也算分。在球门柱两旁大概半个球门宽的地方插着两面小旗子，就算球没能打进球门，滚进球门柱和旗子之间的区域就算是辅助进球。一般情况下辅助进球没什么用途，但一旦出现平局，就看辅助进球的数量定胜负。这次我们走了背字，对手的辅助进球数量比我们多。除非能再次进球，否则我们就输了。这次运气又眷顾了我，我在马腿之间看到了球，绵绵无力地伸出球杆推了一下，球又滚进了对方的球门。就这样，第七局结束了。

最后一局开局的时候，我们得了四分，进了三个辅助球，对手则是三分，四个辅助球。这就意味着一旦他们再得一分以上，就不再是平局了，而是直接赢了。我很少见到对阵双方脸上都露出如此紧张的神色。似乎根本不是一局体育比赛，而是一场生死之战。场面过于紧张，人的感官随之钝化。我已经记不得最后一局的细节了，只记得我们在场上拼了命地策马狂奔，进攻，反攻。我一直在心里念叨，上帝保佑我们吧。终于我有记忆以来最为悦耳的声音响起：终场的铃声。我们终于能坐在马上筋疲力尽地尖叫："我们赢了1899年的军团间马球锦标赛！"胜利的喜悦蜂拥而至，心中的满足感溢于言表，晚上的庆祝宴席上我们获准喝葡萄酒，庆祝我们的胜利。请不必嫉妒这些从不同军团赶来狂欢和参加体育运动的年轻士兵，他们注定很少有人能见到自己年老的样子。在此之后，我们的马球队再也没能聚齐了打比赛。一年之后，阿尔伯特·萨伏伊牺牲在德兰士瓦，巴内斯在纳塔尔身负重伤。我则成了伏案工作的政客，肩伤愈发严重。我们再也没有机会了，同样，也再也没有来自印度南部的哪支骑兵部队获得冠军。

最后我离开印度回国的时候，我所在的团对我不错，最后一次和他们共进晚餐的时候还用我的名义祝酒，祝我身体健康。这可是少有的荣誉。我与他们一同度过的岁月是多么愉快！我结识了许多生死至交。对任何人而言这都是一所伟大的学校，能学到纪律和同志精神。可能这些同大学里学到的知识一样宝贵，不过要是两者兼得或许更好。

　　与此同时，我一直在写《河上的战争》，比原定的篇幅要长一些。一开始我只想写成一本恩图曼战役的编年史，不过后来逐步扩展成了苏丹是如何被摧毁、如何被救赎的历史。我读了很多书，这个主题上所有出版的材料都拿来参考。我现在计划写厚厚的好几卷。我决心把麦考莱和吉本的风格糅合起来，取前者的断音法对立风格和后者冗长的句子，带上厚重的属格修饰成分。我时不时还加入一些自己的风格。我开始认为写作，尤其是记叙文的写作，段落的安排比句子重要得多。麦考莱是段落安排的大师。完整的句子应该装下一个完整的想法，一个段落也应该展现独特的场景。句子和句子之间应该有顺畅的衔接，段落也应该像火车车厢一样自然而然地卡在一起。我也开始思考分章节的技巧。每一章必须独立自洽。每一章的内涵和篇幅都应该差不多。有些时候自然而然就能看出一章该断在哪里，有时候当一系列同质化的事件出现在一起，就很难在他们相互交织的前提下取出一个适当而又凸显其本质的章节名称。最后作品是否完整，整体性强不强也是个问题。各部分是否成比例，从头到尾是否有严格的顺序。我已经懂得要想把记叙文体写得轻松，时间顺序是必备之物。我也意识到所谓"良好的洞察力是良好的写作能力的基础"。我一直提醒自己千万不要犯很多人犯过的错，用诸如"很久很久以前"之类的陈词滥调开篇。在此我还是要重复一下我最喜欢的法语名言——"让人无聊的艺术就是毫无遗漏地说完。"我觉得在这里值得再重提一遍。

　　写作一本书太有意思了，这是一辈子的享受，能成为你的陪伴。写作就像是在你身边筑起了一道用兴趣和想法组成的水晶墙一样——也许有人觉得这会像是水缸里的金鱼一样，不过这可是金鱼自己造起来的水缸啊。我到哪儿都停不下笔，就算在旅途中，我还是会从事这一令人愉快的职业。这里的水晶需要再精雕细琢一下，这里的结构要修改一下，拉伸或者缩短，这里的墙要再加固一下，等等。我发现在我此生中所从事的各类职业都有所类似，有所不同。写作和造房子，策划战役，或者画画都不一样。技巧不同，素材不同，不过原则相同。先是打基础，再是收集数据，然后前提必须要能承担结局的重量。再加上点缀或者修饰的成分，而且就算胜利完成之后也不过是某一主题的一种表现方式。不过在打仗的时候别人会时不时插入进来，还可能把事情搞砸。最好的将军总能不拘一格，不论计划如何而实现想要的结果。

在回家的船上，我结识了在新闻报道领域我至今所认识的最有智慧的人。G. W. 史蒂文斯先生是哈姆斯沃思先生新创办的《每日邮报》的重要通讯作者。在他的帮助下，《每日邮报》迅速风靡全世界，逼得《每日电讯报》不得不重新思考办报风格，离维多利亚时代的所谓中产阶级更近了一步。哈姆斯沃思当时极度依赖史蒂文斯，尤其在他的报业刚起步的关键日子里。他热情洋溢地帮助我，告诉史蒂文斯要在写作的时候带我一把。他也确实这么做了。"找到对的读者。"这是报纸刚起步时候的座右铭，也是基于这样的经营理念我被选中。其实我早已有所预料。

我当时在邮轮的沙龙里写作，恰好写到故事其中一个高潮部分。尼罗河分队经过一晚的急行军抵达了阿布哈马德，正准备发起雷霆一击。我尽我所能，用最为华丽庄重的辞藻描写整个战役的背景，"破晓天光划破夜幕，薄雾从尼罗河上缓缓升起，撒在天空中遮住了阳光前行的道路，德尔维希人城镇的轮廓勉强能看得清楚，怪石嶙峋的小山丘划出半圆形列阵其后。这在这般严肃的舞台上，一场小小的战争即将上演。"就在此时，史蒂文斯突然从我背后凑过来，"哈！哈！"大笑着盯着我，我见他来了，站起身来说道："那你来写完吧！"说完我就去了甲板上透透气。我满心好奇他会如何继续，而且期待看到有价值的续写。不过当我回到船舱里，我看到他在我精美的文稿纸上写的只有"砰！砰！砰！砰！嘭嘭嘭！"这么几个小小的字儿，然后在全页留白之后，纸张的末尾大大地写着"啪！！！"这么几个大字。这种轻浮让我恶心。不过除了他为《每日邮报》写作时所用的轻浮愉快、一蹴而就的风格，史蒂文斯还有其他的行文手法。当时有一篇匿名作者写的叫作《新吉本》的文章引起了关于大英帝国未来的热议，读来简直就能感受到一位罗马历史学家活生生地站在你身前。我不得不说，当史蒂文斯告诉我这是他的大作的时候，我倍感惊讶。

后来他同意为我的校对稿提点意见，这回相当认真。我在此摘录一些："我读了这部分，我觉得很有价值，补充了G. W. 史蒂文斯的作品。总体而言很不错。我觉得是一流的作品，扎实，流畅，逻辑缜密，很有画面感，描写丰富。我要挑出来的唯一问题是书中的哲学思考。虽然写得不错，一针见血，部分不失道理，但过于尖刻泛滥。我来写的话会删掉1898年1月的那段哲学家形象，每到结尾的地方都会少给他一些笔墨，只会让人读来觉得无聊。真正需要读到这些思考的人往往不需要作者的协助就能自己想到。"他欢快又偶尔带些嘲讽的脾气，还有深厚的智慧，让他成了很好的旅伴。1899年夏天的几个月间，我们的偶遇逐渐成长为友谊。不幸的是这是他人生中最后一个夏天。第二年2月，他在莱迪史密斯死于恶性伤寒。

　　我在开罗略作停留，花了两周的时候为我的书收集材料，也向几位苏丹战役中起到重要作用的人寻求合作。我在此期间去见了加拿大皇家工程师吉鲁阿德，他参与了建设沙漠铁路的过程；斯拉丁·帕夏，一位小个子澳大利亚军官，他曾在哈里发的监狱里蹲了十年，所写的《苏丹的火与剑》也是该领域的经典著作；远征军参谋总长雷吉纳德·文盖特爵士，我本就欠他一顿饭；负责埃及水利灌溉事务的贾斯汀，还有其他一些埃及政治家和显贵人物。所有这些人都亲眼见证、亲身参与了埃及二十年来的战争和治理，从无边混乱、财政破产、一败涂地的境地，转变成胜利的勃勃生机之地。我之前就认识这些人的上司：克罗梅尔勋爵。他邀请我去英国领事馆做客，抽空阅读了我已经写完的关于苏丹解放和戈登之死的章节。我给他送去了厚厚一堆手稿，几天之后他差人送了回来。我非常高兴，甚至有些激动，手稿上用蓝色铅笔画满了道道，写满了批注。这让我回想起在哈罗公学的日子，我的拉丁文作业常常也是这样的待遇。我可以察觉到克罗梅尔勋爵对我的长篇大论头疼不已。我也因此毕恭毕敬地接受了他有时颇为尖刻的评语与批评。举例而言，我写到戈登将军曾经有段时候做过来朋勋爵的私人秘书，"光彩夺目的太阳成为了黯淡无光的微末荧光身旁的卫星"。克罗梅尔勋爵的批注是这样的："'光彩夺目'未免太过马屁，来朋勋爵身为总督，'黯淡无光的微末荧光'似有不公。勋爵本身或许不介意，但他的朋友可能会升起，其他大多数只会拿你当个笑话。"我在回信中告诉他我这句话想了好久，自鸣得意，但还是按他的意见删去了，同时我也接受了很多他的意见，以免让自己的文章过于讽刺。这显然让他卸下了防备，感到满意。后来他也带着朋友般的兴趣关注我的写作。他在信中这样说："我知道自己的评论非常直白，但我觉得对你有帮助。你也察觉到我的意图并相应从事。这让人感到欣慰，是非常友好的举动。我为你所做的也是我一直以来要求别人为我所做的事情。在写或做一些重要的文章、事情之前，我总是请朋友提出意见。友善的批评总比恶意的意见要好，而且在木已成舟之前接受批评也要好得多，以免追悔莫及。我衷心希望你的作品取得成功，而且我相信会的。生活中还能让我感兴趣的事情不多了，其中之一就是看到年轻人不断开拓进取。"

　　在这两周时间里，我面见了克罗梅尔勋爵多次，从他的阅历和智慧中受益匪浅。他展现出的正是英国驻东方的高官们所具备的沉着冷静与镇定自若。他让我想起最好的几句法语名言中的一句："统治心灵的只有平静。"克罗梅尔勋爵从不慌张，从不紧着要做什么事，也不会火急火燎。他总是安坐如山，都是别人来向他汇报。他的行事方式是高坐钓鱼台，直到事物发展到他能够顺利介入且一锤定音的时候他才会行动。对他来说，等候一年就像是一周一样轻松。勋爵已经在埃及统治了将近十六年了。他拒绝了一切高大上的头衔，始终只是一名英国代办。他的地位从没有确定的说法，或许毫不重要，但事实上却是大权在握，他言出法随。克罗梅尔勋爵身边有几位聪明绝顶的助手，大多数都是年轻人，和他们的上司一样低调。勋爵通过他们事无巨细又充满耐心地管控着埃及政府的所有部门，以及他们的所有政策。在这段时间里，英国和埃及的政府来来回回换个没完，苏丹陷入敌手，又重新光复，但这都没有影响到他的地位。克罗梅尔勋爵同时还始终牢牢握住了手中的缰绳，牵制着埃及人的钱包，举重若轻地管理着埃及所有的事情。在他身上埃及的一切大权集于一身，但却看不出任何忙乱或明显的痕迹。我很荣幸在他的事业达到巅峰的时候遇见他，也为他对待我的方式感到受宠若惊。眼下我们急需这样的人物，却找不到与他比肩的了。

第十七章　奥尔德姆

1899年春天，我得知还有一位同样写书的温斯顿·丘吉尔；他显然写的是小说，而且是一流的小说，在美国销量不错。那时候大家经常会恭维我小说写得真不错。起初，我还以为是人们终于后知后觉地认识到了《萨弗罗拉》的优秀之处，后来才意识到这是大西洋两边的李逵和李鬼。我给大西洋另一边的"我"写了一封信。我把他的回信也一并摘录于此，两封信一起读或许可以让读者获得更多文学上的乐趣。

温斯顿·丘吉尔先生向温斯顿·丘吉尔先生致以问候，并恳请他注意一桩两位都涉及其中的事情。他从报纸消息上了解到温斯顿·丘吉尔先生计划出版另一本小说，题为《理查德·卡维尔》，肯定会在英国和美国都获得不错的销量。温斯顿·丘吉尔先生也是一位写小说的作家，他的作品现在已经以连载的形式刊发在《麦克米兰杂志》上，他也期待能在英国和美国都取得一些销量。他也计划于10月1日出版另一部关于苏丹战争的军事纪实作品。他没有任何疑问地认为温斯顿·丘吉尔先生能够通过这封信件——如果没有从其他渠道——知晓很有可能他的作品会被错认为是温斯顿·丘吉尔先生的作品。他觉得温斯顿·丘吉尔先生一定和他本人一样不太希望这样的事情发生。为在未来尽可能避免错认，温斯顿·丘吉尔先生决定在所有出版的文章、故事或其他作品后署上"温斯顿·斯宾塞·丘吉尔"，而不是像以前那样署名"温斯顿·丘吉尔"。他相信这样的安排一定能让温斯顿·丘吉尔先生觉得满意，他因而冒昧提议，以避免未来因这样一起非凡的巧合事件而导致的混淆，两位温斯顿·丘吉尔先生都最好在他们相应的出版作品中插入一则短短的注释，向公众说明哪些是温斯顿·丘吉尔先生的作品，哪些是温斯顿·丘吉尔先生的作品。至于这条注释如何行文完全可以成为未来讨论的主题，如果温斯顿·丘吉尔先生同意温斯顿·丘吉尔先生的建议。他借此机会赞赏温斯顿·丘吉尔先生作品的风格并祝贺他取得的成就，无论是杂志文章还是书籍，都一直吸引着他的注意。如果温斯顿·丘吉尔先生恰好注意到过他的作品，他相信他在阅读中一定也能获得同等的快乐。

伦敦

1899年六月七日

　　温斯顿·丘吉尔先生非常感谢温斯顿·丘吉尔先生提出了这样一个给温斯顿·丘吉尔先生带来了许多焦虑情绪的话题。温斯顿·丘吉尔先生赞赏温斯顿·丘吉尔先生展现出的善意，愿意在他的书和文章中启用"温斯顿·斯宾塞·丘吉尔"的署名。温斯顿·丘吉尔先生迫不及待地指出，假设他真的有其他任何名字的话，他肯定会愿意也多加上一个。温斯顿·斯宾塞·丘吉尔先生（下文以此称呼）的作品确实从第一篇发表在"世纪"刊物上故事开始就得到了温斯顿·丘吉尔先生的注意。那时温斯顿·丘吉尔先生并没有觉得温斯顿·丘吉尔先生的作品会在任何方面与他自己创作虚构故事的努力相冲突。

　　温斯顿·斯宾塞·丘吉尔先生提出的在温斯顿·斯宾塞·丘吉尔先生和温斯顿·丘吉尔先生作品末尾分别附上一个注释，其行文由两人协商确定的提议对温斯顿·丘吉尔先生而言可以接受。如果温斯顿·斯宾塞·丘吉尔先生能屈驾起草这篇小文章，可以相信温斯顿·丘吉尔先生对其中内容不太可能会提出异议。

　　温斯顿·丘吉尔先生此外也将咨询朋友和出版商的意见，是否能够在书籍的标题页上的署名后面加上"美国人"这几个字。如果他们认为这是一个明智的决定，他会要求出版商在以后的版本中作相应调整。

　　温斯顿·丘吉尔先生谨借此机会向温斯顿·斯宾塞·丘吉尔先生奉上两本他所写的小说。他高度敬仰温斯顿·斯宾塞·丘吉尔先生的作品，也非常愉快地期待拜读《萨弗罗拉》。

温莎，佛蒙特

1899年六月二十一日

　　所有相关事宜都得到了友好的解决，读者也终于弄清楚了同时有两个不同的同名人从此往后都在文学世界中耕耘，在需要的情况下也耕耘政治需求。一年之后我造访波士顿，温斯顿·丘吉尔先生第一个来迎接我。他组织了一场年轻人的晚宴招待我，气氛非常热烈，我们都致辞彼此恭维。不过还是有人搞错：所有给我的信件都寄到了他府上，而晚宴的账单却寄给了我。我不用说大家也能猜到，这些小错很快就都解决了。

　　有一天，一位罗伯特·阿斯克罗夫特先生以保守党奥尔德姆地区议员的身份请我去下院。他带我去了吸烟室，向我揭开了一项重要计划的帷幕。奥尔德姆选区有两个议席，目前都归属保守党。阿斯克罗夫特是资深议员了，他的位子很稳，不仅受保守党选民支持，也是奥尔德姆棉花业工会久经考验、备受信任的律师。当时他的那位同事长期受病痛困扰，阿斯克罗夫特先生在找人帮助他组成选战中的双子组合。显然他认为我能够胜任。他说的话我很赞同："年轻人不像年纪大些的人那样有钱。"这话让人倍感心酸，我却找不到什么来反驳他。他似乎认为一切困难终将被克服，而我也同意抓紧时间去奥尔德姆地区他组织的一次会议上发表演讲。

　　几周过去了，会议的日期早已确定，我却从报纸上读到阿斯克罗夫特先生猝然离世的消息，让我深感悲痛。他看上去身强体壮、精力充沛，总是忙忙碌碌，竟然就这么仓促地走了，反倒是他的那位同事安然无恙，阿斯克罗夫特还为他的身体健康深感担忧。罗伯特·阿斯克罗夫特深受奥尔德姆[1]地区劳动阶层的尊重。他们总共捐出了两千英镑的款子，大多数是一笔笔小数额累积起来的，为他竖了一尊名为"工人之友"的雕塑。他们作出这般只能用来表达纪念之情的决定，而不是把钱用在其他有实际用处的地方，比如给医院增加一张病床，拓展图书馆的规模，建设一座喷泉，等等，在我看来倒也是符合兰开夏地区劳动人民的性情。他们的说法是不愿意用这笔钱给他们自己造什么享用的礼物。

　　空缺的议席必须有人填补，他们立刻想到了我，据说是这位过世的议员先生亲自选的我。我的名字已经列在了会议发言人的名单上。再加上人们还记得我父亲，那就可以了。没有人要求我去做任何陈述，参加任何答辩，或者经过什么委员会审查，我直接收到了竞选议席的邀请。对这项地方上的决定，保守党中央办公室和主管都表示同意，主管还敦促我们乘这次补选的机会把两个议席都一次性补掉。在他看来，执政的保守党此时在此次兰开夏补选中并不一定占据优势，也不愿意在几个月的时间里奥尔德姆地区议席再次出现空缺。对索尔兹伯里勋爵来说，在这会儿丢掉一两个议席不算什么，更何况如果是现在输掉了补选，

────────────

　　[1] 奥尔德姆是英国英格兰大曼彻斯特地区下的一座城市，位于曼彻斯特东北。奥尔德姆和附近的数座都市共同组建奥尔德姆都市自治市，奥尔德姆则是自治市的行政中心都市。在历史上奥尔德姆属兰开夏郡，故下文中作者也用"兰开夏地区劳动人民"来代指当地的人。奥尔德姆在19世纪开始快速发展。奥尔德姆曾是国际纺织业中心，也是一座在工业革命期间兴起的都市。奥尔德姆是首个工业化都市，并迅速发展为英格兰最重要的棉织业中心都市之一。

回头到大选的时候还能再争回来。对我来说，这种态度绝对不能说没有丝毫影响，不过在那个年头，有机会参与到政治中去，不管是在何种条件下的打哪场选战，都是比没有选战可打要来得好。于是我扛起自己的战旗，一头扎进了战场。

我现在正参与的这场补选获得了类似选战所能获得的顶级公众关注。截至写本书的时候，我共计参加了十四场竞争性的选战，平均每场消耗了我一个月的生命。考虑到人生苦短，一想到一辈子中有十四个月徒耗在这种令人烦闷的叽叽喳喳之中，就不由得让人郁闷不已。补选比正常的选举更加麻烦，我一共经历了五次。全国所有的怪胎和好事之徒和他们的狐朋狗友，还有所谓的辅选组织都会让倒霉的候选人疲于应付。如果候选人支持执政党，那么还要额外背上所有人类社会可能的不足之处带来的骂名，总有人叫叫嚷嚷要求他说明对这些问题将做些什么。

在我这次经历中，保守党政府逐渐开始不受欢迎了。自由党在台下待的时间够长了，足以让选民再次憧憬变化。民主制度并不擅长保持延续性。除了在重大关头，不管谁当大臣，英国国民并不会被收走赶跑王国大臣的权利；同样的，不管是什么政策，他们推翻这项政策的权利也不会被没收。我在逆潮流而动。此外，在这时候，保守党还在下院推动一项什一税[1]法案，试图让英国国教会生活清贫的教士日子过得没那么艰难。你不可能期待兰开夏人对此充满热情，包括卫斯理派在内的不信国教会的人在这里很有影响。激进派的家伙——亏得他们还管自己叫这个名字——甚至嘲笑这项法案是"教士救济法案"。我要直截了当地说明，在参与奥尔德姆选战之前，我对这些事情可以说毫无兴趣。我受的教育和后来的军旅生涯几乎和这些争端都绝缘。于是我赶紧提问这都是怎么回事。似乎大多数我的支持者都认为"教士救济法案"大错特错。他们向我解释了情况之后，我想到了个法子。教士当然要能过日子，如果连日子都过不下去了，又怎么可能履行本职呢？不过为什么不能让所有人都拿到一样的补贴，就像在军队里那样？算一算每个教派有多少人去听，然后规定个补贴总数，按人头平均分下去不就得了！这样就公平了，合理了，既有尊严又皆大欢喜。我很吃惊之前竟然没人想到过这个办法。不过当我向我的委员会解释之后，没有人同意。不过大家都不同意，那一定是有道理的。于是我只能放弃我这个和平主义的平均补贴方

---

[1] 什一税是欧洲基督教会向居民征收的宗教捐税。公元6世纪，教会利用《圣经》中农牧产品的十分之一"属于上帝"的说法，开始向基督教信徒征收此税。宗教改革和德国农民战争期间，废除什一税是农民的基本要求之一。西欧大多数国家18到19世纪才先后废除。英国一直征收到1936年。

案，转而去找其他能让这个岛国中占绝大多数的选民叹为观止的好主意。

就在这节骨眼上我有了一位新同事。他的加入被认为是中央办公室的神来之笔。詹姆士·马伟德思礼先生是一位社会主义者，担任纺织业联合会秘书长一职，备受尊重。他是我见过的最典型、纯正的托利党工人阶层候选人的样板。他大胆地大力宣扬保守党理想中的民主制度，甚至要推行保守党社会主义。他认为两个党都是虚情假意的，但自由党更可恶一些。他说他很自豪和古老的英国贵族制度下的"后裔"同台合作，共同为如此了解他且对他倍加信任的劳动人民的伟大事业奋斗。我对他的加入很感兴趣，而且有那么几天看上去也挺成功。"贵族后裔"和"社会主义者"的组合似乎预示了政治发展的新方向。令人不悦的是激进派竟然对这样激动人心的组合指手画脚，还有好多绷着脸的工会分子也来帮他们的忙，指责马伟德思礼先生背弃了自己的阶级。这些人对保守党态度粗暴，极为不敬，甚至对索尔兹伯里勋爵毫无敬意，说他改革步子不够大，与现代民主思潮格格不入。我们当然毫不接受这种荒诞谬论。最后所有的自由党支持者和激进工会分子都投了自由党的票，而我们只剩下自己的基本盘。就连我们最坚定的支持者也因为"邪恶的"社会主义者和我一同搭档竞选，而变得怨声载道。

与此同时，我们的两位自由党对手则证明了自己的分量和价值。其中艾莫特先生更为资深，他出身于奥尔德姆地区的纺纱世家，累世巨贾，经验丰富，正当盛年，在地方上关系网盘根错节。此外他个人能力出众，日后也借此身居高位，成为广受欢迎的反对党高层。这样的对手实在难以超越。更为年轻的伦斯曼先生则能力卓著，热情且平易近人，简直无懈可击，家资丰厚，也是不可多得的优质候选人。我和我穷困潦倒的工会运动家竞选搭档搜遍全身也很难找出五百英镑，我们还被指责代表了社会中的既得利益者。至于我们的对手肯定轻轻松松就能拿出二十五万英镑，却号称自己站出来是为了慷慨地替穷人和需要帮助的人说话。多么奇怪的颠倒！

选战蔓延许久且异常艰苦。我为政府辩护，为现有的社会体系发声，捍卫英国国教会和帝国的统一。"从前所未见，"我大声疾呼，"英格兰人口如此繁密，人民也从未有过当今那么充足的食物。"我高谈不列颠的活力与力量，阔论苏丹的解放和拒绝监狱囚犯制造的外国商品的意义，马伟德思礼先生也与我持同样的论调。我们的对手则针对劳动阶层普罗大众的艰辛，为贫民窟里的肮脏与不堪鸣冤，抨击贫富之间令人震惊的差距，大谈特谈"教士救济法案"

所体现的不公平现象是如何之骇人听闻。如果兰开夏选民没有坐拥上天赠予的神秘天赋，不能够懂得衡量觊觎他们手中选票的那些人究竟孰好孰坏的话，这场选战就根本谈不上什么势均力敌。他们能自动对这次选战中的不公平现象施加各种调整。我每天从早到晚四处发表演讲，口若悬河，马伟德思礼先生则持续强调他的竞选主题，即自由党比保守党更加虚伪。

奥尔德姆选区的选民全部都是工人阶级，而且那里当时的经济高度发达。他们不仅为印度、中国、日本纺织棉花制品，还在阿萨·李公司的伟大工厂里制造机器，让印度、中国、日本能自行织造。在这座小镇上并没有吸引人高卧不起的宾馆，也没有多少豪华大宅，却有着数以千计的工人阶级家庭，他们对自己的生活感到满意，靠自己的双手在肯定又缓慢的节奏中把日子过得越来越好。越来越多的姑娘们头顶羊毛头巾，脚踩木屐，光着脚奔跑嬉戏的孩子也越来越多，从中不难看出这地方的繁荣度在不断提高。我目睹了他们的生活水平因世界局势的变化而下降，但还是过着超乎寻常的好日子，比他们自己此前认识的所谓"繁荣"要好得多。那时候有这么一句话："富不过四代"，第一代人赚钱，第二代人攒钱，第三代人散钱，第四代人没钱，只能回磨坊去打工。我也亲眼见证了他们所遇到的麻烦：政府对丝绸长筒袜征税，我在那个年代未曾见过的生活方式，甚至是贸易量下滑，行业龙头地位也不断遭到挑战。凡是和兰开夏地区的工人阶级有过紧密接触的人都会祝福他们好运。

选战过半，所有主要支持我的人都希望我丢开"教士救济法案"，别再谈了。我本人对法案背后的需求和灵感来源一无所知，也无法与支持法案的情绪产生共鸣，我本人也早有意弃之如敝屣。在支持者雀跃的欢呼声中，我当众宣布一旦当选，我不会投票支持这项法案。这是致命的错误。如果想要为政府或党派辩护，就必须直截了当地谈遭到最猛烈攻击的事项。就在我宣布的时候，对这份法案最热烈的讨论正在上演。在威斯敏斯特的议会辩论中，政府自己选择的兰开夏候选人无法面对选民，直截了当支持这份法案，这成了政府被集火的痛脚。在奥尔德姆本地，对手在我作出选择后更是选择加倍强化攻击。活着就得学习！我想，如果我自称当时是挺不错的候选人，这一定不是出于自负。不管怎么说，我们这个组合抱有真正的激情，而且当我看到广大工人阶级——并非出于蝇头小利——如此热诚地表达他们对帝国的自豪和对这个国家古老传统的热爱的时候，我发自内心地感到快乐。然而，最终计票结果显示我们输得彻彻底底：总投票数两万二千张（这已经是英国为人所知的最大规模的选举投票了），我输了对手一千三百张，而马伟德思礼先生比我还少三十张。

只要一有失败，随之而来的就是相互指责。我发现一如往常，所有人都把矛头对准了我，我猜这是因为他们觉得我是最佳的替罪羊。党内高层和卡尔顿俱乐部的人说这样的风凉话："自作自受，谁让他和一个社会主义者一起竞选！任何有原则的人都不会这么干！"当时担任下院领袖的贝尔福先生在听说我公开反对他的教士什一税法案之后，在下院走廊里直接说："我之前还以为这个年轻人前途无量，不过现在看来前途无量。"他在第二个无字上加了重音。我其实觉得他还说得颇为公正。党报刊登了一篇社论，指出将重要的工人阶级选区交给年轻毫无经验的候选人去竞争实在是大错特错。所有人都急着把自己从这么丢人的事情上摘干净。我回到伦敦的时候整个人都被灰心丧气压垮了，就像是一瓶香槟或者苏打水，喝了一半又敞着口搁了一夜，彻底泄气了。

我回到母亲家里之后，没有人来做客。不过一直以来支持我、善解人意的贝尔福先生给我写了一封信，全文手写的信件。我从最"古老"的文件堆里刚发掘出这封信件，与大家共同分享。

很抱歉听说你在奥尔德姆落选的消息，我满心期待尽早与你在下院共事。在这里你父亲和我肩并肩共同作战，在过往的岁月中打过许多硬仗。不过我希望你不要灰心，不要被现状击败。现在并非打补选的最佳时间，原因有很多。反对党在补选中天然占据优势，能躲过很多批评。他们不用提出执政的方案。任何时候这都是优势，尤其当我方提出的方案中包括不太受人欢迎的议题，诸如地方自治等时，他们的优势就更大了。此外，反对的批评意见总是能吸引那些一只耳朵听、一只耳朵闭的人。企业主讨厌补偿法案，医生讨厌免疫法案，普通老百姓讨厌教士，所以什一税法案不受他们待见，而你反对这项法案又招来了教士的厌恶。奥兰治联盟的保守分子又不愿伸出援手，就算承诺支持利物浦方案也没用。当然从我们的方案中受益的人也不会心怀感恩，而自认为利益会受损的人自然会心怀怨怼。你真是顶着所有的逆风在争取这个兰开夏的议席！

不用在意，一切都会好起来的。这小小的挫折不会对你的政治生涯带来无法磨灭的负面影响。

这一年7月底，我同张伯伦先生进行过一次有益的长谈。虽然我在父亲宅邸多次见过他，他也用和蔼可亲的态度同我打过几次招呼，但这次长谈才算得上是我们真正的相互认识。当时我们都在我的朋友热恩女士那儿做客。她在泰晤士河畔有一栋漂亮的房子，下午我们一同坐船游河。和如果可能的话绝对不会在工作时间之外谈正事的阿斯奎斯先生不一样，张伯伦先生随时都可以讨论政治问题。他的风格非常直截了当，甚至有时候坦白与直接得令人诧异。与他谈话本身就是上政治课。他了解所有的细节，包括所有政治游戏中的细枝末节和曲里拐弯的事情，也对两大党派推动事件前进的各派力量有深入理解。后来张伯伦也成了推动最前沿议题的旗手。午餐和晚餐的时候，我们占据了对话的主要部分，南非的情况逐渐凸显出来，成为议论的主题。当时全国，乃至于全世界都在关注和克鲁格总统之间关于宗主权的微妙、致命的谈判。读者或许还记得我曾提过我主张采取强硬态度，但我记得张伯伦先生说："吹响进军的号角之后回头四顾却发现没人跟随，又有什么用呢。"过了一会儿我们经过了一位端坐在河岸边椅子里的老人，热恩女士对我们说："看啊！拉布谢尔坐在那儿呢！"张伯伦先生转过头瞥了他的政治死敌一眼，"老混蛋！"这是他的评语。我看着他的脸色，鄙视与不悦一闪而过，不过还是令我震惊。灵光一现之下，我仿佛了解了这位鼎鼎大名、活泼愉快、健谈有趣的谈话对象也隐藏了他对自由党和格莱斯顿先生的恨意及他们之间的持久争端。

接下来，我一头扎进了《河上的战争》一书的写作里。需要埋头苦干的部分已经结束了，我现在在完成的是对校样的修改，这项工作让人心情愉悦。军法这会儿已经管不着我了，我可以放心大胆地直抒胸臆，写出我对基奇纳大人的看法了。不论是害怕、奉迎，还是喜爱，都不会影响我的写作，我也确实这么做了。他下令亵渎马赫迪的陵墓，我觉得简直是不堪的丑闻。他把马赫迪的头颅割下来浸在煤油瓶子里当成战利品，我觉得这是野蛮人的行径。对此在议会中早已掀起了激烈的讨论，我自己同情的是《曼彻斯特卫报》的编辑约翰·莫雷和C. P. 斯科特先生对基奇纳发起的毫不留情的批判。马赫迪头颅一事本身只是琐事，但就像是导火索一样引爆了人们积累已久的怨气。所有的自由党人简直就是炸了窝了，对他们而言，这几乎可以与匈奴人和汪达尔人相提并论。所有的托利党人则认为这是一场恶作剧。所以这样说来，从党派的角度来看，我又越轨了。

我们原本计划于10月中旬出版，这可是我的代表性杰作（当然是到那个时候为止）。我整整花了一年的心血在这本书上，满心期待看到这两大卷问世，呈献给充满期待的公众。

但真的到了10月中旬，世事无常，我们所有人都有了其他需要思考的事情。

第十八章　与布勒同行去开普

人们都说，激烈的争吵过后，总会发现引爆争吵的诱因相当琐碎，而背后累积的原因却绝不会也是如此。整个英格兰的人，甚至全世界的人都在紧密跟踪直接引发南非战争的那些龌龊事情。马聚巴丘陵一战[1]之后发生在不列颠人和布尔人之间的点点滴滴，包括过去更久远时间段里两方怀着相互厌恶发生的不快事件，对所有人来说都很熟悉。1899年的争端和相应的谈判受到了最为细致的监督，在下院的辩论中，反对党提出了最为尖刻的问题，时刻敦促政府小心警戒。夏秋两季连续过去之后，英国政坛已经分成了两派：一派认为同布尔人打一仗非但是必须的，也是不可避免的；另一派则坚持要穷尽一切谈判桌上的努力，用拳拳耐心和先见之明避免战争。

这个夏天湿热难耐。国内气氛像极了暴风雨来临前的预兆，缓慢又不可避免地变得紧张起来，似乎空气中隐藏着无数电弧。三年前发生了杰美森事件之后，德兰士瓦人就一直在竭尽全力强化武装。当地警察装备精良，外国人的一举一动都在他们的严密监视之下。德国工程师沿着城市外围建起了一座碉堡，约翰内斯堡在其俯视之下，碉堡里的炮兵轻易就能控制整座城市。荷兰人和德国人赶着往南非送的大炮、炮弹、步枪，早就足够武装两个布尔共和国了，就是把整个开普殖民地的荷兰人全都武装起来也绰绰有余。英国政府嗅到了威胁的味道，这可能不仅仅是一场叛乱，甚至是一场战争。纳塔尔和开普地区的防务都得到了强化。与此同时，往来于唐宁街[2]和比勒陀利亚之间的信件分量不断加重，急件越来越多，像链条一样连绵不断，预示着阴郁的未来。

---

[1] 1881年2月，布尔人的军队在马聚巴山附近击败了一千多名英军，迫使英国在保留部分权力的名义下，承认德兰士瓦的独立，并相互签订和约。

[2] 唐宁街（Downing Street）位于英国首都伦敦，过去两百年间都是重要内阁官员，即英国首相以及兼任第二财政大臣的财政大臣的官邸。因此，"唐宁街"和"唐宁街10号"是英国首相或首相办公室的代名词，而"唐宁街11号"就代表财相或其办公室。

突然间，就在10月上旬，德瓦士兰地区[1]决定政策的人变得大胆而唐突，似乎要一次性解决这桩事情。8日，比勒陀利亚[2]通过电报发来了一封哀的美敦书[3]，要求英军从共和国的边界附近撤退，同时停止继续增援。书中只给了英国三天时间。从那刻起，战争已被注定。

这份哀的美敦书刚在应答机上留下痕迹不到一个小时的光景，奥利弗·博思维克就上门来找我，约我当《晨报》的首席战争通讯员。一个月两百五十英镑的薪水，所有开支都报销，同时我可以全盘决定自己的行动，按自己的想法写稿子，首次签约四个月，这些就是他给我开出的条件。我思量着这在英国新闻史上算是创出新高了，是有史以来战争通讯员能拿到的最好合同了。对二十四岁的我来说这当然很有吸引力，毕竟我要挣钱养活自己，而我当时又没有别的工作。于是我立刻计划启程，最近的一班船是11日出发的达诺塔城堡号，就是它了。

接下来的几天，我都是在满怀期待中度过，顺便准备行囊。伦敦城里爱国情绪高涨，党内则出现了严重争端。前线的消息接踵而至。布尔人自己先采取了军事行动；他们的军队已经逼近了开普殖民地和纳塔尔城；雷德维尔斯·布勒爵士将军已经受命成为当地英军总司令；政府已经征召了后备役；英国仅有的一个军团将立刻开赴开普的桌湾[4]。

在出发之前，我决定去求见张伯伦先生。虽然大臣很忙，还是允许我在殖民地部见他一面；当得知我无法按时赶到，他告诉我第二天早上直接到他在王子公园的府邸去。于是我在这位伟人政治生涯最关键的时刻见到了他。和往常一样，

---

[1] 德兰士瓦共和国（Transvaal Republic）是1852年到1877年和1881年到1902年间布尔人在现在的南非共和国北部建立的国家。1652年，第一批荷兰移民抵达非洲南部的好望角定居。1795年和1806年，英国两次占领好望角殖民地。1814年至1815年的维也纳和会上，英国以六百万英镑的价格从荷兰手中购买了好望角地区，开始对其加以统治。好望角地区又称作开普殖民地。1836年，对英国统治不满的布尔人开始集体离开开普殖民地，在北方内陆建立了莱登堡共和国、温堡共和国等殖民区。这些殖民区在1852年合并成为德兰士瓦共和国。1902年第二次布尔战争结束后，德兰士瓦共和国灭亡，成为英国殖民地。

[2] 比勒陀利亚建于1855年，以布尔人领袖比勒陀利乌斯名字命名，其子马尔锡劳斯是比勒陀利亚城的创建者，市内立有他们父子的塑像。1860年成为布尔人建立的德兰士瓦共和国的首都，1910年成为南非联邦的行政首都。2005年3月7日，比勒陀利亚更名为茨瓦内。

[3] 哀的美敦书是拉丁文ultimatum的音译，即"最后通牒"。

[4] 桌湾，或音译"塔布尔湾"，大西洋沿岸海湾，在南非开普省西南部，好望角之北，临大西洋南岸，是南非最大的客运港，也是南非与欧洲贸易的主要门户之一。

他抽着雪茄。张伯伦先生伸手给我递了一支。我们就当前形势谈了大概十分钟，他接着说："我必须去部里了，要不你和我同去吧，这样路上我们能接着聊。"

那时候坐马车从王子公园去白厅要一刻钟。我打心里不愿这段路很快走完。张伯伦先生对战争可能的发展极其乐观。

"布勒，"他说，"可能会迟，他要是早点去就会好了。现在要是布尔人进犯纳塔尔，乔治·怀特爵士和他属下的一万六千大军也是能轻易全盘搞定的。"

"那马弗京地区又怎么办？"我问道。

"啊，马弗京，可能会被包围，不过要是他们挺不过区区几周的话，那又有什么好指望的呢？"接着他突然强调，"当然我的意见要和战争部的意见结合起来，他们都挺有信心，我也只好跟着他们走。"

当年的英国战争部正经历着连续两届一毛不拔的议会下院，无论情况再危急，他们也不愿意改弦更张。战争部的想法和现实情况相当脱节，澳大利亚提出要部里批准派一支部队去支援，拿到的批文是"最好派步兵"。不过和他们不待在一幢楼里的战争部情报办倒是准备了两大本厚厚的资料，就当前状况给出了最为详细、准确的信息，后来这份资料也呈送了议会。情报主管约翰·阿达格爵士告诉战争大臣兰斯多恩勋爵需要二十万人的兵力。他的想法遭到了无情的嘲笑，送出去给布勒的两大本资料也立刻被送了回来，用时还不到一个小时。"南非的一切我都知道。"布勒是这么说的。那些天里似乎只有和我共进过一次晚餐的副大臣乔治·温得海姆先生对情报工作的难处和不易高看一眼。他说布尔人作好了万全准备，计划周全。他们不仅准备了充足的弹药，还装备了一款新式的马克沁重机枪，发射的是一英寸口径的弹药。（这款枪就是日后我们昵称"砰砰枪"的那款。）他认为战争开始会打得比较艰难，英军可能会遭遇密集的火力，可能被机动力更占上风的敌人在某些地方包围，战局一旦陷入拉锯，这种一英寸口径的机枪就可能发挥重大作用，把我们的部队撕成碎片。我不得不坦诚，在青春热血鼓吹之下，我听到战争并不会变得一边倒或无趣到列队行军就能取胜，还是有些如释重负的。我觉得布尔人居然敢对大英帝国整个下手，真是勇气可嘉。我也觉得他们并非全然毫无防备着实是件好事，但无论作什么准备都无济于事，不过浪费时间罢了。

让我们吸取教训吧。绝对，绝对，绝对不要相信什么战争能顺利打赢，轻易取胜之类的话，也不要相信踏上陌生旅途的人有什么了解未知风浪的能力。

患上战争狂热症的政客要知道，一旦给出开战信号，他就不再是政策的主人，而是会沦为无法预知、无法控制的各类事件的奴仆。老掉牙的战争部，懦弱、无能抑或是自大的指挥官，无法信任的盟友，带着敌意的中立方，不怀好意的命运之神，令人恶心的意外，糟糕透顶的失算，在宣战之后都会不请自来地坐到战争理事会的议席上去。不管再怎么相信自己能轻而易举地赢下一场战争，也一定要记住，如果你这么想，肯定也有另一个人和你想的一样。

比利·杰拉德是我父亲最好的朋友之一，多年前曾得雷德维尔斯·布勒爵士一诺（正如我从宾顿·布拉德爵士那儿得到的承诺一样）。他们约定如果布勒将军有机会指挥一支野战军队，一定会带上比利当他的参谋。杰拉德勋爵现在年事已高，家财万贯，社会地位极高，同时也是赛马场上的名流。在一场由恩斯特·卡塞尔爵士以杰拉德勋爵的名义，在卡尔顿酒店举办的晚宴上，勋爵宣布了他即将前往前线。我当时也在现场，算是受邀之列。在座的还有包括威尔士亲王在内的四十余位贵宾，都是正当盛年的统治阶级要员。勋爵的职责是负责照料总司令个人的生活，为此在座的人纷纷从伦敦的酒窖里挖出最好的香槟和上了年份的白兰地来送给他。我根本没法记清到底有多少瓶。捐赠者也明确同他说，只要场合允许，有机会尽可以和我一同分享这些祝福。大家都显得异常欢悦，兴高采烈。这也是战争爆发之际常见的景象。当时另一位即将启程开赴前线的人士也在场，在他后来的人生中，他总是时不时地展现出不尽如己意的对酒精制品的自控力。的确他成了大家的笑柄。当时就在要离席之际，马库斯·贝勒斯福德勋爵诚恳地说："再见了，老家伙，想想维多利亚勋章。"听了这句话，我们可怜的朋友回答道："我将尽己所能。"听闻此言，马库斯勋爵突然叫了起来："啊！你一定是搞错了，我不是说那个，我说的是'老干邑白兰地'！"

我在此要补充说明。这些香槟和白兰地以及我在其中的份额，后来都随着战争的推移不知所踪了，当然，这种令人失望的事情在打仗的时候是在所难免的。其实，为保证它们能完好无损地抵达前方总部，杰拉德勋爵殚精竭虑，想出了个法子，把它们都贴上了"蓖麻油"的标签。两个月后，勋爵在纳塔尔没有等来这批货物。他发了紧急电报问德班的基地要他的"蓖麻油"。基地回电说，这批原本要发给您的药品被错发给了一家医院。但好在基地储备了充足的蓖麻油，职司官员已经调发了一大批上路了！

在南非我经历了许多异曲同工的事。

达诺塔城堡号于10月11日从南安普顿起航，正是布尔人哀的美敦书上的最后日期。这艘邮轮上不仅搭乘了《晨报》的通讯员和他的身家，也搭载了雷德维尔斯·布勒爵士和他所有的总部参谋，以及英国的一个（也是唯一一个）整编军团。爵士是典型的英国人，看上去对什么事都漠不关心，说的话很少，就算说话也模糊不清。他不擅长解释，也不会试着去解释。在重要的讨论中，他通常只会发出嗯啊的应答声，或者以点头摇头来表示态度。在平时的对话里他严格避免谈及任何公务。年轻的时候，他就证明了自己的无畏勇气与娴熟技艺，在将近二十年的时间里，他一直在白厅担任各种重要的行政岗位。人们都认为他的政治立场偏向于自由派，也是个很棒的士兵。爵士的名字长期得到公众瞩目，总而言之公众对他深表信任，这是毋庸置疑的。索尔兹伯里勋爵于1899年11月9日在伦敦大市政厅的演讲中说："我对英国士兵的信任就如同我对雷德维尔斯·布勒爵士的信任一样。"显然他是个颇为显要的大人物。虽然他一路走来总是跌跌撞撞，一个错接着一个错，一场灾难接着另一场，国家对他的期望和对他手中军队的信任从未减少过。当然，他也很关心他的士兵，就像关心他自己的前途一样，下了苦心。独立而自命不凡，世界级的人物，国家的要员，这就是在这个当口布勒爵士给这个国家留下的印象，很像后来霞飞将军给法国人留下的形象。

当时战争还是和平似乎还是走钢丝一样的问题，最后那一枚不可挽回的子弹还没有出膛。我们陷入了一片灰蒙蒙的模棱两可之中。那时候当然还没有无线电，这样一来在弦绷得最紧的时候，总司令、司令部的全体参谋、《晨报》的通讯员，全都与世隔绝。我们都在期待第四天抵达马德拉岛[1]的时候能收到点消息。等到了马德拉，除了谈判终结，双方军队都在移防之外，没有别的消息。在这种垂在半空里的状态下，我们再次上路，这次驶向了蓝色的大海，以及一无所知的未来。

从这时起，我们被迫同这场满心牵肠挂肚的大戏隔绝，长达整整十四天。整整十四天，风平浪静，天晴海晏。这艘通往开普的邮轮静静地用船头切开海水，似乎心无旁骛。船甚至都没有在通常商业航速的基础上提高速度。这种做法前所未有。上一次大不列颠同白人开战还要追溯到大概五十年前，所有人都似乎遗忘了在这样的背景下，速度会有多么重要。船上的气氛一片宁静祥和，

---

[1] 马德拉岛，位于北大西洋的东部，为葡萄牙属地。作者所处的年代因技术条件限制及地理条件所限，远洋船舶必须时常中途停靠，马德拉岛就是其中一处中转基地。

毫无异样。平民和军人都忙着享受一次常规海上航行中的体育运动与比赛。布勒每天在甲板上来回踱步，就像一头硕大的斯芬克斯雕塑一般平静。司令部参谋都觉得在我们到达之前，一切就会结束了。在船上肯定有我国最一流的一些军官，他们也都觉得布尔人那些"外行"，"临时拼凑"起来的军队怎么可能对纪律严明的职业军人造成伤害。如果布尔人胆敢进攻纳塔尔，也会立刻遭到手握一整支步兵旅的佩恩·西蒙德将军的反击。将军除了步兵，还有一个骑兵团和两支炮兵，就驻扎在纳塔尔最北边的邓迪。参谋们的担心反而是敌人会吓破胆，从此不敢同常规部队交手。这一切都让人沮丧，雷德维尔斯·布勒爵士脸上总是布满阴云也就不奇怪了。

平静、和平、猜想之中，我们度过了整整十二天。我脑海中走马灯一样想出了二十来种可能的场景，坏到南非人攻下了开普敦，好到乔治·怀特爵士甚至是佩恩·西蒙德将军攻下了比勒陀利亚。我心中并不认为任何一种场景都是百分百作数的。再过两天我们就能知道在我们神志恍惚的这两周时间里到底发生了什么。这段停滞就要结束了，摆在我们面前的窗帘就要拉起，世界舞台即将回到我们眼前。我们会看到些什么呢？我想布勒将军一定万分厌恶这种截然中断的感觉。他对现在正在发生的一切作何猜想？政府真是太愚蠢了！本可以安排一艘鱼雷艇，每五天从海岸上带来消息，让将军了解所有事件。这样他就能在冷静悠闲的状态下思考自己上岸之后第一步要如何行动。

突然甲板上陷入了一阵骚乱。一艘船出现在我们右前方，是从"有知"的大陆方向开来的。我们迅速挤成了一团。有些年轻人开始激动地叫喊起来，我觉得是不是那艘船就要从我们船头大概一英里的地方开过去了呢？"我们肯定能得到一点消息的吧？为什么不能让那艘船停下来？船上一定有开普地区的报纸！总不见得就这么白白放她走了吧？"

人群的咕哝与抱怨抵达了天听。船上的领导介入了此事，最后决定突破海上惯例，截停那艘船。可能对方会要求政府赔偿，可能会有类似的惩罚，就像没有适当的警告就拦停通邮的车队一样。于是作为折中措施，我们的船试着向对方发出信号，问有什么新闻。收到信号之后那艘船更改了航线，冒着烟雾朝着我们靠得更近了一些，大概一百码左右的距离。那是一艘不定期货船，大概载有二十人。他们都站到了一起朝我们的方向望来，而我们——诸位读者也许早就猜到了——也回之以礼。他们在甲板上竖起了一块黑板，在黑板上写着如下的文字：布尔人落败；二次战斗；佩恩·西蒙德被杀。

紧接着那艘船就被我们超过了。我们开始琢磨这三条云里雾里的消息。

参谋们显然惊恐万状。前线显然真的有战斗！一位英国将军被杀！就意味着战斗肯定相当惨烈。布尔人不太可能还有什么实力留存了。如果打了三仗他们都被击败了，他们还可能继续无望的挣扎吗？在我们头上逐渐积累起了更为密布的阴云。布勒还是一副神秘莫测的样子，就像是困顿时刻中一座坚强的灯塔，不发一语。他从望远镜里看到了这些消息，什么都没有表示。过了几分钟才有一名参谋壮着胆子去同他搭话。

"好像就快结束了，长官。"

在别人的敦促下，这位大人物说出了如下的几个字：

"我说还剩下的足够在比勒陀利亚城外让我们打一下。"

他的军事直觉很准，也很快。的确，敌人还有挺多剩下的！

这句话令人印象深刻，鼓舞了大家的士气。口口相传之下，不多一会儿全船人都知道了。所有人的眼睛里都闪起了亮光，所有人的心脏都比之前跳得更加有力了。参谋相互祝贺，副官乐得直跳。现场的乐观情绪简直爆棚，我提高嗓门，喊出："只要十分钟就能拦下那艘船，大家都能知道到底怎么样了！"但因为欢呼的声音实在太响了，没人注意到我，也没有人理睬我。恰恰相反，后来我得到了这样的回答："年轻人的缺点就是不耐心。很快我们就能知道究竟发生了什么。雷德维尔斯·布勒爵士展现出了他招牌一样的冷静，等到在开普敦下船就肯定能拿到的消息为什么还要花精力去预测呢？此外，在总司令看来，剩下的战斗在我们抵达比勒陀利亚之前根本不会发生。从开普敦出发到比勒陀利亚还要北行七百英里，路上的时间足够我们作出安排，粉碎布尔人可能的抵抗。最后，哪怕是和平时期质疑上级的决定也是不太明智的，何况在战争状态下。再者就算是以一名战争通讯员的立场也不太应该这么做，更何况你还是一名最近才脱下军装的军官。"

就算这样，我还是心存疑虑，不敢苟同。

第十九章　装甲列车

我们抵达桌湾的时候天色已是漆黑，岸边闪烁着数不胜数的光点一直延绵到我们的船上，很快船就被一长串敞篷摩托艇包围了。那是高级公务员同海陆军的军官一道，带着各自的报告来汇报情况。总部的参谋整夜不眠，正襟危坐埋首读这些文件。我则打起同样的精神，一头钻进了搜罗来的一大堆新闻报纸中去。

布尔人侵略了纳塔尔，在邓迪袭击了我方的先遣部队。虽然我军在塔拉那丘陵彻底击溃了敌人，但佩恩·西蒙德将军在此役中以身殉国了，敌军几乎把他统帅的三四千人包了饺子。这支部队在紧急撤往莱迪史密斯城的途中遭遇了不幸。乔治·怀特爵士统帅着一万三千人的部队镇守莱迪史密斯城，麾下还有四五十门火炮和一支骑兵旅，试图截断敌人进一步逼近的脚步。英国政府的意图是希望他向南撤退，穿过图盖拉地区，拖延布尔人的进攻，等候从英格兰和印度跨越重洋疾驰而来的援军。这些我当时并不知道。此外，怀特爵士最重要的任务是绝不能让自己被敌人分割包围。在英军的作战方略中已经考虑到了纳塔尔北部的暂时沦陷，这是一种战略撤退，放弃这片显然无力防守的三角形区域。布勒从开普殖民地带来的主力部队将取道奥兰治自由邦，直插比勒陀利亚。但这些计划很快就成了一团乱麻。

我记得几年之后有一次同贝尔福先生共进晚餐，我们谈起乔治·怀特爵士受到的不公正对待。他原本轻松惬意、微笑文雅的表情立刻消失，换作一脸严肃与严厉，就好像突然换个人一样瞪着我。"都是拜他所赐，"他说，"莱迪史密斯城才成了个烂摊子。"

我们抵达的当天（10月31日）在莱迪史密斯城周围出了大事。怀特将军在埃兰兹拉赫特附近取得胜利之后，对那些行踪难以捉摸、不断步步紧逼、试图包抄英军的布尔义勇军发起了一场雄心勃勃的进攻。由此引发了一场灾难。将近一千两百名英军步兵被迫在尼克森山投降，剩下的由于战线拉得过长，不得不退守莱迪史密斯城。很快这座城市很大程度上就被布尔人包围了，陷入困守孤城的窘境，铁路网被完全切断，不得不作长期守城的打算，等待援军。布尔人从四面八方包围了这座城市之后，留下了三分之二的兵力，剩余三分之一的部队据估计应该是渡过了图盖拉河，向纳塔尔南部地区进发。与此同时在西部战线上，布尔军队同样围困了马弗京和金伯利，严防死守，坐等两座城市里的英军饥渴而亡。最终，就连开普殖民地里的荷兰人地区也熬不住了，出现了叛乱的迹象。在整片广阔的次大陆上，所有人都在手足相残，而英国政府在当时能够指望的除了海军的舰炮之外，别无他物。

对我军和敌人的行动计划，我都知之甚少。纳塔尔大败的所有相关消息也都还被捂在盖子里。不过我们在登陆之后至少明白了一件事：第一场大规模的战斗会在纳塔尔发生。布勒的集团军还需要一个月或六周才能在开普敦或伊丽莎白港集结。先去一趟纳塔尔看看当地的军事行动，然后回到开普殖民地跟上大军的脚步也来得及。我是这么想的，几天之后，雷德维尔斯·布勒爵士也悲痛地认清了这一事实。所有经过自由邦的交通都被切断了，这是题中应有之义。要去纳塔尔就要乘火车绕七百英里取道德阿尔枢纽站，再经过斯通尔姆贝格抵达伊丽莎白港，然后再换乘小型邮船或者拖船到德班。一共要花四天时间。从德阿尔出发到斯通尔姆贝格的铁路与交战双方的边境线平行，防守稀疏，也可能随时被切断。不过当局人员还是认为能通过的可能性很高，于是我就同J. B. 阿特金斯先生一同出发了。他当时是《曼彻斯特卫报》的通讯员，后来当上了《旁观者》杂志的编辑。我们搭上了最后一班顺利通行的列车，等我们抵达斯通尔姆贝格的时候，发现车站的工作人员已经在收拾行李了。

我们搭上了一条差不多一百五十吨的汽船，从当地一个叫东伦敦的地方顶着从南极吹来的狂风起航。我当时觉得这艘小船随时可能被巨浪掀翻，或者被扔到礁石顶上。我们能看到这些礁石露着黑黝黝的牙齿，就在不到一英里的地方。不过担心很快就被抛到了天涯海角，比这些更可怕的是晕船带来的折磨。我真心觉得自己能活下来已经是谢天谢地了。那会儿我连一个小手指都动不了，更别提使些法子来救命了。在船的尾部有一间闷热的舱室，在甲板下方，或者叫甲板舱更合适些，大概供六七名船员居住、睡觉、吃饭。就在这地方，我躺在一个铺位上，肉体忍受着极端难受的煎熬。与此同时，感受着我们小小的船只在狂风巨浪之下弹起、旋转、跳跃、投射、掉落，几乎整个翻覆，又险之又险地扭回正轨，或者就我所知，打转。整个下午似乎永远不会结束，一小时接一个小时都在如此运动。一整个傍晚比下午更长更难熬，而夜间更是仿佛没完没了。只是因为我记得就连提图斯·奥茨[1]在接受了可怕的鞭刑之后还能好好地活很久，同时也坚信上帝一定会为我作出最好的安排。在这些信念的支持下，我才终于挺了过来。

还好万事总有个了结。人总是最先忘记这种身体上的折磨。德班之行给我留下的记忆，就像是"恶歌谣"里唱的那样：

> 我要带到岁月的墓穴中去，
> 就像照相术那样，
> 在我脑海中印刻下，
> 昨天流逝过的痕迹。

我们在德班登陆之后马上赶赴彼得马里茨堡，这段路程花了一晚上。医院里已经满是伤员。我在医院里遇到了雷吉·巴内斯，他大腿上中了一枪，是在埃兰兹拉赫特的胜利战役中挂彩的，我的朋友伊安·汉密尔顿指挥了这场战役，汉密尔顿这会儿已经是位将军了。巴内斯把战斗的所有情况都告诉了我，也说到了布尔人骑术高超，马上的枪法也很高明。他给我看了他的腿，骨头没事，但从上到下都像煤炭一样黑。后来医生再三向我保证那只是瘀伤，而不是我担心的坏疽。我连夜赶往埃斯特科特小镇，当地是铁路的尽头，只有几百名居民。

我原本是想进入莱迪史密斯城的。伊安·汉密尔顿在那里，肯定会好好安排我，让我了解很多情况。但我到得太晚了，已经没有机会了。布尔人已经占领了图盖拉河上的铁路桥和柯兰索车站。法兰齐将军和他包括海格和赫伯特·劳伦斯在内的参谋部下已经搭上了莱迪史密斯城开出的最后一列火车，冒着炮火踏上了前往开普殖民地的旅程。骑兵主力预计在那里集结。除了留在埃斯特科特，我没有别的选择。在布尔人逼近的兵峰之下，在这里也拉起了一小支部队，守卫纳塔尔南部地区。一个营的都柏林燧发枪兵，两三门火炮，几支纳塔尔卡宾枪骑兵的分遣队，还有两个连的德班轻步兵，还有一列装甲列车。这些就是保卫殖民地的全部兵力了。纳塔尔地区剩下的兵力全都被围困在莱迪史密斯城里。援军正在从大英帝国的各个角落朝这里赶来，但在我留在埃斯特

---

[1] 提图斯·奥茨（Titus Oates），英国历史上最有名的诈骗犯之一。曾被英格兰最好的学校和军队开除。1678年，奥茨假装要揭发耶稣会会士策划谋杀英国国王查尔斯二世的阴谋，导致社会上的反天主教情绪大爆发。后查无此事，奥茨被判有罪，处以枷刑后入狱。

科特的一周里，这里空虚到了极点。每天我们都害怕自己被团团围住，我们能做的很少，不过是再加强工事，相互打气罢了。

我在埃斯特科特遇到了老朋友：雷奥·艾莫里，十年前在哈罗公学被我不当心推进游泳池里的那位班长。他后来成了我在议会中和政府里多年的老同事，现在是《泰晤士报》的战争通讯员之一。这是我们首次以平等的地位和兄弟般的身份见面。我们俩，再加上《曼彻斯特卫报》的通讯员，一起在火车站三角区域里的一顶帐篷里过了一夜。当晚，我在小镇的唯一一条街道上散步的时候，居然遇到了哈尔登上尉。在蒂拉赫远征的时候，还是他帮我忙，让我成了威廉·洛克哈特爵士的参谋。哈尔登是在埃兰兹拉赫特负伤的，来到这里也是希望能去莱迪史密斯城同他的戈登高地团汇合。和我一样，他也因为敌人的动向被陷在这里，就临时接过了一支都柏林燧发枪兵连队的指挥权。日子缓慢又紧张地过去了，我们这支小分队的情况越发危急。一万或一万两千名布尔骑兵随时随地都可能跑来攻击我们，或者切断我们的退路。但从大局来说，我们却需要尽可能多保住埃斯特科特几天，同时也必须把这座小镇稳稳地抓在手里。每天早上骑兵侦察兵都会朝着敌人的方向撒出去十到十五英里，把他们潜在的动向及时带回来。不知怎么的，一天早上前线总指挥突然想要把装甲列车调出去，沿着还没有落入敌手的十六英里铁路线增援做侦查的骑兵。

装甲列车看上去威严无比，实力非凡，似乎没有什么能敌得过它；事实上，它最虚弱不堪，孤立无援。只要炸掉一座桥，或者一座涵洞就能让这只巨兽瘫痪在远离家园的地方，得不到任何援助，任凭敌人宰割。不过似乎我们的指挥官没有想到这一点。他决定让一个连的都柏林燧发枪兵和一个连的德班轻步兵登上这一列六节车厢的装甲列车，再从海军的恐怖号军舰上拆下一座小型的六磅海军炮，连带着一些登陆的水手和收拢的残兵败将，也一起登上列车。这些占到了他麾下兵力的相当一部分。指挥官命令列车向着柯兰索车站的方向驶去，侦察敌情，而哈尔登上尉则被选中指挥这次行动。哈尔登于11月14日晚上告诉我这则消息，同时和我说他第二天就要出发，黄昏的时候就要开始任务。他也没有隐瞒他的担心，认为这次行动相当欠考虑。不过他也和所有人一样，在战争开始的时候满心期待着和敌人交手。他问道："要不要一起去？"他说他会欢迎我。不仅是战友情，我也觉得我应该为《晨报》尽可能收集到一切信息。我也满心希望多经历点事情。因此，我不假思索地同意了他的邀请。

接下来发生的军情为众人熟知，后来时常成为讨论的对象。装甲列车朝着敌人的方向行进了大约十四英里，直到切福利车站都没有见到敌军的影子，甚至在纳塔尔地区广阔的大地上连一个活物的影子都没见着。我们在切福利车站短暂停留，通过电报把抵达该站的情报发给了将军。电报刚发完，我们就在身后的一座小丘陵顶上看到了几个小小的身影在匆忙地跑来跑去。他们所在的丘陵横亘在我们和出发营地之间，俯视着铁路线，离我们大概有六百码。肯定是布尔人。肯定在跟着我们。他们会对铁路线下手吗？一刻也大意不得。我们立刻开始返程。随着列车运行，我们离那座丘陵越来越近。我在最后一节车厢里，脚下垫着一个盒子，头和肩膀露在装甲列车的铁皮壳子外面，观察这些布尔人。在山顶上有一小群。突然他们中间露出了三个装着轮子的东西，又一下子从这些东西里冒出了明亮的火焰或是光线，大概闪了十到十二下。一团白色浓雾突然现出身形，先是圆团状，紧接着变成了圆锥形，似乎就在我头顶不远处，只相隔几英尺的距离。这是榴霰弹！我头回在战场上见到榴霰弹，几乎也就成了最后一次。弹片像下雨一样啪啪地打在列车的铁壳子上，车头方向传来了一声碰撞的巨响，又是一阵刺耳的爆炸声。铁路线延展到丘陵脚下本就有盘旋向下的弧度和斜度，加上敌军炮火的轰击，列车速度陡然加快。在我们转过山脚消失在布尔人视线中之前，他们的炮兵（两门火炮和一门砰砰枪）只有一次开火的窗口期。这时候一个念头划过我的脑海：前面肯定还有陷阱。我正要跑去向哈尔登建议派人沿着列车爬过去，让司机减速，突然一阵剧烈的冲击传来，他、我、所有士兵都摔了个屁滚尿流，倒在了地板上。正以时速四十英里行驶的列车突然脱轨，前方一定有障碍物，或者就是铁路线受损了。

　　我们这节车厢里没有人重伤，我花了几秒钟把自己收拾起来，站起来爬出去俯视整个装甲列车。列车停下的地方在一座山谷里，把敌军占据的丘陵甩在了身后大概一千二百码的地方。二十来个身影从山顶上飞奔而来，扑倒在草丛里，片刻之后就飞来了一阵猛烈且准头极好的弹雨。子弹呼啸着从我头顶飞过，就像下雹子一样打在列车的装甲车壳上。我赶紧钻回来，同哈尔登商量怎么办。我们决定由他带着那门小型舰炮和末节车厢里的都柏林燧发枪兵留下来断后，压制敌人，我则去看看列车到底出了什么状况，线路受损情况如何，能不能修好，或者能不能把残骸拖走。

　　于是我赶紧钻出列车，沿着铁路线朝着车头的方向小跑过去。火车头还好没有脱轨，第一节普通的载人车厢彻底翻覆，搭载的几名铺路工死了好几个，还有几个受了重伤；不过脱轨得很彻底也算是好事。后面两节德班轻步兵乘坐的装甲车厢都脱离了轨道，一节还能保持直立，一节已经倾覆。两节车厢相互重叠，乱糟糟的一团，阻断了通往营地方向的铁路线。德班轻步兵团有的被摔得七荤八素，有的浑身瘀血，有的严重受伤。他们在倾覆的车体背后找到了临时掩体。敌人的炮火还在持续，很快一片步枪声中掺杂进了野战炮的轰鸣和炮弹在近处爆炸的响声。显然我们掉进了敌人的圈套。

就在我经过车头的时候，又一发榴霰弹在空中爆炸，还是那种"似乎就在我头顶"的效果，炮弹里掺入的霰弹带着尖厉的声音在空气中飞过。司机几乎立刻从车头里跳了出来，朝着倾覆车体构成的掩体跑去。他脸上被弹片划出了一道道血沟，一边跑一边用尖刻、琐碎、愤怒的腔调咒骂着："我就是平民！这点工钱拿着干吗？来这里是为了给炮弹炸死的吗？想都别想，我一分钟也不待了！"看上去他是被头顶上爆炸的炮弹吓到了。这种应激情绪和痛苦经历让他想离开火车头。这里只有他懂得操作机械，如果他真的跑了，我们逃生的希望就彻底泡汤了。于是我对他说，同一个人一天内是不会被炮弹追两次的，而且受伤的人继续履行职务的勇气总是会得到嘉奖的，而他可能永远没有下一次机会了。听闻此言，他才鼓足勇气，擦掉脸上的血，爬回车头里，忠实地执行了我给他的每一道命令。（十多年后我才有机会兑现我的承诺。军事当局没有给这人任何嘉奖。1910年我当上了内政大臣，向国王建议阿尔伯特勋章的授勋名单是分内事务。我翻出了陈年记录，与纳塔尔总督和铁路公司取得了联系，最终司机和司炉都获得了这枚授予平民用来嘉奖他们勇气的最高勋章。）

观察现场之后，我认为是有可能让火车头来回往复运动，撞击已经受损的两节车厢让他们完全脱离线路的，这样一来整支部队脱离敌人的魔爪也就有了一线可能。铁路本身并没有受损，也没有人为的破坏。我沿着铁路线回到了哈尔登上尉所在的车厢，透过一个射击孔把现场的情况和我的建议告诉了他。他完全同意我的想法，也承诺会在这段时间里尽力压制敌军。

我很幸运，在接下来的一个小时里都没有被子弹击中。我当时必须几乎不停地从火车上跳上跳下，或者站在开阔地里观察，才能告诉司机如何操作。第一件事就是把一半倾覆的那节车厢从完全倾覆的那节上解挂。火车头必须要靠上去，把前面那节车厢拖走，直到两节残骸完全分离，再把它丢下铁轨。这节骑在别人身上的装甲车厢死沉死沉，火车头的轮子好几次在原地空转，最后才传递出了足够的牵引力。终于这节车厢被拖到了足够远的地方，我号召志愿者一起从侧面推它，再加上火车头在末端拉它，就能让它最终脱轨。显然这个过程中推车的人会暴露在敌人的重重火力之下。我点了二十来个人的名字，最后只有包括德班轻步兵连的少校和四五名都柏林燧发枪兵在内的九个人愿意挺身而出。最终我们成功了，在大家的推动之下，车厢向着更远处移动，火车头恰到好处地给出了一记助攻，它最终滚下了铁轨。线路似乎已经清理畅通。安全和胜利似乎已近在咫尺，但就在此时，取而代之发生的是一件我生命中最痛苦最沮丧的事件。

火车头的踏板比后面一节供应煤炭和水的车厢宽出了大概六英寸，从而和刚被推下轨道的车厢一角磕在了一块儿。用力推似乎也不太安全，不然火车头自身也有脱轨的风险。我们把车头从其他车厢上解挂下来，试着退后一些距离，然后向着障碍物冲过去。不过多次尝试之后，显然双方的纠缠竟是越发加深了。刚脱轨的那节车厢和原本躺在一边的那节车厢形成了一个"T"字形，车头越是推，整个障碍物反而结合得越是紧密。

我想到了一个法子。如果正着推只会让两节车厢挤得越来越紧，那么再从反面推一次或许就能让它们松开。不过这样又带来了新的难题。火车头的车钩不够长，离脱轨的车厢还有大概五六英寸的距离。于是我们开始找有没有额外的车钩，幸运女神眷顾了我们，另一个车钩被找到了。火车头钩住了车厢的残骸，在车钩脱开之前带着它向后退了大约一码，把它甩下了轨道。线路终于清理完毕了。不过火车头的踏板一角又和车厢的拐角撞在了一起，我们又听到了一阵刺耳欲聋的撞击声。那时候我全身心投入到了工作中去，满腔热情，兴奋不已。后来想想，我那时候是在一大块铁砧面前干活，跑来跑去，离我不远的地方就有人扛着步枪不停地射击，而我所在地方想都不用想就知道肯定在射程之内。我们同这些叮当作响、破烂不堪的铁盒子奋斗了七十分钟，耳边身旁就是不断爆炸的炮弹和不停划过的子弹。一边是危险、被俘、耻辱，一边是安全、自由、胜利，这竟然都取决于不过五六英寸长的扭曲铁块。

最重要的是我们都要小心别把火车头弄脱轨了。但最后我们发现火炮的射击呈现加密的趋势，显然敌人又弄了第二门炮进入战场，我决定冒一次巨大的风险。我让火车头退到了尽可能远的地方，开足了马力向着障碍物轰然撞过去。撞击发出的声音令人牙酸，震耳欲聋，就连火车头也在轨道上不住摇晃。挡住我们回家道路的车厢终于被撞开了，车头冲过了障碍，抵达了回营地的方向，安全地获得了自由。但随后障碍物又落回了原先的地方，又挡在了剩下的三节车厢和火车头之间。这可怎么办？我们显然没法再把火车头挪回去。能不能用人力把车厢拖过去？车厢比火车头窄一些，空间应该正好足够它们通过。

我又去和哈尔登上尉商量。他同意了这项方案，命令自己手下爬出装甲车厢，试着朝火车头的方向推动。计划本身没什么问题，但情势不饶人。车厢很重，需要所有人都上手推，而现场交火正处于白热化状态，士兵接到命令都一头雾水，纷纷从暴露在敌人炮火的那一面跑走。随着我们反击的火力逐渐稀疏，敌人也从丘陵的一侧出现，继续疯狂地向我们射击。我们商量之后决定让火车头带着所有伤员（数量不少了）慢慢往营地的方向开，剩下所有都柏林和德班的步兵都步行撤退。火车头慢慢地用步行的速度行进，为步兵提供掩护。于是乎，火车头和后面的煤水车上挤上了四十名伤兵，大多数都血流如注，然后我们开始慢慢撤退。我当时身处火车头的司机室里，指挥司机开车。伤兵挤满了整个火车头，几乎连动都没法动。子弹还在四周呼啸，有一些直接打中了火车头，另一些则是击中了边上的沙砾地或者车头上并不十分愉快的人类"货物"。车速逐渐拉起来了，车下的步兵渐渐跟不上了，最后被彻底落下。最后我不得不要求司机停车，但在车头彻底停下的时候，我们已经离步兵有三百码的距离了。近在咫尺的蓝克兰茨河上的大桥，是一道不错的屏障。我让司机开过桥在另一侧等着，自己则跳下车头，沿着铁路线折返去找哈尔登上尉，再和他以及他麾下的都柏林燧发枪兵一起赶上来。

不过在我们做这一切事情的同时，其他人也没闲着。我还没走出两百码，还没见到哈尔登和他的部队，就看到了两个便装的人出现在视线里。"那些肯定是铺路工，"我对自己说，但下一秒钟我就意识到，在我脑海里有这些人的印象，"布尔人！"这些人身材高大，体格强健，精神抖擞，戴着耷拉着帽檐的帽子，穿着暗色的衣服，就站在离我不到一百码的地方，水平端着步枪朝我瞄准。我赶紧转过身去朝着车头的方向跑回去，两个布尔人朝我不断开枪，他们的子弹就在我身边划过，忽左忽右，似乎每一次都是堪堪错过。我们恰好在一段小型旱沟里，两边都只有六英尺的高度，提供不了什么掩护。我只能紧紧贴着沟壁。我又瞥了一眼这两个布尔人，他们跪了下来瞄准。这当口好像只能不停移动。我继续狂奔，耳边的空气中又传来了两声枪响，软绵绵的子弹没有打中我。可好运气不会一而再再而三。我必须逃出这段旱沟，这地形简直他妈的见鬼！我朝左边跳过去，试着爬上沟壁，身边的泥土被子弹打得四处飞溅。终于我钻出了铁路边的铁丝网，毫发无损。旱沟边上有个小凹坑，我躲了进去，终于可以喘口气了。

在离我五十码的地方有个建设铁路的时候留下的小棚子，我想着跑过去躲一躲。二百码开外的地方就是蓝克兰茨河切出的石质悬崖，那里有的是掩体。我决定朝着河流冲刺过去，下定决心之后，我拔腿就跑。突然我发现在铁路的另一边，隔着两道完好的铁丝网，有个骑马的人朝着我愤怒地大吼。那是一个高大、阴暗的人影，右手持枪，向着我不断挥舞。他停住马，好像在向我叫喊着什么命令，我们之间隔着四十码。作为一名通讯员，我那天早上只带了自己的毛瑟手枪。我觉得自己能干掉这家伙，很快我意识到自己真的希望这么干。我伸手往腰带上去拿枪，但却抓了个空。我刚才在清理铁路线，从火车头里跳进跳出的，一定是那时候解下了。待在火车头里撤退肯定是安全的，但现在呢！我几乎毫无武装。与此同时，我觉得这段时间里那个布尔骑手肯定也搞清楚了敌我，端坐在马上，拿着枪对准了我。那匹畜生纹丝不动，布尔人和我也都一样。我看了一眼河流的方向，又看了一眼小棚子的方向。布尔人还在瞄准。我觉得我已经绝对没有逃脱的可能了，只要他开火就肯定会打中我，于是我举起双手投降，放任自己堕落为战争中的一员阶下囚。

在接下来令人印象深刻又心酸无比的几分钟里，伟人拿破仑的一句话浮现在我的脑海中："如果一个人孤身一人又手无寸铁，投降应该得到谅解。"当然就算那个人开了枪也可能打不中，两道铁丝网也挡在我们中间，不过投降的举动已经完成。这个想抓住我的家伙看到我举起双手之后，垂下了枪，示意我朝他走过去。我遵命，走过了铁丝网和铁路，走到了他身边。他跳下马来，冲着桥的方向和远去的火车头，以及跟在后面蹒跚而行的英军开了几枪。在最后一名英军也消失不见之后，他再次上马，带着徒步而行的我回到了我此前离开哈尔登上尉和他手下士兵的地方。但我一个人也没见到。他们已经被俘虏了。这时候我注意到天气有变，雨下得很大。就在我的抓捕者带着我冒着大雨在茂密的草丛里跋涉的时候，我突然及时想到了一件令人不安的事情。我的卡其外套上有两个并排的胸袋，每个袋子里都有一个毛瑟枪的弹夹，每个弹夹里都有十发子弹。这些子弹和我在恩图曼的时候用的一样，专门用于毛瑟手枪，所谓的"软头弹"[1]。直到现在我才想起这茬。在这种场合下，可能招来性命之忧。我趁没人注意，把右边袋子里的子弹扔到了地上。我又把左边口袋里的子

---

[1] 软头弹，这类弹头并未被金属覆盖全部，弹头前端的软质铅头暴露在外，当弹头命中目标时会扩张造成较大的空穴，杀伤力较大。

弹掏出来，就在将要撒手扔掉的时候，我的抓捕者突然朝我看了一眼，用英语说："你那里拿着什么？"

"那是什么？"我说，摊开了手掌，"我刚捡的。"

他接了过去，看了一眼，扔到地上。我们继续缓慢又沉重地向前走，直到我被带到专门押犯人的地方，和其他俘虏关在一起。我看到周围围着数百名布尔骑兵，像是奔腾的河流一样排成两三列长队，当中很多人举着雨伞，在瓢泼大雨中护着自己的脑袋。

这就是装甲列车的故事和我于1899年11月15日被捕的事情。

一直到三年之后，布尔人派出几位将军访问英格兰为他们一片废墟的国家请求贷款或援助，我才在一次私人宴请上结识了他们的领袖博塔将军。我们聊起战争，谈到我被俘的事情。博塔静静地听，接着说道："你不认识我了？我就是那个人，就是我本人把你抓住的，就是我。"他明亮的眸子里闪动着愉快的神色。博塔穿着大礼服，搭配白色衬衫，除了身材和黝黑的肤色，和当年当日纳塔尔相会的时候那个狂野的战争形象判若两人。不过他说的事情倒是毋庸置疑。他当时是自由市民，参与到了侵略纳塔尔的行动中来。不过他自己反对战争，从而无缘战场上的高位。当时是他第一次军事行动。就算只是军中普普通通的一名自由市民出身的小兵，他的无畏勇气让他总是在冲锋中冲在最前面。所以我们才能相遇。

我至今认识的人当中，很少像路易·博塔那么让我感兴趣。在极其诡异的情形下造就的缘分，在最为不可思议的场合下两人相识，发展成了我极为珍视的友谊。这位粗狂、伟大的人物，我从他身上看到了一国开国之父、智慧深邃的国务活动家、农民兼勇士、在荒野中机智的猎手、坚定而孤独的男人所有的素质。

1906年，他以新当选的首任德瓦士兰总理的身份来伦敦出席帝国会议。各自治领的总理群集威斯敏斯特大厅，参加一场盛大的宴会。我当时的身份是殖民事务次官。当时他作为刚刚与英国化敌为友的布尔人的领袖，走过大厅入座时停下脚步，对站在我身边的我母亲说："令郎与我的友谊风雨无阻。"此言不虚。

多年来，许多重要的公共事务均与这位伟大的人物有关。本书的篇幅不足以让我一一道来。是他首先提出将库里南钻石[1]进献给国王这项浪漫的计划。

---

[1] 库里南（Cullinan）钻石是迄今世界上最大的一颗钻石，于1905年1月27日在南非被发现，重达三千一百零六克拉。1907年，南非德兰士瓦地方政府将这粒巨钻赠送给了英王爱德华七世。英王将切割后的钻石镶在英国王冠之上。

这颗最为纯净剔透的宝石，比它的同类至少大出二十倍。至于我，则主管落实给与德瓦士兰和奥伦治自由邦自治地位的政策，也负责在下院通过两地的宪法法案。后来在贸易委员会和海军部任职期间，我也经常同博塔将军及其同僚斯穆特联系。从1906年起到大战结束的十五年里，他们用最为顶尖的治国能力将德瓦士兰治理得井井有条。

博塔也觉得他对我有特殊的吸引力。只要造访欧洲，我们都会见上一面，具体多少次数早就说不清了。在委员会上，在晚宴桌上，在私宅里，在办公室里，我们都曾经见过面。他的直觉几乎没有出过错，甚至预言了大战的来临。1913年，当他从德国治病归国，中途与我会面的时候，他就警告我德国的气氛不对劲。"一定作好准备，"他说，"那些人不能信，他们很危险，我知道。他们在打你们的主意。我听到的你们听不到。让你们所有的海军舰船作好准备。我能感觉到危险，迫在眉睫。此外，"他继续说，"当真的出事的时候我一定会作好准备。他们攻击你们的时候，我会出击攻打德属西南非洲[1]，把他们一劳永逸地赶出去。时机到了我会履行我的义务。但是你，还有海军，千万不要被打个措手不及。"

命运的罗裙总是用奇奇怪怪的方式把我俩的前途绑在一起。1914年7月28日或29日，就在世界大战爆发前夕，那一周报纸上满是危机。我在首相答问结束后从下院离开，在王宫庭院遇上了德古拉夫先生，当时他是诸位南非事务大臣中的一位。他是荷兰人，能力卓绝，我们也是老朋友了。"这意味着什么？你怎么看？"他问我。"我觉得会爆发战争，"我说道，"英国也会被卷进去。博塔知道现在有多关键吗？"德古拉夫听完，面色凝重地走了，我也就没多想，但后来才知道此事还有后续。

那天晚上德古拉夫给博塔拍去一封电报："丘吉尔认为战争不可避免，大英也会卷入。"可能措辞不同，但就是这意思。博塔当时不在德瓦士兰首府，而在北部。斯穆特将军在比勒陀利亚临时代理他的职务。电报送到了斯穆特的面前。他看了一眼，放到手边，继续干手上的文牍工作。告一段落后他再次注意到了这封电报。"这里面一定有弦外之音，"他想，"不然的话德古拉夫不会发电报的。"于是斯穆特把电报转发给了身在北部的总理本人。博塔将军好

---

[1] 德属西南非洲在1884年到1915年间为德国的殖民地，1990年独立之前是南非的领土，独立后改名为纳米比亚。

多个小时之后才收到，但还算及时。就在那天晚上，他原本计划坐火车去德拉戈雅湾，第二天早上搭一艘德国船回开普敦。那可是一艘德国船！后来他才告诉我，正是因为这封电报，他才不至于在战争爆发的时候搭乘一艘德国的船只漂在海上。若非如此，当大战爆发的时候，南非联邦许多地方局势不稳，几乎要揭竿而起的时候，该国的总理——全权领袖就会因搭乘敌国的船只而直接落入敌手。若是如此悲剧上演的话，南非会有怎样的遭遇简直无法想象。博塔将军一收到这封电报，立马取消了原定的所有后续计划，改为搭乘专列直接回比勒陀利亚，这样他就能在大战爆发之前及时回到首府了。

在战争中，他付出了卓绝的努力，承担了巨大的风险；他展现出了坚定的勇气，他为他的人民奉献出了伟大的领导力；在横扫德属西南非洲的行动中，他作出了明智的决策；1917年，他在帝国战时内阁中发表了毫不动摇、充满感情的演讲；1919年巴黎和会[1]上，他展现了一个国务活动家的风采和高尚情操。这些都已经一一载入史册。

他最后一次离开英国的时候，我正担任战争大臣。他造访战争部与我告别。我们长谈许久，纵论生命中的坎坷起伏，聊起了我们一起安然度过的众多大事和可怕祸事。获胜之后的那些日子里有许多国家的许多重要人物到访战争部，但只有他值得我送下台阶，一直送到他的坐车里。此后我们再也没有见面。回国后不久他就与世长辞。对他的国家而言，无论是战争还是和平，无论是胜利还是失败，无论是叛乱还是和解，他都是当之无愧的救世主。

我衷心希望各位读者能原谅我离题万里，现在让我们在长篇大论之后回到正题。当我浑身湿透，和其他战俘一起，甚至还有些身负致命伤的人一起就地坐下的时候，我不仅咒骂命运，还后悔自己的决定。我完全可以跟着火车头一起有尊严地撤退，就不至于沦落到这般田地。事实上，事后根据幸存者的述说，我认为我如果跟着他们一起撤回去，将能收到盛誉。我把自己毫无必要地折腾进了一场毫无用处、毫无希望的灾难里。当时试图同连队汇合的举动没帮上任何人的忙。我希望多经历一些事情，但却让自己被迫同后续战事中无穷无尽的可能性和刺激经历绝缘。我苦思冥想这种美德有什么好报，但一点都想不出来。不过这场不幸遭遇，如果我当时可能预见未来的话，我就能知道它将会

---

[1] 巴黎和会是"一战"结束后，于1919年，胜利的协约国集团为解决战争所造成的问题以及奠定战后的和平而召开的会议。

成为我未来发展的基础。我并未完全与这场战争绝缘。我也没有被公众鄙视，被人当成俘虏来看待。我后来成功越狱，而且因为越狱事件后来在我国国民之中获得了良好的名声，获得了他们的关注，从而让我在许多选区中都能够当选。因为这次事件，我也能够挣得一笔钱财，让我日后能独立自主，也能借此进入议会。假设当时我跟着火车头一起回到了营地，当时我可能会接受人们的欢呼与赞赏，也有可能会像其他几位雷德维尔斯·布勒爵士的参谋那样，一个月后在柯兰索一命呜呼。

不过当时我并没有预见未来的先见之明。布尔人在总部用良好的技艺搭起了帐篷，俘虏被要求在帐篷前面排好队。当时我怒火中烧，而且还被从其他被俘的军官里挑出来单独站在一边，这让我的内心更加苦涩，惴惴不安，整个人被阴霾所笼罩。我对军法有足够的了解，很清楚就算是没有完全穿着军装的平民，如果积极参加了战斗，起到了重要的作用，就算此人自己没开一枪一炮，也是能被临时军事法庭立刻判处枪毙的。第一次世界大战中的各国军队在处理这种事情上是不会浪费超过十分钟的时间的。我独自一人站在倾盆大雨中，心情越来越焦虑痛苦。我一门心思思考接下来被问到各式各样简明、尖刻的问题的时候，我该怎么回答。要是很快就突然来人告诉我轮到我上路了的时候，我该如何表现。大概十五分钟之后，帐篷里的讨论似乎得出了结果，来了一个人简简单单告诉我和别的俘虏站到一起去。这让我松了一大口气。几分钟之后一名布尔军官走出帐篷，对我说：“兄弟，就算你是记者，我们也不会让你走，我们可不是每天都能抓到勋爵的儿子的。”事实上听闻此言，我还觉得挺有意思的，心里的一块大石头落了地。只要是对待白人，布尔人是最讲究人道主义的。黑不溜秋的卡菲尔人就不一样了。对布尔人来说，就算在战争期间结束一条白人生命也是令人遗憾、震惊的事情。我曾在四大洲以现役身份参加军事行动，布尔人是我见过的最心地仁慈的敌人了。

最终布尔人决定让我们所有人都在押送下走上六十英里去到在埃兰兹拉赫特的铁路终点站，然后以战俘的身份转送至比勒陀利亚。

第二十章　身陷囹圄

战俘！他们可能是囚犯中间命运最不那么悲惨的一群人了，不过沦为战俘依然令人神伤。这意味着落入你敌人手中，任人宰割。你的生命系于他的人性，你每日的食粮系于他的同情。你必须服从他的命令，他让你去哪你就得去哪，他让你待哪儿你就得待哪儿，你必须耐心等他心情愉快。与此同时战争还在继续，大事还在发生，行动和冒险的些微机会可能就此从你指间溜走。身为战俘的日子也很难熬。时间就像是瘫痪的蜈蚣一样驻足不前。任何事情都无法让你感到喜悦。读书很难读进，写作更是不可能。从早到晚，生命就是漫长、无聊、枯燥的代名词。

此外，监狱的整个氛围惹人憎恶，哪怕是最轻松自在、管理最规范的监狱也是一样。在这种恶劣的环境下，同伴之间会因琐事而争吵，不能从彼此的陪伴中获得哪怕是最点滴的乐趣。如果你从未被限制自由，从不知道做个囚犯是什么滋味的话，那就听我这么说吧，你被关在狭小的空间里，隔离在栏杆和铁丝网后面，武装人员不断监视着，被迫遵守错综复杂的规矩和约束，那是一种分分秒秒都觉得被羞辱的感觉。我当然极端厌恶被关押的这段时间，有生以来我从未如此憎恨过什么。所幸的是这段时间不长。从我被关进纳塔尔的监狱，到我越狱出逃到广阔无垠的南非次大陆上，虽然被追捕但重新过上自由自在的日子，不过一个月。现在回过头来看那段日子，我还是深深怜悯和同情监狱里的犯人和俘虏。我很难想象这对任何人，尤其是受过教育的人而言，在现代监狱里被关押多年究竟意味着什么。每一天都是前一天的复刻，生命被白白浪费，留下的都是贫瘠的灰烬，还有望不到头的年月，带着枷锁延绵向前。所以多年以后，当我当上内政大臣，掌管全英格兰的监狱之时，我尽己所能在公众政策允许的范围内为这些狱友的生活增加一些调剂与颜色。比如给受过教育的囚犯一些书读，让囚犯时不时参加一些娱乐活动，这样他们才有盼头，也有可以回顾的东西，尽量让他们因犯罪而不得不付出的代价在合乎道理的范畴内变得不那么难熬一些。我反对酷刑或者死刑这种让人类的一个成员对另一个成员施加折磨的事情，但有时候职责所在必须批准这些刑罚的时候，我往往这样安慰自己：和在监狱里被关无期比起来，死刑实在是要人道得多。

被监禁的人很容易陷入阴暗情绪的笼罩之中。当然要是一个人只能获得最低程度的饮食，被锁在一片狭小的空间里，终日不见光亮，与孤独为伴，那人的情绪如何也只不过关乎他自己罢了。不过要是你年轻力壮，被饲喂得不错，精神饱满，看押也不严密，能够与他人共同密谋，那么这种气氛下就让人很容易下决心，而下了决心也就近乎行动了。

从前线到比勒陀利亚关押我们的地方，步行再转乘火车，总共花了三天。我们在敌我双方的隆隆炮声中绕过布尔人围困莱迪史密斯城的战线，直到抵达埃兰兹拉赫特车站。在这里我们小小的团体：哈尔登上尉、都柏林团里一位叫佛兰克兰的年轻中尉（这位军官魅力超群，能力卓越，他后来于1915年4月25日在加里波利的海滩上捐躯，当时已经晋升到了上校），还有我本人，和其他大约五十人一同被押上火车，慢慢悠悠地走了几百英里，直达敌对国度的心脏。在途中一站，我们这个小团体又多了一名成员，是那天被俘的一名帝国轻骑兵团的成员。他叫布罗基，本身就是南非殖民地的人。布罗基对布尔人说自己是军官，看在他说荷兰语和当地黑人土话都很流利，对当地也很了解，对我们很有用的份上，我们没有拆穿他。1899年11月18日，所有人都到了比勒陀利亚。其他人被送到赛马场的监狱里看押，我们四名军官则被送到国立师范学校关了起来。在整个转押的过程中，只要情况允许，我们就会低声商量逃跑的计划，决心尽己所能去争取重归自由。有意思的是，我们四个人中除了一位，其余的三个人在不同的时间和不同的情况下都逃出了国立师范学校；也是所有战俘中仅有的成功脱逃的案例。

我们在国立师范学校遇到了在早前战斗中被俘的军官，主要是在尼克森山一役中沦为阶下囚的。我们这些新来的都被关在了同一间宿舍里，对这间小土房子我们仔细地看了又看。当时心中所想别无他物，只有自由。从早到晚，我们绞尽脑汁想找到个逃跑的法子。很快我们就找到了看押体系中暴露出的许多漏洞。在学校的范围里，我们有很大的自由，不管白天还是黑夜，很多时候都没有人看着我们，从而让我们可以不停地探讨方案。很快，不到一周的时间，原先简简单单的逃跑念头就被捏合成了一个完整的雄心勃勃的计划。

整个讨论的过程虽然充满绝望，但最终经过仔细商量，我们几个愣头青得出了一项绝妙的方案，其基础自然而然就是看押场所的具体情况。整个国立师范学校里一共关了六十来名军官战俘，配了十名还是十一名英军士兵战俘为我们服务。负责看守的是大概四十名"扎普"，也就是南非共和国的警察。学校的建筑周围的四个角上驻扎了十名作为固定哨位。另外的警察里有十人白天一般都会溜号，到镇上去玩乐，剩下的不是在清洗装备，抽烟打牌，就是在看守帐篷里休息。整个学校略成方形，帐篷就搭在这个方形的一个角上。到了晚上，除了当班的十人之外，其他人都会睡得不省人事。

如果能制服看守，解除武装，那么逃跑计划中很重要的一步就能完成了。这样一来就必须了解晚上他们是怎么安排的，步枪和手枪怎么处理，其中又有多少人就算睡了也带着武器，是全副武装还是至少佩着手枪。我们对这些警察开展了夜以继日的仔细观察。最终几乎可以确定几乎所有不上岗的看守晚上都会在毛毯里蜷作一团，在大帐篷的两侧各自睡成两排。不用上哨位的人睡觉的时候基本都会脱掉靴子，大多数人衣服也脱得精光。就算是那些在一两个小时里就要去接替同僚换岗的家伙也会把上衣和靴子，还有皮带全都脱掉。他们的枪和子弹带都会集中放在一起，挂到支撑帐篷的支柱上去。这样一来每天晚上到了午夜左右，在两班固定哨位换岗之间的间隙，这群三十个警察除了帐篷之外，别无其他防护。而他们同意志坚定、身体强壮的六十名军官战俘之间只有五十码的距离。不管怎么说，他们都不像自己想的那么安全。

帐篷的入口有一名哨兵把守。有可能还是没可能，谁又能说得准呢？只有在行动中实践过了才能说个清楚。这些哨兵常常会参与到同几名军官的闲聊中去，不是说发生了什么值得警觉的事情，就是说谁谁谁又得了什么重病。借这个机会，两三名无所畏惧的战俘绕到帐篷背面，划破帆布从摆放武器的架子上偷拿手枪或者步枪，然后乘所有看守还在做春秋大梦的时候把他们弄醒，乘他们还在迷迷糊糊的时候一锅端了。这也不是不可能的事。在帐篷入口处的武装哨兵必须在一瞬间被出其不意地控制住。要想一枪不发，一点警讯也不传出去就控制住所有看守是极其困难的事，要冒天大的危险。在计划的时候，我们只能告诉自己，在战争——或者犯罪史上，出现过很多同样"不可能"却得到上天眷顾的案例。但就算能成，这也只是第一步。

对付十名全副武装的固定哨位上的哨兵是第二步。情况更加不利的是，其中还有三名哨兵的位置在整个大院之外，隔着带刺的围栏。他们就站在围栏之外一步不到的地方，白天常常靠在围栏上闲聊。但到了晚上不会出现这样的情况。他们待在整个"狮穴"囚牢之外，很难搞定。剩下的都在院子里面。十个人（三外七内）每个都需要特别小心对待。

如果其中一两个人逃出生天，拉响了警笛，也不意味着越狱大计就此破产。一旦看守被压制，他们的步枪和手枪就能分发给囚犯，这样我们就能拉起一支数量上占优势的武装部队，而且我们自信在纪律和智力方面也大占优势。在至少半小时的时间内，任何愿意或能够被拉来对抗我们的布尔人都无法胜过我们。半个小时可以做很多事了！我们觉得最佳的动手时机是中班岗的中间阶段，大概半夜两点。如果每个英军军官都能在正确的时刻完成分内之事，不出什么大岔子的话，就算出现一些合理范围内的小问题，我们也能有一定的机会掌控国立师范学校。

整个学校院落被挂在高高的旗杆上的电灯照得透亮，甚至可以说光明无比。不过我们发现这些电灯所仰仗的电线正好从我们住的学校宿舍里穿过。有位难友自称熟悉电工，能在任何需要的时候截断电力，让这个院子陷入一片漆黑。这项工作我们其实已经做了一次试验。如果真的能起效果，哪怕在看守帐篷那边发出信号之后只能维持一分钟的断电时间，也能起到奇效。一分钟足矣，彻底晕头转向的可怜当值哨兵就会被抓住，其实一切并没有看起来那么困难。最后，国立师范学校的健身房里有足够的哑铃。在黑暗之中，谁说三个拿哑铃武装起来，知道自己该做什么的人，就一定敌不过一个自以为自己有武器却毫无预警，对正在发生的事情一无所知的人呢？如果我们能一下子奇袭看守成功，打败大部分哨兵并把他们缴械呢？如果我们能有三十名军官战俘被武装起来，拿起步枪，而另外三十名拿着手枪，那么这样一来，在敌人首府比利陀利亚的心脏地带就会出现一支英军武装，而我们这出浪漫的越狱大戏就能说是完成了最困难的一步了。接下来呢？

距离国立师范学校一英里半的地方就是比勒陀利亚赛马场。那里围着尖刺铁丝网的大院里关押着最多两千名英国战犯，包括士兵和士官在内。我们和他们有联系，还能跟他们商量越狱计划。我们的联系渠道说起来很简单。之前说到我们有十名还是十一名英军士兵战俘为我们服务，其中有一些时不时会闹出一些令人不满的事情，从而被遣送回赛马场，换别人过来。这样一来我们就了解了这些两千名英国士兵的情况和他们的士气如何。据我们了解，他们对自己的处境极端不满，生活单调，口粮不足，住宿条件极差。他们饥肠辘辘，心怀怨恨。有一次他们闹事，一起向着入口处的守卫冲了过去，虽然没有出现流血事件，但由此我们也知道了布尔人对如何看管那么多战俘深感头疼。我们得到的消息是这个偌大的战俘监牢只有一百二十名布尔"扎普"和两门机枪看守。诚然，如果作足准备，这些力量已经足以血腥镇压任何暴动。但要是在囚犯闹事的时候，看守背后又冒出一支六十名武装齐全的军官呢！要是机枪手被从背后捅了刀子呢！要是同时从正面有两千人按仔细准备好的计划发起攻击呢！在这种混乱场面下，在夜晚的黑暗中，谁又能保证数量和算计不会发挥作用呢！如果真能办到的话，越狱大计的第二步就能成功落实。接下来又如何？

整个比勒陀利亚能拿起武器的不超过五百人。这些人里面大多数还是不用上前线的富裕自由民、不适合服兵役的人、政府官员和文员等等。他们被编成城镇卫队，也的确有步枪供他们使唤。除此之外就没有什么有组织的军事力量了。如果第一步能实现，第二步就会变得简单许多，第三步就更方便了。我们不由得开始想象自己成为敌人首府的主人是一幅什么场景。堡垒中只留下了看守的部队。剩下的所有人都上前线去了，而堡垒的炮口都是对着城外的，对从身后冒出来的袭击几乎毫无防备。要是我们真能控制城市，要对付堡垒就简单了，不过水到渠成。最近的英国军队在三百英里之外。如果一切顺利的话，我们轻而易举地就能占领敌军防备森严的首都，而且军力充足，军粮和弹药都能保证我们至少能守住这座城市，而且至少像马弗京坚持的时间一样久。

这一切如果要上演的话会在夜幕降临和日出破晓之间完成。敌人会给我们多长的时间？什么时候我们会被攻击？我们觉得至少能有几天。我们肯定会去扼守南非共和国的中央铁路枢纽。往北、往东、往南的铁路都在此汇集。在保持谨慎的前提下，我们可以往各个方向各派出一列火车，到大概四五十英里的地方去侦查一下敌人的情况然后返回，回程途中炸掉所有的铁路桥和涵洞。这样争取来的时间就可以用于妥善布置城镇防务。想想这些如果成真了呢！想想布尔军队一觉醒来发现首府易主会是什么场景！更何况是被一群他们自己集中到首府心脏地带的囚犯！原因又是他们自己疏忽大意，没有派出足够的看守力量！他们又得派出多少人来围困我们呢？布尔人擅长的是开阔地带中的对抗，他们对攻城并不擅长。金伯利、马弗京、莱迪史密斯城都是例子，整场战争中他们一处坚城都没有攻下。面对壕沟和坚固的阵地，他们都会退缩。他们看似不可战胜的情况都是在一望无际的南非大草原上上演的。我们如果能拿下比勒陀利亚，就能守上几个月。多么卓绝的战功！克鲁格总统和他的政府会反过来沦为我们的阶下囚。他自己常常说起所谓"可怕之至的人性"。这次总算有可以让他深感可怕的事情了。

　　手里如果能握着这些牌，或许我们还能有尊严地开展谈判，以友好公正的安排结束这场争端，重塑和平，也免得我们的对手劳师远征，大动干戈。这是多么伟大的梦想！好几天我们的脑海里都是这些事情。有几位想得长远的难友甚至连准备英国国旗"那天"用都想到了。不过这些也只能是想想而已了。战俘中的两三名高级军官在评估我们的计划的时候，表达了强烈的反对意见。我当然也不会公然说他们错了。想想喜剧的场景吧，小丑引人注目地大肆宣扬："一千两百名赶着骡子的家伙就要占领城市啦！""他们为什么不马上动手呢？"有人问他。"警察不让他们动手啊！"诚然，这是个麻烦。十名清醒的武装分子对一场伟大的计划可能只是小小的障碍，但在我们这里，就像和其他很多情况中一样，他们是决定性的因素。我们于是放弃了集体出逃的计划，专注于个体计划。

第二十一章　我从布尔人手里逃脱（一）

在我被关押的前三周里，我参与了所有揭竿而起或者越狱计划的讨论，同时也同布尔当局保持接触，据理力争，他们应该基于我的报纸通讯员身份把我释放。对方的回复则说，我因参与了装甲列车行动而失去了非战斗人员的身份。我提出反对意见，坚持自己从未开过一枪，被俘的时候也没有武装。这是完全没有问题的。不过纳塔尔当地报纸被布尔人控制，它们连篇累牍地夸张报道我的活动，说火车头和伤兵能够逃脱都是我的功劳。于是朱伯特将军认为，我虽然自己一发枪弹都没有打过，但放跑火车头阻碍了布尔人的行动，必须被当成战俘处理。我于12月第一周得知他的意见，立马就决定要越狱。

我在当时写了一些文字，眼下无法再行改善，便原样呈现在大家面前。

"国立师范学校建在一处四方形的院子里，两面围着铁丝网，另两面建有大约十英尺高的波纹铁屏障。这些障碍物对任何受青春眷顾的人而言如若无物，但在墙内侧大概五十码的地方有哨兵把守，配有手枪和步枪，这就成了所谓不可逾越的障碍，毕竟活动的墙最难翻越。

"一些战俘经过苦思冥想和仔细观察之后发现，圆形厕所那边的办公室后面有几码长的墙，东边的哨兵在巡逻的时候在某些特定时刻无法看到。具体情况可以参考国立师范学校的地图。在院子中央放置电灯把整个场所照得亮如白昼，但东边的这些墙则掩映在阴影当中。这样一来，第一要务就成了绕过靠近办公室的两名哨兵，且必须要正好抓住他俩一起转过身去的机会，接着翻过墙去就到了隔壁别墅的院子里。随后整个计划便无从谈起，一片模糊，充满不确定性。如何穿过花园，如何不被发现地通过街道，如何躲过城镇里的巡逻队，都是问题。尤其是要完成二百八十英里的旅程抵达葡萄牙边境，这是最困难的一步。不过这都是后话了。

"我同哈尔登上尉和布罗基中尉于12月11日进行了一次流产的尝试，事先也没有仔细策划。躲进圆形办公室并不困难，但爬上墙头翻出去就成了最艰难的事情。任何人爬上墙头之后，如果时机巧合，地点正好，十五码外哨兵正好抬头，就很可能完全暴露在他们的视线中。如果出现这种情况，哨兵会做什么，会不会开枪，纯粹是他们自己的决策，谁都不知道。不过我还是下定决心，第二天不顾一切一定要试试。12日，随着时间一点一滴过去，我害怕的心情逐渐加剧，变得更像绝望。到了晚上，我的两位朋友都做了他们的尝试，也都没有找到合适的时机，我决定在他们之后自己试一次。我横穿过院子，秘密躲进了圆形办公室里。在金属墙体上我找到了一处洞眼，透过它能看到哨兵的行踪。有好一阵子他们都静静站着，对我的计划形成了巨大阻碍。但突然，其中一个人转过身，朝着同伴的方向走去，他们开始讲话，两个人都把背后暴露给了我。

"就是现在！我踏上墙上的一处凸起，用手抓住墙顶，努力把身子拉上去。我试了两次，但因为犹豫不决还是掉了下来。第三次，我终于蜷起身子，翻过了墙头。我的马甲被墙上装饰性的金属构件钩住了！必须要停下来摆脱束缚，这花了好一会儿。在这过程中，我瞟了一眼院子里的哨兵，他们还在十五码开外聊着天。其中一个人正在点雪茄烟，我还能记得他手心里忽明忽暗的火光，清晰地刻到了我的记忆里。紧接着我低下身子，跳进一墙之隔的花园，蹲下身子藏进了灌木丛。我自由了！第一步已经迈出，没有回头路了。现在就要等同志们抵达了。灌木丛给了我极佳的掩护，月光下阴影打在地上，留下了一大片黑乎乎的地方。我在灌木丛下躲了一个小时，内心极度焦虑不安，极其焦躁。花园里人来人往，有一次，一个人直愣愣朝我跑来，就在离我不到几码的距离朝我的位置盯着。其他人在哪？为什么不跳过来？

"突然我听到院子里传来一阵喊声：'全完了！'于是我又把身子往墙的方向缩了缩。我听到两名军官战俘嘴里吐着模糊的拉丁字眼儿，哈哈大笑着四处走动，谈着所有一切毫无意义的东西，我偶尔听到了自己的名字。我试着咳嗽了一声。其中一人立刻开始单独说话，另一个人用很慢却很清楚的声音说道，'他们出不来了，哨兵起了疑心，都完了，你能回来吗？'不过就在这节骨眼上，我突然一点儿也不怕了。回去是不可能的。我这一侧的外墙上并没有供人借力的凸起。命运指点我向前进。此外，我也对自己说，'当然，我可能会被再次抓住，不过我至少为自己试过一次。'于是我对这两人说，'那我就自己走了。'

"我调整到了适合这次行动的正确心情，反正几乎注定了要失败，反正几乎没有胜利的概率，所有危险从未如此确定会要发生。各位简单看一眼地图就能发现通向外面道路的大门边上几码的地方就是另一名哨兵。我对自己说，'总要有勇气！'我戴上帽子，踏上花园中心，花园里有一栋房子，我大摇大摆地走过窗下，一点躲藏的念头都没有。我就这么走出大门，转向左侧，离哨兵不到五码的距离。绝大多数人都能看到我，至于哨兵有没有看到我就不得而知了，我一次都没有回头。我极力压制着心中拔腿就跑的冲动，大概走了一百码，一点喊叫声都没听到。我明白自己解决了第二道关口。我就在比勒陀利亚街上，逍遥法外。

"整晚我都在街上闲逛，哼着小曲，故意走在路正中。街上到处都是布尔自由民，但他们一点都没注意到我。我渐渐走出市区，进入郊野，我看到一座小桥，走了上去，坐下来回顾自己的行动并仔细思考接下来该怎么办。我身处敌人的心脏之中，根本想不到能找谁去请求帮助。从这里到德拉戈雅湾足有三百英里的距离。到了晚上他们肯定知道我逃跑了，肯定会马上开始追捕。同时所有的出路都会被封锁。城镇里都有纠察队，城外也有巡逻，肯定会搜捕火车上的乘客，铁路线也定然会严防死守。我穿着非军用的法兰绒外套，袋里有七十五英镑，还有四条巧克力。但赖以找路的指南针和地图，还有维系生命的鸦片药片和肉菱形止咳糖都不在身边，远在国立师范学校里我的朋友的口袋里。最麻烦的是，我一句荷兰语或卡菲尔语都说不来，又怎么搞到食物或者问到路呢？

"不过人看不到希望的时候，也不会害怕。我做了一项计划。我要去找德拉戈雅湾铁路线。我身上没有地图也没有指南针，就算铁路沿线有纠察队员，我也得沿着铁路线走。我抬起头仰望星空，猎户座闪烁着明亮的光辉。大约一年前我迷失在大漠之中，正是它指引着我找到了尼罗河岸，找到了水源。这次它将指引我寻找自由。两者给我的诱惑都无法抵挡。

"往南走了半英里之后，我遇到了铁路线。但这是去德拉戈雅湾方向的还是去彼得斯堡方向的支线？如果是前者，应该向东，但我觉得这条线是朝北的，不过也可能只是因为铁路线在小山丘之间盘旋。我决定跟着这条线走。暮色诱人，阵阵凉风亲吻着我的脸颊，一阵阵的激动与开心在我心中涌动着。不管怎样，我自由了，已经自由了一个小时，这已经是很不容易了。这种冒险的刺激感不断袭击着我。如果不是天上的星辰在为我祝福，我是不可能逃脱的。既然如此，那又何必小心呢？我沿着铁路线大摇大摆地走着。沿途时不时就能看到纠察队点起的篝火，每座铁路桥都有看守。不过这些地方我都通过了，除了真正危险的地方略作绕路之外，我的确是一点防备措施都没做。可能这就是我成功的原因。

"我边走边琢磨自己的计划。走上三百英里抵达边界是不可能的。我或许可以登上一列火车，躲在座椅下面，躺在车顶上，或者藏在车钩下面，都行。我想到了《反之亦然》这部电影里保罗·布尔迪德逃出学校的场景。我甚至都仿佛看到了自己从座椅下面的藏身处钻出来，拿钱贿赂或是哀求坐在上面的肥胖一等座乘客助我一臂之力。我该登哪趟车呢？当然是开过来的第一列。步行两小时之后，我看到了火车站闪烁的信号灯光。我离开了铁路线，绕开一点，藏在了小道边上的沟渠里，距离站台大约两百码。我觉得既然列车要进站停车，等到车差不多到了我藏身的地方，速度肯定不会太快了。一整个小时过去了，我开始觉得不耐烦了。突然我听到了啸叫声和逐渐靠近的咯噔咯噔声。随后火车头上硕大的黄色灯光闪进了我的视野。列车在站里停了五分钟，伴着巨大的噪声和粗壮的蒸汽柱，继续启程。我蹑手蹑脚地走近了火车。我的脑海中又过了一遍接下来的动作，我必须等到火车头开过才能发动，不然会被看到，然后我就跳上车厢。

"列车缓缓发动了，加速的过程比我想的快得多。列车上闪烁的灯光敏捷地从我眼前划过。列车发出的咯哒咯哒声逐渐演变成了一阵咆哮。我看到上方悬起了一团黑影，在火车头里煤炉火焰的倒映下，列车司机的剪影依稀可见，火车头硕大的轮廓混着蒸汽云团一闪而过。我赶紧向着车厢扑过去，伸手想抓住些什么，却扑了个空。我伸手再抓，又扑空了，我再次伸手，终于抓住了什么借力的东西，我的脚就像是荡秋千一样地摇晃，脚趾敲打在铁道线上。我再次用力，挣扎着坐到了从车头顺着数第五节车厢的车钩上。这是一列货车，车厢里装满了软麻袋，上面用煤灰覆盖着。其实是硕大的包裹，填满了空煤包，回运煤矿。我手脚并用地爬到这些麻袋顶上，一头栽倒在麻袋堆里。不到五分钟，我就把自己完全用麻袋埋了起来。躺在里面又软又暖和，舒服极了。可能司机看到了我窜到车顶上，在下一站就会拉响警报。但也可能没看到。这趟车开往何处？会在哪里卸货？会不会有人搜查列车？是不是正好在德拉戈雅湾的铁路线上？到了白天我该做些什么？唉，别管了。至少晚上我运气极好。遇到了什么事情再说吧。我决定埋头睡觉。从敌人首府开出的一列时速二十英里的列车运载着一名逃出生天的囚犯，难道对这名囚犯来说，还有比列车发出的咔嚓声更为悦耳的催眠曲吗？

"我也不知道自己睡了多久，醒来的时候，我突然失去了所有喜悦的感觉，只剩下面对前方重重困难的清醒感。我必须在天亮前离开列车，这样乘着夜色我还能找个池塘喝个水饱，找个藏身之地。我可不愿意冒着风险同麻袋一起被卸下车。再到晚上我再扒一趟车。我从舒适的藏身之地爬了出来，再次回到车钩上坐下。车速正好，我觉得正好能跳下去。我用左手抓住列车背面的铁把手，使劲一跳。我猛地撞到了地上，往前栽了两大步，下一秒就发现自己瘫在了边上的沟槽里，全身好像要散架一样，不过没有受伤。我那位忠实的同盟军——那趟列车，在夜色下正匆忙地继续着他自己的旅途，向前开跑了。

"还是黑夜。我身处一宽阔山谷之中，四周环绕着低矮的小山丘，到处长着高高的杂草，满是露水。我在周围最近的溪谷中寻找水源，很快就找到了一处清澈的水塘。当时我渴急了，但就算是我喝下了足以解渴的水，我还是没有停下，直到喝饱了整天所需。

"这时候天色渐亮，东方的天空露出了黄红两色，透过重重黑云投向大地。我看到铁路线朝着日出的方向延伸而去，我松了一口气——总算还是遇上了正确的那条线。

"我喝饱水之后起身向着小山丘走去，我想在其中找到一处藏身之地。随着天色更加明亮，我走进了深谷边缘上一处小小的树林里。我决定在此等候黄昏到来。我自我安慰：这世界上没人知道我在哪，我自己也不知道。这时候是四点，还有十四个小时才到晚上。我变得越来越不耐烦，虽然我之前觉得自己能坚持两倍于此的时间。当时一开始冷得很，不过随着太阳爬上天顶，天就热起来了，到了十点已是酷暑难耐。我唯一的同伴是一只硕大的秃鹫，它对我的身体情况显露了极其深厚的兴趣，时不时发出令人不寒而栗、昭示着不详的叫声。我身在高处，整个山谷尽在眼底。西面三英里的地方坐落着一处小镇，镇子里都是铁皮屋顶房子。还有农地，间杂着一丛丛树木，让整个场景波浪起伏，显得不太单调。小山丘脚边还点缀着一处黑人部落，几处耕作的小片田地，周边还有羊群与牛群，就以田中出产为食。一整天我啃完了一排巧克力，伴着热浪，让人口渴难耐。之前那座池塘就在不到半英里的地方，但我不敢走出树木的掩护，时不时地我就能看到几个白人的身影，或骑马，或走路，穿过整个山谷。也有一次在我藏身处不远的地方一个布尔人跑了过来，朝着天空中的鸟儿开了两枪。不过没人发现我。

"前天晚上的兴高采烈和激情昂扬早就烟消云散，一种令人心寒的反应漫上心头。我在越狱计划开始之前就没吃晚饭，而巧克力虽然能让人活命，但不能饱腹，只让我更觉饥饿难当。我几乎没有睡觉，心脏跳得极为快速，我对未来感到紧张，一种世事难料的复杂情绪让我百感交集，内心无从安定。我脑海里闪过了一切不幸的可能性，要是被抓住，被逮回比勒陀利亚可怎么办，这种忧心与厌恶的感觉是用笔墨无法书写出来的。所有的哲学理念对我而言都毫无用处，无法给我安慰，毕竟那是哲人在条件安逸、环境安全之下，充满力量地说出口的。这些哲学家似乎只是顺风友人。我意识到自己浅薄的智慧和些微的力量是不可能让自己成功逃脱敌人的爪牙的，如果不是最高的那位在无形中介入了因果，给予我帮助，我是永远不可能成功的。虽然人们通常无法意识到这一点。我花了很长时间虔诚地祈求帮助与指点。在我看来，我的祷告收到了巧妙又完美的回应。"

上面这些文字都是我多年前写下的。当时那场冒险的印象我还很清晰。当时除此之外我不能说出更多，不然可能影响到帮助我的人，威胁到他们的自由甚至是生命。多年以后这已经不太可能。现在我终于能够继续讲述随后发生的一切，正是这一切让我从几乎绝望的困境中脱身，给我留下了超乎想象的印象。

那天我仔细盯着铁路线看了一整天。我看到上下行都有两三趟列车飞驰而过。我觉得晚上可能也有同样数量的列车通行。我觉得我能在前一晚的做法基础上略作改进。我看到了这些列车行进的速度极慢，尤其是那些极长的货物列车。我应该先找一处陡峭的上坡路段，在这种地方列车的速度极慢，可能就和步行差不多。或许找到上坡的弧线路段会更方便一点。这样一来，我就能在火车头和看守乘坐的车厢都拐过弯去的时候，抓住列车划出的弧线凸出的部分爬上车厢，火车头和看守都看不到我。在我看来这项计划没什么问题。我几乎都能看到自己在凌晨降临之前再次跳下列车，在夜晚掩护之下又朝着边境近了六七十英里。这种过程大可以再次重复，毕竟哪有什么漏洞呢？我反正是看不到的。三个晚上连续下来，我就能到葡萄牙的领地[1]了。我这会儿还有两三排

[1] 此处的葡萄牙领地指的是与南非接壤的葡属东部非洲。该地区于1975年脱离葡萄牙殖民地身份独立，定名莫桑比克。作为与英国并无宪制关系的国家，莫桑比克在1995年以特殊例子加入英联邦。1498年3月葡萄牙航海家达·伽马所率领的船队发现该地区。

巧克力，还有一口袋饼干碎屑，这些就够我维持着让身体和灵魂不至于分裂。这样一来就意味着我不用冒着天大的被捕风险去和人类接触。在这种想法环绕之下，我越来越焦虑地期待着夜幕的降临。

漫长的一天终于结束了。西方的云彩染上了火烧的颜色。小山丘的影子拉长着覆盖到了山谷之上。一架沉重的马车带着长长的队伍沿着道路朝着小镇走去。黑人呼喝着收拢畜群，回到部落里。很快日光失去了生命，黑夜取代了它的位置。那一刻，我在漫长的等待之后，马上开始了行动。我穿过砾石和高高的野草，朝着铁路线狂奔而去，在半路上停下，喝了一通冰冷的淡水。我后来抵达了看见列车慢慢沿着小山坡盘旋向上的地方，找到了满足我计划里所有要求的一处地点：一处弧线上的凸点。我就在那地方找了一处小小的灌木丛坐下来，充满希望地等候起来。一个小时过去了；两个小时过去了；三个小时过去了，还是没有火车。我足足等了六个小时，小心地观察着铁路线，但还是没有列车。又一个小时滑脚溜走了，还是没有火车！我的计划开始瓦解，希望慢慢溜走。这种情况，是不是说明夜间这段线路上没有列车通过？如果真是这样的话，那我岂不是要白白等到天亮？到了晚上十二点到一点之间的时候，我失去了耐心，不愿再等下去，决心沿着铁路线往前走，不管怎么说先走出个十到十五英里再说。不过我没能取得多少进展。每座桥都有武装人员把守，每隔几英里就有临时搭建的看守棚屋。几座棚屋之间还有一些波纹铁搭建的小村庄。那天晚上整座南非草原都沐浴在明亮的满月月光之下，为了不经过这些会被人发现的危险地方，我不得不绕路，兜起了大圈子，甚至有时候要匍匐在地上通过。离开铁路线之后我很快陷入了沼泽和池塘之中，不得不在沾满露水的杂草中穿行，跋涉着穿过铁路桥横跨的河流。很快我就湿透到了胸口。在被监禁的一个月里我很少有锻炼的机会，因此很快就觉得疲惫，急需食物和睡眠。就在此时我接近了一处车站，这不过是草原里的一座站台，两三座建筑，还有周围几座棚子。不过在旁边的侧线上赫然停有三列长长的货物列车，在夜色下极其明显。显然铁路运输的节奏并不平均。这三列火车在月色下静静停着，一点动静也没有。这更加说明了我此前的忧虑，夜间这部分线路并没有运输计划。我下午的时候怎么就会觉得自己的计划如此完善，确凿无疑呢？

我这会儿突然想到，我可以马上钻到这些货运列车里去，第二天就能在货物的掩护下向前进发。如果一切顺利，说不定晚上也能前进。此外，这些车去哪呢？在哪儿停站？在哪里卸货？我一旦钻进一节车厢，命运就此决定了。我可能毫无体面地在威特班克[1]或米德尔堡被卸货，被重新抓住。这里离边境还有两百英里，或者就在这漫长的路程中随便哪个小站就被抓住了。于是在迈出下一步之前我必须要搞清楚这些列车到底开往何方？要做到这一点，我必须潜入车站，观察车上或者货物上的标签，看看能不能从中获得一些确切的信息。于是，我蹑手蹑脚地走上站台，走到了侧线上停着的两列火车之间的地方。就在我即将开始检查标签的时候，一阵巨大的响声突然从外侧方向传来，让我心惊胆战。几名卡菲尔人操着他们那种毫无抑制的腔调高声谈笑，我仿佛还听到了一个欧洲人的声音，在同他们争论或是命令之类的。不管怎么说，对我来说这就够了。我沿着两列列车之间的间隙退到了侧线的尽头，很快小心翼翼、轻手轻脚地溜进了一望无际的平原，钻进了草丛里。

当时我没有别的选择，只能拖着沉重的身子继续前进，不过愈发无助，愈发不知何为。我内心深觉痛苦，左右四顾，看到这里那里的点点灯火，从小房子的窗口里透出来。我想象着那些房子里的温暖与舒适，但也很清楚那对我而言只能意味着危险。在远方月光照耀之下的地平线上，一列七八盏偌大的灯光发出刺眼的光线，那肯定是威特班克或米德尔堡站。在黑暗中，我的左右边闪烁着两三点火光。我很确定这些不仅仅是房子里透出的光线，但究竟有多远或者到底是什么我搞不清楚。我想或许是一处卡菲尔人部落的火光。我接着就想，以我现在剩余的体力最好的办法或许就是去投奔这些部落。我听说他们厌恶布尔人，对英国人友好。不过他们也有可能逮捕我。他们也可能给我食物，给我一处干燥地方休息。他们的话我虽然一句都说不来，但他们可能能理解英国钞票的价值。甚至我可能说动他们帮助我。给我一名向导，甚至一匹马，都有可能。但更重要的是，让我有地方休息，给我温暖的环境，给我食物。这些是我脑海中最重要的事情。于是我朝着火光的方向进发。

在我意识到这项方案的弱点以及不谨慎之处之前，我本着这样的想法走了大概一英里。我停下脚步，掉头向铁路线的方向走回去，大概走到半道上，我突然停了下来，坐到地上。我彻底崩溃了，脑海里一片空白，完全不知道该做什么，或者该朝哪里去。突然，说不出到底有什么道理似的，我的所有忧虑全都烟消云散。显然这不是出于任何逻辑思考。我只是觉得自己要去投奔部落人

---

[1] 威特班克是南非德兰士瓦省南部城市，西距比勒陀利亚一百零四公里。该地区是南非最大煤炭基地之一，煤田发现于1890年。铁路通比勒陀利亚和邻国莫桑比克。

民。多年以前我玩过所谓的笔仙游戏，有人抓着我的手腕或手掌，我仍然能够写字。这会儿我就正是出于一模一样的无意识和潜意识模式采取了行动。

我快速步行向火光走去。我一开始以为那里离铁路线也就是几英里的距离。很快我就意识到实际上要远得多。大概一个小时或一个半小时之后，它们还是像永远一样遥远。不过这段路走得值。这会儿是凌晨两三点之间，我确定了那些火光并不是非洲部落。我逐渐能看到了这些建筑物的棱角边缘，很快我确定自己是在向着一片煤矿矿口周围围绕着的房屋走去。又过了一会儿，拉动提升机[1]的转轮变得清晰可见，而我也发现一直以来引领我前进的其实是用于带动转轮引擎的火炉。一栋小小的两层石质小屋矗立在一旁，看上去十分坚固，边上还有一两座看起来更为轻巧的房子。

我在荒野中停下，一面观察四周一面思考自己下一步的行动。这会儿还有回头的可能。不过回头又能怎么样呢，不外乎是继续游荡，最后被饥饿、酷暑击倒，或是被捕获或是去投降。相反，向前进有一丝希望。我在越狱之前就听人说，威特班克或米德尔堡的矿区都颇有一定数量的英国居民。这些人处境也不好，但还是留在当地，保证矿井继续运转。我会不会恰好遇到其中一户？这座掩藏在神秘黑暗中的小房子里会有怎么样的存在？布尔人还是不列颠人？朋友还是敌人？还有其他各种各样的可能性。我口袋里有七十五英镑的英国钞票，不过要是我说出自己的来历，给出一千英镑的承诺还是挺能取信于人的。我可能遇到中立的人士，他们出于良善的天性或者是看在一大笔钱的份上，会在我孤苦绝望的时候帮助我。我肯定能试着讨价还价，至少我现在还能。要是结局不妙，我现在的体力还是能够让我逃脱的。虽然话是这么说，但还是要看幸运女神是不是站在我这一边。就这样，我迈着迟疑而摇晃的步子走出闪着微光的黑暗草原，向着引擎的火光走去，走进了寂静的小楼，用拳头敲响了房门。

一时寂静无声。我再次敲门。几乎与此同时，楼上一点灯光亮起，一扇窗子打开了。

"谁在那儿？"一个男人的声音吼道。那不是英语。

我觉得我脑海中聚齐了失望与惊愕。

---

[1] 此处的提升机是指矿井提升机，即在采矿工程中联系井下与地面的主要运输设备。矿井提升机安装在地面，借助于钢丝绳带动提升容器沿井筒或斜坡道运行。主要用于竖井和斜井提升煤炭、矿石、矸石以及升降人员，下放材料、工具和设备等。

"我需要帮助，遭遇了事故。"我回答道。

我听到了一阵嘟囔的抱怨，接着是有人下楼的声音。门闩被拉开了，门锁被解下了。门突然打开了，在黑暗的过道里一名高高的男人顶着一张苍白的脸和一脸大胡子，显然只是随便抓起了一件衣服披在身上，站在我面前。

"你要些什么？"这回是英语。

我这时候得想出一套故事来回答。我最希望的就是和这位先生好好地谈谈，不至于让他产生警觉，或者把别人也扯进来。希望他能平静地与我讨论。

"我是位自由民，"我开始说道，"我遇到一起事故。我在去往科马蒂港和我的义勇队[1]汇合的路上，从火车上掉了下来。我们那时候在打闹。我好几个小时没知觉。我想我的肩膀脱臼了。"

人能想到这些事情也是厉害。整个故事从我嘴里顺流而下，就好像我以前背诵过一样。但我其实对我要说些什么一点念头也没有，对于下一句要说些什么也没有概念。

这个陌生人端详着我的脸，迟疑了一会儿，慢慢地说："好吧，那进来吧。"他略往后退了一点儿，又回到了黑暗的通道里。他又打开了通道一侧的一扇门，接着用左手指了指一个黑乎乎的房间。我迈出步子，从他身边经过，进入了房间，心想这里或许会成为我的监所。他跟着我，划上一根火柴，点燃了一盏灯，放到了我所站的地方远处的一张桌子上。我发现自己在一间小房间里，显然是餐厅和办公室二合一的地方。除了那张大桌之外，还有一张写字台，两三张椅子，一座制作苏打水的机器，机器里有两个上下叠起来的玻璃圆球，装在铁丝网里。在他那一侧的桌子上，这位主人手边放着一把手枪，我觉得直到这会儿，他一定是一直把枪握在右手里。

过了好一会儿，他又开口了："我觉得我还是想知道更多除了火车事故之外的你的事情。"

"我觉得，"我开口回答，"我还是最好告诉你实话。"

"我也这么觉得。"他缓缓地说。

"我叫温斯顿·丘吉尔，《晨报》的战争通讯员。我昨晚从比勒陀利亚逃了出来。我在往边境走。我有钱，你会帮助我吗？"

---

[1] 义勇队，或称民团，是布尔人军队的主要组织形式。由于历史和殖民地特色，当地的许多布尔人从英国统治者手中获得了自治权利，故他们被称为自由民。而当地布尔共和国的主要军队就是由这些自由民自发组织形成的，出则为军，入则为民。

又过了好一会儿，我的这位同伴慢慢地从桌边站了起来，锁上了门。我觉得他这个举动似乎是个不良的预兆，而且显然他的意图模糊不清。他完成这个动作之后，朝着我走了过来，突然伸出了他的手。

"感谢上帝你到的是这里！方圆二十英里之内，只有这栋房子里的人不会把你交出去。我们都是英国人，会照看好你的。"

这么多年过去了，我还是能回想起当年横扫我全身的那种解脱感。比起设法描述，回想要简单得多。就在一刹那之间我还觉得自己被丢进了一个陷阱，而这会儿，朋友、食物、资源、帮助都任我予取予求。我就像是一个快要淹死的人被从水里拖了上来，还被人告知自己赢了德比赛马！

这位主人这会儿才向我介绍了自己，他叫约翰·霍华德，是德瓦士兰煤矿的经理。战前许多年他就加入了当地国籍，成为德瓦士兰的一名自由民。不过考虑到他的英国背景和给当地官员奉上的经济贡献，他并没有被征召上前线与英国人作战。不仅如此，他还获准和两三个人一起留在当地，维持煤矿的设备，等候采矿能正常继续的时候。除了他的英国秘书之外，和他一起在矿上的还有来自兰开夏的一名引擎司机以及两名苏格兰矿工。这四位都是英国臣民，能留在这里都必须守规矩，就像在假释状态下一样，而且要严守中立。霍华德作为德瓦士兰的自由民，如果帮助我的话就犯了叛国罪，能够当场被抓住枪毙，或者日后追诉。

"这不去管他，"他说，"我们会搞定的。"他接着说，"今天下午当地官员还来问过你的事情，他们收到了通报，在铁路沿线和整个地区不断大声通知大伙儿。"

我说我不愿意牵连他。

我请他给我一点食物、一把手枪、一名向导，如果可能的话一匹马就行了。我会自己去海边，趁夜间赶路，远离铁路或者任何有人的地方。

他压根不听。他要搞定什么事情。但他非常小心谨慎，到处都是间谍。他自己的房子里就住着两名荷兰女仆。在矿上，在负责矿井机器的地方也有很多黑人雇员。鉴于这些潜在的威胁，他想得很细。

接着他对我说："你一定快饿死了吧。"

我并没有反对他的意见。他立刻起身走进厨房，跟我说不用拘束，自己享用桌上的威士忌，也可以动用之前我提到的苏打水机器。很快，他拿着许多好吃的回来了，还有一块冷羊肉，是羊腿上最上好的部分。为了让我不那么尴尬，他通过后门从房里走了出去。

霍华德先生过了将近一个小时后才回来。在这段时间里，我生理上的福祉得到了良好的照顾，我的心理状态也随之改善。我信心十足，一定能逃出生天。

霍华德先生说："没事儿了，我和大伙儿聊过了，他们都支持。今晚必须要带你下井，然后你都得待在井下，直到我们想出个法子带你出国境。不过有个难处，就是吃的。那些荷兰女孩盯着每一口吃的。厨师肯定会问那条羊腿上缺了一块儿是怎么回事。晚上我必须要找出个搪塞的理由。你必须立刻下到井下。我们会让你过得舒服的。"

由此，随着天色放晴，我跟着主人穿过小小的院子，走进架着矿井提升机的小院子。一名强壮的男士已经站在那里等着我们了。他说他来自奥尔德姆，紧紧地握住了我的手。

"下次他们都会把票投给你的。"他在我耳边小声说。

一扇门打开，我走进了笼子里。我们逐渐降到了地球内部。在井下有两名苏格兰矿工打着灯笼等着我们，还提着一大捆东西。后来我才弄清那是毯子和棉被。我们沿着漆黑的迷宫走了好久，不停地转弯，扭动身体，爬上爬下，终于到了一处空气清新凉爽的开阔空间。到了这里，我的向导放下了他拿着的东西。霍华德先生递给我一些蜡烛，一瓶威士忌，还有一包雪茄。

"这些没任何问题，"他说，"都是我自己上锁保管的。现在我们必须要思考明天怎么喂饱你。"

"不管发生什么，都不要从这里离开。"这是离开之前的最后一句话。"太阳落山之后矿上会有黑人巡逻，但我们会安排好不让他们任何一个人往这个方向来，到目前这些人什么都没发现。"

我的四位朋友打着灯笼离开了，只剩下我一个人。看着井下如同天鹅绒一般的黑暗，我感到我的生命似乎洒满了玫瑰般的光彩。在经过了复杂乃至令人绝望的历程之后，我现在终于觉得自由是必然的了。现在我不用担心自己遭到羞辱之后再次被逮捕，也不用担心被关到常规的监狱里度过好几个月单调乏味的监禁生活。我几乎能看到自己在欢呼和赞扬中重新回到军队里，充分享受甜蜜的自由和年轻人所希望追寻的刺激经历。就在这种快活的思绪中，加之本身就已经累到极致，我很快就陷入了困乏者的梦乡——同时也是胜利者的梦乡。

第二十二章　我从布尔人手里逃脱（二）

我不知道自己睡了多久，但等到我彻底清醒的时候，第二天的下午肯定已经彻底过去了。我伸出手去摸蜡烛，但哪儿也找不到。我不知道这些矿井下的坑道里到底有哪些坑，我于是觉得更好的选择是就地躺在垫被上，静候事情的发展。几小时后我才看见远远传来灯笼的微光，昭示着有人来了。那正是霍华德先生本人，他带着一只鸡和其他一些好吃的。他还给我带来了几本书。霍华德先生问我为什么没点蜡烛。我说我压根儿找不到。

"你没把蜡烛压在垫被下面吗？"他问我。

"没有。"

"那一定是老鼠拖走了。"

他告诉我矿井里有老鼠，是几年前引进的一种特殊种类的白老鼠，这些年里不停繁殖，过得很红火，是顶尖的食腐清道夫。他说他跑了整整二十英里才从一名英国医生家里拿到这只鸡。他对两名荷兰仆人的态度深感忧虑，后者则对羊腿上无缘无故消失的那块疑神疑鬼。那块肉当然就在我肚子里。如果接下来那天他没法把另一只鸡煮熟的话，他就要自己点两份食物，当仆人走出房间的时候把其中一份装进袋子里带给我吃。他说当地布尔人已经在所有区域询问我的消息，比勒陀利亚政府将此当成大事来抓。米德尔堡矿区这里有不少英国人留下，因此他们也觉得我可能来这边，所有和英国有渊源的人或多或少都受到了怀疑。

我再次对他们表示要是有一匹马和一名黑人向导，我愿意独自离开。对此，霍华德严词拒绝。他说要好好计划怎么把我送出国境，我可能要在井下待上一段时间。

"这里，"他说，"你在这里完全安全。麦克（其中一名苏格兰矿工）了解所有其他人做梦都想不到的废弃工作面，有一处地方水几乎灌满了坑道，可能离顶部只有一两英尺，如果他们下井搜查，麦克会带你潜水通过这段路，躲到被水阻隔的地方，谁都想不到去那里搜寻。我们跟黑人说这里有鬼，他们都吓坏了。不管怎么说，我们也一直在监视他们的行踪。"

他一直陪我吃完晚饭才走，给我留下了十来支蜡烛还有其他的东西。为了做到好好保护这些蜡烛，我在霍华德先生的劝告下把它们全都塞到了枕头和垫被底下。

我又睡了很久，突然被自己周围的动静惊醒，好像有什么东西在拽我的枕头。我很快伸出手去，周边一阵慌乱之声。耗子又来觊觎蜡烛了。我及时从耗子口中救出蜡烛，点燃了一支。所幸我不怕老鼠，而且我也看出这些小东西胆子很小，没有给我造成什么严重的困扰。不过待在矿下的接下来三天里，我的记忆并不是最愉快。小爪子啪嗒啪嗒跑过的声音，四处蹿动的感觉，还有被吓到了快速逃走的场面，一直在重复。有一次我打了个小盹，醒来还发现有一只小东西从我身上飞快地爬过。我点了一根蜡烛，这些生物就消失不见了。

第二天——如果的确是白天的话——如期而至。那是12月14日，我已经逃出国立师范学校三天了。两名苏格兰矿工下到井下来看我，让这一天变得轻松许多。我与他们闲谈许久，在聊天中我吃惊地发现，这座矿井只有大概两百英尺深。

麦克告诉我，这座矿井里有一些废弃的地方能看到阳光。他问我愿不愿意去这些老作业面走走，略微见见微光。于是我们在这些地底下的坑道里上上下下，走了大概一两个小时，终于到了他说的那处地方，待了大概一刻钟。在这里，虽然灰暗微弱，但好歹是见到了太阳光和来自地上世界的气息。在此途中我见到了许多老鼠，看上去还是挺可爱的小小野兽，毛色偏白，长着黑色的眼睛。还有一些的眼睛在阳光下呈现出亮粉色。三年后有位在该地区执勤的英国军官给我写信，说他曾在某次演讲中听我提起白色的老鼠和粉色的眼睛，认为那是彻头彻尾的瞎话。他不辞辛苦地亲自去到矿井底下，亲眼见证了这些生物，于是决定为质疑我的诚信而道歉。

15日，霍华德先生说追捕和搜寻似乎已经减弱了许多。在矿区没有找到逃犯的蛛丝马迹。布尔官员认为我现在肯定躲在比勒陀利亚某个英国人的家里。他们不相信我能逃出那座城市。鉴于这些发展，霍华德先生建议我晚上升井，再到草原上转转透口气，如果第二天早上一切如常，我就可以搬到办公室背面的房间里去了。一方面他看上去信心满满，另一方面又似乎非常激动，感到这样的冒险很刺激。根据他的建议，我在明亮的月光下伴着新鲜的空气颇为享受地闲逛了一番。在此之后，我比计划的提前了一点搬进了办公室里货箱背后的内间。我在那地方又住了三天，每天晚上霍华德先生或者他的助手都会来陪我在漫无边际的平原上散步。

16日，逃亡的第五天。霍华德先生对我说他已经制订了帮我逃出国境的计划。这座矿有一条铁路支线，同主线相连。霍华德先生的矿边上住了一位名叫博格纳的荷兰人，他将于19日发一批羊毛货品去德拉戈雅湾。这位先生对英国人颇有好感。霍华德先生找了他，把我们的秘密告诉了他，他也愿意帮我。博格纳先生的货物将用大包装载，或能装满两三节大型车厢。这些车厢都要在矿上的侧线上装载。到装大包的时候，可以在车厢正中央留下一处小小的空间，我就能躲在里面了。装好之后每节车厢都会用防水帆布遮起来，捆扎牢固。如果到了边界这些帆布没有被动过的迹象，布尔人的士兵可能就不会去掀开了细细检查。他们问我是否同意冒这个风险。

在整个冒险的过程中，截至目前这项计划是我最担心的。如果有人出于意外获得了巨大的好处或者奖励，而且能真真正正把这些好处或者奖励拿到手，那么一旦想到失去它们，光是这个念头就让人无法忍受。我自认为自由已经是板上钉钉的事情了，但这回要把自己重新放回完全孤立无援的境地里，而且根本无法行动，甚至必然会面临边境搜查队的压力，我实在是心里发毛。比起这样的安排我更愿意进入无边无垠的草原，带上一匹马一名向导，努力远离猎人的追寻，在布尔共和国广袤的国土中一点一点找出一条生路来。不过最后我还是接受了这些慷慨的救命恩人的建议。于是他们相应作好了安排。

当时甚至连英国报纸也刊登了一些远道而来的电报消息。如果我当时能读到这些消息，我一定会感到更加焦虑不安。比如说：

"比勒陀利亚，12月13日。尽管丘吉尔先生机敏地成功脱逃，他不太可能成功穿越边境。"

"比勒陀利亚，12月14日。据报道，温斯顿·丘吉尔先生在科马蒂港的边境火车站被捕。"

"洛伦索马克斯，12月16日。据报道，丘吉尔先生在上瓦特法尔被捕。"

"伦敦，12月16日。关于温斯顿·丘吉尔先生越狱一事，有人担心他可能早就被重新抓获。如果的确如此，他可能已经被枪毙。"

或者我读到了关于自己的描述，知道了开出的悬赏（这些告示都已经在铁路沿线广泛张贴散发），我可能也会一样焦虑。因此，我很高兴自己一无所知。

18日下午过得很慢。我记得绝大多数时间我都在读史蒂文森的《绑架》一书。大卫·巴尔福尔和雅兰·布雷克在峡谷中四处奔逃的描写令我尤其感同身受。做个逃犯，做个被追捕的人，被"通缉"，本身就是一种极其深刻的体验。战场上面对子弹或炮弹的危险与此截然不同。你必须要四处躲藏，不留痕迹，这种体验会在你心里留下一种极其挫败的负罪感。"你是谁？""你从哪儿来？""你往哪儿去？"这些都是执法官员可能随时随地出现在你眼前，问你的问题；或者路边随便一名陌生人都有可能这么逼问你。而你绝对给不出令人满意的答案。这让人的自信全然崩塌。我浑身的每一根神经都在极力畏惧即将在科马蒂港降临在我头上的噩梦，而我如果要成功从敌人手中逃脱，我必须无力又消极地经历这些折磨。

正是因为这些小心思在脑海里盘旋，当我听到临近的步枪射击声传来，时不时夹杂着一两声连续的开枪声，我吓了个半死。一副恐怖的画面闪过我的脑海：布尔人来了！霍华德和他手下的几名英国人在敌国的心脏地带公开叛乱！之前他们告诉我不管出了什么事，都不要离开货柜背后的藏身之所，因而我依言待在那里，心中万分焦虑。很快一切就明了了，显然最坏的情况并没有发生。从办公室的方向传来了交谈声和欢笑声。显然这是气氛友好，充满社交意愿的一次对话。我继续去追随雅兰·布雷克的步伐去了。终于，声音停止了，过了一会儿大门打开，霍华德先生苍白、暗淡的脸出现在我眼前，他脸上挂满了灿烂的笑意。他转过身去锁上了门，轻快地朝我这里走过来，显然兴致很高。

"地方官刚来了，"他说，"不过他不是来找你的。他说你昨天在上瓦特法尔被抓获了。我不想让他纠缠此事，就提出和他比赛打瓶子，他从我手里赢了两磅，高兴地走了。"

"今晚一切都安排好了。"他接着说。

"我要做些什么？"我问道。

"什么都不用，我来找你的时候你跟着我就是了。"

19日凌晨两点，我穿戴整齐，静候信号。门打开了，主人出现了。我们都没说话。他带着我穿过办公室前厅，走到铁路侧线那里，三列妖怪般硕大的列车停在那里。三个身影在月光下朝着不同方向巡逻，一群卡菲尔人正忙着朝最后一节车厢里装羊毛卷成的大包。霍华德慢慢地踱到第一节车厢前面，穿过铁轨走到末端，他向着我用左手指了指。我跳上缓冲的区域，一眼就看见在大包和车厢末端中间有个空洞，极窄，只堪堪够人钻入。钻进去之后，我经过了另一处狭窄的羊毛大包隧道，进入到车厢中心。中间给我留下了一处宽足以躺下、高足以坐起的空间。这里就是我的住所了。

大约三四个小时之后，一丝丝阳光从我所在的庇护所上的裂缝和车厢顶盖上的缝隙投了进来。我听到火车头逐渐抵近的声音，接着是车头和车厢连接时发出的巨响。又过了一会儿，随着轮子的隆隆声，我们开始了驶入未知世界的旅程。

我这会儿开始打量自己新的住所，整理诸如弹药和补给之类随身携带的东西。首先是手枪。这是一种精神鼓励，尽管现在还看不出对于我所即将遇到的所有各类问题，这把手枪会有什么帮助。第二，两只烤鸡，几片肉，一只长条面包，一只瓜，还有三瓶凉茶。前往海边的旅程预计不会超过十六个小时，但谁都不知道会不会延误。在战争状态下，普通的商务交通会遇上什么事情谁也说不清。

这会儿在我被关起来的小空间里有了充足的光线。车厢的侧板和地板是由木板拼起来的，其间的缝隙里给了光线足够的通道。光也自然从这些缝隙里找到路径穿过了羊毛大包。我在我爬过来的隧道那里找到了一处大概八分之一英寸宽的小洞，让我能略微看到外部世界在发生什么。为了在车上也能知道这段旅途进行到了什么阶段，我提前背下了一路上要经过的车站名字。其中许多我直到今日还能记住：威特班克、米德尔堡、贝尔根达尔、贝尔法斯特、达尔马努萨、马查度杜尔普、上瓦特法尔、瓦特瓦尔翁达、易兰茨、诺伊达格达茨等等，一直到科马蒂港。这会儿我们已经到了这些火车站中的第一座车站，矿区延伸出来的支线在这里同主线交汇。经过了两三个小时的延误和转轨，我所在的火车显然同另一列火车连接到了一起，接着用极其顺利且令人满意的速度开始了自己的新旅程。

接下来一整天我们都在向东穿行，穿过了整个德瓦士兰。夜幕降临之际，我们停在了一处车站过夜，我看了一下，这里应该是上瓦特法尔。我们过了将近一半的路。不过我们在这条侧线上会停留多久？可能要好几天，但至少要等到第二天早上。在列车停车的这段时间里，我一直躺在车厢地板上，努力在脑海里绘制欢乐的图景，或者是重新加入军队的欢呼场景，或者是庆祝大逃亡胜利的美妙时刻，让自己的大脑一直有事可做。同时我也一直为边境线上的搜查感到焦虑，这次挑战肯定会到来，每时每刻都在不断迫近。就在这会儿，另一件难事令我伤神。我想睡觉！说实话，我压根就没想过自己要保持清醒。但一旦睡着，我可能打呼！而当列车在安静的侧线上停靠的时候，我一打呼就会被人听到。我决定原则上保持清醒不睡，而后来短暂地陷入打盹儿的状态中。第二天早上，我是被火车头重新连接车厢发出的猛击和猛拉的声音吵醒的。

在经过上瓦特法尔站到瓦特瓦尔翁达站之间的路段有一段非常陡峭的下坡路，机车必须加足马力，控制车速，缓慢行驶才能安全通过。在这段路上，我们的速度只有三四英里每小时。这点让我清楚地判定，下一站一定就是瓦特瓦尔翁达站。整整一天我们都在敌人的疆土上飞驰，到了下午将近晚上的时候，我们终于抵达了面目可憎的科马蒂港车站。我把脸贴在上面提到的裂隙上观察，这是个规模庞大的车站，有好几股铁道，上面站着好几列火车。许多人在站里走来走去。同时声音也非常嘈杂，人们的吼叫声，掺杂着汽笛的呜咽。在我初步了解了周围的情况之后，火车也停稳了，我退到我的小堡垒的最核心位置躺下，抓过一片麻袋布把自己罩起来，躺得又平又直，静静等待事态的发展，心怦怦直跳。

三四个小时过去了，我也不知道这列车是否已经完成了搜检。好几次人们登上列车又走了下去，讲着荷兰话。不过防水的帆布并没有被移动，好像也没有对列车进行特殊检查的意思。与此同时黑暗降临，我不得不继续让自己掉入由不确定性统治的不确定连续性中去。好不容易在危险中完成了几百英里的旅程，现在又陷入到了更严峻的危险中去，这种感觉实在难熬。这会儿我离边境只有几百码的距离了。我又一次开始担心自己的呼噜声了，不过最后这一夜还是平安睡过去了。

当我醒过来的时候我们还在原地。可能因为他们在彻底搜查列车，才会耽搁那么久！此外，也有可能我们被忘在了侧线上，要等上几天甚至几周。我极想向外张望，但还是忍住了。终于十一点的时候，火车头再次与车厢对接，几乎立刻就启程了。如果我没有弄错，昨晚我们停车休息的车站就是科马蒂港车站的话，那我这会儿已经在葡萄牙的领地上了。不过也有可能我弄错了。可能我数数出了岔子。可能在边境这一边还有一个车站。可能搜查还没有开始。不过所有这些疑惑到了下个车站立马烟消云散。我从小裂缝里看出去，看到的是站台上葡萄牙官员的制服帽子，还有木板上刷着"雷萨那·加西亚"的站名。我压抑着胸中兴奋的情绪，直到列车再次启动。随着列车发出轰隆隆的巨响并在剧烈的撞击声中缓缓起步，我把头伸出防水帆布，大声吼叫、歌唱，用尽全身的力气，直到发不出声音来为止。当时我一阵狂喜，深觉感恩，掏出手枪向空中开了两三枪，作为一种鸣枪礼。这些愚蠢的行动倒没有带来灾祸。

抵达洛伦索马克斯已是下午接近晚上。我藏身的列车滑进了一处货物堆场，一大群黑人蜂拥而至，开始卸货。我觉得是时候从藏身之处跑出去了。我将近在其中度过三天焦虑不已、难受不已的日子。我早就把所有食物残渣抛弃干净，所有我待过的痕迹都清理掉了。我从车尾溜下列车，悄无声息地混进周边忙着卸货的黑人和无所事事的闲汉人群中间。我这会儿仪表不整，胡子拉碴，很适合这么干。我朝着车站大门走去，踏出大门，走上了洛伦索马克斯的大街。

博格纳在门外等着我。我们交换了一个眼神。他转过身去，自然地走进城里。我在他身后二十码的地方跟着。我们走过了几条街，转了几个弯。突然他停下了脚步，站了一会儿，目光紧紧盯着对面街上的房子。我顺着他的目光看向同样的方向，在那边——多么神圣的一幕！我看到了英国国旗欢悦地在房顶飘扬！那是英国领事馆。

英国领事的秘书显然没想到我会来。

"请出去吧，"他说，"领事今天没法见你。明早九点到他办公室来吧，如果有事的话。"

听闻此言，我火冒三丈。我大声坚持我必须马上面见领事。声音大到领事也从窗口探出头来看看发生了什么。最后他从楼上下来，问我叫什么名字。从那一刻起，我获得了所有想要的招待和欢迎。我洗了个热水澡，换了一身干净衣服，享用了一顿精美的晚饭，拿到了发电报的设施——所有我想要的一切。

我狼吞虎咽地看完了摆在我面前的所有报纸。从我爬上国立师范学校墙头的那一刻开始，发生了许多重大事件。对英国军队而言，这可谓是布尔战争中的黑色一周。不管是在斯通尔姆贝格的加特可将军还是在马格尔斯冯泰因的梅特恩勋爵，或者是在柯兰索的雷德维尔斯·布勒爵士，都遭遇了大败。伤亡惨不忍睹，是克里米亚战争以来英格兰从未遇到过的惨痛经历。这一切都让我一心想着早日同军队汇合。领事本人也很热衷于把我弄出洛伦索马克斯，这里到处都是布尔人和同情布尔人的家伙。幸运的是每周一班去德班的汽船就在那天晚上出发。事实上，出发去德班的船几乎和我借以抵达的列车形成了无缝衔接。我决定就乘这班船出发。

我到达的消息就像野火燎原一般在洛伦索马克斯城里传开了。就在我们共进晚餐的时候，领事不得不半途离开去接待花园里聚拢的一群陌生人。好在他们是赶来的英国人，全副武装要反击任何试图把我抓回去的人。在这群爱国主义者护送下，我安全地穿过街道抵达码头，大概十点的时候，我已经坐着"印度那"号汽船漂荡在大海之上了。

我到了德班，发现自己成了一名受人欢迎的英雄，受到的迎接就好像我打了一场大胜仗。德班港用旗帜装点一新，乐队和人群挤满了港口。海军司令、将军、市长争着走上前来握我的手。这份热情的善意几乎把我撕成了碎片。我被人群扛上肩膀，一路扛到了市政厅门前的台阶上。有什么能让他们心满意足呢？只有发表一场演讲。在略作推辞之后，我只得照办。从世界各地发来的电报像雪片一样向我涌来。当天晚上我就带着这份胜利的喜悦往部队赶去了。

在部队里，我也受到了最高程度的善意欢迎。我搬进了新的住所，那就是离我一个多月前被俘虏的地方一百码不到的那间铺路工的小棚子。就在那里，我和许多朋友一起，就在纳塔尔前线好好吃了一餐丰盛的晚餐，庆祝我的好运以及圣诞夜。

德班欢迎仪式

第二十三章　回到军队

我发现在我身为战俘的数周内，我在国内变得声名远播。那时在装甲列车一役中安全回到基地的铁路工人和伤员夸大了我作的贡献。故事被聚集在埃斯特科特小镇的战地通讯员发回英格兰的稿件中，有些是加上了粗线条的描述，有些则加上了活灵活现的描写。这样一来报纸上充斥着对我行为的溢美之词。我逃脱的消息后来又盖过了这些故事，成为大家关注的焦点。再后来我整整九天毫无消息，人们纷纷猜测我是不是又被抓回去了，谣言又掀起了新一波公众赞扬的浪潮。年轻人总是期盼冒险。媒体需要热点做广告。显然在我身上两者兼备。一时间，我成了名人。当时英国接连遭受了一系列军事挫败的打击，急需有什么事情来昂扬士气，而我的事情正逢其时。这样一来关于我胜过布尔人的事情，受到了难以计数的褒扬，显然并不能与事情本身成正比；同时，这也不可避免地激起了某些人的应激反应，导致了一股鄙夷我的暗流，这也不能与事情本身成正比。这两股人还形成了一场论战。举例而言，11月23日的《真相报》是这么说的："火车上一片混乱，据说丘吉尔先生大声喊叫着'做个男子汉！做个男子汉！'就把队伍拉起来了。不过负责指挥这支分队的军官在做什么？此外，除了'做个男子汉'之外人们有没有别的表现？军官们要是在战场上，会不会允许一名记者'代为'指挥他们麾下的队伍？"

11月23日，《凤凰报》（现已停刊）报道称："温斯顿·丘吉尔先生在装甲列车里救了一位伤员的事情很有可能是真实的。他也有可能夺过一支步枪，朝布尔人开枪了。但问题在于他在装甲列车上干什么？他没有任何权利这么做。他之前的确在第四轻骑兵团服役，但现在已经不是军人了。本报还获悉他也不再代表《晨报》。既然如此，那么，要么就是指挥这列背运装甲列车的军官逾越，允许丘吉尔登车；要么就是丘吉尔自说自话，未获允许非法登车。在后面这种情况下，他也给指挥官本已沉重的职责增加了负担。"我好歹还是身陷敌手的本国公民，尚且生死不明，《凤凰报》接下来的行文显得颇为冷血："本报诚挚希望丘吉尔先生不会中弹身亡，同时要是布尔将军下令把他打死，也完全没有问题。非战斗人员完全没有携带武器的权利。所有在普法战争中携带武器的非战斗人员一旦被捕，很快就被枪毙了。我们可不能期待布尔人比高度文明的法国人和德国人更加人性化。"

12月16日，《每日国民报》（现在同样也已经停刊）报道称："丘吉尔先生的越狱之举在军事圈里看来，既不明智，也称不上多么荣耀。他被捕的时候是战斗人员的身份，也和其他被俘的军官一样获得了同样的假释条件。但他却不愿同别人一起同甘共苦——这是高贵的做法。如果比勒陀利亚当局采取更为严厉的措施预防越狱，本报一点也不觉得惊讶。"

最后是12月26日的《威斯敏斯特报》："温斯顿·丘吉尔先生又一次自由了。他靠着自己的足智多谋逃出了比勒陀利亚，当地政府正在手忙脚乱地找出他到底是怎么做到的。就目前而言，一切都不错。尽管追求自由并不违背游戏规则，不过本报很难理解丘吉尔先生向朱伯特将军提出的申请，他自称身为报纸通讯员，'并未参加战斗'，因此要求被释放。得知此事，我们不得不惊讶地擦了又擦自己的眼睛。对于丘吉尔先生在装甲列车事件中的英雄行为，难道我们没有读到过夸大其词（但显然确凿无疑）的描述吗？朱伯特将军显然也惊讶得瞪大了双眼。将军与丘吉尔先生并没有私交，他的回复是所有纳塔尔当地的报纸都认为装甲列车能逃出生天全是拜丘吉尔先生的英勇与决断所赐，所以丘吉尔先生才被拘禁。不过既然似乎这并非事实，将军很愿意相信这位新闻通讯员的意见，即他只是非战斗人员，并据此签署释放他的命令。事实上这道命令在丘吉尔先生逃脱之后半天就传达到了。丘吉尔先生到底是不是战斗人员这点的确扑朔迷离，不过有一点是肯定的：他不能什么都要。尽管很多通讯员都认为他应该获得维多利亚十字勋章，但就凭他给朱伯特将军写的那封信，他就完全没资格了。"

这些评论见报之后，我想我还能说什么呢？只能说这些人不够友善。装甲列车上的铁路工人和伤兵如何描述这一切，我没法为此负责。他们说的情况怎么传回英格兰的，我也没法管。更别说这些说法引起的广泛公众注意，我更加无法承担责任了。我当时身陷囹圄，被迫保持缄默。本书的读者读完之前的章节之后一定能理解我为什么陪伴哈尔登上尉一起参与了这次多灾多难的侦察行动，也清楚我究竟在战斗中起到了什么作用，从而自己作出判断，我自称非战斗人员的说法到底有多少道理。至于朱伯特将军是不是真的转变了想法，决定不再将我以战俘身份关押，我也不得而知。但在我已经从国立师范学校逃脱之后，这道命令才姗姗来迟，为公众所知，这简直是太巧了。还有种说法是我在被关押期间享受了假释一般的条件，也与布尔人达成了某种君子协定，而我最后却撕破脸皮越狱，简直是不守信用。一派胡言！没有任何一名战俘能获得假释，我之前也写到了，我们所有人都被严格限制自由，关押在有武装狱卒看守的地方。不过只要开了个头，在政坛的浑水里，谎言总能找到继续生存下去的方式。我后来不得不至少在四处不同的场合要求这些污蔑我的人承担责任，公开道歉，那时候我觉得亲布尔分子简直丧心病狂。

我从德班给《晨报》发回的一封电报也在军界和社交圈子里激起了对我的批评。

"整体来看，"我写道，"蠢货才会不承认我们的对手难以对付，令人畏惧。自由民的素质很高，他们的军事行为效率由此得到提高。他们的政府虽然腐败到家了，但却把所有的精力都投入到了军事行动中去。

"我们必须直面事实。一名布尔骑兵在合适的地形条件下，能抵得上三到五名普通士兵。现代步枪威力十足，正面攻击往往不能奏效。敌人机动性极佳，能有效保护自己的两翼。唯一的办法，要么派素质相当、智力不相上下的步枪兵去作战，要么就在个人素质不及敌人的情况下，拿远超出敌手的数量去压。八万人加上一百五十门大炮组成的大军肯定能让布尔人无法应付，但如果只派一万五千人去作战，这点兵力肯定会不断遭受损失。拿珍贵的增援兵力去玩添油战术，让部队不断被一小股一小股地消灭，这样的战术非常危险。

"就像美国内战里的南方邦联[1]那样，布尔共和国肯定会被耗死。我们绝不能慌乱，要耐心集结一支有压倒性优势的大军。到最后算起来，比所需要的人数多派一些军队反而更加划算。这场战争就算拿二十五万兵力来打也不为过，但南非绝对值这个价，不管是流的鲜血还是花的金钱。还需要更多的其他力量。所有英格兰的绅士都去猎狐狸了吗？为什么一支英国轻骑兵团都没有？看在我国人民的尚武之心，坚持奉献的殖民者，还有牺牲的士兵的份上，我们必须坚持打下去。"

这些虽然是肺腑之言，也是忠言，但不讨人喜欢，也招来了怨恨。"一名布尔骑兵在合适的地形条件下，能抵得上三到五名普通士兵。"我的这种说法

---

[1] 南方邦联指美国南北战争时期的美利坚联盟国（the Confederate States of America），是自1861年至1865年因美国内战而建立的政权。它位于北美，由今天美国南部的一部分地域组成。在其短暂的国祚期间，一直为着自身存亡与联邦政府军作战，故并无确切的北部边界。

被认为是在诋毁英国陆军的战斗力。我预测需要二十五万兵力，也被人谴责为满纸荒唐言。让我引用《晨间领袖报》的说法："本报尚未得到证实的消息，据称兰斯道文勋爵在罗伯特茨勋爵还未抵达的情况下，已经指派温斯顿·丘吉尔先生指挥在南非的军队，同时由维多利亚十字勋章获得者雷德维尔斯·布勒爵士担任他的参谋长。"这事本身不错，但不幸只是讽刺。布克和多德俱乐部[1]中的老上校和将军们怒火中烧，其中有人给我发了一封电报："这里你最好的朋友希望你不要继续出丑卖乖了。"不过很快事情的进展就证实了我"孩子胡闹"式的观点：由帝国义勇骑兵和志愿兵组成的一万大军出发赴前线支援职业军队；而在最后获得胜利之前，在南非的土地上共聚集了超过二十五万名帝国军人，达到了布尔人总军力的五倍。我只能从《圣经》中得到安慰："贫穷而有智慧的少年人，胜过年老不肯纳谏的愚昧王。"[2]

　　与此同时，所谓"黑暗一周"发生的各种悲剧震惊了全英国，政府也站出来抚慰人们的情绪。贝尔福先生虽然被挑他刺的人批评成"女人气、半吊子辩论手"，在这段危机时间内却站出来扛起了帝国政府的大旗。事情发生很久之后我们才知道，12月15日雷德维尔斯·布勒爵士在柯兰索打了一场败仗，报上来的阵亡名单足有一千一百人。当时这个数字已经很可怕了。爵士深感沮丧，给战争部发来了一封充满恐慌情绪的通报，同时他也给乔治·怀特爵士发去了一道懦弱的命令，建议后者在莱迪史密斯城的防务问题上坚持到打光最后一发子弹，再尽可能地与布尔人谈判，以最有利的条件投降。他于12月15日发给战争部的电报中说："我不认为自己现在有魄力去救援怀特。"这封电报抵达伦敦时恰逢周末，所有大臣里只有贝尔福先生在，他简短回复道："如果你救不了莱迪史密斯城，把指挥权交给弗朗西斯·克莱瑞爵士，然后回来。"怀特本人也回了一封冰冷的电报，称自己根本无意投降。在此几天之前，德国皇帝通过英国驻柏林武官向维多利亚女王传递了一封私人信件，信中的口气友好但令人疑惑。他说："我没法永远坐在安全阀上。我的人民要求我干涉。你必须要打场胜仗，我建议你派罗伯特茨勋爵或基奇纳勋爵去。"不管女王是不是依言行事，罗伯特茨勋爵于12月16日获命担任司令官，由基奇纳勋爵担任他的参谋长。增援包括印度以外所有英国陆军和强大的志愿军团，既有本土来的也有所

---

[1] 布克和多德俱乐部是传统上英国陆军高级军官尤其是退役军官社交的场合。

[2] "贫穷而有智慧的少年人，胜过年老不肯纳谏的愚昧王。"引自《圣经·旧约》传道书。

有殖民地派出的，都已经在路上了。得到了大力增援的布勒被调去担任纳塔尔的指挥官，受命坚持救援莱迪史密斯城。同时英军大部队则以比原先大得多的规模向着北方行军，从开普殖民地出发，前去支援金伯利，并攻打布隆方丹。

接到这项任务布勒绝不会兴高采烈。他很清楚敌人在图盖拉河对岸高地上的工事有多麻烦，而且从柯兰索一败之后，他甚至开始夸大布尔人的战力了。在一系列攻打图盖拉河的努力都以失败告终之后，他灰心丧气地对我说："在这里，在纳塔尔作战我简直倒了八辈子血霉，我早就告诉自己要避免落到今天的境地，但现在却要沿着这条战线进军。简直没有比这里更不适合我军作战的地方了。"

接受这项任务他极不情愿，但现在却要同它死磕。我很肯定就他这年纪，军事能力也好，心理生理的强健程度也好，甚至是能获取的资源和能承受的冷酷程度也好，他都无法到达这项任务所需要的程度。但是他依然指挥着手下的士兵，士兵也对他充满信心，他也依然是英国公众眼中的偶像。

一个人二三十年前因无畏的勇气荣获维多利亚十字勋章，是否就意味着他二三十年后适合指挥一支军队？我对此表示怀疑。我注意到因这种思维定式和假设，已经发生了不止一起严重的不幸事件。岁月的流逝、生活的舒适、身体的发福、多年的钻营晋升，和平时代获取胜利所需的一切，都会让他们失去密集军事行动所需的关键素质。就算是在漫长的和平时期，国家也应当准备好一些陆海军中层军官，年龄应该在四十岁以下。应该给这些军官提供特别的训练，让他们接受特别的考试。他们应该有机会从一个指挥岗位历练到另一个，同时要给他们机会作出重要决定。他们也应该得到进入国防委员会的机会，在委员会中提出意见，并就此接受委员会的审议。他们渐渐老去之后，应该有人替补。"老丹多洛"[1]这样的人物很少见，罗伯特茨勋爵也是可遇不可求。

雷德维尔斯·布勒爵士花了很长时间问我在德瓦士兰的总体情况，我也把我躲在火车里透过缝隙勉强看到的情况事无巨细一一告知。在此之后，他对我说："你干得不错，有什么是我们能为你做的？"

我立刻对他说我希望能在前往各地铺开增援的非正式部队中得到叙用。上次旅途结束之后我还是第一次见到这位将军。在我服役的四年中我时不时会

---

[1] 指恩里科·丹多洛，八十五岁的时候成为威尼斯执政官，后以九十岁高龄亲自指挥威尼斯舰队护送东征十字军，并主导了整个第四次十字军东征。

听到他的名字。将军似乎被我的要求弄得有些窘迫，沉默了不少时间，然后对我说："那可怜的老波茨维克怎么办？"他说的是后来成了格兰内斯克勋爵的阿尔戈农·波茨维克爵士，《晨报》的老板。我说我同他签的合同早就定了，不可能不把战争通讯员的差事做完。这样一来就麻烦了。过去几年的小型战争中，休假的军官同时担任战争通讯员已经成了惯例，甚至有些在岗的军官也会兼任。人们认为这极不恰当，毫无疑问也会招来许多反对意见。就我自己而言，在印度边疆和尼罗河上游的双重身份也给我招来了许多批评。我想我可能是被批得最惨的那个。尼罗河一役过后，战争部终于下了决断，最终禁止士兵同时兼任战争通讯员，反之亦然。这样一来我面对的就是板上钉钉的森严军法，而如果要为我网开一面，考虑到这条规定几乎就是因为我的事情才出台的，显然非常困难。雷德维尔斯·布勒爵士长期在战争部担任人事参谋总长，饱经世故，同时自己就是最严格军法规定的活化身，觉得现在的情形实在是滑稽又奇怪。他在房间里来回踱步，足足有两三个小时，端着同样滑稽又古怪的神情盯着我，最后对我说："好吧，你可以去邦果（宾上校，现在成了维米的宾勋爵）的团，你要尽量同时完成两份工作，但是，"他又加了一句，"军方不会给你开饷。"

面对如此超乎常规的安排，我毫不犹豫地答应了。

于是我就以中尉的军衔再次回到军中，加入南非轻骑兵团。这支团级军队分为六支中队，共有超过七百名骑兵，还有一支马拉机枪部队，是由朱利安·宾上校亲手在开普殖民地组建的。他曾是第十轻骑兵团的一名上尉军官，在他身上可以期待奇迹发生。宾上校让我担任他的副官，答应我除了作战，我可以自由去自己想去的地方。对我来说这简直再好不过。我把自己的军衔章缝到了卡其布外套上，在帽子上插上了一支长尾巧织雀[1]尾巴上的长羽毛，每天都过着神仙日子。

南非轻骑兵团是邓多瑙德勋爵指挥的骑兵旅的一部分，后来在欧战中，指挥这支部队、出谋划策的军官和他们的朋友几乎都名声大噪。宾、布德伍德、胡博特·高夫都成为一军之长。巴尔恩、索利·弗拉德、汤姆·布瑞德吉斯和其他几位则成为师级指挥官。在整场纳塔尔战役中，我们聚在同一堆篝火旁，

──────────

[1] 长尾巧织雀是一种分布于非洲中南部地区（包括阿拉伯半岛的南部、撒哈拉沙漠以南的整个非洲大陆）的雀形目织雀科动物，尾羽狭长，漂亮夺目。

睡在同一驾马车里，成了最好的朋友。团里的骑兵来自不同的地方，但都是一流的战士，绝大多数都是南非人，还有许多是全世界各地赶来的冒险家。还有一位曾经是美国内战中南方邦联的骑兵。巴尔恩的帝国轻骑兵中队都是来自兰德金矿地的"外国人"（参见第七章）。两个中队的纳塔尔卡宾枪手和桑尼克罗夫特的骑马步兵部队都是来自被入侵省份的社会阶层很高的农民和殖民者。还有两个连的英国骑马步兵部队也是整支英军中最一流的。殖民者，尤其是"外国人"和纳塔尔出身的人，自然而然地对敌人抱着苦大仇深的情绪，那个时代这种情绪被职业士兵视为"不专业"的表现，不过所有人都能精诚合作。

第二十四章　斯皮恩山

书至此，并非长篇大论莱迪史密斯城解围战斗的合适节点，但简单叙述还是需要的。雷德维尔斯·布勒爵士原计划在柯兰索强渡图盖拉河，然后沿着铁路线一路推进。后来，他放弃了这项计划，等候增援，直到麾下的兵力增加到了一万九千名步兵、三千名骑兵、六十门火炮。爵士随后决定迂回包抄布尔人的右翼，从科伦索上游大概二十五英里的地方渡过图盖拉河。1月11日邓多瑙德的骑兵旅发起了一次快速冲锋，拿下了俯视波特希特和特理查德这两处渡口浅滩的高地。第二天，全体步兵在骑兵沿河设下的侦察哨的掩护下，于夜间排着简洁的队列向特理查德浅滩进发。17日破晓，所有骑兵在未遇重大抵抗的情况下全部过河，随后向左侧进发，利落地击败了大约两百名布尔人之后，于黄昏时分抵近阿克顿霍姆斯附近。与此同时，步兵先头部队行进并不顺利，浅滩的水深对步兵而言还是一大困难。他们决定在斯皮恩山山脚下驻扎，掩护建造两座浮桥。浮桥于早上完工，随后趁着夜色，扩编一个旅的第二师和全军的大多数火炮在查尔斯·沃伦爵士指挥下渡河完毕。18日早上，将近一万六千名步兵顺利跨过图盖拉河。骑兵部队就在不远处阿克顿霍姆斯城外的开阔原野上，只要再简单地行军两日就能抵达莱迪史密斯城。包括经验丰富的殖民者在内，大部分战斗人员都认为骑兵应该要再向左侧移动，进而占领斯皮恩山西侧的高地一线，从而为下一步发起行动，解放莱迪史密斯城作好准备，而且这一目标再坚持一阵子就能顺利完成。

另一方面，布勒和他的参谋人员非常担心交通线被截断，这也不是没道理的。现在正在展开的是一场长途跋涉，包抄敌人右翼的行动，而敌人恰好以机动力高闻名。布勒安排一支英国旅拱卫柯兰索附近的渡口，另一支利特尔顿的旅则被要求在波特希特渡口对面做好防守。大军的主力部队战线拉得很长，右翼倚靠斯皮恩山脚布置，骑兵则在左翼，撒得更远。整个军力锋面足有三十英里长，断断续续。任何时候两三千名布尔人都有可能从几个后卫旅扎起的"篱笆"缝隙里渡河，向南挺进，切断延绵蜿蜒的补给线。军队所有后勤都仰仗这条交通线。一旦其与铁路线之间的联系被切断，就会沦落到像乔治·怀特爵士在莱迪史密斯城那样被包围，他们甚至都没有工事或者必需的装备补给来打防御阵地战，那将是令总司令头疼不已的噩梦。所有布尔人的行动看上去都那么悠闲自得，似乎胸有成竹，又让这些风险变得更加逼真了一些。这样一来，我们这些骑兵部队渴望进一步加快战术安排，缩短逼近敌人所需的时间。布勒也认为缩短交通线是至关重要的，于是占领斯皮恩山就提到了日程上。23日夜间到24日凌晨，他派出一支步兵旅和桑尼克罗夫特的团（下马后作为步兵）去攻占斯皮恩山。他们成功了。山上零星的布尔人四散逃跑，到了早上，伍德盖特将军的旅已经在山顶立稳了脚跟，我军其余兵力就此在山脚和更西面的山峰附近驻扎。

　　布尔人在此六天时间里冷眼旁观了英军不可思议的龟速、犹疑的行动。布勒在闲逛，而沃伦则在缓慢爬行。敌军甚至有时间作出全新的战术安排，建造新的工事。他们得以从包围莱迪史密斯城的军队中抽出七千名骑兵和二十来门火炮以及砰砰枪。不过当他们发现我们的骑兵迅速逼近了阿克顿霍姆斯的时候，敌人也慌了，许多自由民，不仅是单独行动的，还有组成部队规模的，纷纷向着北方赶来。当他们看到英国人占领了斯皮恩山，更多的是感到惊讶而非警觉。沙尔克-布尔格将军率领自己一千五百人的亲卫部队，大多数都是埃尔默洛和比勒陀利亚附近的自由民义勇军，在早晨的雾气掩护下对斯皮恩山发起了一次猛烈的进攻，试图收复这座山头。同时，他也命令手下数量虽然不多，但质量极高、覆盖面极大的火炮从所有角度对斯皮恩山进行火力覆盖。

　　斯皮恩山是一座石质小山，几乎可以称得上是山峰的规模，比河流的平面高出一千四百英尺。山顶地势平坦，大约像特拉法尔加广场那样大小的平底中满满挤了两千名英国步兵。山顶上找不到什么掩体，敌人开始进攻之前也只给我们留下了粗粗挖出几道浅沟的时间。很快在步枪对射中这些布尔刽子手就取得了优势。他们把手榴弹密集地扔出去，构成了一道半圆形的弹幕，对英军的密集阵型造成了巨大的杀伤。英军其实应该主动出击，这比固守阵地要方便些。如果把全部兵力投入作战，从山峰顶部沿着山坡一泻而下，加上在山脚下主力部队由下而上的配合，肯定能取得胜利。但斯皮恩山顶上的旅队并没有这么做，所以在南非夏日漫长难熬的日头底下遭受了惩罚。将军本人在战斗开始后不久为国捐躯，相较于投入战斗的人数，整支旅队遭受的损失令人咋舌。尽管如此，在不屈不挠的精神鼓舞下，我军还是排除万难把山头守到了黄昏时分，不过代价是至少一千名军官和士兵在这片狭窄的开放地带非死即伤，几乎达到了作战部队的半数。在绝望中拼命挣扎的利特尔顿为了抓住最后一根稻草，命令两个营从波特希特渡口过河前去增援。这些都是精锐部队：第六十步兵团和苏格兰长老会团[1]。他们从另一侧登山，在名叫"双子峰"的高处立稳了脚跟，要是总司令能当机立断，他们是可以发挥决定性作用的。大军的其他部分并未参与行动，夜幕降临的时候，英国人虽然摇摇欲坠，但还是守住了所有关键的位置。

在此战期间，我同骑兵一同向着图盖拉河逼近，一路上都在提心吊胆中度过，整整一周时间都作好了敌人随时袭击我们冗长而稀薄的侦查链的准备。我们于17日早晨渡河，与其他兄弟部队一起参加了当日晚间对阿克顿霍姆斯的伏击。这次行动非常鼓舞人心。布尔人自以为得计，想半途对我们设伏，从侧翼包抄我们的骑兵旅。不过我军的两三支中队藏身在河边的低地中，快速前进，也想着用一样的招数。敌军在毫不知情的情况下大大咧咧地三两结对地走进了一处勺子形的谷地中，我们立马从三面向他们发起了攻击，最后消灭了半数敌军，还俘虏了三十人，而自己的损失只有四五个人。当然第二天两支骑兵旅都应该继续前进，自由接敌，把敌人引开，减轻步兵的压力。但所有骑兵部队都接到了上峰的专横命令，要求立刻回转，同步兵左翼保持密切联系。在这种情况下，三天之后，也就是20日，我们转而攻击温特斯季节性间歇河另一侧的一片小山。我们冒着敌人密集的子弹快速策马逼近山脚下，为战马找好掩护，接着下马沿着陡峭的山坡步行登山作战，一一清扫布尔人的观察哨。我们的战术布置很成功，很快就扫除了比较明显的哨位，横扫了柴尔德小山，抵达了靠近山顶的地方，自己的损失也就二十来人。这些小山都在顶部发育了一片台地[2]，布尔人的战争直觉比战术操练手册还要准，在离台地边缘三百码的地方挖了一段段壕沟和许多处步兵坑。虽然这些只是长满了草的平缓地带，但只要有人从台地边缘冒出头来，就会招来一阵子弹风暴的问候，我们无计可施，只能在台地边缘与敌人对峙。直到天黑之后步兵才赶来支援。

第二天我们休息了一天，但到了20日早上醒来的时候，所有人的目光都被矗立在我们右侧的斯皮恩山山顶吸引住了。我们得知晚上我军攻下了山顶，而

---

[1] 苏格兰长老会或称苏格兰教会，是苏格兰的一个长老宗教会，是苏格兰名义上的国教，但并不受国家控制。

[2] 面积不大的高原，称为台地。

从上面不断迸发出的手榴弹弹片来看，布尔人显然正在反击。午饭过后我同战友一起到一处叫三棵树丘陵的地方观察情况。这里布置了六门野战炮和一门榴弹炮，在这样规模的战争中，这已经是不容小觑的战斗力了。不过炮兵并不知道要往哪里开炮。只能看到布尔人的火炮在不停地轰炸斯皮恩山，别的什么目标都看不到。我们决定上山看看。我们把战马留在山脚下，从接近莱特农场的地方出发，攀过一块接一块的巨大鹅卵石，沿着背面陡峭的山脊向山顶进发。战斗的惨烈程度显而易见。一名接一名的伤兵从山丘上下来，有的被四五名未受伤的士兵抬着或者陪伴着，或跌跌撞撞，或屁滚尿流。在山脚下已经借着帐篷和马车设立了两家野战医院，规模在不断扩大。在山顶的台地边缘有一个营的储备力量，几乎没有受到什么损失。这里还有一位陆军准将，看上去无所事事的样子。我们了解到在伍德盖特将军阵亡之后，桑尼克罗夫特上校受命接过全部参与山顶战斗的部队的指挥权。这位准将[1]也收到了命令，不得干涉他的指挥。有一次白旗已经树了起来，布尔人已经开始向前进发，准备接受几个连队的投降，这时候桑尼克罗夫特带着暴怒抵达，一脚踢倒了白旗，两军在很近的距离上恢复相互开火，火力相当之猛。我们的右手边能看到双子峰，时不时有一些小小的人影在山顶上移动，大概率他们是敌人。如果真是这样，那么他们占据了很好的位置，可能很快就会威胁到我军的撤退。但那些人其实是友军，从波特希特渡口刚过来的喀麦隆部队。我们找到了一处捷径，慢慢向上又爬了一段，离山顶的台地更近了。不过两军的炮火很猛，对我们这群只是来观光的人而言有些压力过大。我们决定就此打道回府，把情况反馈回参谋那边。

　　我们回到第二师师部的时候已经是日落时分了。查尔斯·沃伦爵士今年五十九岁，人们一眼就能从脸上看出他的年纪。十六年前他指挥了一次对贝专纳的远征行动。后来被从军队里借调去担任伦敦都市警察局的局长。这回他又回到了最需要负责任并积极行动的岗位上。他看上去很担心，和山顶上的部队已经有几个小时没有联系了。我们这次潮汐般仓促的旅途带来的信息也不能让他一展眉头。他的参谋官对我们说："我们一整天都很紧张，不过现在应该已经过了最紧迫的关头。我们会派新的力量上山，整夜挺进修建工事，明天就算

---

　　[1] 英国军队中的准将具有特殊意义。凡是担任副师长或独立旅（由两个团组成）旅长的准将，属将级军官，而担任相当于其他国家团级规模的旅长职务的准将，则不是将级军官，而是一个受到特别任命的上校，所以后文中作者才会祝贺桑尼克罗夫特上校升任准将，即并非正式授衔，而是由于指挥部队的规模扩大而出现的带有临时性质的准将军衔。

是部队人数少了很多也能守住阵地。请现在就去把这消息告诉桑尼克罗夫特上校。"我问他要书面的记录，他同意了。

　　于是我又去爬了一回山，这次是在漆黑之中完成的。那支担任后备的营仍然安然无恙，我从他们的营盘穿过，一直走到了山顶的台地上。此时大规模的交火已经结束，只有零星的几颗子弹呼啸着穿过空气。地上躺满了阵亡和受伤的士兵。我花了好一会儿才找到桑尼克罗夫特上校。我向他敬礼并祝贺他升任准将，随后把便条递给了他。"准将的事情明天再说吧，先看运气好不好。"他说，"一个小时之前我已经下令全军撤退。"他边说边读着便条上的内容。"这里头什么有用的都没有！"他显得不太耐烦，"增援！真是妙计！这里人已经多过头了！总体的计划是什么？"我说："是不是我最好先走一步，在你撤退之前告诉查尔斯·沃伦爵士你的计划？我很确定他希望你能固守此处。""不必了，"他说道，"我已经下定了决心。撤退已经启动了。我们已经放弃了许多阵地，敌人随时都可能切断我们后退的路。"他接着重重地强调，"比起早上的血腥扫荡，能保全六个完整的营好好撤下山更好些。"由于他没有副官或者参谋，不管心气还是体力都已经被此前经历的鏖战消耗殆尽，我在他身边一起支撑了一个小时左右，直到夜色掩护着全体部队像一条长龙一样全部安全撤退。

　　这会儿周围很安静，我想我们几乎是最后撤退的几个人之一。就在我们经过几棵低矮的树木的时候，几个黑色的人影出现在我们旁边。桑尼克罗夫特压低了声音对我说："布尔人！我就知道他们会来切断我们撤退的路线。"我们拔出了手枪。结果发现这些是自己人。我们又走了大概一百码，回到了那个储备营驻扎的地方。他们依然完好，未曾投入战斗。桑尼克罗夫特上校盯着那些三三两两的士兵看了一两分钟，似乎在权衡着什么。此时山顶台地上我们的部队已经全部撤走，据我们所知敌人也占领了台地。于是他摇了摇头，继续下山。半个小时之后，我们几乎已经走到了山脚，这才遇上一长队手里拿着铁锹和锄头的士兵。走在最前面的工兵军官手里提着一盏灯笼。他走近我们："我有一封给桑尼克罗夫特上校的命令。"上校对我说："读吧！"于是我打开信封，看到里面短短的几行字，大概是这么个意思："我们派出四百名工兵和一个全新的营，请加强防备，以待天明。"不过桑尼克罗夫特上校并没有理会，挥舞着他的手杖要求增援来的部队马上掉头，同我们一起向山下走去。夜里一片黑暗，大概花了一个小时我们才走过破碎的战场，找到路回到沃伦将军的指挥部。将军已经睡下了。我用手拍了拍他的肩膀，把他叫醒。"桑尼克罗夫特上校来了，长官。"他平静地接受了一切。真是一位富有魅力的绅士。我真心为他感到不值，也为部队感到不值。

桑尼克罗夫特上校铸下了大错，他撤退的行动违背了命令，放弃的阵地是他的部队牺牲了性命才守下的。但他当天一整天都展现了无畏的个人勇气，同时仅靠个人的毅力制止了具有决定性意义的投降行为，还不止一次，这足以为他赎清罪过，免于被军法从事。不过上级这些人把他丢下了那么久，也没有留下清楚的命令，也没有一星半点儿的联络，要怪罪他也轮不到这些人来怪罪。如有一位年轻、行事积极的将军师长能在那晚亲自制订所有救援计划，能亲自在夜间抵达山顶，亲自解决所有的问题，那么这种残忍的不幸事件就能够被全盘逆转。

布尔人在这场战斗中也遭受了巨大的损失，未能攻下山峰，他们的情绪陷入了严重的低沉之中。博塔在两个月前还只是一名二等兵，现在已经成了总司令。他从莱迪史密斯城出发，带着部队赶到这里才再次登上山顶，占领台地。但当时他们却是在撤退之中。所有人都被眼前的惨状吓得魂不附体。浅浅的壕沟里堆满了人，有死了的，有受伤的。将近一百名军官送了命。重新占领阵地之后博塔立起了一面休战的旗帜，邀请我们来照顾伤员，埋葬阵亡者。25日在彻头彻尾的平静中度过。25日和26日，我军庞大的货运马车队通过浮桥回到了这里，到了26日夜间，所有战斗人员都再次渡过了河。我一直没能搞懂为什么布尔人没有炸掉浮桥。我们在过河的时候也没有受到敌军骚扰，雷德维尔斯·布勒爵士据此声称他"没有损失任何一名人员或一磅粮草"就完成了撤退。这就是一整支军团在十六天里的行动情况，伤亡大概一千八百人。

布勒接下来的计划是带着部队沿着斯皮恩山东边的山脉前进，前往朵儿恩峡谷的悬崖峭壁之处。部队也获得了增援。火炮总数达到了约一百门，包括一些五十磅长程海军炮。作战计划很复杂，但可以为各位简单勾勒一下。我军在图盖拉河上的波特希特渡口搭了一座桥。步兵一个旅将在炮兵主力的协助下威胁布尔人阵地的心脏地点。预计敌人将会被这里的动静吸引，当他们的注意力完全转移过来之后，另外三个旅将会移动到下游两英里的地方，在那里会很快再建一座桥。其中一个旅将进攻在他们左侧的瓦尔克兰兹山，另外两个则计划袭击在朵儿恩峡谷的敌军。希望这些撤出去的部队能够为我们打开缺口，然后我所在的骑兵旅和常备军骑兵旅一共两个骑兵旅，再加上一个马拉炮兵旅，将从打开的通道朝着克里普山口冲去。这些行动计划被严格保密，直到行动前一晚才告诉我们。对这样的计划我们有些担心。我们在枪兵岭山顶上拿起望远镜眺望远处我们预计要骑着马冲入的地方，看到的是一片破碎的地貌，满是小山丘和细碎的水道，间杂着灌木丛和鹅卵石块。这样的地方，能想到我们受到的招待一定不会好到哪儿去。不过就此事而言，我们并没有置喙的余地。

　　我军的重装炮兵登上了兹瓦特山，对敌人倾泻了雷鸣般的轰击，就此拉开了行动的序幕。骑兵排成长队从枪兵岭上纵马而下，冲向河畔，场面极其振奋人心。在我军炮兵的招待之下，瓦尔克兰兹山附近敌军的阵地就像是一座座火山一样爆发。我为刚满十九岁的弟弟在南非轻骑兵团里谋到了一个位置。他两天前才到，那一刻我们一起从山上向下冲锋。利特尔顿的旅跨过了第二座桥，转向左侧，向瓦尔克兰兹山东面发起攻击。无法再前进之后，他们挖了工事把自己埋了起来。现在轮到第二支步兵旅了。不过他们似乎很不情愿通过下游的桥梁进入这片激战正酣的战场。很快一个营就被卷入了激战之中，而这个旅剩下的部队就此停止了行进。大约下午四点，命令传来，当天没有我们上场的机会了，次日再说。我们就在山脚下露营，偶尔敌军的零星炮弹会跑来打破这片寂静。我们的后勤运输离我们只有五英里之遥，但我们随身除了穿过缺口进攻所需的物资之外别无他物。晚上严寒刺骨，宾上校和我同盖一条毛毯。他翻身过去，我就冷得不行。但当我翻身过去想从他身上扯回一点毛毯的时候他却不愿意。他是上校。这样的安排不好。天亮了，我感到浑身轻松。

　　与此同时，利特尔顿将军和他的步兵在山丘上挖掘了深深的工事，预计白天他们会遭到敌人的猛烈炮击。他们的准备工作做得绝了，挖洞技术一流，整整一天的炮击都没事，还击退了好几波步兵进攻，自身伤亡不足两百人。我们待在宿营地里密切关注他们的情况，保持着镇定，随时期待我们自己发起冲击的那一刻的到来。不过最终这一刻还是没来。就在那晚，利特尔顿的步兵旅撤回了河对岸，然后浮桥被拆散。所有部队在遭受了大概五百人的损失之后，摆出松散的队形回到了奇夫利和弗里尔的营地，就是我们大概一个月前刚开始准备为莱迪史密斯城解围的时候驻扎的地方。与此同时，莱迪史密斯城内的部队食物极度短缺，已经开始了最低限度的配给，正在狼吞虎咽地吃掉他们的战马和骡子。乔治·怀特将军认为他只能自保，最多再维持六周。他的行动力根本不可能再来配合我们的行动。他只能坐困孤城，尽量确保慢点被饿死。前景由此一片惨淡。

第二十五章　莱迪史密斯城解围

尽管战争的进展令人气闷，不过救援莱迪史密斯城这两个月的战斗仍然是我人生中最快乐的回忆之一。我们的临时骑兵旅几乎五分之三的时间都在同敌人作战，除了在斯皮恩山桑尼克罗夫特团指挥下那次，其余几次伤亡都不严重。一次次的缠斗中，我们伤亡的人数从六七人到二十来人不等。我看到了整场战争过程中值得看到的一切。日复一日，我们清晨离开营地，对布尔人的某一边侧翼发起游击，绕着圈子戏耍他们。我们在大地上奔驰，或在岩质丘陵间小心攀登，仔细地抓住远处飞驰而过的骑士的身影，听到几枚子弹呼啸的声音，谨慎地打出几发，然后安全回营，和相处愉快、有着聪慧头脑的同伴一起享用美好的晚餐。与此同时，我持续不断地通过信件或电报为《晨报》供稿，也从他们那里得知，我写的内容获得了广泛的公众关注，也包括许多有影响的人士。我认识所有的将军和重要人物，想见谁都能见到，到哪里都很受欢迎。在开阔的郊外，我们沐浴着野外的空气，过得怡然自得。夜晚清凉舒适，白天阳光灿烂。肉、鸡、啤酒供应充足。纳塔尔质量上乘的报纸常常在中午前后送抵前线，我们晚上回到营地的时候已经在恭候我们阅读。只要活着，事情就会不断发生。别自找烦恼，无忧无虑，不后悔过去，不担心将来。也不用花钱，不用应付讨债的人，也不用纠缠麻烦事。我的薪水自然会安全按时汇到我家里！当我在比勒陀利亚蹲监狱的时候，我认为有义务给《晨报》写信请他们解除我们之间的合约，因为自认为已经不能给他们带来什么价值了，我也的确这么做了。不过他们没有接受我的建议。但在我知晓此事之前，我就已经自由了。我和他们之间的合作继续保持最佳状态。我想再也找不到更好的雇主了吧。

我很高兴能同弟弟杰克一起作战，期待向他展示战场上的一切，让他了解战争带给我们的荣耀。不过很快这种快乐的心情就被破坏了。2月12日，我所在的部队向铁路线东侧挺近侦察，在铁路线大约六七英里的地方我们占领了一座满是树木的山丘，在那里待了几个小时。军队里称那座山为"胡萨山"。布勒和他的司令部参谋似乎也想亲自去看看那个地方。于是我们整个旅全体出动，赶走了布尔人的巡逻兵和哨兵，设下了我们自己的岗哨线，让将军能到那边去了解他想了解的情况。早晨过去之后，步兵的枪声越来越频繁地响起，当我们回营地的时候，布尔人咬住了我们的尾巴，在试图脱离敌军的时候部队遭受了一些损失。

离开胡萨山之后，我们纵马狂奔，把敌我之间的距离拉开到一英里，然后降低马速，慢慢地向营地的方向走去。我们经过了一段很长又平缓的山坡，满是青草。到这会儿，我已经是一名颇有些作战经验的年轻军官了，常常在面对危险的时候能察觉到从这里或者那里传来的微小征兆。这种说起来很玄乎，就好像是可能会有一阵微风拂过你的脸颊或者脖子之类的。比如说在靠近不怎么了解的山丘或水道的时候，进入步枪射程之后，我总会心生警觉，耳边似乎会有一股穿堂风掠过。这回也是，我时不时回头往胡萨山的方向看去，远眺我们最后方平稳行进中的中队。他们沿着起伏的草地行军，展开了一副棕黄色的画卷。我对身边的同伴说："我们离那些人还是太近了。"这些话还挂在我嘴边，我们就听到了一阵急促的毛瑟枪[1]响。两三百支步枪发射出的密集弹雨扫过我们的队伍，一些马鞍变得空空荡荡，也有一些战马就此倒下。骑兵本能地把队形散开，拼命跑上距离我们已经有大约两百码的山坡。我们在此处跳下马匹，这些可怜的动物马上自行跑去寻找掩护。至于人类，则就地卧倒在草地上，让手中的武器发出轰鸣，立刻反击。

如果布尔人行动再快速一些，能在后方四分之一英里的地方袭击我们，那么我军将为自己的疏忽大意付出远比现在重得多的代价。不过事实上两军之间的距离超过两千码。所有人都卧倒在地，敌人眼里的我们几乎隐形了，反之亦然，所以损失不大。杰克就在我身侧，突然他猛然跃起，扭动着挪到了一两码之外的地方。他的腿肚子中弹了，这可是他第一次上战场。这枚子弹要不是打中了他的腿肚子，肯定会击中离他脑袋极为接近的地方。我帮助他离开前线，看着他进入了一辆救护车。猛烈的对射很快就结束了，我骑马赶往野战医院，想确认他是否得到了合适的救治。英国的军医那些日子里非常看重自己的军

---

[1] 毛瑟枪是由德国著名枪械设计专家彼得·保尔·毛瑟于1866年发明的一类枪支，在1871年为德军正式采用。毛瑟枪采用枪机旋转闭锁机构，闭锁突榫位于机头部位，闭锁时突榫支撑在节套前端的闭锁内，左右对称，受力均匀。毛瑟枪由于其闭锁与击发机构平稳可靠，在近代步枪中得到广泛运用。

衔，我骑驴下坡，向外科医生打招呼的时候称呼他"少校"。我们简单谈了几句战斗的情况，转而提及我弟弟的伤情。医生显然心情很愉快，答应给他用氯仿，不会疼的，而且会尽心照料。他也确实恪守了他的诺言。

无巧不成书。就当我在南非忙碌的时候，我母亲在国内也没有闲着。她致力于筹措资金，说动了一位美国百万富翁慷慨解囊，得以购买一艘轮船，并将之改装成医院船。船上还请了满编制的护士，装备了各类舒适设施。经过了一段满是狂风暴雨的旅程，她和她的医院船终于抵达了德班港，等候收留分配来的伤员。这艘医院船叫"缅因号"，而她在船上收治的第一批伤员中就有她的小儿子。我请了几天假去看望她，住在船上给我的感觉就像是在游艇上。整整半年间我们一家人有不同的经历，这回在此终于快乐地团聚了。德班最大号的大鳄就是珀西·斯科特舰长，他指挥的是"恐怖号"装甲巡洋舰[1]。他热情好客，请我们上舰参观，向我们展示船上所有令人咋舌的装备。斯科特舰长还专门用我母亲的名字命名了一门口径四点七英寸的大炮，这门炮已经被从战舰上拆下来安装到了通往前线的铁路列车上。后来他还亲自安排母亲去了一趟前线，让她能感受到大炮开火时的震撼。总而言之，和十五年后西线战场上的气氛相比，这里的战争笼罩在前者所缺少的优雅和友善之下。

布勒将军这时候开始了第四次解围莱迪史密斯城的行动。城里的驻防军队已经到了极限，不论对他们这些被围困的还是我们这些试图解围的人来说，这次都是不成功便成仁。敌人的重要阵地沿着图盖拉河岸线边的悬崖和高地布置。图盖拉河经过柯兰索被破坏的铁路桥之后突然拐了一个大弯，向着莱迪史密斯城蜿蜒而来。如果我们面向敌人站立，在我们左手边，河流拐弯的地方有一块被河水三面环绕的土地，就是南非轻骑兵团于12月15日攻打过的赫郎韦恩山。在我们正对面，有一片狭长的长满了绿油油青草的高地叫作格林峰，而更远的右手边则坐落着两条树木茂密、高低起伏的山脊，分别叫辛格罗山和基督峰。这样一来，布尔人的右翼能够以图盖拉河作为自己前方的屏障，而左翼和中军则已经把河流甩在身后，作为后卫。我军于是决定做一次大幅度的转移，出人意料地占据这些居高临下的山脊。这些山岭才是敌军真正的左翼依仗。如果这一步成功完成，两个步兵师就会在炮兵的掩护下冲击中央高地，然后继续

---

[1] 装甲巡洋舰是19世纪中期以后出现的一款新型军舰。该型舰拥有接近铁甲舰的强大火力、普通巡洋舰的航速、强于普通巡洋舰的防护。

向右进攻，以赫郎韦恩山为目标。这座山峰握在我军手中就会让敌人在柯兰索附近的阵地难以为继，也能为我方打开通往图盖拉河的通道。这样的计划看上去理所当然，而且我看不出为什么战争刚开始的时候不照此进军。布勒可能从没思考过这个方案。尽管早在柯兰索的时候就有人告诉他赫郎韦恩山和我军营地都在图盖拉河的同一侧，能为我所用，他并不相信。布勒花了好久才认识到这个事实。那就只能这样了。

全军于15日从营地开拔，沿着铁路向胡萨山进发，部署攻击。不过计划执行的前提是我军能拿下辛格罗山和基督峰。宾上校和我们的骑兵团受命完成这项任务，支援我们的是一支步兵旅。任务简单得出乎意料。我们在夜间迂回行军，于18日凌晨攀上了辛格罗山南坡。这些关键的地理要隘只有寥寥数名布尔人负责看守，看到我们出现他们显得很惊讶，我们很轻易地就把他们都赶跑了。18日白天和19日，在步兵的配合下我们把布尔人全部驱离了辛格罗山，翻过两座山山顶形成的马鞍部，占领了整个基督峰。这里是这一带的制高点，敌军在图盖拉河对岸的阵地我们能一览无余，甚至能看到脚下六英里开外的莱迪史密斯城。敌人在格林峰高地上用沙袋筑起的工事和战壕也被步兵主力在炮兵的掩护下拿下了。敌人背水作战，又落入了我军布下的口袋阵里，加上我军攻势猛烈，他们的抵抗只能说是聊胜于无。到了20日夜间，布尔人在图盖拉河以南的全部阵地，包括崎岖的赫郎韦恩山，都落入了我军掌控之中。布尔人从柯兰索撤退，回到河对岸的主防线。截至目前，一切顺利。

接下来我们只要继续向右挺进就能取得胜利。攻下基督峰之后，布尔人在河对岸巴顿山上的阵地就暴露在我们居高临下的攻击面下，变得毫无意义。而如果能打下巴顿峰，周围的其他高地也就稳了，以此类推。但就在这节骨眼上，据说在沃伦将军的催促下，布勒犯了一个很难被宽恕的错误，毕竟此前他以那么多手下部队的牺牲作为学费，已经取得了一些教训。布勒下令在柯兰索附近搭建浮桥，让右翼部队撤回，放弃已经打下的制高点。同时他要求左翼沿着铁路线向前推进。这样一来，在接下来的两天里，他让自己的部队在距离柯兰索更远的丘陵和公路支线上挤成了一团乱麻。在这种不利局面刺激下，布勒还下令骚扰布尔人在皮耶特斯前方的阵地，而敌人早已在这些防守森严的阵地里严阵以待了。这种瞎指挥的荒谬性很多明眼人都了然于胸。我于22日晚间同后来闻名遐迩的雷平顿上校交谈，他当时是司令部的高级参谋。他直言不讳地说："这样的局面我不乐观。我们从高地上撤了下来，重型火炮都从这些大型山岭上撤了下来。我们正在自己把自己束缚在图盖拉河河谷中，不得不面对这些山岭。就像是身处大斗兽场里，而看台上每个座位都有人拿着枪笃悠悠地冲你射击一样。"他的话不幸应验。此前布尔人面对英军的迂回攻势感到绝望，许多人已经开始北撤。这回他们发现英国人又开始强行把自己的脑袋拼命塞进了一个圈套里。

22日和23日晚间，英军就在这样混乱的指挥下，在图盖拉河沿岸的低矮丘陵间同敌人展开了殊死战斗，伤亡令人唏嘘。对皮耶特斯阵地的骚扰作战直到24日晚上才能展开。骑兵部队不在战斗序列中，我借此机会渡过河流，向前爬上一座岩质山峰查看战况，我遇到了利特尔顿将军，他蹲在一块石头后面，似乎也在围观战斗。他孤身一人，看到我似乎很高兴。爱尔兰步兵旅在哈尔特将军指挥下打前锋，支撑着我们对铁路线的掌控。他们的战线很多地方都暴露在敌人炮火之下，损失很大，不过还是逐渐完成了部署，开始转向，进攻左侧。皮耶特斯阵地由三座"圆润的"山头组成，从右到左打易攻难守，从左到右打则毫无希望。直到下午四点爱尔兰旅才开始攀登陡峭的山坡，现在这块地方被称为恩尼斯基伦峰。直到太阳逐渐落山，都柏林燧发枪团和恩尼斯基伦团才迟迟加入攻势。整个场面极其悲壮。从望远镜中我们能看到布尔人的脑袋和宽边软帽就像是微缩模型一样，被子弹发射的硝烟笼罩、环绕，被渐深的夜色掩盖，只能看到个轮廓。光秃秃的斜坡上只有杂草，时不时闪出爱尔兰人棕色的身影和反射着微光的刺刀，他们在缓慢地向上攀登。密集的火枪击发声冲撞着我们的耳膜。向上爬的身影逐渐减少了，他们最终停止了移动，在逐渐变黑的山坡上消失不见。参与骚扰作战的一共有一千两百名军人，总共就两名上校全部牺牲，还有三名少校、二十名其他军官和六百名士兵，非死即伤。这是一场惨败，敌人彻底挫败了我们的攻势。

雷德维尔斯·布勒爵士直到此时才允许自己听从他人的建议，继续向右挺进，再次部署大规模前线进攻。他让大军陷入本可避免的缠斗之中，花了整整三天时间才甩掉敌人。几天来，数百名伤员就这么躺在恩尼斯基伦峰上，遭受着非人的折磨。这些可怜的家伙被丢在了两方的前线之间，不但没有人去救治他们，连水也没得喝。他们只能可怜地挥舞着手中的亚麻布条，无声地乞求帮助，但这些布条很难引起人们的注意。布勒于26日提出休战，但布尔人拒绝了正式停战，只同意放医生和担架员收治伤兵，埋葬死者，也承诺他们不会被攻击。到了夜间，这项任务得以完成，战斗恢复。

2月27日是马聚巴战役的纪念日，就在那一天，纳塔尔地区的英军发起了最后一击。所有的重炮都重新部署到了山顶上，各个旅通过布尔人留下的完好无损的桥梁来到了河对岸，从右侧进攻布尔人的阵地。在猛烈攻击之下，巴顿山首先落入我军手中；由此为跳板，我军攻下了铁路山，然后是最为困难的恩尼斯基伦峰。其实这座山峰的大半早已经落入我军手中，从某种意义上来讲也是已经建立起了占领优势的，这回又靠拼刺刀全部攻下。这样一来，阻隔我军和莱迪史密斯城的最后一系列山岭全数易主。我们赶紧翻身上马，向河边快速冲去，希望趁热打铁。在桥上我们这些骑兵遇到了总司令，他坚决命令我们打道回府。在这么个载入史册的时刻，他所说的不过是"见鬼的追击"。这么短短一句话值得琢磨，有人说是："见鬼！牺牲终于有回报了！"有人说是："见鬼！欠账那么久不还，还追着还干什么！"也有人说是："见鬼！居然还想着捞什么战果来方便未来战斗！"

第二天早上，我们轻松惬意地渡过了图盖拉河，分散到战后满是战争痕迹的高地上，通过这片土地，来到离莱迪史密斯城只有六英里距离的地方。布尔人正忙着全军撤退，忙着把布尔瓦纳山上的重炮搬走。地平线上许多地方都能看到往北撤走的马车队扬起的尘土。总司令的那句"见鬼的追击"依然有效。大家都在传，总司令还说过："让他们走吧，既然他们要走。"整整一天我们都在怒发冲冠中度过。直到晚上，南非轻骑兵团的两支中队才获准冲散敌人早就崩溃的殿后部队，向着莱迪史密斯城狂奔而去。我随着这两支中队出发，快速跑过点缀着灌木丛的平原，途中只有一两发布尔人的子弹朝我们射来。突然从灌木丛中跳出来几个憔悴的身影，向我们挥舞双手表示欢迎。我们继续朝前狂奔，遇到一条两边建有马口铁房子的破烂街道，碰上了骑着马，穿戴一丝不苟的乔治·怀特爵士。我们和他一起向着长期被围困，几乎被饿死的莱迪史密斯城疾驰而去。真是激动人心的时刻。

那天晚上，我和司令部的参谋共进晚餐。罗林森、伊安·汉密尔顿、赫德伍兹·隆巴顿，都一同参与了欢迎晚宴。他们热情地欢迎了我们，打开了珍藏许久的香槟作为款待。我在晚宴上搜寻马肉的踪迹，却得知今晚为了庆祝，上桌的是刚杀的最后一头食用牛。招待我们的主人们虽然面色惨白、身形憔悴，但都展现出了压抑不住的欣喜。长途跋涉了那么久，经历了那么多难关和迂回曲折，我也为能来到莱迪史密斯城深感高兴。

第二十六章　在奥兰治自由邦

罗伯特茨勋爵一直是我父亲的至交之一。伦道夫·丘吉尔勋爵在印度国务大臣任上于1885年坚持任命他担任印度军队总司令，给这项由沃尔斯利勋爵亲自提出的建议增加了不少砝码。直到十年后我父亲过世，他们一直是好友。我在孩提时代常常见到将军本人，我也很骄傲曾与他有过几次绝妙的交谈。罗伯特茨勋爵对年轻人非常和善，包容他们那种与自己年龄不符的早熟与锋芒毕露。他有各种让年轻人对他忠心耿耿的魅力，就像是上天赐予他的礼物一般。不管怎么说，作为青年军官，能有一位在军队中身居高位、受人尊敬的朋友，而且我总是能期待他给予我帮助，总是一件好事。

我们在纳塔尔的人都在欢庆胜利，经历了那么多失望的事件之后，终于有了一些用于调节气氛的喜事。与此同时，消息传来，罗伯特茨将军带着部队一路从开普殖民地出发，向北进入奥兰治自由邦，成功援救了金伯利，还在帕尔伯格经历了一场激战，成功包围并俘获了克隆涅麾下的布尔军队。似乎有人挥了挥魔杖，整个战争的形势就发生了彻底变化，1899年11月人们还在说"黑暗一周"，到1900年2月所有人都在传颂战争取得了全面胜利。在公众看来，战争主战场发生的彻底改变都要归功于罗伯特茨将军。这位神奇的将军身材矮小，据人们传说，他可以从天而降般突然出现在战场上，又可以实施魔法一样驱散乌云，让阳光再次闪耀，洒进这块广阔次大陆上的每一位英国军人心头。

布尔人受到了打击，放弃了入侵纳塔尔的行动。他们的行动一向敏捷得不同寻常，飞速撤离德拉肯斯堡地区，退回到了他们自己的地盘。布尔人拖着大炮和全部补给，在两周的时间内就消失得无影无踪，把整个纳塔尔殖民地都放弃了，丢给帝国军队。显而易见的是这样一来行动需要延缓许久，英国军队本就行动迟缓，在布勒指挥下更是前所未有的龟速。要过很久才能让这些军队行动起来。他们得先修复受损的铁路，把堆积如山的补给运送进来，再新建一百五十英里的铁轨连接莱迪史密斯城同德瓦士兰的边界。

我已经迫不及待地想去最重要、最主要的战场了。自我从比勒陀利亚成功逃离，纳塔尔的军方高层就给了我自由和来去的方便。我想从南非轻骑兵团离开也可以，休个无定期的假就行，也不用特地办手续，还能保留职位。我决定转换身份，做回战争通讯员，去采访占领布隆方丹的罗伯特茨将军和他的部队。我整理行囊，搭上纳塔尔铁路一路南下，从德班登船抵达伊丽莎白港，再转乘开普殖民地的铁路，按时抵达了开普敦奢华舒适的蒙特尼尔逊饭店。与此同时，一向视我为首席通讯员的《晨报》也为我办好了进入罗伯特茨军队的各项申请认证。我本以为手续要办上几天，于是我就趁这些时间去南非首都采访了一些重要的南非和荷兰政治家。

到目前，我还是被说成是铁板军国主义者[1]，会毫无底线地推动战争的那种。支持布尔人的那一派自然地而然视我为仇寇。而现在我又同保守党产生了矛盾。入侵纳塔尔的布尔人全部撤走之后，那些加入布尔人、帮助他们或者同情他们的人自然而然地受到了应有的惩罚。一阵愤恨的风潮席卷整个开普殖民地。一开始，英国政府的想法是这样的：既然英国已经取得了胜利，那么过去的就让它过去吧。一位副大臣级别的沃威尔顿勋爵还特地获准作了一次相应的演讲。听闻此事，我的直觉告诉我这种宽宏大量我应该支持。3月24日，我从莱迪史密斯发回了一封电报：

"忠诚的殖民者为帝国浴血奋战，但暂且不顾他们的感受，我还是诚挚希望并敦促出台宽大仁慈的政策。如果军事行动持续受到一追到底、绝不放过的指控与追究，那么既无必要也无借口给那些投降的反叛分子'上课'。真正智慧而正确的做法应该是击败所有冥顽不化的抵抗分子，直到最后一人，但对任何希望向我们投降的人，绝不能放弃宽恕之心甚至可以伸出友谊之手。加入敌军的荷兰裔农民只是犯了法律意义上的叛乱罪。他们顺从了血缘纽带中传承下来的直觉，加入了同宗同族的人组成的组织。这样做尽管无法为他们脱罪，但好歹也说得过去。和他们比起来，那些原籍英国的自由民加入了布尔军队，用异族人一般的残酷态度与自己的族人作战，这才是更需要道义谴责的。

"这些英国裔自由民如果不再享受英国法律框架下的公民权，那么他们作出这样的行为我们也应当给予他们一些宽宏大量。同时相较于背叛自己祖国的

---

[1] 此处的军国主义者原文为"jingo"，含义较为丰富，既有传统军国主义者的意思，也有一般意义上的大国沙文主义的内涵，在英国语境下也有支持侵略行动、支持大英帝国、支持海外殖民的意义，故其情绪色彩并不一定如我们通常理解的"军国主义者"那样是负面的。

英国裔自由民，荷兰裔农民的行为的罪恶程度更轻，何况两者都是之前数年我们自己在非洲犯下的错误和罪行结出的恶果。从最实际的角度来说，最重要的是要区分自愿投降的反叛者和战斗中被俘的反叛者。任何行动的落脚点都是要给敌人施加压力，削弱他们的能力，让他们投降。一方面是无畏的大军带着令人畏惧的战争武器以无法抵抗的英勇之姿快速前进，另一方面则是慈悲为怀的强力政府保护着妇女儿童，平静地住在农场里。我们的政策应该两者兼顾。这样在对手南非共和国士兵的眼中才是'完整的'，也只有这样的政策才能为我们找到通往'光荣和平'的捷径。"

这封电报在英国受到了不公平的对待。主流的意见充斥了怀恨在心的报复心理，于事无补而且看上去极为做作。政府与民众站在一起，上文提及的那位副大臣被迫缄口不言。我也感受到了保守党的愤怒。甚至是《晨报》，虽然没有停止刊登我的文章，也对我的观点表示了反对。纳塔尔当地的报纸尤其为甚，大声谴责我。对此，我觉得：获胜的角斗士也不是第一次惊讶地看到皇家包厢里的看客给出大拇指朝下的手势。[1]

这位高级专员是这么说的："我觉得他们看到你的报道会觉得失望，尤其是在纳塔尔的人。当然所有这些人到最后都要共同生活。他们必须宽恕，遗忘，共同建设共同的家园。不过当前人们的情绪过于激动。有的失去了朋友，有的失去了家人，还有人的家园遭到了入侵。除非先冷静下来，他们听不进宽容清醒的话。我理解你的感受，但现在讲出这样的话并不合时宜。"听到这样平静、超然、心胸开阔的话语，我深受震撼。这位爵士被广泛认为是铁血镇压、绝不妥协的政策的同义词，能听他说出这番话实在不容易。回到这件事情本身，尽管说的话斩钉截铁，到头来英国政府对待叛乱者和背叛者的做法拿纵容来描述也不过分。

在此，我必须坦诚在我的一生中，所持的观点总是与英国历史上的两大

---

[1] 角斗士是古罗马时代从事专门训练的奴隶、被解放的奴隶、自由人或是战俘，他们手持短剑、盾牌或其他武器，彼此角斗或同猛兽作战，博得观众的喝彩。角斗士的生死竞技中，胜负已分时，战败者的命运由场上最尊贵者裁决。如果裁决者拇指向上，表示败者勇气可嘉，虽败犹荣，给予他下次再战的机会。反之，拇指向下代表败者是个没用的懦夫，那时胜者就会毫不留情地杀掉对手。

重要党派[1]不同，有时反对这个党，有时另一个。我的看法总是要敦促进行竭尽全力的斗争，不论是在战争或是其他情况之中，直到获得全面胜利，然后再对被彻底战胜的那一方伸出友谊之手。这样一来在战斗的过程中我总是与和平主义者说不到一块儿去，又在事件趋向结束的时候被死硬派反对。南非之事结束多年以后，毕尔肯黑德勋爵向我提到了一句拉丁引语，很好地概括了我的看法。他自己给出了很精准的翻译："被征服的人要饶过，而对骄傲的人要用战争击溃。"尽管无人提点，我似乎靠我自己理解了这句话，而且离知而行之也差不多了。罗马人常常在我之前就把我的想法说出来，而就这句警语，我必须把专利权让给他们。不过这句话放在南非实在是再适合不过。一旦忘了这句话，我们就倒霉；一旦照此行事，我们就取得了胜利。

　　而且不仅仅在南非。我觉得我们应该先征服爱尔兰，然后再给他们自治权；先让德国人饿个半死，再给他们供应粮食；先粉碎总罢工的图谋，再来改善矿工的悲苦处境。与我志同道合的人太少了，我时常因此遇到麻烦。有一次在法国，我应邀为一座纪念碑写铭文。我写的是："战则英勇不屈；败则坚持不懈；胜则宽容仁慈；和则友好待人。"最后他们没有用这篇铭文。这完全是大脑生理构造的缘故，人脑有两个半球，只有一个管事思考，所以我们不是右撇子就是左撇子。更合理的情况是在不同的情形下我们能以同样的力量和技巧同时使用两半大脑。所以这样一来，能打赢战争的人很难谈判和平，能谈出和平的人根本不可能打赢战争。如果我说我能二者兼得，可能就有点把话说过了。

　　在开普敦愉快地度过几天之后，我开始担心为什么前往布隆方丹的通行证还没到。一周过去了，一般普通的申请到这时候都能收到回复，我意识到肯定是哪里出了岔子。但我想不出问题出在了哪里。我从纳塔尔发回的报道一直尽可能地花尽心思为许多挫败和"令人遗憾的事件"粉饰颜面，从而保持国内的信心。在那些日子里，小型战争中战争通讯员的地位不低，而我又是当时最有名的通讯员之一，服务的又是最有影响的报纸之一。尽管我遇到阻碍的迹象非常明显，可我绞尽脑汁、搜肠刮肚也想不出到底是谁在横加阻挠。

　　幸运的是，罗伯特茨勋爵的司令部里有我两位好友，他们都担任要职。莱

---

[1] 在丘吉尔所处的时代，此处所称的两大政党指保守党和自由党。目前英国政坛上的工党是在自由党分裂并一蹶不振之后才登上主流舞台的。

迪史密斯城解围战一结束，勋爵就把曾担任他副官的伊安·汉密尔顿召回了身边。还有一位是尼克尔森将军，他也在司令部担任重要职务，当时在蒂拉赫的时候我就管他叫"老尼克"。这两位一直是罗伯特茨勋爵的左膀右臂，不论是和平年代还是战争期间，后来福煦元帅[1]总是管他们叫"我的军队一家人"。任何时候这两位总是深受信任，享有面见总司令的最高自由度。尽管我们年龄有差、军衔不同，我几乎一直把他们当成值得信赖、可以平等交往的朋友。于是我向这几位军官求助，他们给我发来了电报，告诉我障碍正是总司令本人。似乎是基奇纳勋爵对我的作品《河上的战争》中的一些章节甚为不满，而总司令觉得如果允许我作为通讯员报道整个战争的主要经过，他的参谋长可能会觉得不悦。不过他们还说，还有另外一件事让罗伯特茨勋爵感觉受到了冒犯，严重影响了他的决定。在我从纳塔尔发给《晨报》的报道中，有一篇严词批评了英国国教会随军牧师在战斗开始之前还在给士兵们讲道，认为这样的做法极不合适。总司令认为我的报道极端不公，对这些一心为帝国服务的军官所需的牧灵食粮作了不当的评价。我的朋友们说这位总司令"极端固执"。他们正在做一切努力让他软化态度，可能几天后就能成功。在此之前我什么都做不了，只能等着。

我现在还能清楚回忆那次随军牧师布道的事情，也很清楚记得自己写了什么。那天是周日，斯皮恩山战役已经结束，瓦尔克兰兹山战役还没有开始。整整一个旅的士兵都挤在一个小小的长满绿草的山谷里参加礼拜，那地方就在图盖拉河边不远，堪堪出了敌军步枪的射程。这些人可能第二天或第三天都会投入到激烈的战斗中去。在这种情况下，就算平时最不为所动的人也特别容易去向宗教寻求慰藉，如果选择了恰到好处的布道内容，取得的效果将会是深远而永久的。但我们在场的所有人听到的是什么呢？一次荒谬绝伦的演讲，什么以色列人是靠什么计谋骗得了耶利哥城墙[2]倒掉。这简直奇奇怪怪，无法令人信

---

[1] 福煦元帅指的是斐迪南·福煦（Ferdinand Foch，1851—1929），法国元帅，军事家，于"一战"中任协约国军队总司令，指挥英、法、美、比军挫败德军于同年春夏发动的五次进攻，7月对德军发动总攻，收复法国和比利时大片领土，迫使德国于11月11日投降。同年8月晋法国元帅，入选为法兰西学院院士。1919年获英国元帅称号，1923年获波兰元帅称号。他强调进攻原则和歼灭战思想，认为精神因素在战争中具有决定性作用。著有《战争原则》、《战争指导》及《1914～1918年战争回忆录》等。

[2] 耶利哥（Jericho）是约旦古城，据《圣经》记载，犹太人围城行走七日然后一起吹号，上帝以神迹震毁城墙，使犹太军轻易攻入，而后能顺利攻入迦南。

服。我写下的评论可能有些尖刻，但绝没有一句不恰当的话："我听着这些愚蠢的话语，想到了恩图曼战役中虚弱又英勇的布林德尔神父（当时英国军队中极受尊重的一位人物，后来升任诺丁汉主教）。不清楚这些坎特伯雷不屑一顾的机会，罗马有没有兴趣再捡起来。"[1]这样的苛评在国教会中导致了一场暴乱，教会众人纷纷暴怒，随之而来的是一场真正的十字军东征。几位最富口舌之名的神职人员自愿放弃了教区职位，赶赴前线，用当时看来相当迅捷的速度抵达了南非。他们为随军牧师团带来了急需的增援，让这次本意良好的宗教服务能名副其实。虽然此事最终的结局良好，行动高效，我们也可以认为发挥了有益的作用，但我这么做依然惹人嫌。罗伯特茨勋爵一辈子都在军队服役，也是一位极为虔诚的教徒。他认为随军牧师团受到了不公平的侮辱与诋毁，而外部增援的到来恰恰只是让这道伤疤更加疼痛。在此背景下，我觉得接下去几天的前景不容乐观。我一个人闷闷不乐，蒙特尼尔逊饭店里奢华、娱乐的气氛根本无法感染我。

　　不过最终我的朋友们还是成功了。我收到了给我的通行证，终于获准前往布隆方丹。不过有个前提：我在前往该地担任战争通讯员之前，必须要去见总司令的军事秘书，接受关于不要随意发表鲁莽及严苛言论的训诫。对我来说这已经不错了。我收到通行证的当晚就开启了这段漫长的铁路旅行。我受到了两位尊贵的好友的热情接待。对此他们的下属有不同的意见，但他们的影响力与威严显然足以扫除一切阻碍。我按要求前往听取了军事秘书的教训，态度像是在拜神一样虔诚。从结束的那一刻起，我就全然自由了。我能够想去哪就去哪，写自己想写的东西。当然，还是要经过宽松的审查的。不过罗伯特茨勋爵还是继续绷着脸，似乎视我为无物。他当然知道每天我都和他最亲近的助手和朋友待在一起，他也知道我知道我自己的行动在这般重大行动迫在眉睫的时候，依然一直是他饭桌上的话题。尽管如此，他从未接见于我，也没有表现出任何形式的接纳。甚至于有天早上，在布隆方丹的市场中，我们都混在了一群军官之中，我毫无准备地发现我和他距离不过几码，他也只是像对陌生人一样

---

[1] 坎特伯雷指的是坎特伯雷大主教。他是全英格兰的首席主教，也是全英国国教会的主教长和全世界圣公会的主教长。英国国教会也称英格兰圣公会或安立甘教会。16世纪时亨利八世因为不满意教皇不批准其离婚，故在英国发起宗教改革，英国教会脱离罗马教会，英国国王把自己封为教会的最高领导人。本章中"坎特伯雷不屑一顾的机会，罗马有没有兴趣再捡起来"即是在暗指这段历史。

回应了我的敬礼。

每天充满刺激和乐趣，几乎都没有时间去过多忧虑别人的不满，哪怕是这样一位伟大的人物和尊贵的朋友。《晨报》为我提供了所需的一切交通工具，包括一流的骏马。我得以抓住一切机会在各支纵队之间穿梭，哪里有战事就出现在哪里。我有时候不得不独自在这个充满敌意的国度的荒野中长途奔驰，从后追赶一支英国军队的尾巴，在硕大平原里不停纵马狂奔。如果指挥官足够友好，我就同他们一起过上三四天，然后再次穿过潜伏着危险的寂静田野，只为不断把电报和信件发回报社。

自从莱迪史密斯城解围之后，布尔人在奥兰治自由邦又被击败，许多布尔人都觉得战争已经结束，迫不及待地回到了农场里。布尔共和国的人离奇有趣地认为英国人既然"挣回了面子"，通过谈判获取和平也就成为可能。当然没人会搭理这种想法。帝国政府认为布尔人入侵造成了重大破坏，坚持认为应当由比勒陀利亚弄清楚南非问题未来的解决条件。与此同时，自由邦数以千计的布尔人已经回归家园，同时也宣誓保持中立。如果罗伯特茨勋爵能不被比勒陀利亚拖延，继续前进，有可能全盘清扫所有布尔人残余的抵抗势力，至少在瓦尔河以南的一个都逃不了。不过军队必须先备齐补给品。由于主要的铁路桥梁都被摧毁了，如果用临时结构体来修复，就会大幅削弱承重能力。部队每日所需令交通承压极大，物资储备累积缓慢，每日只能运抵四天所需。显然部队还需在此等待几周才能继续行动。与此同时，一些布尔人中的顽固派领袖鼓起勇气，开始了第二次的尝试。尽管他们聚集的资源相较于第一次入侵要少得多，但入侵的时间和造成的损失更甚。游击战开始了。首先要做的是要召集那些仓促间单独同英国人达成和解的民团及自由民。尽管这些人已经宣誓维持中立，但在威胁和暴力之下，数千人被迫再次拿起武器。英国人对这种背信弃义的行径深表唾弃，虽然没有一个人因为违背誓言被砍了脑袋，但后续的战斗中显然因此掺入了新的苦涩意味。

我得知在这场战争中，布拉巴宗将军的境遇不太顺利。他这次指挥的是一支正式骑兵旅，但在克勒斯堡行动之前，他同法兰齐将军产生了间隙。法兰齐更加年轻，个性更强。老"布巴"发现自己很难适应新的战争条件，他提起的是："我们1878年在阿富汗怎么怎么样，1884年在萨瓦金又怎么怎么样。"那些年代里，法兰齐还不过是个中尉。不过在此时，法兰齐已经成了布拉巴宗的指挥官，而1878年和1884年累积的经验已经过时，人们的记忆也逐渐模糊了。

这些本身已经很难应对了，而布拉巴宗说话又口无遮拦，总是出言不逊，那就更危险了。他不仅对法兰齐制定的战术方略横加批评，还对法兰齐年轻人的做派看不顺眼。他说的话被人添油加醋，很快就传到了司令部。法兰齐自然要回敬。布拉巴宗丢掉了正式的骑兵旅，转而被命令去指挥一支分批抵达南非的一万名帝国义勇骑兵。这种调令乍一听上去像是晋升，也是以晋升的规格通知布拉巴宗的，但实际上是另一种形式的明升暗降。这一万名义勇骑兵到了南非就立刻被分散到战场的各个角落。我这位可怜的朋友能留住的不过是这些外行当中的一个旅而已。他这会儿就和这些人一起在布隆方丹东南面的地方驻扎。我决定去找他。

我把马匹和马车交给列车托运，自己也登上列车向南进发，前往爱登伯格。列车长途跋涉，于4月17日上午在倾盆大雨中通过一处局势不稳的区域。我紧赶慢赶，终于在19日晚上追上了一支离德位茨托普只有十一英里之遥的英军纵队。这是第八师，我们正规军序列里的最后一个师，好不容易从帝国各地搜肠刮肚拼凑起来的。负责指挥的是莱斯利·伦德尔爵士，后来大家毫不手软，给他起了个昵称叫"悠闲的轮子先生"，取其谐音。我们在尼罗河战役的时候就认识了。布拉巴宗的旅负责在前方侦察。伦德尔为人和蔼可亲、热情好客。第二天清晨我就出发去找布拉巴宗了。他见到我很高兴，冲我倒了一通苦水，用许多批评法兰齐的话和有关于他的逸闻故事好好招待了我。他也说到了战争和整个世界的局势。我们在一起过了好几天。

很快我军就抵近了德位茨托普附近的丘陵。远处传来的火枪声划破了寂静，我们的斥候赶紧回来报告军情。接下来发生的一切，堪称我有生以来亲眼看到过的最为荒谬的军事行动。布拉巴宗的义勇骑兵很快占领了最近的丘陵，与布尔人发生了激烈的交火。这些布尔军队躲在城市前方长满草木的山峰里，显然还是有些战斗力的。三四门敌军大炮开始轰鸣。派人传去消息之后，伦德尔带着他的两个旅于当晚赶到。我也获准参与军官会议。布拉巴宗全力主战。部队于是作好了第二天进行正面进攻的全部准备。不过，第二天一大早，先锋旅的旅长赫伯特·舍尔姆赛德爵士面见指挥官，提醒他局势的严峻性。二十二年前的1878年，他参加过俄土战争，因此他的话很有权威性。他认为布尔人现在占据的阵地就像当年的普列文那一样令人望而生畏，在尚未聚齐所有士兵和炮兵之前就发起进攻相当不明智，可能会损失上千人。于是大家决定等待巴尔坎贝尔将军率领的第三旅抵达之后再行攻击。他手下这个旅里有两个营的近卫军，已经下了火车，正在赶来的路上，晚上就能到。于是这一天我们同布尔人保持着小规模的接触，过得很愉悦。天色渐暗，步兵抵达了。我们眼下有了一万一千人的兵力，还有十八门大炮。所有人都作好了第二天战斗的准备。不过天有不测风云，就在晚上，伯克郡兵团的四十名士兵前往附近的一处水源去取水，却不幸迷路，没能走回自己的阵地，反而走去了布尔人的阵地。伦德尔觉得这是一大凶兆，决定拍电报给罗伯特茨勋爵寻求指示。当时所有的将军都受到了最严厉的警告，切忌轻率行动，导致兵力减损。前线进攻几乎是被禁止的。所有的行动都要小心谨慎，本着善意排兵布阵。这些命令从理论上讲毫无破绽，但在实际战场上几乎起到了瘫痪部队的作用！

天刚亮，全军已经完成了集结，准备进攻。我们的义勇骑兵部队也在等待，一旦全军冲锋的信号传来，就会直冲敌军的左翼。突然一位参谋来了，带来的消息是战斗取消了，至少是当天不会行动了。对布拉巴宗来说，他受够了。他骑着马朝我过来，摇着头，脸上的表情极其诡异，突然他当着所有人大声吼叫："懦夫！"那位参谋是不是小人，会不会对他这种不慎重的言论鹦鹉学舌，我也说不好。

为了抚慰布拉巴宗，或者是纯粹为了做些事情，也可能是其他的原因，骑兵部队获准前去侦察，试探一下敌人所谓的"普列文那"的左翼，了解敌人的虚实。我就此遇到了最为刺激的一次经历。

为免我的记忆为这个故事添油加醋，我把当晚写下的文字原样摘录：

"全旅包括骑马步兵在内大概一千多人，从前线阵地背面向南行进，快速迂回，很快就抵近了敌人的左翼。……前方大地突然凹陷，呈现出一个平坦的盆地。盆地中央位置矗立着一座形状怪异、突兀不已的山丘。德位茨托普就躲在这座山丘背后，无从看到。在这座山丘周围散布着布尔兵，有骑兵也有步兵，总数大概两百人。

"我们快速地挺进直插他们阵地的正中心，让他们深感不安，极为警觉。布尔人不明白这到底是侦察还是真正的攻击。他们决定试探性地袭击，反包围正在试图包围他的英军骑兵，弄清楚我军的意图。我们的长程步枪纷纷开火，把敌军逼得不得不躲在那座山后面寻求掩护。就在此时，另一支看起来大约两百人的布尔兵向着开阔的地带奔来，直接越过我们的正面阵线，距离我们大概两千码的向着我们右手边的一座白色岩质小山丘冲去。

　　"安古斯·麦克尼尔在蒙特莫伦西牺牲之后一直负责指挥这支侦察部队。他跑来向布拉巴宗将军请示：'长官，我们是不是应该阻截他们？我想这点还是能做到的。'听闻此言，侦察兵纷纷竖起了耳朵。将军沉思片刻：'好的，你试试吧。'

　　"'上马！上马！侦察的！快上马！'这位性子如火的指挥官大声叫道，自己也奋力爬上马鞍。接着他转身对我说，'来吧，和我们一起！我们会让你看场好戏的，一流的！'

　　"几天之前，在一次非戒备状态下，我曾答应侦察兵会花一天时间跟着他们。我看向那些布尔人：他们比我们离那座白色岩质小山丘更近，而且他们还要爬山，可能比我装备还更差。我们有可能成功拦截这些人，如果真的成功的话，我想到了阿克顿霍姆斯的情况，在这样一处开阔的平原中他们要付出多少代价！为了《晨报》，我翻身上马，我们全都开始冲刺。四五十名侦察兵，麦克尼尔还有我，全都猛踢马肚子，以最快的速度朝着敌人奔袭而去。

　　"双方都意识到了，从第一分钟开始这就是一场速度较量。双方交汇之时，我看到五名打头的布尔人，他们比别的战友装备更好。这些人大力策马，把速度提上来，超过了别人，尽最大的努力想抢占开火的最佳有利位置。我吼道：'我们不可能了！'但没人愿意承认失败或让胜败成为悬念。既然如此，剩下的就很简单了。

　　"到了离山顶一百码，或者更准确地说，一百二十码的地方，我们在一道铁丝网面前停了下来。我们下马剪开铁丝网，想抢在敌人之前占领极为重要的山顶。就在此时，我看到了二十来个布尔人探出了脑袋和肩膀。就像我在弗雷尔的路堑中见过的一样：阴冷可恶、满是毛发、令人不寒而栗。在他们身后不远处到底还有多少人呢？

　　"几乎无法理解，有一会儿双方都保持了奇异的静止，或许也没有任何的静止。不过我似乎记得发生了许多事情。首先是布尔人：一个垂着满脸黑色胡子的家伙，穿着巧克力色的外套，另一个在脖子上套了一条红色围巾。两名侦察兵继续心无旁骛地剪着铁丝网。一名站在战马身边的士兵试图瞄准，接着是麦克尼尔的声音，颇为镇定：'太迟了，回另一座小丘，快跑！'

　　"接着敌人开火了，子弹的呼呼声和嗖嗖声充斥在空气中。我把脚放到马镫上，但战马被交火的声音吓到了，疯狂向前俯冲。我试着蹦到马鞍上，但发现马鞍已经滑到了这头动物的肚子下面。它奋力挣脱，疯了一般地跑远了。大多数侦察兵已经在两百码开外了。我被丢下了，独自一人，没有马匹，离敌人最近，身边方圆一英里之内没有任何掩体。

"一点欣慰之处：我有手枪。不会像上次那样在开阔平原上被追到了还手无缚鸡之力。不过也没好到哪去，最好的下场也是留下致残的伤口。我转过身去，再次依靠双脚狂奔，试图逃脱布尔人的神枪手。这已经是这场战争里第二次了。我对自己说：'这次我没得跑了。'突然，跑着跑着我看到了一名侦察兵。他从左边跑来，插到我正前方。个子很高，带着骷髅和交叉骨头的徽章，骑着的战马几乎脱力了。这是《圣经·启示录》[1]里的死亡印记，但却是我逃生的希望！

"他经过我身边的时候，我冲他大喊：'带我一起！'我没指望他停下，但他居然停下了。'来吧，赶紧上来！'他简短地说。我向他跑去，这次上马一点笨手笨脚的迹象都没有，一眨眼的工夫我就上了马鞍，坐在他身后了。

"我们继续向前狂奔。我双手环抱着他，双手抓住马鬃。我发现自己的手浸到了鲜血里。这匹马受了重伤，但这头勇敢的野兽还是以高贵的贵族精神帮助了我们。追着我们屁股飞来的子弹发出了各种呼啸的声音，从我们头上飞过。距离越拉越远了。

"救我的人说：'别吓坏了，他们打不中的。'我还没顾得上回话，他接着说：'我可怜的马，噢！我可怜的！马川啊！中了一枚爆炸弹！这群魔鬼！不过他们很快就要完了。噢！我可怜的马！'

"我对他说：'别担心了，你刚救了我的命。''啊！'他说道，'但我担心的是我的马。'这就是我们全部的对话了。（这位叫罗伯特茨的骑兵后来因此荣获特等军功章。）

"从我耳边听到的子弹声音，我估算着敌人的数量，心中暗想，奔跑的马儿很难打中，再加上布尔人自己也已经上气不接下气，异常亢奋了，只要头一个五百码安全跑出去，应该就没事了。我的心一直悬着，直到转过后面一座小山丘去，才有了一丝放松。我这次又掷出了上上签。"

---

[1]《启示录》是《圣经新约》其中一卷书，共22章，记载了使徒约翰在拔摩海岛上看到的异象。《启示录》在《圣经》中占了最重要的地位，是圣经最末后的一卷，也是最重要的一卷，讲述的是人类最后的一段时期发生的，所描绘的是一场规模巨大、代价沉重、无比惨烈而又波澜壮阔的正邪较量和人类劫难。众所周知的"世界末日"和所谓"最后的审判"的说法也是从该卷书中来的。

我们回到营地后才得知罗伯特茨勋爵以伦德尔"为强有力的敌人所阻"为由，从布隆方丹调来了另外一个步兵师。而与此同时，法兰齐的全部三个骑兵旅摆出阵势，组成极长的战线，从西北面向着德位茨托普横扫而去。两天之内两支部队就迅速完成了合围，但两千五百名布尔兵却带着他们的战俘悄悄地朝着北方溜走了。这些布尔人在将近十天的时间里，消耗了至少十倍于他们数量的英军的能量。显然，这是战争进入游击战阶段之后出现的新问题。

我现在与法兰齐的骑兵师一起行动，和他们一起向北进发。我发现自己身处的环境并不友善。好像和当时许多将军一样，法兰齐并不喜欢我。在军人的想法看来，既有中尉的军衔，又是社会广泛关注的战争通讯员，这样的混合身份自然而然令人感到厌恶。这样的偏见很广泛，而且还有另一重复杂因素。就他们所知，我是所谓老上司旧日上校的党羽好友之类的人。这样一来我就被归入了"被敌视"的那类人。就算是身上披着维多利亚十字勋章光荣伤愈归来的杰克·米尔班克也无力减轻此类对抗的气氛。就算我在行军和战斗的时候经常和法兰齐的纵队混在一起，法兰齐将军本人还是彻底无视于我，也没有以礼相待或释出一丝善意。我对此深感遗憾，毕竟我很崇拜这位将军：我听说了他在克勒斯堡前线富有技巧的防守作战和他在金伯利解围战中一往无前冲破布尔人防线的壮举，自然而然对这位的英勇铁血形象心生崇敬，而且在那个时期，将军个人的名气还在变得越来越响。于是乎，在南非战争期间，我没有和这位将军说过一句话。后来反倒是和他成了至交，无论是和平年代还是战争岁月，我们都共事多年，一起处理过许多重大事件。

第二十七章　约翰内斯堡与比勒陀利亚

一直到5月开头的那几天，罗伯特茨勋爵才完成弹药辎重的补给，拔营向约翰内斯堡[1]与比勒陀利亚进发。与此同时整个战局陷入了泥潭，一眼望去看不到快速结束战争的可能性。全军总司令部已经在布隆方丹驻扎了两个月了，整个司令部在全军开拔之际忙得不可开交。当时罗伯特茨勋爵的参谋班子里能人不少，诺福克公爵、威斯敏斯特公爵、马尔博罗公爵[2]都在其中。对此，激进派的报纸上刊出了几段嘲讽的文字。总司令本人可能天生对公众意见非常敏感，甚至有些敏感得过分了，决定避嫌。他决定先请马尔博罗公爵离开参谋部。我的堂兄因此不能再跟随部队前进，对此他相当沮丧。幸运的是，伊安·汉密尔顿晋升了将军，获命率领至少有四千名骑兵在内的一万六千人组成一支分遣队，在主力部队的右侧，或者说是东面四五十英里的地方平行前进，作为策应。我在他那边应该能获得欢迎，宾至如归。我给汉密尔顿拍去一封电报，劝他让马尔博罗去当他的参谋。将军同意了，而罗伯特茨公爵历来不喜欢厚此薄彼，对这样的安排也欣然同意。我赶紧套上我的四匹马，拉着马车疾驰而去。我们要赶上汉密尔顿所在的侧翼部队需要赶大约四十英里的路。我们途中经过了布尔人控制的乡村地区，虽然毫无防备，却也安全无虞。最后在温布尔格外围地区赶上了我们的朋友。从此以后一切都很好。

接下来我们开始了一段愉快的旅程，中间时不时中断，一共六周时间里走了大约四百到五百英里。南非空气甜美，气候舒适，田野景色壮观，同时我们不停地行动，不断遇到的各类事件，在我脑海中留下了深刻的印象，就算过去了四分之一个世纪依然历历在目，一如昨日。我们没有带帐篷，每天晚上都

---

[1] 约翰内斯堡（Johannesburg）是南非第一大城市，著名的"黄金之城"，南非共和国经济、政治、文化、旅游及航运中心，世界著名的国际大都市。约翰内斯堡位于南非东北部瓦尔河上游高地上，海拔高度为2854米，在恩古尼语中，约翰内斯堡被称作"伊高比"，意思是"黄金"。约翰内斯堡于1886年建城，原是一个探矿站，随金矿的发现和开采发展为城市。

[2] 诺福克公爵、威斯敏斯特公爵、马尔博罗公爵等均为英国历史悠久的贵族封号。马尔博罗公爵其实就是本书作者所在家族的封号，故下文会称公爵为堂兄。

要在新找到的水源边上露营。军队赶着绵羊群一起行军，这样就有了肉品供应。我们还到已经荒废的农场墙边抓鸡吃。我的马车里装有松木隔板，吊层的空间足有两英尺深，里面装满了伦敦能够提供的最为优质的美酒和罐头。我们每天都过得很舒服，然后充满兴致地在骑兵队伍周围四处闲逛，带着年轻的昂扬精神和莽撞劲头搜寻哪怕是最不可能的一点点冒险机会，无论是亲身经历还是作为通讯员去报道。几乎每天，天刚蒙蒙亮，无论是骑马还是步行，蜿蜒的全军立刻开拔行军。就像杂乱的雨点打在地上一样，立刻从前锋、侧翼，最多的是从殿后的部队所在的方向，传来了步枪开枪的声音。这样在后卫的部队最能够获得积极作战的机会。在某些部队按计划行动的时候，比如强渡桑德河的那次，大规模的军队会靠近由技巧高超、速度惊人、神出鬼没的布尔骑兵把守的山丘和山脊。每隔几天，就会有二十来名我们的士兵被切断与部队的联系，被伏击，或者落到陷阱里，这让我们对布尔骑兵的战斗素质有了极高的认识。这些人装备着步枪，有着野外的猎犬一般的敏捷与坚韧，随时吊着英国军队的行动。

罗伯茨勋爵并不相信情报官员的说法，坚信敌人撤往德瓦士兰西部而非东部。因而，当我们抵达德瓦士兰边境的时候，伊安·汉密尔顿爵士的纵队被从主力部队的右翼调到了左翼。让其穿越铁路的主干线，赶往瓦尔河渡口。这样一来，我们恰巧和约翰内斯堡西侧撞了个正着。在大部队无须进行正面进攻的情况下，我们就能迫使敌人撤出约翰内斯堡。对于英军此次部署的用意，布尔人洞若观火。虽然他们准备从约翰内斯堡撤退出去，但依然派了一支作战能力很强的部队埋伏在位于约翰内斯堡到波切夫斯特鲁姆之间的佛罗里达，出人意料地奇袭汉密尔顿部队。在此过程中，部队在调动过程中从亚美利加侧线处跨过铁路主线，接着前往瓦尔河上的浅滩。这样一来，我方部队就会正好撞上约翰内斯堡地区的西侧，进而逼迫敌军撤退，也就不用劳动主力部队发动正面袭击了。布尔人很清楚我军这样动作的目的，一方面作好了从约翰内斯堡撤退的准备，另一方面也派出了一支强有力的部队赶往约翰内斯堡-波切夫斯特鲁姆一线上的佛罗里达附近，阻挡汉密尔顿纵队前进的脚步。

1900年6月1日，就在四年前杰美森博士的突袭部队投降的同一地点，发生了一场在那些岁月中被视为惨烈的战斗。布尔人躲在了山脊上锯齿般崎岖的岩石背后，发起了埋伏。炮兵的轰炸无法覆盖他们的藏身之处，必须靠白刃战才能把他们赶出来。戈登苏格兰高地团付出了将近一百人受伤或阵亡的代价，完成了这项任务。在他们拼死奋战的时候，法兰奇的骑兵部队试图进攻敌人的右翼和殿后部队，却没有成功。在这次战斗中，蒙老天眷顾，我活了下来。高地团攻下山脊之后，伊安·汉密尔顿爵士手下指挥一个旅的史密斯－多瑞安将军想要在最短时间内把手下的炮兵部署到刚攻下的阵地上，由于时间问题，这位将军决定亲自上阵。他请我与他一起去，随后纵马慢跑，向着倾斜的山坡上攀爬。正如他们惯常会做的那样，布尔人又点燃了干枯的杂草，各个方向上升起了众多数量的柱状浓烟，形成了笼罩我们视线的面纱，使我们无法找到前进的方向，错失了戈登苏格兰高地团部署在山脊上的左翼部队。直到穿过火线，走出了布尔人点燃火焰布成的战线，才发现自己距离敌人很近。双方之间立刻爆发出了一阵交火。周遭的空气中充满了飞速接近的子弹所发出的呼啸声。我们赶紧拨转马头，一头扎回烟雾幕墙之中。只有一匹战马被子弹擦伤，除此之外，没有任何损失。

战斗结束翌日，伊安·汉密尔顿爵士的纵队停留在约翰内斯堡西侧的主路以外。向南二十英里就是罗伯特茨勋爵的司令部预定驻扎的位置，他们现在应该已经到了，但两军之间没有任何沟通的渠道。约翰内斯堡还在敌人手里，如果要原路向南返回，那就意味着要再绕将近八十英里的崎岖山路。我们沿着这条绕行线路派出了骑兵探查情况。与总司令更快取得联系在这个当口是至关重要的。我们遇到的从城里出来的居民也闹不清城里的情况究竟怎么样了，给出了相互矛盾的讲法。布尔人确实在准备撤退，但现在仍然在城里。有一名年轻的法国人似乎了解很多内情，信誓旦旦地对我说只要穿着便装，骑自行车在城里穿行非常方便。这会儿撤退就要结束了，被拦下盘问的可能性很低。他说可以借我一辆自行车，也愿意自己当我的向导。我决定试上一试。伊安·汉密尔顿爵士把他的急件也交给了我，我也带上了我给《晨报》的电报。我们于下午出发，径直沿着主路骑着自行车进城去了。通过了我军最远的一处岗哨之后，我就略微感受到了危险的感觉。很快我们就进入了约翰内斯堡，夜幕早就降临了。不过这时候街上的人还有许多，我还在其中看到了武装的和骑着马的布尔人。他们依旧盘踞在这座城市里，而我们现在身处他们的防线后方。一旦被捕，不管按照哪方的战争法律审判，结局都不会很好看。一名在役的南非轻骑兵团军官，用平民服装伪装起来，秘密地躲藏在敌人战线后方。欧洲任何一座军事法院都不会觉得这样的案子有任何难以处置的地方。这些情况我都很了解。

我们走到了一条陡峭的街道上，不得不推着自行车吃力行走。就在此时，身后传来一阵马儿小步慢跑的声音，似乎是一名骑兵正在追赶上来。这时候突然改变行进的节奏肯定会是致命的。因此我们还是继续沉重地向前走着，装出一副毫不担心的样子，时不时还用法语说上几句。我们之前就讲好了这个法子。不多一会儿，那名骑兵就到了我们身侧，他勒紧了缰绳，让马儿保持行走的速度，充满兴趣地仔细打量着我们。我抬头看他，双方的视线就此交汇。他背着一支步枪，三条子弹带，腰上挂着的枪套里插着一支手枪。他的马上挂满了自己的东西，看上去步伐沉重。我们仨就这么并排走了一会儿，在我们看来是绝不寻常的很长一段时间。接下来我们不受欢迎的同伴拿马刺踢了一下胯下的马匹，让马匹加速小跑，丢下我们扬长而去。一下子气氛就轻松了。任何时刻我们都可能遇上布尔人针对罗伯特茨勋爵的部队设下的搜查人员——如果的确有这些人的话。我们的意图是骑着自行车大摇大摆地沿着道路前进，绝不愿意躲藏。不过我们没有遇上任何布尔人的哨兵，我也很遗憾没有撞上任何英国人的侦察兵。随着约翰内斯堡的街道逐渐消失不见，进入城外郊野不久，我们就遇到了此行看到的首批英国士兵，正是罗伯特茨勋爵麾下的。他们没有什么武装，正准备进城闲逛，寻找吃喝。我们问他们部队在哪里，他们说就在近处。我们建议他们不要再走远，进城了可能会被俘或被杀。

“可能吗？”他们回道，显然对这种不太可能的情况一下子很感兴趣。

我们告诉他们刚在一英里之前遇到了全副武装的布尔兵，这些勇士终于清醒过来，决定去附近的一些小房子里看看。我和我的同伴继续骑着自行车沿着主路向前，终于找到了罗伯特茨勋爵指挥的先头师的司令部所在地。我们被他们带去了总司令部，大约还要向南十英里左右，最终抵达的时候天色已经很黑了。我认识的一位副官出来应门。

“你们从哪儿冒出来的？”

“我们从伊安·汉密尔顿那里来的，我有一封给总司令的急件。”

“太棒了，”他说，“我们一直在等消息。”

他就此消失不见。我自己要赶着去见的是新闻审查官，手头有一大捆最新最独家的电报要请他过目。不过那名副官在我找到审查官之前就回来了。

“罗伯特茨勋爵希望你马上就去见他。”

总司令正在同司令部的十几名军官一起用午餐。我进去的时候他立马从椅子上蹦了起来，以最为热情的态度向我走来，伸出了他的双手。

他问道："你们怎么过来的？"

"我们是沿着穿过城市的主路来的，长官。"

"穿过约翰内斯堡？据我们所知，敌人依然占领着那座城市。"

"确实有一些敌人，长官。"我说，"但他们在撤离。"

"你见到敌人了吗？"

"是的，长官，我们见到了几个。"

他的眼神马上亮了起来。罗伯特茨勋爵的眼睛是让人见了一次就忘不了的那种，非常有神。我还记得当时我深受震撼。

"你见到汉密尔顿昨天的行动了吗？"这是他的下一个问题。

"是的，长官。"

"全都告诉我。"

接下来我受到了最为隆重的招待，与此同时把汉密尔顿将军部队的所作所为一五一十地告诉了我父亲的旧友，就现在而言，他又一次成了我自己的朋友。

比勒陀利亚于四日后投降。原本部队准备了一大群牛拖着两门九点五英寸口径的榴弹炮从数百英里以外赶来，用于轰炸碉堡。我们索性管这些炮就叫"牛炮"了。不过这样一来就成了白费工夫。不过重新进入布尔人的首都对我来说依然是激动万分的。五日上午，我和马尔博罗公爵早早起床，一同骑马很快追上了早就等在城外的一支步兵部队。现场并没有什么军事防备措施，我们抵达的时候一大群军官早就等在铁路平交道口紧闭的大门口了。一列由两台火车头拖拽的列车喷着蒸汽缓慢地从我们眼前通过，列车上挤满了全副武装的布尔人，他们的步枪从每扇窗户里伸出来。我们之间就隔着三码的距离，大眼对小眼地盯着彼此。随便谁开上一枪就会在双方之间掀起一场可怕的屠杀。虽然觉得列车溜走了很可惜，但看到最后一节车厢从我们鼻子底下开走，还是让我们大大松了一口气。

接着马尔博罗公爵和我一起骑着马慢跑着进了城。我们知道军官战俘已经被从国立师范学校带走，我们向周围的人问路，怎么去新的监禁地点。希望他们还留在那里，我们担心他们也被带走了，可能就在刚才最后那节车厢里。我们拐过一个墙角就看到了关押他们的地方，那是一座马口铁材料的长房子，被一层又一层的铁丝网围着。我脱下帽子，挥舞着，欢呼着。房子里立刻爆发出一阵喊叫作为响应。接下来发生的一切堪称是只有阿德尔菲剧场[1]才会上演的传奇剧。我们只有两个人，而在我们面前的布尔人看守荷枪实弹地站着，每个人的步枪都随时准备好了，随时可以击发。马尔博罗公爵佩着他红色的参谋肩章，看上去光彩夺目。他要求这群看守的指挥官立刻投降，还颇为恶作剧地答应要给他们上缴的枪开一张收条。囚犯纷纷涌出房间，冲进院子，有些人穿着军装，有些人穿着法兰绒的普通衣服，有些没戴帽子，有些甚至没有外套，不过都兴高采烈，快乐之情溢于言表。卫兵紧接着放下了手里的枪，囚犯很快冲开了大门，就在最后一位卫兵还在手足无措的时候（总共有五十二名卫兵）。这些被关押了许久的军官把他们团团围住，没收了他们的武器。其中有人摸出了一面英国国旗，撕下了德瓦士兰的徽章，在群情昂扬的欢呼声中在比勒陀利亚上空高高飘扬起了第一面英国国旗。时间：6月5日上午八点四十七分。历史在此定格！

在南非，我还有另一次冒险。两周之后我参与了钻石山丘的行动，目的是把布尔人赶得离比勒陀利亚再远一些。在行动结束之后，我决定回国。我们的大型军事动作已经结束了。战争已经变成了一场游击战，其形状无从谈起，也看不到尽头。国内已经无法容忍继续推迟大选了。得到上级批准之后，我再次回到了完全的民事身份，搭乘火车前往开普敦。

直到我们抵达约翰内斯堡南方一百英里的科普耶斯车站附近，一切都进展顺利。那天早上第一束阳光洒向大地的时候，我正在同代表罗伯特茨勋爵出差的威斯敏斯特公爵共进早餐。突然列车发生一阵抖动，猝然停下。我们走出车厢，走到铁轨上，几乎同时一枚从布尔人的小型火炮中发射出来的炮弹落到了我们脚下。炮弹发出了一声巨响，在路基上爆炸，崩出了许多土块。我们面前一百码的地方一座临时搭建的木桥陷入了熊熊大火。我们搭乘的列车长得令人不可思议，搭载了二十来个团的士兵，由于这样或那样的原因，他们要么被送去南方，要么就此打道回府。没有负责的指挥官。这会儿士兵也从车厢里出来了，一头雾水。我没看到军官的踪影。科普耶斯车站在我们身后三英里的地方有一座建有防御工事的军营，有两门能发射五英寸炮弹的火炮。经历了装甲列车一役，我对撤退路线极端敏感。我可不愿重演11月15日的经历。于是我

***

[1] 阿德尔菲剧院是伦敦西区的一座剧院，位于威斯敏斯特市河岸街。现在的阿德尔菲剧院建筑是第四代建筑。阿德尔菲剧院曾以戏剧和音乐剧著称，现在则上演多种类型的戏剧。阿德尔菲剧院于1987年被列入英国二级保护建筑。

沿着铁路线跑去车头，爬进司机室，命令火车司机鸣响汽笛，召集士兵回到车厢里，然后全速返回科普耶斯车站。他听从了。我站在踏脚板上观察士兵是不是都回到车厢里了，看到不到一百码的地方，就在那座着火的桥梁下方干枯的水道里站着一群黑乎乎的人影。这群人是我最后见到的一群能以敌人相称的布尔人。我把木质枪托装到毛瑟手枪上，朝着他们的方向开了六七枪。这群人没有反击，直接逃了。下一秒钟车头启动，我们很快就回到了科普耶斯车站的防御工事里，安全了。在这里我们得知了是因为这后面一站的霍宁河车站受到了袭击，发生了激烈的战斗。当时在我们之前发出的那班列车被一大股配有炮兵的布尔人攻击并劫持。前方的铁轨也遭到破坏，显然是为了阻止增援。不过我们在霍宁河车站的战友在牺牲了六七十人之后成功撑过了当天晚上，第二天增援就从南部赶来，布尔人选择了撤退。接下来修好铁路还需要好几天。既然如此，我们选择了借来马匹，同一支澳大利亚枪骑兵的部队一起从科普耶斯车站连夜出发，这一次一路顺利。接下来许多年，我一直都认为那发在路基上离我们那么近的地方爆炸的两英寸口径的克勒索炮的炮弹将会是我亲眼所见的最后一发由于怒火而发射的子弹，不过这种想法最终被证实不过是异想天开。

第二十八章　卡其布选举[1]

　　大多数英格兰人都认为战争结束了，毕竟比勒陀利亚已经攻下，更重要的是马弗京之围也已经得以解除。听了罗伯特茨勋爵的演说之后，公众更加这样认为了。他们开始欢呼雀跃，庆祝胜利。但政府更明白局势究竟如何，知道自己已经被一连串的胜利推到了一种危险而随时可能发生意外的处境中。同布尔共和国没有谈判的余地，他们只能被抹杀。如果布尔人愿意投降，不管是单独为之还是在他们的将军带领下集体投诚，都能换来良好待遇。最终，直到在这片被征服的土地上有足够的英国人前往居住，当地局势安全下来之后，布尔人也会像其他英国殖民地一样被赋予自治权。这是仅有的道路，若非如此，布尔人会被追杀、被关押，直到最后一个人也落网为止。后来米尔纳勋爵曾经讲过："某种意义上战争永远不会结束。"战争只会渐渐消逝。游击战的阶段将由军队来负责终结，而山林里和草原中神出鬼没的山匪强盗则是武装警察镇压的对象。

　　可惜这是一个错误，为此我们注定要付出惨重代价。依然有数千名疯狂、暴躁、无畏的战士在例如博塔、史穆资、德威特、德拉雷伊、赫尔茨沃格这些领袖的带领之下在这片广袤的土地上坚持战斗，并不是为了胜利，而是为了荣誉。这些地区中的军队刚刚完全实现和平，游击战的硝烟就一次又一次地燃起。就连卡普殖民地也被史穆资拖入战火之中，文火慢炖、大火快煮，整整两年时间局势简直不可收拾，最终还是靠正式谈判才解决问题。长期疲惫的战斗中出现了令人震惊的邪恶事件。那些神出鬼没的军队没有自己的制服，混迹在普通人中间，宣誓过保持中立的老百姓向他们开放自己的农庄房子，为他们提供住宿与掩护。他们往往突然从某个地方跳出来，这里那里找毫无防备的某支

---

[1] 卡其布大选，又称卡叽大选，在威斯敏斯特体系的政府体制下，指受到战争影响极大或直接在战争结束后举行的全国性大选。由于英军的制服为卡其布所制，颜色为"卡叽色"，故名。英国历史上截至目前共有四次：1900年（第二次布尔战争）、1918年（第一次世界大战）、1945年（第二次世界人战）、1983年（英阿马岛战争）。

纵队或孤立无援的哨所作为目标，做下可怕又血腥的袭击案件。为了应对这种情况，英国军事当局认为有必要把有人居住的地区整体迁走，坚壁清野，并把居民送到集中营里去。被毁的铁路尚未修复，难以为集中营供应足够的日常所需，疾病暴发导致数千妇女儿童死亡。政策规定，一旦有农民背弃誓言，就要把他们的农场烧掉。这种政策的原意是希望逼迫参与战斗的布尔人放下武器，但事实远非如此，布尔人反而被逼得绝望，更加斗志坚定。英国人这一边对叛国者、背弃誓言的人和抢夺英军军服的布尔人（大多数时候因为没别的衣服可穿，有时候纯粹是无耻下流的阴谋诡计）恨得咬牙切齿，但真正被处决的人不多。一名英国军官和几名殖民地骑兵很久之前杀了几名布尔战俘，基奇纳铁面无私，还是下令把他们枪毙了。就算到战争的最末期，布尔指挥官还是毫不犹豫地把他们的伤员送到英国野战医院救治。就算在整整两年最令人牙酸的互相消耗与破坏之中，两方虽然在不断对抗，对等地造成创伤，却依然保持着某种意义上的彼此尊重，人性与文明并未被一扫而空。不过这些看法只是站在"将来"的角度上得到的一种反思，当时人们并未意识到。

我刚一回国就受到了最热烈的欢迎。奥尔德姆地区的老百姓跨越了党派的差异，给了我几乎是凯旋般的荣耀。我在十辆马车的簇拥之下入城，在街道上巡游，两边挤满了激动不已的工人和磨坊女工。在皇家剧院里，我面对黑压压的听众讲述自己逃出生天的经历。我们的军队已经占领了威特班克煤矿区，帮助过我的人已经安全地处于英国政府保护之下，我终于得以第一次原原本本地讲出整个故事。我讲到了奥尔德姆的工程师，说起他曾在矿井下帮助我，人群中立刻爆发出一阵欢呼："他老婆就在这儿！"现场沉浸在一片欢腾的气氛中。

这种和谐的气氛毫无意外地受到了玷污。保守党领导层已经下定决心，要乘席卷全国的胜利气氛还未褪去的时候争夺人民的支持。他们已经在台上待了五年了，按规矩大选必须在一年半的时间内举行，而当下的机会千载难逢，如何能错过。此外，保守党眼下的政策是不做任何谈判，依靠武力镇压所有反抗势力，将布尔共和国并入英国。除非能获得新的议席多数，掌控新一届议会，这样的政策是很难落实到底的。于是议会于九月上旬解散。这次选举同1918年12月世界大战之后进行的那次有很多相似的地方，只是不那么激烈。所有的自由党人，就算是战争的铁杆支持者，甚至是那些在战争中痛失爱子的自由党人，都被简单地贴上了"支持布尔人"的标签，被人民唾弃。张伯伦先生的说法"政府失去的每个议席都会被布尔人占去"，获得了保守党人的总体支持。而自由派和激进派的群众则相信战争已经结束了之类哄孩子的话，坚定地站在他们的政党组织背后。全国各地纷纷打响了选战。保守党当时在英格兰占有稳固的优势，得到了大多数选民的支持。公众舆论也站在保守党这一边，最终选举的结果让索尔兹伯里勋爵和他的同事们再次执掌政府，只是优势比上一次略微收窄，比所有对手（就算加上八十席的爱尔兰民族主义者）加起来还要多一百三十四席。首相在大不列颠岛上的优势无人能及。

我也在胜利之列。那时候智慧而谨慎的法律规定大选的总时间可以延续六周。这样选民就不用瞎猫撞死耗子一样挤在一天把票投出去，到第二天早上才知道自己到底干了什么。那时候国家大事能得到充分辩论，两党的领袖都会参与到真诚、彻底、深入的全国性讨论中去。选区里的选民人数也不会多到无从下手的地步，候选人有可能对所有希望听他演说的支持者直接发表演讲。重要人士发表的一场精彩演讲时常能起到决定性作用，改变一个选区乃至整个城市的选情。知名、资深政治家发表的演说会被新闻报纸全文刊载，许多关心政治的人士都会仔细研读。这样一来才能通过设计成熟的步骤和激烈的辩论对国家大事作出决策。

在那些年真枪实弹的政治斗争中，所有人都满怀兴趣地期待着最早投票的选区结果出炉。奥尔德姆几乎总是第一个投票的选区。我站在台上充满斗志地对听众说战争是正义的，是必需的，自由党人反对战争是错误的，很大程度上阻碍了战争的顺利进展，而我们必须要战斗到获得绝对胜利，而胜利之后解决问题又应该宽容大度。这次我有了一位新同事，C.B.克里斯普先生，一位伦敦城里的商人。马伟德思礼先生已经不在世上了，他由于过于富态，洗澡的时候压碎了陶瓷做的澡盆，并不幸死于事故带来的外伤。我的对手艾莫特先生和伦西曼先生在战争的问题上完全照单全收了罗斯伯里勋爵的观点，也就是说，他们支持国家进行这场战争，但指责保守党在此过程中展现出了彻头彻尾的无能形象。似乎自由党人犯了另外一种彻头彻尾的错误。他们提出的替代方案是自由党可以通过外交手段来获得战争希望获得的一切，从而彻底避免作战，诸如让克鲁格总统作出让步一类的目标都能不流一滴血就实现。当然这一切不过是空谈罢了。我反驳这种观点的时候指出，虽然谈判确实曾经开展过，但布尔人自己撕毁了和平的面具，派人入侵了英国的土地。而且虽然战争的进展谈不上顺利，我们也成功地驱逐了入侵者，他们的两座首都都被我们攻下了。在全国范围里，保守党也为这次选举定下基调，大力宣传本次大选就是一次特殊的选举，议题只有一个，那就是为战争的正义性投票，为是否要实现彻底的胜利投票，而在爱国主义面前，所谓的阶级、宗派、党派差异都应该站到一边去。那时候这也是我真诚的信仰。

张伯伦先生本人来为我发表演说。在当时的背景下，公众对他的热情要比战后对劳合·乔治先生和道格拉斯·黑格爵士两人加起来的还要高。当然同时也有一股强大的反对势力，但就算有意见不合与对抗的时候，双方都打心底里敬仰这位先生。张伯伦先生和我一起乘敞篷马车前往会议地址。支持我们的人坐满了整个剧院，反对我们的人则堵塞了剧院的通道。在剧院门外，我们的马车被这些充满敌意的群众围住了几分钟，牢骚声和嘘声震天响。所有人都兴奋不已，终于见到了这位名声大噪的同胞了。而更为重要的是，他们有权利也有义务反对这位伟大的同胞。我仔细观察了张伯伦先生的反应。他很享受人群的喧闹，就像我父亲也一直说的那样："我从来没有畏惧过英国的民主。"他的脸颊上因兴奋覆盖上了一层血色，当他看进我的眼睛的时候，我看到的是完全享受的神色。我必须要声明，在那时候我们享受的是真正的政治民主，由一群各司其职的政治家率领，而不是被报纸媒体引领的所谓"瞬息万变"的民意。当时的体制下有一种结构，政治家、选民、报界都在其中有自己的位置。不过等到会议开始之后，所有人都为张伯伦先生表现出的克制大吃一惊。他温软从容的声音和坚定富有逻辑的话语取得了良好效果。演讲的大部分内容他都仔细准备了笔记。张伯伦先生讲了一个多小时。最让听众印象深刻的部分或许是张伯伦先生发现自己犯了事实性的或是数据方面的错误之后，总会停下纠正，生怕对反对党产生不应有的不利影响，也会告诉听众自己不想显得不够公正。不过这一切都是在英国政治系统掺入许多水分之前的事情了。

目前选举已经进行到了计票阶段。奥尔德姆地区的选票总数大约有三万张，显然在该选区自由党和工党势力更为强大。艾莫特先生稳坐第一的宝座。不过在统计第二轮的选票时，我居然发现有大约两百名自由党人把他们的票投给了我，可能是对候选人的个人喜好和对战争的看法起了作用。于是我以二百三十票的微弱优势挤掉伦西曼先生，被选入下院。我和朋友们一起穿过喧嚣的人群回到保守党俱乐部。我发现索尔兹伯里勋爵的祝贺口信已经在那里等着了。老首相一定守着电话等着选举的结果。接着从全国各地涌来了充满喜悦与祝贺的消息。我成了这次选举中的明星——"逆转侠"。全国各地都希望我去做演讲，不过第二天晚上我已经确定了去伦敦演讲的行程，后续两天张伯伦先生已经预定了，一定要我去伯明翰。为此，我登上了火车，赶赴伦敦。就在半路上一位贝尔福先生的信使找到了我，前者希望我取消伦敦的计划，立刻赶回曼彻斯特，当天下午和他一起同台演讲，并于晚上去斯托克波特为选战收尾。我听从指挥。

我抵达的时候贝尔福先生正在对一大批听众演讲。我的到来让全场观众起立欢呼。下院领袖用自己一贯的魅力把我介绍给观众。这次经历之后我发表演讲的场合都是最重要的那些集会。五六千名男性选民涌入装饰最为精美的大厅，用极为关注的眼光盯着我，如饥似渴地吸收每一个主要观点，讲台上还坐着党内最重要的大佬和老资格的议员为我站台！那场选举之后我经历的都是类似的场面，事实上整整一代人的时间里都是如此。我与张伯伦先生在海布里共度了两天，其中一整天他都躺在床上休息。接下来几天我乘坐专列在中部地区赶了三场集会，他设下晚宴为我洗尘，兴致极高，还打开了一瓶1834年的波尔图酒助兴。整整三周，我在全国周游，做了一次胜利巡游。党内的组织人员为我挑选了关键的选区去发表演讲，我的专列巡游之旅帮助不少选区取得了胜利。我当时二十六岁。我想到自己实现的成就是不是该觉得宛若奇迹？不过幸运的是生活才不会如此轻易成就，不然我们抵达终点的速度也太快了一些。

我还有两件重要的事情需要完成。首先是筹到足够的资金，让我能静下心来一门心思投身政治活动，不用为了赚钱兼职。《河上的战争》一书和我的两本南非战争通讯集销售所得，加上十个月《晨报》付给我的薪水，让我积攒了四千英镑。眼下我又有了进一步囤钱的机会。我计划整个秋季和冬季都在国内和美国发表巡回演说，在英国的旅程一等选举结束就开始了。连续五个礼拜我每个晚上都发表了演讲，接下来的两个半月我也要经历同样强度的工作，只有漂在大洋上的一周旅途可以免俗。在英国发表的演讲很成功。沃尔斯利勋爵亲自主持了第一场演讲，英伦三岛，政坛两翼的重要人物都预定了座位来听我在英国各地发表的演说。巨型的大厅里挤满了友好的听众，听我在魔法般的幻灯片帮助下，结合战争的大背景把我的冒险经历和越狱故事一一道来。这样我的收入每晚很少有低于一百英镑的，常常更多。在利物浦的音乐厅里我一次就挣了超过三百英镑。11月我成功在银行里存下了超过四千五百英镑，而我周游大不列颠的计划才刚过半。

议会12月一开头就要开会了，我万分憧憬在下院坐上自己的议席。不过我已经答应跨过大西洋去演讲。美国的气氛大不相同。我惊讶地发现这些友好而热情好客的美国人，虽然和我们说着同样的语言，大致上和我们看起来很像，却不像英国国内那样对南非战争感兴趣。此外还有许多人认为布尔人站在正义的一边。美国到处都是爱尔兰人，表现出了极大的敌意。每个地方的听众情况都不一样。巴尔的摩的场地能容纳五千人，却只有寥寥几百人到场。波士顿情况截然不同，众多同情英国的听众都来捧场，连佛里蒙特大厅的走道里都挤满了人。会场上坐着三百名穿着红色制服的美国人，都是英美协会的成员，演讲会的气氛棒极了。在芝加哥我遇上了吵吵嚷嚷的反对者。不过就在我开了几个自嘲的玩笑，又真诚地赞赏了一番布尔人的勇气和人道主义光辉之后，他们也就重归平静。总体来说我觉得和美国听众做朋友还是挺方便的。他们头脑清醒，有独立见解，温文尔雅，心地善良。

我的旅途中也得到了美国名人雅士的帮助。波克·科克兰先生、昌西·迪皮尤先生，还有其他几位著名政治家都分别主持了我的演讲会。我在纽约的演讲也得到了"马克·吐温先生"本人的无私支持。我从年轻时代起就是他的拥趸，这次经历让我浑身颤抖。他看上去老态龙钟，头发雪白，但谈吐依然高贵，幽默连连。当然我们争论了战争的事情。几番交锋之后，我被逼得退到了"我的祖国不论对错"这类最后的底线上。听闻此言，"啊！"这位老绅士说道，"当可怜的国家为自己的生存而战，我同意。但你们的情况可并非如此。"我想我应该没有惹他不悦，毕竟后来我请他将签名的著作送给我，他的全集足有三十卷，他也同意了。在第一卷上他留下了这样的话，我猜是一种委婉的劝告："做善事，高贵。教别人做善事更高贵，而不是惹麻烦。"

这种寂静的宽容感在我们跨过加拿大边界之后发生了改变。在加拿大我们又回到了激情的观众之中，正如我们在国内已经习惯的那样。不过我在这块给人带来灵感的土地上待不了十天时间，太可惜了！1月中旬我回到祖国，继续在城市间奔走，我每座城市都去了。当我在贝尔法斯特的阿尔斯特会堂演讲的时候，尊敬的杜福林勋爵为我做了引见。他说的简直是最佳的赞誉。我听到他用旧式的发音说道："这位年轻人，就在大多数他的同龄人还没有读完书的时候，已经比欧洲半数的军'管'们见过的真正战场厮杀还要多了。"我之前根本没想到这一点。话倒也没错。

当我在2月中旬结束演讲之旅的时候，整个人筋疲力尽。整整五个多月，除了周日，我每天都要演讲一个多小时，有时候一天两次。同时几乎不停地在旅行，经常是夜间旅行，很少在同一张床上睡过两晚。此外这还是在将近一年的野外奔波与战斗之后发生的。那段时间里我头顶上几乎没有见过房顶，身下也没有床铺。不过结果令人心满意足。我攒下了将近一万英镑。我几乎做到了完全的经济独立，不用担心未来。这笔钱能让我在很多年里都不用从事其他的工作，能全心全意投身政治。我把一万英镑寄给了我父亲的老朋友恩内斯特·卡塞尔先生，附上了一句话："好好喂我的羊群。"他考虑极为周到，精心地照顾了我的羊儿。羊群的数量并没有快速增长，不过一只只羊都渐渐而稳定地长胖了，一只都没死。当然这些年间羊群生出了一些小羊羔。每年我都要宰掉一两只羊，以供生计，导致羊群逐渐缩减了规模，几年后几乎全部消耗殆尽。不过在此过程中，我没有另外耗费心力。

第二十九章　议会下院

议会于2月下旬续会，而后立即一头栽进了激烈的辩论之中。当时议会辩论的进展都会在报纸上得到全面的报道，被选民紧密跟踪。关于关键问题的讨论往往会持续三天之久而热度不减。在这个过程中，议会里所有的演说家都会相继发言，结束之后各党派会迎来展示自己力量的考验。下院的辩论经常延续到半夜，从九点半往后总是人山人海。根据惯例，贝尔福先生作为领袖[1]要为几乎所有重要的议题上的辩论作总结。从十点到十一点，反对党的领袖长篇大论，总结他们的立场。然后从十一点到十二点，他们就能听到全面的回复。双方领袖讲完之后现场总会陷入一成不变的喧闹，所有想在那个时候发言的人总是扫兴而归，没人能听到他们到底说了什么。

参与到这一声名显赫的集会的辩论中去是一种荣耀。几个世纪以来，下院引领着英格兰经历了无数的艰难险阻，走上了帝国之路。尽管几个月以来我一直在对人数众多的听众发表演讲，基本没干别的，一想到要在下院发言，我还是觉得这是最严峻的考验，全身心立马陷入了既敬畏又激动的状态中去。短暂的冬季会期我并没有参与，所以我有生以来头一次在议会演讲的时候，其实我才接下议席上任四天。我无意一一细数为准备演讲而付出的痛苦努力，也不想大张旗鼓地描写为了在人前藏起这份努力而付出的努力。议会讨论的问题主要和战争有关，我觉得这个议题我有足够的能力参与辩论或给出建议。有人说："太快了，再等几个月熟悉下下院吧。"又有人说："这就是为你准备的议题，别错过机会。"也有人告诫我切勿过于出言不逊，惹恼整个下院，毕竟这样的场合还是展现善意比较好。也有人警告我不要光说空话，老生常谈。不过最有益的建议还是亨利·卓别林先生给我的，他用他享誉世界的夸张方式对我说："别太仓促，慢慢展开你的论证。不管你要说什么，下院也只能听着。"

---

[1] 贝尔福先生的"领袖"职位在此处指的是英国下院的议长一职，所起到的作用更多是主持辩论。

　　我听说有一位正在崛起的年轻威尔士人，名叫劳合·乔治[1]，可能会在九点左右被点到发言。他同情布尔人，也是我们最值得重视的"麻烦制造者"。他时常从后座站起来诘难自由党的领袖。他对讨论中的议案有一份行文温和的修正案，但还不清楚他会不会正式提出。我觉得如果我愿意的话，有机会在他之后发言。那时候如果我没有提前写好讲稿，背诵下来，除了一两句回答的话，我什么都讲不出来。确实这也是困扰了我多年的问题。我不像上过大学的年轻人那样，有过在小型辩论社团里就各种议题即兴发言的经验。我必须试着预估形势可能的走向，准备几个版本的发言稿，届时看情况变化拿出来用。于是我就像带了一只箭筒，里面装有各种用途和尺寸的箭头，希望能正中靶心。由于不知道劳合·乔治先生会说些什么，我更加忧心忡忡。希望我准备好的演讲词能正好接上他可能要说的内容。

　　终于，这一刻到来了。我坐在拐角上的后排座位上，身前就坐着各位大臣。我坐的就是我父亲当年发表辞职演说，言辞激烈地攻击皮戈特的时候所坐的座位。托马斯·吉本森·包威尔斯先生坐在我的左边，他是富有经验的议会议员，也是一位友好的顾问。大约九点左右，下院近乎座无虚席。劳合·乔治先生从反对党一侧的后方第三排上起身发言，周围簇拥着几名威尔士人和激进派，受到了爱尔兰民主主义党的支持。他直截了当地宣布并不愿立刻发动自己的修正案，而愿就主要的问题谈一谈。所谓的"凯尔特外围"人员随之发出了一阵欢呼，受此鼓舞，他很快变得情绪激动，甚至有点暴力。我一句一句地仔细准备自己的演讲，希望他坐下之后我说的内容能正好钩上。随着他的演讲不断进展，我发现准备好的这些"挂钩"——失去了时效性。我心中顿生一阵警觉，甚至是绝望。我开始大口喘气，试图压制这些情绪。包威尔斯先生冲我小声说："或许你可以说'比起作狂暴的演讲而不提出温和的修正案，他还不如提出温和的修正案而不作狂暴的演讲'。"真是及时雨，就连以色列人在荒野中获得的吗哪[2]也不过如此！紧接着我惊讶地听到这位反对派居然说了一句：

　　[1] 大卫·劳合·乔治（David Lloyd George，1863—1945），英国自由党政治家，在1916年至1922年间作为首相领导战时内阁带领英国打第一次世界大战，在1926年至1931年间担任自由党党魁。他也是唯一一位威尔士人英国首相，也是唯一一位以英语为第二语言，以威尔士语为第一语言的英国首相。

　　[2] 吗哪（Manna）是《圣经》中的一种天降食物。在古代以色列人出埃及时，在四十年的旷野生活中，上帝赐给他们的神奇食物。

"希望缩短演讲的篇幅，认为本院或希望听取一位新成员的演讲。"他作出了优雅的姿势，随即重新坐下。

在我自己还没意识到的时候，我已经站起来了。我直接把包威尔斯的那两句话拿来用了。立刻全场爆发了一阵笑声。勇气又回到了我身上。我一口气说完，自觉还不错。我从小就被教育厌恶爱尔兰人，不过我却发现他们做听众的时候还是挺合格的。他们恰到好处的反对声反而起到了良好的帮助作用，也不会说任何他们觉得会招人厌的东西。我拿他们开玩笑的时候，也看不出他们哪里生气了。不过当我说到"布尔人在野外作战，如果我是布尔人的话，我也希望我能在野外作战"的时候，我看到自己身前的大臣座席上出现了一阵骚动。张伯伦先生对坐在他身边的人说了些什么，不过我听不见。后来乔治·温德汉姆告诉我，他说的是："看看，这就是要丢掉议席的样子！"不过我已经顾不上了，海岸近在眼前。我只能继续奋力向前游去，直到能手忙脚乱地爬上海滩，就算呼吸无法保持节奏，就算身上水滴淋淋，好歹安全了。大家都很友善，结束之后纷纷给我打上了常用的强心针，我瘫坐在座位上，虽然舒适但无力行动，直到缓过劲来，这才起身回家。对我的演讲，总体的反应不能说不好。虽然很多人都猜到我事先把所有话都背下来了，看在我为此付出了那么多痛苦努力的份上，也就算了。下院这些年来虽说经历了巨变，仍然有一种威严的集体人格，总是对自觉荣幸成为其下仆的人相当宽容。

这次辩论之后我认识了劳合·乔治先生，有人在下院酒吧为我们做了介绍。在相互恭维之后，他说："从你演讲的感觉来看，你是反对领导层的。"我则回答道："你对大英帝国倒是抱有格外独特的疏离感。"就此，我们开启了一段经历了许多风雨依然坚固的友谊。

本届会期中，除了这次，我其实只从下院的保守党后排议席上发表了另外两次成功的演讲，都是在较早的几个月中。战争部任命一位叫科威尔的将军指挥直布罗陀[1]的一个旅。任命完成之后，部里才发现这位将军在将近一年之前的南非战争中有过一些不怎么令人满意的行为。于是战争部解除了他的指挥权。反对党同情这位将军，谴责这种事后追究的行为。在首相答问环节双方为

---

[1] 直布罗陀（Gibraltar）是位于欧洲伊比利亚半岛南端的城市和港口，是扼守大西洋和地中海的交通咽喉，战略地位十分重要。直布罗陀海峡是大西洋和地中海之间唯一的海上通道。1704年起被英国占领为殖民地。1869年苏伊士运河通航后，战略地位加强，是重要的要塞和海空军基地。

此争吵不休，于是确定在接下来的一周找个时间进行辩论。这一议题我很熟悉，而且我也有足够的时间好好准备我的观点，为政府辩护。一开始辩论的导向对政府很不利，执政党受到了全方位的攻击。那时候就算政府在议会中掌握了坚固的多数地位，在辩论中大败也会变成极大的打击。如果让大臣们觉得哈克特、阿斯奎斯、莫雷、格雷等人组成的防线被人击破，肯定会相当失望。我在恰到好处的时机点上介入了这场辩论，所有人都觉得我作了一次"战斗的演讲"。不过其实我只是恰好幸运地提前预估出了辩论的走向。事实上我拿了反对派乐于听到的说法来为政府辩护。保守党听到我的演讲感到很高兴，自由党觉得我拍了他们的马屁。我同乔治·温德汉姆的关系变得越来越好，他目前担任爱尔兰事务大臣一职。他告诉我在最顶层的大臣圈子里，人人都在说我的好。我终于觉得自己在下院里站稳了脚跟。

不过与此同时，我发现自己似乎同保守党内的主导观点越来越格格不入。我全然赞同把目前已经完全不按常理出牌的这场战争坚持到底，直到取得胜利；为此我也支持派遣更多，甚至是比现在在战场上行动的部队质量更高的军队前去参战。我也支持派遣印度部队前去。我也同时敬仰布尔人不屈不挠的抵抗精神，对他们受到的欺凌深感厌恶与愤怒，希望能实现有尊严的和平，让这些勇敢的人和他们的领袖能永远与我们站在一边。我认为焚烧农场的做法简直是招人厌恶的愚蠢行径；我抗议处死指挥官谢比尔斯；我可能也在扭转指挥官克鲁伊特琴格的处决案一事上发挥了幕后的作用。我与党内的意见分歧变得越来越大。战争事务国务秘书有一次说道："我们成为尚武的国家只不过是凑巧，我们必须努力维系下去。"我怒不可遏，我认为应当用实力和宽恕结束战争，尽快回到和平、节约、改革的正道上来。大多数保守党领袖所在的圈子里我都名列其中，我也非常珍视这种特权。贝尔福先生也用格外的善意和善良对待我。我也经常见到张伯伦先生，听他极为自由地评论时事。尽管如此，我还是逐渐倾向于其他一些人士。罗斯伯里、阿斯奎斯、格雷，尤其是约翰·莫雷，这些人让我觉得比起自己的上官，他们更能理解我的观点。这些人的智慧让我佩服有加，他们对公众事务的看法包罗万象又极有见地，也不会受到事件中那些庸俗实用问题的限制，常有不受束缚的想法。

读者请务必记得，我从未上过大学，因此也从未经历过那种年轻人的讨论。我没有体会过在快乐情绪推动下，天马行空地讲出自己的意见而不用承担任何责任是什么感受。我一直都是公众人物。至少我相当重视我所说的每一句话，当然这些话也常常会被广泛传播，受到公众关注。我似乎想让保守党走上自由派的道路，这令我焦虑万分。我反对所谓的"军国主义"，也同情布尔人。我发现在许多问题上，我的想法同两个政党都不一样。也没有人给我适当的指导，我竟然认为自己要做到的就是自行思考出什么是对的，然后毫无畏惧地表达出来。我认为对这种信念保持的忠诚可以高于对其他事务的忠诚。我并不理解政党纪律和团结的重要性，自然也不理解为追求这些而必须要对自己观点进行裁剪这种事情。

　　我第三次演讲的议题是一件非常重要的事情。当时战争大臣布罗德里克先生宣布重组军队，扩充规模。他决定将所有包括正规军、民兵和志愿兵在内的现有部队改编为六个军团，但所谓的改编主要是纸上作业。我决心在下院讨论军队预算的时候反对这一计划。我花了六周时间准备演讲，熟记于心，甚至随时可以从演讲的任何部分开始演说，或者以任何方式说出口。这一议题的讨论时间为期两天，一方面是运气好，一方面是议长给我的恩惠，我于第一天晚上十一点被点到发言。午夜过后下院将对另一项议题进行投票，我在此前有整整一个小时的时间。因此，整个下院挤满了人，所有人都竖起了耳朵仔细听我演讲。我借此机会发起了一次总体攻击，不仅仅抨击了政府的政策，也鞭策了保守党内的氛围与趋势，敦促实现和平，节约资金，削减军备。保守党吓了一跳，而反对党当然欢呼雀跃。从演讲的角度来看，这当然是一次成功的演讲，但从内容的角度来看，这也标志着思想上清楚的分歧，不再与我周围挤满了座位的议员有共通的同情心。我在此之前已经把演讲稿寄去了《晨报》，印刷已经在进行中。如果那天我没有被点到发言，或是未能成功完成演讲，会发生些什么我想都不敢想。要印制且发行那么多数量的演讲，背后充满了担忧与焦虑，令人挠头。不过一切结束之后我也就好受多了。不过让整个下院听我演讲，我自己也觉得是一件头等大事，我当然也会从自己的努力中获得酬劳，也会为相应的后果付出代价。

　　这段时间里，我们几个自己组织了小型议会俱乐部，昵称叫"小无赖团"。珀西勋爵、休·塞西尔勋爵、伊安·马尔康姆先生、亚瑟·斯坦利先生，还有我自己，都是俱乐部成员。每逢周四，我们就在下院共进晚餐，每次都另外邀请一位尊贵的嘉宾。执政党和反对党的重要人物纷纷应邀出席。有时我们也邀请在我们圈子之外的名人，比如W.J.布赖恩先生。我们甚至还邀请过索尔兹伯里勋爵本人，不过首相大人转过来邀请我们去阿林顿街与他一起共进晚餐。他心情很好，妙语连珠，对饭桌上提起的所有话题都发表了长篇大论。晚餐结束之后，我们几个走在街上，珀西突然问我："我在想，当了二十年的首相之后，马上就要死去是种什么感受。"索尔兹伯里勋爵象征着许多其他的东西，随着他的退休和过世，一个时代落下了帷幕。全新的世纪带着呼啸而来的风暴和变革牢牢地把大英帝国握在了它的铁拳之中。

　　索尔兹伯里勋爵曾经统治的那个世界，本书各章节描写的时代与场景，保守党的结构和人物，还有英国统治阶层的根基，很快都被一道峡谷鸿沟与我们隔离开来。谁都没有料到，在那么短的时间里，这道鸿沟会以如此精彩及少见的方式突然降临。我们也很难预测时代的浪潮会有多强，随之而来的不可阻挡的力量是会把我们一起往前带还是让我们分崩离析。更难以预料的是震撼整个世界的惊人动荡会以何种方式，以怎样的节奏把19世纪的结构撕成碎片。不过就算是他无法注定要亲眼见到的事情，珀西也感受到了预兆。当年秋天，我同他在邓罗宾市的大街上散步，他向我解释了使徒公教会是怎么回事。他们认为一共有十二位使徒被派到人间来警醒人类，不过他们传递的信息都被无视了。十二位使徒中的最后一位在维多利亚女王驾崩的同一天去世了。于是乎我们人类就此失去了安全度过劫难的机会。他说我们将要迎来满是可怕战争的时代，恐怖的气氛将会无法估量，不断反复。他用了哈米吉多顿[1]这个《圣经》里拿来指世界末日的时候善恶大决战的词汇，此前我也只在《圣经》里见到过。正好那时候德国皇太子[2]也在邓罗宾市。这是一位为人友善的年轻人，我们在一起玩闹打架，还一起玩弹子游戏。我不明白如果珀西所说的可怕预言成为现实，他又会在其中扮演怎样的角色呢？

　　1902年4月，有一位卡特莱特先生的事情在下院掀起了一阵风波。在战争仍然持续的背景下，这位先生写了一篇煽动性的文章，被判在南非入狱一年。服刑结束之后，他希望返回英格兰。但南非的军事当局拒绝允许他离境。当议会就此事质询诸位大臣的时候，战争国务次官是这样回答的："（政府）并不希望在英格兰出现更多散布反对英国言论的人。"他找了最蹩脚的理由来狡辩滥

---

[1] 哈米吉多顿（Armageddon）是《圣经》所述世界末日之时善恶对决的最终战场。根据《圣经》记载，全能者会在此击败魔鬼和"天下众王"。该词汇已经引申出"伤亡惨重的战役""毁灭世界的大灾难""世界末日"等含义。

[2] 本章中所言及的德国皇太子即日后的德意志帝国皇帝威廉二世。正是这位皇帝发起了第一次世界大战。

用权力的行为。在当时的世界上，还有哪里比英国的反英宣传更加无害的呢？约翰·莫雷提出了暂时休会的动议。根据那时候的议事规则，暂时休会的动议立刻得到了讨论。所有反对党领袖都发表了怒气冲冲的演讲，我还有我们那个小团体的其他成员虽然坐在保守党一边的长椅上，但都支持了反对党的观点。这事本身虽然不值一提，但后续的影响极大。

当天晚上我们请到了张伯伦先生出席我们的晚宴。晚宴的气氛充满一触即发的火药味，张伯伦先生一个个扫视着我们，慢慢说道："今天和我共进晚餐的是一群恶人。"我们向他解释了政府的所作所为是多么不称职，多么自傲自大，又怎么能期待我们支持这副样子的政府呢？他对我们说："如果只是在政府做对了事的时候才支持它，那还要我们干什么？就是在这种腌臜事发生的时候，你们才应该来帮忙。"不过酒过三巡，他又恢复了风度翩翩、口若悬河、愉快开心的样子。我记忆里这是他聊得最开心的一次。起身告辞的时候，他在门口迟疑了片刻，面色凝重地回头对我们说："你们这帮年轻人给了我极好的招待，作为回报，我要透露给你们一项无价的秘密。关税！这会是未来的政策重点，很快就会爆发。仔细研究，让自己成为这方面的专家。你们一定不会后悔今天招待我的。"

他讲的一点也没错。很快在财政领域就爆发了新的问题，占据了我全部的精力。我脑袋里全是相关的事情，一头扎进了新的斗争中去，一直到1908年9月。那时候我结了婚，并从此过上了幸福的生活。